तिब्बत में सवा बरस

तिब्बत में सवा बरस

राहुल सांकृत्यायन

GYAN

Published by

GYAN

Gyan Publishing House
5, Ansari Road
Daryaganj, New Delhi-110002
Phone: 011-47034999, 9811692060
E-mail: books@gyanbooks.com

Distribution Network
gyanbooks.com
India, USA, Canada, UK, Australia

ISBN: 978-93-6920-065-8 (HB)

First Published, 1957

2nd Impression 2025

Printed at: Gyan Press, Delhi.

तिब्बत में सवा बरस

Author: राहुल सांकृत्यायन

तिब्बत में सवा बरस

राहुल सांकृत्यायन

तिब्बत में सवा बरस

लेखक

महापंडित राहुल सांकृत्यायन त्रिपिटकाचार्य

शारदा-मन्दिर

१७ बाराखम्भा रोड नई दिल्ली

१९४०

परिचय

संवत् १९८३ की सर्दियाँ शायद शुरू ही हुई थीं। लाहौर में मेरे एक अजीज़ ने आ कर मुझे एक साधु का पता दिया, जो संस्कृत के अच्छे पंडित और भारतीय दर्शन के विद्वान् थे, और हाल ही में कश्मीर-लद्दाख की यात्रा से लौटे थे; कुछ समय से उनका झुकाव बौद्ध वाङ्मय की ओर हुआ था; और पालि बौद्ध ग्रन्थों का अध्ययन करने को वे लंका जा कर रहने की सोच रहे थे। मेरे उक्त अजीज़ से परिचय होने पर उन्होंने उसे भी अपना हमराही बनाना चाहा; अजीज़ ने अपनी आदत के अनुसार इसमें मुझसे सलाह लेने की जरूरत समझी। जैसी कि उसे आशा थी, मैंने इस प्रस्ताव के लिए सहर्ष अपनी अनुमति दी। मेरे कहने पर अजीज़ ने दूसरे दिन मुझे बाबा रामोदार के दर्शन भी कराये। उस साधु-मूर्ति को यदि मैं उस दिन के बाद फिर कभी न भी देख पाता, तो भी उसके लम्बे कद तथा चौड़े मस्तक के नीचे चमकने वाली पैनी छोटी आँखों को—जिनमें एक ऊँचे संकल्पों वाले सच्चे हृदय तथा एक प्रखर प्रतिभा का स्पष्ट प्रतिबिम्ब था—कभी न भूल सकता। बाबा रामोदार का मुख्य डेरा तब तक सारन जिले में था। मेरे अजीज़ भी उसके बाद बिहार चले गये। संवत् १९८४ की बरसात के बाद मुझे भी घटना-चक्र ने पटना पहुँचा दिया।

बाबा उस से पहले लंका जा चुके थे। मेरे अजीज़ जब मुझ से

पटना में मिले, वे भी लङ्का जाने की तैयारी में थे। हिन्दी-जगत् अब उन्हें भदन्त आनन्द कौसल्यायन के नाम से जानता है। लंका से आयुष्मान् आनन्द के जो पत्र आते रहे, उन से बाबा के और उन के समाचार मुझे बराबर मिलते रहे।

पालि तिपिटक का अध्ययन पूरा कर, अपनी नई योजना को सामने रक्खे हुए, सवत् १९८५ के पौष मे, बाबा रामोदार सदाकत आश्रम की मेरी कोठरी में पधारे। उस नई योजना की सूचना मुझे पहले ही मिल चुकी थी। तिब्बती और चीनी बौद्ध ग्रन्थों के अध्ययन में पाँच बरस लगाने का संकल्प कर बाबा लका से चले थे; यदि उस के बाद वे जिन्दा भारत लौट पाते, तो नालन्दा में एक आर्य-विद्यालय की स्थापना करते, और वहाँ बैठ कर हिन्दी जगत् को अपने अध्ययन के फल भेंट करते। लका से अपने साथ वे एक अलमारी भर पालि पुस्तकें और अपनी नोटबुकें भी लाये थे; वे नोटबुकें सूचित करती थीं कि समूचे तिपिटक को उन्होंने आलोचनात्मक दृष्टि से छान डाला था; उन सब पुस्तकों पर उसी स्वप्न-सृष्टि के नालन्दा-आर्य-विद्यालय की मोहर लगी थी। पुस्तकों और नोटबुकों को मेरे पास छोड़ वे आगे रवाना हुए। उनके नेपाल पहुँचने की सूचना यथा-समय मिली; दूसरा पत्र उन्होंने शिगर्चे पहुँच कर भेजा।

एक नई समस्या अब उपस्थित हो गई। बाबा रामोदार जैसे खाली हाथ लका गये थे, वैसे ही खाली हाथ तिब्बत चल दिये

थे। राहखर्च के लिए मुश्किल से सौ रुपया उन के पास था। लंका में वे भिक्खुओं के एक परिवेण (विद्यालय) में पढ़ते थे, और पढ़ाते थे। अपने त्यागमय भिक्षु जीवन से उन्होंने और आनन्द ने लंका के बौद्धों को मुग्ध कर लिया था। उन्होंने सोचा था तिब्बत के भी किसी मठ में वे पढ़ेंगे और पढ़ायेंगे—उन्हें रोटी-कपड़े और किताबों के लिए कोई चिन्ता न करनी पड़ेगी। किन्तु शीघ्र ही उन्हें मालूम हो गया कि उनके ज्ञान और त्याग की वहाँ वैसी कद्र होने की न थी; तिब्बत के किसी ड-सङ्[1] में उनका गेर-गेन[1] या गे-शे[1] हो जाना सम्भव न था, जब तक भारत से मदद न गई, बाबा को काफ़ी कष्ट झेलना पड़ा। ऐसी दशा में काशी विद्यापीठ के सञ्चालकों ने उनकी सहायता करने का जो निश्चय किया, वह अत्यन्त सराहनीय था। हमारे इस अभागे देश में ऐसे दूरदर्शी और गुण-ग्राहक कहाँ हैं जो ऐसे गुमनाम कार्यक्षेत्रों में चुपचाप अपना जीवन भिड़ा देने वाले कर्मियों की सहायता करने को प्रस्तुत हों? काशी विद्यापीठ ने सचमुच बड़ी बात की। किन्तु उन की सहायता से पहले सिंहल से सहायता पहुँच चुकी थी, और वह इस शर्त पर कि बाबा वापिस सिंहल चले आँय।

किन्तु सिंहल में इस बार वे कुछ ही मास रह पाये थे—और इस बीच उन्होंने बुद्धचर्या लिख डाली थी—कि देश की

१. देखिए पृ० ७२८।

स्वाधीनता-कशमकश की पुकार उन्हें फिर इधर खींच लाई। काशी में बुद्धचर्या छपा कर बिहार की राष्ट्रीय कशमकश में पड़ने के विचार से १९८७ की सर्दियों मे जब वे काशी आये, मेरी छावनी भी तब काशी विद्यापीठ मे ही पड़ी थी। आचार्य नरेन्द्रदेव जी भी वहीं थे। इसी समय तिब्बत-यात्रा का ल्हासा पहुँचने तक का अश लिखा गया। कुछ समय बाद काशी विद्यापीठ के जब्त तथा विद्यापीठ के बन्द हो जाने से वह यात्रा तब पूरी न लिखी गई। यही नहीं, ल्हासा पहुँचने से ठीक पहले वाला अश जो छप न पाया था, पुलिस के ताले मे बन्द होने के बाद गड़बड़ में पड़ गया। चौथी मंजिल के अन्त मे पाठको को वह अभाव स्पष्ट दीख पड़ेगा। पाठक वहाँ इतनी बात समझ लें कि ग्यांची से बाबा रामोदार ७ दिन मे ल्हासा पहुँच गये; और वहाँ पहुँच कर आपने दलाई लामा के मन्त्री को अपनी सूचना दे दी। आपने महागुरु दलाई लामा के नाम सस्कृत पद्यमय एक पत्र भेजा, जिसमें भारत और भोट के प्राचीन सम्बन्ध का उल्लेख करने के बाद अपने भारतीय बौद्ध होने की सूचना दी, और आधुनिक बौद्धो के प्रमुख महागुरु दलाई लामा से तिब्बत मे रह कर बौद्ध ग्रन्थो का अध्ययन करने की इजाजत माँगी।

स्वामी जी अपने साथ तिब्बत से बहुत से चित्र भी लाये थे। उन मे से भी अनेक काशी विद्यापीठ के बन्द होने पर तितर बितर हो गये।

यात्रा का शुरु का अंश ज्यो ज्यों लिखा जाता, आचार्य

नरेन्द्रदेव जी, मेरी सहधर्मिणी और मैं उसे लेखक की जबानी सुना करते। उन्हीं दिनों एक बार मेरी सहधर्मिणी ने और मैंने स्वामी जी की समूची पिछली जीवन-कथा आग्रह कर के उनके मुँह से सुनी। मेरी इच्छा थी उसे फिर सुन कर पूरा यहाँ लिख डालता; किन्तु फिर से सुनाना स्वामी जी ने स्वीकार नहीं किया। उन के जीवन की जो मोटी मोटी बातें मुझे याद हैं, उन्हीं को पाठको की उत्सुकता की तृप्ति के लिए यहाँ लिखता हूँ।

भदन्त राहुल का जन्म आज़मगढ़ ज़िले का है। उन की आयु अब शायद ३८-३९ बरस है। बचपन मे वे काशी में पुराने ढर्रे से संस्कृत की शिक्षा पाते रहे। उन्होंने विवाह नहीं किया; बचपन मे ही घर से भाग गये, और सारन ज़िले के एकमा नामक स्थान मे एक वैष्णव महन्त के चेले बन गये। एकमा का वह मठ उनका दूसरा घर बन गया। वे फिर काशी और अयोध्या मे पढ़ने को चले आये। आजकल भदन्त राहुल मांसाहार के बड़े प्रचारक हैं; उन का यह विश्वास है कि माँस की ख़ुराक छोड़ देने से हमारी जाति का बड़ा अंश क्षीण और नष्ट हो रहा है; किन्तु उन दिनो के ब्रह्मचारी रामोदार को वैष्णव पंथ की कट्टर धुन सवार थी। एक बार उस ने अयोध्या के एक मन्दिर मे बकरों की बलि बन्द कराने के लिए अपने सहपाठियो के साथ एक सत्याग्रह सा कर डाला। उस आन्दोलन में उस बालक को बहुत से वैष्णव कहलाने वालो की सच्चाई परखने का मौका मिला; कुछ आर्यसमाजियों ने उसे सच्ची सहायता दी। रामोदार तब से आर्य-

समाज की ओर झुकने लगे। वे आर्यसमाजी हो गये, और आगरा मे पं० भोजदत्त के मुसाफिर-विद्यालय में भरती हो उन्होंने कुछ अरबी-फारसी भी पढ़ डाली। फिर दर्शन-ग्रन्थों का अध्ययन करने वे मद्रास चले गये। वे आर्यसमाज के प्रचारक बन पञ्जाब, सीमाप्रान्त और कश्मीर भी घूमे।

मुसाफिर-विद्यालय मे मौलवी महेशप्रसाद भी उनके एक शिक्षक थे। आर्यसमाज की छोटी-मोटी संस्थाओं के वातावरण मे भी अपने देश का दर्द विद्यमान था; मौलवी महेशप्रसाद ने वह वेदना युवक रामोदार के दिल में भी जगा दी। उस वेदना ने बढ़ते बढ़ते बाबा रामोदार को सन् १९२१ की कशमकश में खींच लिया; वही सारन जिला उन का कार्यक्षेत्र रहा; अन्त में उन्हे हज़ारीबाग की जेल मे शान्ति मिली। सन १९१४-१५ में अमरीका से जो सिक्ख पंजाब में गदर उठाने लौटे थे, उन्हे सिक्ख मन्दिरा के महन्तों ने सिक्ख धर्म से पतित करार दिया था। सन् १९२०-२१ मे उन में से बहुतों के बाहर आने पर उन महन्तो के कलंक से सिक्ख गुरद्वारों को मुक्त कर देने का आन्दोलन उठा। भारत भर मे उसकी प्रतिध्वनि हुई; गया के बुद्ध-मन्दिर को बौद्धों के हाथ सौंप देने का आन्दोलन भी उसी की एक पुकार थी। गया कांग्रेस के समय से बाबा रामोदार ने उस आन्दोलन मे विशेष भाग लिया। वे बौद्ध मार्ग की ओर झुके। आगे की कहानी सीधी है।

इस परिचय में मैं पाठकों का ध्यान राहुल जी की सच्ची

साथ और लगन के अतिरिक्त उन के स्वतन्त्र मौलिक चिन्तन की ओर विशेष रूप से खींचना चाहता हूँ। आज बीस-बाइस बरस से हिन्दी वाङ्मय के क्षेत्र मे मौलिक मौलिक की पुकार है। पर मौलिक रचना के लिए मौलिक जीवन चाहिए। बँधे बँधाये रास्ते से एक पग इधर-उधर हटने की हिम्मत न करने वाले कभी नई सृष्टि नहीं कर सकते। न तो तिब्बती भाषा हमारे स्कूलों-कालेजों मे पढ़ाई जाती है, और न हिमालय की जोतें चढ़ने को रेलगाड़ी के टिकट कुछ काम आते हैं। जर्मनी के संस्कृतज्ञ प्रो० रुदाल्फ ओतो सिंहल मे राहुल जी से मिले तो पूछने लगे आपने यह आधुनिक आलोचनात्मक पद्धति कहाँ सीख ली। राहुल जी ने कहा—अँगरेजी स्कूल मे तो चार-ही-छः महीने पढ़ा हूँ! मौलिक जीवन और चिन्तन का जिन्हें नमूना देखना हो, वे इस पुस्तक को पढ़ें। मेरे जानते यह हिन्दी मे यात्रा विषयक पहली मौलिक कृति है।

लेखक की शैली के विषय मे भी दो शब्द कहे बिना जी नही मानता। हिन्दी के बहुतेरे लेखक आज एक रोग से पीड़ित हैं, जिसे अतिरञ्जन-ज्वर कहना चाहिए। जिन्हें वेदनाओं की गहराई अनुभव करने का कभी अवसर नहीं मिलता, वे ज़रा ज़रा सी बात में निरर्थक शब्दो का तूफ़ान उठाया करते हैं। उस अत्तर-डम्बर से जी ऊबता है। यहाँ उस के मुकाबले मे आप अत्यन्त संयत भाव और सुरुचिपूर्ण शब्द पायेंगे। यही वास्तविक कला है।

मैं इसे अपना सौभाग्य मानता हूँ कि विद्वान् लेखक ने अपनी इस कृति के सम्पादन करने का अवसर मुझे दिया है। यात्रा को

मंज़िलो में और मंज़िलों को भी अनेक टुकड़ों में मैंने बाँटा है, तथा पाद टिप्पणियाँ भी प्रायः सब मेरी हैं। यह अभीष्ट था कि मेरी लिखी सब पाद-टिप्पणियाँ कोष्टकों मे रहतीं, पर छपाई की भूल-चूक से अनेक जगह वैसा नहीं हो पाया। वास्तव में पृ० १३, १९४, १९५, १९६ की ३, २०० की ३, २०२, २०४, और ३०६ की टिप्पणियों के सिवाय बाकी सभी मेरी है।

इस पुस्तक के शुरू के अंश प्रयाग की सरस्वती, काशी के विद्यापीठ तथा पटना के देश मे छप चुके है। उनके मालिकों ने उन्हें फिर से छापने की इजाजत दी, तथा सरस्वती मे जो चित्र छपे थे उनके ब्लाक भी देने की कृपा की, इसके लिए प्रकाशक की ओर से उन्हे अनेक धन्यवाद।

स्वामी जी का आग्रह था कि यह पुस्तक सन् १९३३ मे प्रकाशित हो जाय। मुझे खेद है कि अन्य अनेक धन्धो मे मेरे व्यस्त रहने से वैसा न हो सका। इस से भी बढ़ कर मुझे इस बात का खेद है कि इसे जल्दी छपवाने के विफल प्रयत्न मे छपाई की भूल-चूक बहुत रह गई है।

प्रूफ देखने का कार्य श्रीयुत वीरसेन विद्यालंकार तथा राजनाथ पांडे बी० ए० ने किया है, जिसके लिए वे दोनो धन्यवाद के पात्र हैं। इस ग्रन्थ की छपाई के समय वे दोनो सज्जन भी अन्य कार्यों में बहुत व्यस्त रहे, इसी से गलतियाँ रह गई।

प्रयाग

८-३-३४ जयचन्द्र

विषय-तालिका

चित्र सूची

संशोधन-परिवर्धन

शुद्धाशुद्ध-पाठ की सूची का पाठक लोग बहुत कम ही उपयोग करते है। इसलिए उन्हे मैंने पाठकों के ही शुद्ध करने के लिए छोड़ दिया है। हाँ, कुछ और स्थान हैं जिनके बारे में मुझे यहाँ कुछ कह देना है।

(१) कई जगह मैंने विभिन्न भारतीय और तिब्बतीय ऐतिहासिक पुरुषों के समय दिये हैं, लेकिन सबसे प्रामाणिक समय वे हैं जिन्हे मैंने इस विषय की अपनी अन्तिम पुस्तक 'तिब्बत में बौद्ध धर्म' में दिया है। उससे ले कर एक छोटी सी सूची पं० राजनाथ ने ग्रंथ के अंत मे लगा दी है, जिससे समय को सुधार लेना चाहिए।

(२) पृष्ठ २८ मे माहुरी लोगों को मैंने मौखरी लिखा है, जो कि और देखने से गलत मालूम होता है। मगध के पीछे वाले गुप्तों को मंजुश्री मूलकल्प मे मथुराज (मथुरा मे उत्पन्न) बतलाया है; इससे माहुरी, माथुरी जाति मालूम होती है।

(३) पृष्ठ १८९ मे दलाई लामा को बुद्ध का अवतार लिखा है, जिसकी जगह बोधिसत्व अवलोकितेश्वर का अवतार पढ़ना चाहिए। १३ वे दलाई लामा मुनिशासन-सागर का १८ दिसम्बर की रात को देहान्त हुआ है।

(४) १८८ पृष्ठ मे पढ़ना चाहिए—तिब्बत की अधिकांश बस्तियाँ १२ हजार फुट से ऊपर हैं; हिमालय की ऊँची दीवारों के कारण समुद्र से चले बहुत कम बादल वहाँ तक पहुँचते है, जिसकी वजह से वर्षा की तरह बर्फ भी वहाँ कम पड़ती है।

(५) पृष्ठ १९४—विक्रमशिला विहार को महाराज धर्मपाल (७६९—८०९ ई०) ने स्थापित किया था।

(६) पृष्ठ २०८-९—आचार्य दीपंकर का जन्म भागलपुर का ही मालूम होता है। भगलपुर या भगलपुर का नाम तिब्बती ग्रंथों मे आया है, और उसे विक्रमशिला के दक्षिण मे बतलाया गया है जो कि सुल्तानगंज को विक्रमशिला मानने पर ठीक जँचता है; किन्तु वहाँ 'नातिदूर' लिखा है। परन्तु एक तिब्बत मे बैठे आदमी के लिए १२-१४ मील को 'नातिदूर' लिखना असम्भव नहीं है।

पटना
३-३-३४

राहुल सांकृत्यायन

आचार्य शान्तरक्षित

तिब्बत में सवा बरस

पहली मंजिल

भारत के बौद्ध खँडहरों में

§ १. लंका से प्रस्थान

सन् १९२६ में मैंने कश्मीर से लदाख की यात्रा की थी। वहाँ से लौटते हुए दलाई लामा के ङरी-ख्रोर्सुम[1] प्रदेश में कुछ दिनों रहा, किन्तु तब कई कारणों से वहाँ अधिक न ठहर सका। सन्

[१. पच्छिमी तिब्बत को, अर्थात् कैलाश पर्वत से पच्छिम के प्रान्त को, ङरी कहते हैं। उसी का पूरा नाम है ङरी-ख्रोर्सुम अर्थात् ङरी-चक्रत्रय-ङरी के तीन प्रान्त। ङरी का शब्दार्थ—शक्ति। अलमोड़ा से जो यात्री कैलाश जाते हैं, वे ङरी में ही पहुँचते हैं।

१९२७-२८ मे मैने सिंहल-प्रवास किया ; उस समय मुझे फिर तिब्बत जाने की आवश्यकता मालूम हुई । मैने देखा कि भारतीय दार्शनिको के अनेक ग्रन्थों के अनुवाद तथा भारतीय बौद्ध धर्म की बहुमूल्य ऐतिहासिक सामग्री मुझे तिब्बत जाने मे ही मिल सकती है। मैने निश्चय कर लिया कि पाली बौद्ध ग्रन्थों का अध्ययन समाप्त कर तिब्बत अवश्य जाऊँगा ।

१९२८ में मेरा सिंहल का कार्य समाप्त हो गया और पहली दिसम्बर की रात को डाक से मैं अपनी यात्रा के लिए रवाना हुआ । कहने की आवश्यकता नहीं कि तिब्बत जाने का रास्ता और उपाय मैंने पहले ही से सोच रक्खा था। मैं यह जानता था कि खुल्लमखुल्ला ब्रिटिश सीमा पार करना लगभग असम्भव होगा। पासपोर्ट के झंझटों मे पड़ना और अधिकारियो की कृपा की राह देखते रहना मुझ से न हो सकता था । कलिम्पोङ से सीधा ल्हासा का मार्ग तो बहुत खतरनाक था, क्योंकि उधर ग्यांची तक अँगरेज़ी निगाह रहती है। इसीसे मैंने अधिकारियों की आँख बचा तिब्बत जाने का निश्चय किया। मैंने नेपाल का रास्ता पकड़ा। नेपाल घुसना भी आसान नहीं है। वहाँ के लोग भी अँगरेज़ी प्रजा को बहुत सन्देह की दृष्टि से देखते हैं। और यही हालत भोटिया (तिब्बती) लोगों की है। इस प्रकार मै तीन गवर्न्मेंटो से नज़र बचा कर ही अपने लक्ष्य पर पहुँच सकता था। अस्तु ।

यात्रा के सम्बन्ध मे जानने के लिए श्रीयुत कावागुची, तथा

मदाम नील आदि की पुस्तकें मैंने पहले पढ़ी थीं। उन से मुझे भोटिया लोगों के स्वभाव-बर्ताव की जानकारी के सिवा मार्ग के सम्बन्ध में कोई सहायता न मिली। अन्त में भारतीय सरकार के सर्वे के नक्शों से काठमांडू (नेपाल) से तिब्बत जाने वाले रास्तों को मैंने लिख डाला। नक्शों तथा वैसी दूसरी सन्देह की चीज़ों को पास नहीं रखना चाहता था। नेपाल में घुसने को मैंने शिवरात्रि का समय उपयुक्त समझा। सन् १९२३ में शिवरात्रि के समय मैं नेपाल हो आया था, और चुपके से डेढ़ मास वहाँ रहा भी था। मैंने देखा, अभी शिवरात्रि को तीन मास बाकी हैं। सोचा, इस बीच पच्छिमी और उत्तरी भारत के बौद्ध ऐतिहासिक और धार्मिक स्थानों को देख डालूँ।

कोलम्बो से चल कर सवेरे हमारी ट्रेन तलैमन्नार पहुँची। यहाँ स्टीमर का घाट है। भारत और सिंहल के बीच का समुद्र स्टीमर के लिए सिर्फ दो घंटे का रास्ता है। उस में भी सिर्फ चंद मिनट ही ऐसे आते हैं जिन में कोई तट न दिखाई देता हो। सिंहल से आने वाली सभी चीज़ों की जाँच कस्टम-अधिकारियों द्वारा धनुष्कोडी में होती है। मैंने प्रायः पाँच मन पुस्तकें, जिन का अधिकांश त्रिपिटक[1] और उन की अट्ठकथायें[2] थीं, जमा की थीं। खोलने और फिर अच्छी तरह न बन्द करने में पुस्तकों के खराब

[१. बौद्ध धर्म-ग्रन्थ तीन पिटकों में विभक्त हैं।]

[२. अट्ठकथा = अर्थकथा = भाष्य।]

होने के डर से मैंने अपने सामने खोले जाने के लिए उन्हें साथ रक्खा था।

धनुष्कोडी मे पुस्तके दिखा कर मैंने उन्हें पटना रवाना किया। फिर वहाँ से रामेश्वर, मदुरा, श्रीरगम्, पूना देखते हुए कार्ले पहुँचा। कार्ले की पहाड़ी मे कटी गुफाये स्टेशन मलवाड़ी (जी० आई० पी०) से प्राय: अढाई मील है। बराबर मोटर की सड़क है। साबुत पहाड़ काट कर ये गुफाये बनाई गई हैं। चैत्यशाला विशाल और सुन्दर है, जिस के अन्त के छोर पर पत्थर काट कर एक बड़ा स्तूप बनाया गया है। शाला के विशाल स्तम्भो पर कही कही बनवाने वालो के नाम भी खुदे हैं। शाला के बगल मे भिक्षुओ के रहने की छोटी-छोटी कोठरियाँ है। ऊपर सुन्दर जलाशय है। यह सब आध मील से ऊपर की चढ़ाई पर है।

कार्ले से नासिक पहुँचा। नासिक के आसपास भी बहुत सी लेणियाँ (गुहाये) हैं। सब को देखने का मुझे अवसर नहीं था। मै १२ दिसम्बर को सिर्फ पांडव गुफा को देखने गया। यह शहर से प्राय: पाँच मील दूर है। सड़क है, मोटर और टमटम भी सुलभ हैं। यहाँ कार्ले जितना चढ़ना नहीं पड़ता, बाई ओर कितने ही महायान देवी-देवताओ की मूर्तियाँ भी हैं। बड़ी चैत्य-शाला के छोर मे विशाल बुद्धप्रतिमा है। एक चैत्यशाला के चैत्य को खोद कर ब्राह्मण देवता की प्रतिमा भी बनाई गई है। लेखो मे

ब्राह्मण-भक्त शक राजकुमार उषवदात[1] और उस की कुटुम्बिनी के भी लेख हैं।

नासिक से मुझे वेरूळ[2] जाना था। औरङ्गाबाद स्टेशन पर उतर कर मुझे एक विचित्र अनुभव हुआ। प्लैटफार्म के बाहर निकलते ही पुलिस के सामने हाज़िर होना पड़ा। नाम बतलाने में तो मुझे कोई उज्र था। किन्तु जब अपमानजनक स्वर में पुलिस के सिपाही ने बाप आदि का नाम पूछा तब मैंने इनकार कर दिया। फिर क्या था, वहाँ से मुझे थाने में, फिर तहसीलदार के पास तक घसीट कर हैरान किया गया। इससे कहीं अच्छा होता यदि हैदराबाद की नवाबी ने बाहर से आनेवालों के लिए पासपोर्ट का नियम बना दिया होता। ख़ैर। तहसीलदार साहब भलेमानस निकले। उन्हों ने मद्रास के गवर्नर के आज वेरूळ-दर्शन का बहाना बता कर मुझे छुट्टी दी। दूसरे दिन मोटर-बस पर चढ़ कर प्रायः ५ बजे वेरूळ पहुँचा। उसी बस से एक और अमे-

[१. ई० पू० १०० से कुछ पहले शकों ने अपने देशशकस्थान (सीस्तान) से सिन्ध-गुजरात पर चढ़ाई की थी, और वहाँ से उज्जैन-महाराष्ट्र पर। उज्जैन का शक राजा नहपान बहुत प्रसिद्ध हुआ। उषवदात नहपान का जमाई था। पैठन (महाराष्ट्र) के राजा गौतमीपुत्र सातकर्णि ने नहपान या उस के किसी वंशज को मार कर ५७ ई० पू० में उज्जैन वापिस लिया। गौतमीपुत्र ही प्रसिद्ध विक्रमादित्य था।]

[२. 'वेरूळ' का बिगाड़ा हुआ अँग्रेज़ी रूप है-'एलोरा'!]

रिकन भी आये थे। सड़क से गुफा जाते वक्त पता लगा वे भी मेरी तरह मस्तमौला हैं। सूथर महाशय 'ओहायो वेस्लियन विश्वविद्यालय' (अमेरिका) के धर्मप्रचार-विभाग के अध्यक्ष हैं। वे अमेरिका से अंकोरवाट[1] आदि की भारतीय भव्य प्राचीन विभूतियों को देखते हुए भारत आ पहुँचे थे। उन्होंने बहुत सहानुभूति-पूर्ण मानव हृदय पाया है। वेरूळ में कोई डाकबँगला नहीं है और न कोई दूकान। गुहा के पास ही पुलिस-चौकी है। सिपाही मुसलमान हैं और बहुत अच्छे लोग हैं। कह देने भर से यात्री की अपनी शक्ति भर सहायता करने के लिए तैयार हो जाते हैं।

प्रथम हम ने कैलाश-मन्दिर से ही देखना आरम्भ किया। एक विशाल शिवालय आँगन द्वार कोठे कमरे हाथी वाहन नाना मूर्ति चित्र आदि महापर्वतगात्र को काट काट कर गढ़े गये हैं। यह सब देख कर मेरे मित्र ने कहा—इस के सामने अंकोरवाट की गिनती नहीं की जा सकती। यह अतीत भारत की सम्पत्ति, दृढ मनोबल, हस्तकौशल सभी का सजीव स्वरूप है।

कैलाश समाप्त कर कैलाश के ही चश्मे पर हम दोनो ने अपने मेहरबान सिपाही की दी हुई रोटियो से नाश्ता किया। इस के बाद बौद्ध गुहाओं के हिस्सेवाले छोर से देखना आरम्भ किया।

[१. आधुनिक फ्रांसीसी हिन्दचीन के कम्बुज प्रान्त में, जो कि एक प्राचीन आर्य उपनिवेश था।]

कैलाश के बाईं ओर के छोर से १२ बौद्ध गुहायें और फिर ब्राह्मण गुहायें हैं, जिन के बीच मे कैलाश है। अन्त में चार जैन गुहायें हैं। वस्तुतः इन को गुहा न कह कर पहाड़ में काटे हुए महल कहना चाहिए। कल मद्रास के गवर्नर के आने से यहाँ खूब सफाई हो गई थी, इस लिए हमे चमगादड़ों की बदबू और ततैयो के छत्तो से टकराना न पड़ा।

सूर्यास्त हो गया था। उस वक्त हम अन्तिम जैन गुहा को समाप्त कर पाये थे। लौटते वक्त हमारे दिमाग मे कभी पहाड़ को काट कर अपनी श्रद्धा और कीर्ति को अटल करने वाले अपने उन पुरखो की पीढ़ियो का खयाल आ रहा था। हिन्दू, बौद्ध और जैन धर्म की विशाल कला कृति तथा हृदयों को इस प्रकार एक पंक्ति एक स्थान मे शताब्दियो अनुपम सहिष्णुता के साथ फूलते-फलते देखना क्या आश्चर्य-युक्त बात नहीं थी ?

१४ दिसम्बर को हम दोनो ने वहीं पुलिस की चौकी में विश्राम किया। बस्ती कुछ दूर दूर है। यदि ये भलेमानस सिपाही न हों, तो यात्रियो को यहाँ रहने मे बहुत तकलीफ हो सकती है। उन्होंने हमारे लिए दो चारपाइयाँ दे दीं और शाम को गर्म गर्म रोटियाँ भी। सूथर महाशय भाग्यवान् थे, उन्हें गर्म चाय भी मिल गई।

१५ दिसम्बर को हम ने वहाँ से दौलताबाद की ओर पैदल प्रयाण किया। रास्ते मे, खुल्दाबाद मे, हठधर्मी सम्राट्

औरगजेब की समाधि भी देखी, जिस के सामने पीर जैनुद्दीन की समाधि है। देवगिरि (दौलताबाद) का दूर तक फैला हुआ खँडहर बीच मे खड़ी अकेली पहाड़ी पर अनेक सरोवरो दरवाजो भूल-भुलइया पानी के चहबच्चों मंदिरध्वंसो मीनारो तहखानो से युक्त विकट दुर्ग आज भी मनुष्य के चित्त मे आश्चर्य पैदा किये बिना नहीं रहता। पानी का आराम तो पहाड़ी की चोटी के पास तक है। इन्हीं देवगिरिवासियों की ही विभूति और श्रद्धा की सजीव मूर्ति है उक्त कैलाश और उस के पास की गुहायें। देखते ही दिल बाग़ी होने लगता है। भला इन के स्वामी कैसे पराजित हो सकते थे ? लेकिन पराजित होना सत्य है।

तीसरे पहर हम लोग औरङ्गाबाद आये। सूथर महाशय ने पहले ही से डाक-बँगले मे इन्तज़ाम कर लिया था, इसलिए मेरे लिए भी आसानी हुई। दूसरे ही दिन हमे अजिंठा के लिए चल देना था, इसलिए मैं भी अपना सामान परिचित गृहस्थ के यहाँ से उठा लाया।

§ २. अजिंठा

सुनने मे आया था कि सवेरे ही फर्दापुर को बस जाता है, लेकिन वह नौ बजे चली। निज़ाम सरकार ने बसो का ठेका दे रक्खा है, जिस से एक आदमी मनमानी कर सकता है। इस मनमानी मे यात्री को पैसा अधिक देना और कष्ट उठाना पड़ता है। किसी तरह हम लोग एक बजे फर्दापुर के डाक-बँगले पर

पहुँचे। गवर्नर साहब चले गये थे। निज़ाम-सरकार के अफसर लोग खेमे वगैरह बँधवा रहे थे। भोजन के बाद हम अजिंठा देखने चले। डाक-बँगले से यह प्रायः तीन मील है। बहुत दिनों से अजिंठा के दर्शन की साध थी। आज पूरी हुई। यहाँ भी गवर्नर के लिए खास कर सफाई हुई थी। हमने घूम घूम कर नाना समयों की बनी नाना गुहाओं सुन्दर चित्र प्रतिमाओं शालाओं स्थान की एकान्तता जल की समीपता हरियाली से ढँके पहाड़ों की सुन्दरता को अतृप्त हो देखा। अभी पूरी तौर देख भी न पाये थे कि "बन्द होने का समय आ रहा है" कहा जाने लगा। किसी प्रकार अन्तिम गुहाओं को भी जल्दी जल्दी समाप्त किया।

रास्ते में लौटते वक्त सूथर महाशय ने इन कृतियों की चर्चा के साथ वर्तमान भारत की भी कुछ चर्चा छेड़ दी। उन्होंने वर्तमान भारत के विचार और जातीय वैमनस्य की भी बात कही। मैंने कहा—विचार तो वही हैं जो एक उठती हुई जाति के होने चाहिएँ। और यह भी निस्सन्देह है कि बाधाओं के होते हुए भी ये विचार आगे बढ़ने से रोके नहीं जा सकते। वैमनस्य हमारी बड़ी भारी निर्बलता है। जातीयता और मज़हब एक चीज नहीं है और न वे एक दूसरे से बदलने लायक चीज़ें हैं। दोनों का एक दूसरे पर असर पड़ता है और वह अनुचित भी नहीं है। तो भी जब कोई मज़हब जाति के अतीत से आते हुए प्रवाह को—उस की सस्कृति को—हटा कर स्वयं स्थान लेना चाहता है, तब यह उस की बड़ी जबर्दस्त धृष्टता है, और यह अस्वाभाविक भी है। हिन्दुस्तान

में इस्लाम ने यह गलती की और कितने ही ईसाई भी कर रहे हैं। सूथर महाशय ने कहा—इसे हम लोग हर्गिज़ नहीं पसन्द करते। मैंने कहा—अब छुआछूत पहले सी कहाँ है? जो है वह भी कितने दिनों की मेहमान है? क्या हिन्दुस्तानी नाम हिन्दुस्तानी वेष हिन्दुस्तानी संस्कृति और हिन्दुस्तानी भाषा को रखते हुए कोई सच्चा ईसाई नहीं बन सकता? मैं यह मानता हूँ कि अधिकांश अमेरिकन पादरी इस को पसन्द नहीं करते। उन्होंने कहा—मैं अपनी इस यात्रा में भारत में अपने मिशन वालों से मिलते वक्त इसकी अवश्य चर्चा करूँगा। मैंने कहा इसी तरह यदि भारतीय मुसलमान भी चाहते तो कभी यह फूट न होती। लेकिन समय दूर नहीं है, जब ये गलतियाँ दुरुस्त हो जायँगी। भारत का भविष्य उज्ज्वल है।

§ ३. कन्नौज और सांकाश्य

१७ दिसम्बर को हम फर्दापुर से जलगाँव के लिए बैलगाड़ी पर पाहुर तक १० मील आये, फिर २४ मील जलगाँव तक बस में। जलगाँव से मैं तो उसी दिन साँची के लिए रवाना हो गया, किन्तु सूथर साहब ने दूसरे दिन आने का निश्चय किया। सवेरे मैं साँची पहुँच कर उसे देखने गया। कभी ख्याल आता था कि यही वह स्थान है जहाँ अशोक के पुत्र महेन्द्र सिंहल में धर्म-प्रचारार्थ हमेशा के लिए प्रस्थान करने से पूर्व कितने ही समय तक रहे थे। यही स्थान है, जहाँ बुद्ध का शुद्धतम धर्म (स्थविर-

बाद) मगध छोड़ शताब्दियों तक रहा। उसी समय तथागत के दो प्रधान शिष्यों महान् सारिपुत्र और मौद्गल्यायन की शरीर-अस्थियाँ यहाँ विशाल सुन्दर स्तूपों में रक्खी गई थीं, जो अब लन्दन के म्यूज़ियम की शोभा बढ़ा रही हैं।

साँची के स्तूपों को गद्गद हो देखा। भोपाल राज्य के पुरातत्वविभाग के सुन्दर प्रबन्ध को भी देख कर अत्यन्त सन्तोष हुआ। लौट कर स्टेशन आया तब मूथर साहब भी आ गये थे, इसलिए एक बार उन्हें दिखाने के लिए भी जाना पड़ा।

१९ से २६ तारीख़ तक कोच में अपने एक पुराने मित्र के यहाँ रहना हुआ। दशार्णों[1] का देश सूखा होने पर भी कितना मधुर है !

अब मुझे शिवरात्रि से पूर्व मध्यदेश[2] के बुद्ध के चरणों से परिपूत कितने ही प्रधान स्थानों को देख लेना था। २७ दिसम्बर में मैंने फिर बाबा रामउदार की काली कमली पहनी, एक छोटा सा झोला और आनन्द की सिंहल पहुँचाई बाल्टी साथ ली। २७ को कन्नौज पहुँच गया। बे-घर को घर की क्या फ़िक्र ? इक्के

[१. दशार्ण पूरबी मालवे का पुराना नाम है। अब भी वह धसान कहलाता है।]

[२. कुरुक्षेत्र से बिहार तक का प्रान्त प्राचीन काल में मध्यदेश कहलाता था। नेपाली उसे अब भी मधेस कहते हैं।]

वाले से कहा, शहर से बहुत दूर न हो ऐसी बगीची में पहुँचा दो। एक छोटी सी बगीची मिल भी गई। पुजारी जी ने अकिंचन साधु को उस के लायक ही स्थान बतला दिया। खुली जगह थी, दो वर्ष बाद जाड़े से भेंट हुई थी, इसलिए मधुर तो नहीं लगा।

कन्नौज ? नया कन्नौज तो अब भी बिना गुलाब का छिड़काव किये ही सुगन्धित हो रहा है। लेकिन मैं तो मुर्दों का भक्त ठहरा। २८ को थोड़ा जलपान कर चला टीलों की खाक छानने। ऐसे तो सारा ही देश असह्य दरिद्रता से पीड़ित हो रहा है, लेकिन प्राचीन नगरों का तो इस में और भी अभाग्य है। शताब्दियों से उन का पतन आरम्भ हुआ, अब भी नहीं मालूम होता कहाँ तक गिरना है। विशेष कर श्रमजीवियों की दशा अकथनीय है। मैंने चमारों के यहाँ जा कर एक जान कार आदमी को साथ लिया। एक दिन के लिए चार आना उस ने काफी समझा।

कन्नौज क्या एक दिन में देखने लायक है ? और उस का भी पूरा वर्णन क्या इस लेख में लिखना शक्य है, जिस का मुख्य सम्बन्ध एक दूसरे ही सुदीर्घ वर्णन से है ? मैं अजयपाल, रौज़ा, टीला मुहल्ला, जामा मस्जिद (=सीता रसोई), बड़ा पीर, क्षेमकलादेवी, अक्षयवट जहानिया, कालेश्वर महादेव, फूलमती देवी, मकरन्द नगर तक ही पहुँच सका। हर जगह पुरानी टूटी-फूटी चीजों की अधिकता, अर्धसत्य कहावतों की भरमार, पुरातन सुन्दर किन्तु अधिकतर खण्डित मूर्तियाँ, इतिहास-प्रसिद्ध भव्य

कान्यकुब्ज की क्षीण छाया प्रदर्शित कर रही थीं। फूलमती देवी के तो आगे-पीछे बुद्ध प्रतिमायें ही अधिक दिखलाई देती हैं।

आदमी को चार आने पैसे दिये, उसने अपने पड़ोसियों से कुछ पुराने पैसे[1] दिलवाये, उसके लिए भी उन्हें दाम मिला। वहाँ से मैं इक्के के ठहरने की जगह गया। किन्तु मेरे अभाग्य से वहाँ कोई न था। पास में कुछ मुसलमान भद्रजन बैठे थे। उन्होंने देखते ही कहा--आइए शाह साहेब, कहाँ से तशरीफ लाये? मैंने कहा—भाई, दुनिया की खाक छानने वालों से क्या यह सवाल भी करना होता है?

"जुमा की नमाज क्या जामा मस्जिद में अदा की? पान खाइए।"

"शुक्रिया है, पान खाने की आदत नहीं। फर्रुखाबाद जाना है।"

उन्हें मेरी काली लम्बी अल्फी देख कर ही यह भ्रम हुआ। भ्रम क्यों? हिन्दू भी तो नास्तिक ही कहते। किसी तरह और सवाल का मौका न दे कर वहाँ से चम्पत हुआ। स्टेशन के पास फतेहगढ़ के लिए लॉरियाँ खड़ी मिलीं। बसों और रेल की यहाँ बड़ी लाग-डाँट है। रेल को घाटा भी हो रहा है। अस्तु, पाँच बजे के करीब हम ने कन्नौज से विदाई ली।

---

१. पुराने पैसे कन्नौज के पुराने टीलों पर बरसात के दिनों में बहुत मिला करते हैं।

रास्ते में पुनीत पंचाल[1] के हरे खेत, आमों के बगीचे, देहाती हाट, फटी धोतियाँ, कृश शरीर, नटखट और भविष्य की आशा ग्रामीण विद्यार्थी-समूह को देखते ठीक समय पर फर्रुखाबाद पहुँचा। वहाँ से फतेहगढ़ को गाड़ी बदली, उसी दिन मोटा स्टेशन पहुँच गया।

रात को खुली हवा में मोटा स्टेशन पर ही सर्दी की बहार लूटी। सबेरे संकिसा-बसन्तपुर का रास्ता लिया। काली नदी की नाव ने २९ दिसम्बर को पहले-पहल मुझे ही उतारा। खेतों में भूलते-भटकते पूछते-पाछते तीन मील दूरी तय कर बिसारी देवी के पास पहुँच गया। देखा भारत के भव्य भूत की जीवन्त मूर्ति सम्राट् अशोक के अमरकीर्ति स्तूपों में से एक के शिखर-हस्ती के पास ही कुछ क्षीण-काय मलिन-वेष भारत-सन्तानें धूप सेंक रही हैं। पुष्कर गिरि बेचारे ने परिचित की भाँति स्वागत किया। मुँह आदि धोने के बाद प्राचीन अशोक स्तूप को दखल करने वाली परिचय-रहित बिसारी देवी का दर्शन किया। पुष्कर गिरि ने भोजन बनाने की तैयारी आरम्भ की, और मैं गढ़ संकिसा की ओर चला। पांचालों के पुराने महानगर सांकाश्य का ध्वंस भी वैसा ही महान् है। गाँव में अधिकांश मकान पुरानी ईंटों के ही बने हुए हैं। कहते हैं, दूर तक कुआँ खोदते वक्त कभी कभी लकड़ी के तख्ते मिलते

[१. कन्नौज-फर्रुखाबाद का इलाका प्राचीन दक्षिण पंचाल देश है; उस के उत्तर रुहेलखंड उत्तर पंचाल।]

है। क्यों न हो, क़िले महल फ़र्श सभी किसी समय लकड़ी के तख्तों के ही तो होते थे। संकिसा फ़र्रुख़ाबाद ज़िले मे है। इसके पास ही सराय-अगहत एटा मे है, जहाँ अब भी कितने ही जैन (सरावगी) परिवार वास करते हैं। कितने ही दिन हुए वहाँ भी मूर्त्तियाँ निकली थी। संकिसा पुराने नगर के ऊँचे भीटे पर बसा हुआ है। पुष्कर गिरि के हाथ का बनाया सुमधुर भोजन ग्रहण कर उसी दिन शाम को तीन ज़िलो का चक्कर लगा कर मे मोटा (मैनपुरी ज़िला) पहुँचा।

§ ४. कौशाम्बी

अब मेरा इरादा कुरुकुल दीप की अन्तिम शिखा वत्सराज उदयन[1] की राजधानी कौशाम्बी देखने का था। मोटा से भरवारी का टिकट लिया। शिकोहाबाद मे रात की ट्रेन कुछ देर से मिलती है। सबेरे भरवारी[2] पहुँच गया। उतरने ही हाथ-मुँह धो पहले पेट-पूजा करनी शुरू की। मैंने पभोसा जा कर कौशाम्बी आने का निश्चय किया। मालूम हुआ, करारी तक सड़क

[१. कौशाम्बी का राजा उदयन भगवान् बुद्ध के समय में था। उज्जैन के राजा प्रद्योत ने उसे कैद कर लिया था; उसी कैद में उस का प्रद्योत की बेटी वासवदत्ता से प्रेम हो गया, और तब युवक-युवती एक षड्यन्त्र कर भाग निकले थे।]

[२. इलाहाबाद से २४ मील पश्चिम रेलवे-स्टेशन।]

है। वहाँ तक को इक्का मिलेगा, उसके बाद पैदल जाना होगा इक्का किया। खाते ही सवार हुआ। तेज इक्के को कच्ची सड़क पर भी ९ मील जाने मे कितनी देर लगती है? करारी मे जा कर मैंने किसी आदमी को साथ लेने का विचार किया। गाँव मे अधिकतर मुसलमान निवास करते हैं। बहुत कहने-सुनने से दो मुसलमान लड़के चलने को तैयार हुए। मैंने उन के लिए भी अमरूद खरीद दिये। गाँव से बाहर निकलते ही एक मध्यवयस्क पतली-दुबली मूर्त्ति जिस के चेहरे से ही मुहब्बत टपक रही थी, मिली। ये इस गाँव के पुराने मुसलमान अमीर खानदानो मे से थे। देखते ही बोले—

"शाह साहब, इस वक्त कहाँ तशरीफ ले जा रहे हैं? आज मेरे गरीबखाने पर तशरीफ रखिए।"

"भई, आज पभासा पहुँचना है।"

"फकीरों को आजकल मे क्या फरक? आज मेरे गरीबखाने को पाक कीजिए। हम बद-किस्मतो को कहाँ ऐसी हस्तियाँ नसीब होती हैं?"

जान-बूझ कर तमप्-प्रत्यय नहीं बोल रहे थे। ऐसे प्रेम के बन्धनो से छूटना बहुत मुश्किल है ही, बड़ी मुश्किल से वहाँ से जान बचा पाये। अभी उन के गाँव के खेतो मे ही थे। तब तक एक लडका पाखाने का बहाना कर नौ-दो-ग्यारह हुआ। दूसरे को भी मैंने इधर-उधर झाँकते देखा। कुछ पैसे दे लौटा दिया। बेचारो

ने लौट कर शाह साहब की तारीफ का पुल ज़रूर बाँध दिया होगा।

करारी से पभोसा पाँच कोस बतलाते हैं। दिसम्बर का दिन था, एक से अधिक बज चुका था, रास्ता भी अनदेखा, इसलिए जल्दी जल्दी कदम रखना ही अच्छा मालूम हो रहा था। खेत वैसे चारो ओर हरे-भरे थे, तो भी ताज़ी वर्षा ने उन की शोभा और बढ़ा दी थी। आगे बबूल के दरख्तों के नीचे इनी-गिनी भेड़-बकरियाँ लिये कुछ कुमार-कुमारियाँ उन्हें चरा रहे थे। यद्यपि एक एक अंगुल बोई भूमि में भेड़ों के चरने का युग चला गया है, तो भी वे शताब्दियों पुराने गीत कान में अँगुली लगा कर आज भी गा रहे थे। मैं खेतों में रास्ता भूल गया था, इसलिए रास्ता पूछने के लिए उन के पास जाना पड़ा। वहाँ एक और साथी कुछ दूर आगे जाने वाला मिल गया। उसका मकान गंगा की नहर के किनारे बसे आगे के बड़े गाँव में था। गरीब मालिक के लिए गाँजा खरीदने गया था। हम को तो उस गाँव से कोई काम न था, आज ही पभोसा पहुँचना था। उसने कहा, यदि मालिक ने छुट्टी दे दी तो मैं आप को पभोसा तक पहुँचा दूँगा। आगे नहर पर मैंने थोड़ी देर इन्तिज़ार किया। फिर जान लिया कि मालिक की मर्ज़ी न हुई होगी। मैंने रास्ता पूछा और यह भी कि रास्ते में कहीं कोई पंडित है। मुझे नहर की पटरी पर ही एक पंडितजी का घर बतला दिया गया। जल्दी जल्दी मैं वहाँ पहुँचा अब दिन बहुत नहीं रह गया था। पभोसा पहुँचने का लोभ अब भी दिल

से न हटा था। पंडितजी के बारे मे पूछा। वे घर में थे, निकल आये। पीछे एक अपरिचित गरीब साधु को देख कर उन के चित्त मे भी वही हुआ जो एक अभागे देश के साधन-हीन गृहस्थ के हृदय मे हो सकता है। उन्होंने आगे एक बहुत सुन्दर टिकाव बतलाया। मेरी भी तो अन्तरात्मा पभोसा मे थी। आगे चल कर नहर छोड़नी पड़ी। रास्ता खेतो मे से हो कर था। भूलने पर कहीं कहीं ऊख के कोल्हू के पास जाना पड़ता था। जाते जाते नालो के आरम्भ होने से पूर्व ही सूर्य ने अपनी लाल किरणो को भी हटा लिया। अब रास्ता कुछ अधिक स्पष्ट था, तो भी पोरसों[1] नीचे, पोरसो ऊपर आने वाले रास्ते मे, जिस मे जहाँ-तहाँ और रास्ते आते-जाते दिखाई पड़ने थे, रास्ते का क्या विश्वास था? जल्दी कोई गाँव भी नहीं आता था। ख्याल था, यह तो यमुना के उत्तर वत्सों[2] का समतल देश है। परन्तु यहाँ तो चेदियो[3] की-सी ऊबड़-खाबड़, अनेक नालो से परिपूर्ण भूमि है। आखिर पानी की यमुना ही तो इसे चेदि बनाने मे रुकावट डालती है। अब भी

---

१. पोरसा एक पुरुष की ऊँचाई या गहराई चार हाथ। बिहार मे यह बोल-चाल का शब्द है।

२. वत्स देश=प्रयाग के चौगिर्द का प्राचीन प्रदेश जिसकी राजधानी कौशाम्बी थी।

३. चेदि देश=बुन्देलखण्ड, बघेलखण्ड, छत्तीसगढ़। वत्स और चेदि सटे हुए हैं, बीच में केवल जमना है।

आगे बढ़ता जा रहा था, तो भी धीरे धीरे आशा ने साथ छोड़ना आरम्भ किया। दूर भी कहीं कोई चिराग़ टिमटिमाता नहीं दिखाई पड़ता था। उसी समय एक तालाब का बाँध दिखलाई पड़ा। पहले पीपल के दरख़्त के नीचे गया। पीछे पास में एक छोटा सा शून्य देवालय दिखाई पड़ा। विचार किया, इतनी रात को अपरिचित गाँव में ऐसी सूरत से जाने की अपेक्षा यहीं शून्य देवालय में विहार करना अच्छा है। बाहर चबूतरा बहुत पुराना हो जाने से बिगड़ गया था। बिजली की मशाल से देखा टूटी-फूटी अनेक मूर्त्तियों से जटित वह छोटी मढ़ी दिखाई पड़ी। मैंने रात वहाँ बिताने का निश्चय कर लिया। आगे बढ़ने का विचार अभी चित्त से बिदा ही हुआ था कि कुछ दूर पर आदमियों की बात सुनाई दी।

बरगद के पेड़ के नीचे वहाँ दो गाड़ियाँ खड़ी देखीं। मालूम हुआ, कुछ जैन-परिवार दर्शन करने के लिए इन्हीं गाड़ियों पर आये हैं, जो पास ही धर्मशाला में ठहरे हुए हैं। पभोसा पहुँच गये सुन कर बड़ी प्रसन्नता हुई। धर्मशाला के कुएँ से पानी भर लाया और गाड़ीवानों के बगल में आसन लगा दिया। बेचारों ने धूनी भी लगा दी। सवेरे गाँव से हो कर यमुना स्नान को गया। गाँव में कुछ ब्राह्मण-देवालय भी दिखाई पड़े। स्नान से लौट कर पहले विचार हुआ, पहाड़ देखना चाहिए, जिस के लिए इतनी दूर की खाक छानी थी। जब एक पाली-सूत्र में कौशाम्बी के घोषि-

ताराम[1] से आनन्द[2] का 'देवकट सोब्भ' को एक छोटे पर्वत के पास जाना पड़ा था, तब सन्देह हुआ था कि यमुना के उत्तर पहाड़ कहाँ। लेकिन आयुषमान् आनन्द जब इन सभी तीर्थों को घूम कर सिंहल पहुँचे, तब वह सन्देह जाता रहा। इस एकान्त पहाडी के दो भाग है, उत्तर वाला बड़ा पहाड कहा जाता है, जिस के निचले भाग मे पद्म-प्रभु का मन्दिर है। जैन गृहस्थो ने कहा, साथ चले तो दरवाजा खोल कर दर्शन होगा। मै थोड़ा आगे गया। पहाडी की ऊपरी चटानो पर कितनी ही पुरानी छोटी छोटी मूर्तियाँ खुदी हुई हैं। बहुत सी दुर्गम भागो पर हैं। ये मूर्तियाँ अधिकतर जैनी मालूम होती हैं। इस से मालूम होता है सहस्रो वर्ष तक कौशाम्बी के समृद्धि-काल मे यहाँ जैन-साधुजन रहा करते थे। उस समय कौशाम्बी के धनकुबेर यहाँ कितनी ही बार धर्म-श्रवण करने आया करते थे। थोडी देर मे जैन गृहस्थ भी आ गये। उन्हों ने स्वय भी दर्शन किया। मुझे भी बड़े आदर से तीर्थंकर की प्रतिमाओ का दर्शन कराया। बाहर उस समय दो-चार बूँदे पड़ रही थीं। चौड़े गच किये हुए खुले आँगन पर कहीं कही पीली बूँद सी कोई चीज निकली हुई थी। उन्होंने बड़ी श्रद्धा से कहा—यहाँ अतीत काल मे केशर बरसा करता था। तब लोग सच्चे थे, अब आदमियों के बेईमान हो जाने से यही केसर की-सी चीज

---

१. बुद्ध के समय कौशाम्बी में इस नाम का एक विहार था।

२. भगवान् बुद्ध के प्रमुख शिष्य।

निकलती है। मैंने सोचा अतीत की स्मृति कितनी मधुर है। भारत का यही तो एक सबसे पुराना जीवित धर्म है, जो अविच्छिन्न रूप से चला आता है। बौद्ध यदि होते तो बराबरी का दावा करते। शंकर, रामानुज, सभी तो इन के सामने कल के हैं। ढाई हज़ार वर्ष हो गये, कौशाम्बी जन-शून्य गृहशून्य हो गई, भूमि ने कितने ही मालिक बदले, परन्तु इनके लिए केसर की वर्षा की बात पूरी सच्ची है। उन्होंने भोजन करने का निमन्त्रण दिया। कौन उस गाँव में उसे अस्वीकार करता, यदि वह सत्कार बिना भी मिलता? वहाँ से मैं पहाड़ की परिक्रमा करने निकला। फिर ऊपर गया। वहाँ पुराने स्तूप का ध्वंस है। एक छोटा सा नया स्तूप बना हुआ है। वहाँ से पास में एक ओर कलिन्द-नन्दिनी की मन्द नीली धार देखी, जिस के उस पार अभिमानी शिशुपाल का देश[1] फैला है। प्रद्योत ने उधर ही दूर के किसी जंगल में हाथी के शौकीन उदयन को पकड़ा होगा[2]। लेकिन वत्स तब भी स्वतन्त्र रहा, कौशाम्बी स्वतन्त्र वैभव-सम्पन्न कौशाम्बी वर्षों तक यमुना के उस ओर टकटकी लगाये देखती रही। अन्त में उसने एक द्रुतगामिनी हथिनी पर कुरुओं की अन्तिम दीपशिखा को अकेले ही

१. [चेदि।]

२. [देखिये पृ० १५ की टिप्पणी १। उदयन को हाथी पकड़ने का शौक़ था, वह सीमान्त के जंगल में हाथी पकड़ने गया था, तभी प्रद्योत के छिपे सैनिकों ने उसे पकड़ लिया था।]

नहीं, प्रचंड अवन्तिराज की त्रिभुवन सुन्दरी कन्या वासवदत्ता के साथ लौटा दिया। किन्तु आज की कौशाम्बी को क्या आशा है जब कि उस के बच्चे उस की धीरा स्मृति को भुला चुके है!

'बड़ा पहाड' से उतर कर दक्षिण वाले 'मुँढिया' पर चढ़े। इसके ऊपर भी भूमि समतल है, बड़ी बड़ी ईंटो का स्तूपावशेष है। यमुना इस की जड़ से बह रही है। आज यह पहाड़ सूखा है, किन्तु ढाई सहस्र वर्ष पूर्व यहाँ कोई स्वाभाविक जलाशय रहा होगा, जो देव-कट-संभ्र कहा जाता था।

लौटने पर भोजन में अभी थोड़ी देर मालूम हुई। फिर रात-वाली मढ़ी की ओर गया। मालूम हुआ, 'प्रभास-क्षेत्र'[1] के ब्राह्मणों ने तालाब का नाम 'देवकुंड' और मढ़ी को 'अनन्दी' महारानी का पुनीत नाम दे रक्खा है। एक परिमाणाधिक शिर, मध्य में जैन ध्यानी मूर्ति, और नीचे दूसरी किसी मूर्ति का खंड बस "अनन्दी माई" बन गई। पूछने पर तरुण ब्राह्मण ने अपने को "मलइयाँ पाँड़े" बतलाया।

"क्या यहाँ भी मलइयाँ पाँड़े!"[2]

युवक ने कारण बताया। कैसे किसी समय सकृति-वशी किसी सरवार, मलाँव के ब्राह्मण तरुण ने विवाह-सम्बन्ध द्वारा ऊँचा बनने की इच्छा वाले किसी दूसरे ब्राह्मण के फेर मे पड़ कर

1. [सरावगी = श्रावक जैन = उपासक।]

२. [ग्रन्थ के लेखक खुद मलइयाँ पाँडे है। उनके पुरखा गोरखपुर ज़िले के मलाँव गाँव में रहते थे।]

हमेशा के लिए जन्मभूमि को छोड़ दिया। उस ने चलते चलते जैन मन्दिर जाने तथा जैन की पकाई रोटी खाने के बारे मे भी अपनी टिप्पणी कर दी। संकिसा की भाँति यहाँ के लोग 'सरौका'[1] को न-पानी-चलने वाला नहीं कहते।

प्रेम और श्रद्धापूर्वक दी हुई मधुर रसोई, उसपर चौबीस घंटे का कड़ाका, फिर वह अमृत से एक जौ भी कैसे नीचे रह सकती है? वे लोग भी कौशाम्बी जाना चाहते थे, किन्तु उन्हे नाव से जाने का प्रबन्ध करना था। साथ मे बच्चे और स्त्रियाँ भी पर्याप्त संख्या मे थीं, उनका हमारी नजर मे देखना भी न था। इसलिए मैं भोजन के बाद अकेले ही चल पड़ा। सिंहवल एक कोस पर है। उससे आगे पाली। पाली मे पुरानी ईंटों के बने हुए घर देखने में आते हैं। पाली से थोड़ी ही दूर आगे कोसम[2] है। बस्ती में अधिकतर पुरानी मुसलमानी लखौरी ईंटों के बने मकान बतलाते हैं कि कौशाम्बी मुसलमानो के हाथों आते ही एक दम ध्वस्त नहीं कर दी गई।

कोसम से प्राय: आध कोस पर गढ़वा है। यही पुरानी कौशाम्बी का गढ़ है। यह यमुना के तट पर है। दूर तक इस के दुर्ग-प्राकार आज भी छोटी पहाड़ियों से दिखाई पड़ते हैं। इसी के बीच मे एक ऊँची जगह जैन-मन्दिर है। मन्दिर के पास ही

१. [पभोसा का पुराना नाम।]

२ [कोसम नाम स्पष्टत: कौशाम्बी का अपभ्रंश है।]

एक अति सुन्दर खंडित पद्म-प्रभु को प्रतिमा है। जैन-मन्दिर की उत्तर ओर थोड़ी दूर पर विशाल अशोक-स्तम्भ है। यह किस स्थान को सूचित कर रहा है, यह निश्चित तौर पर नहीं कहा जा सकता। घोषिताराम, बदरिकाराम आदि बौद्ध-संघ को दिये गये तीनों ही आराम तो शहर से बाहर थे। सम्भव है, यह उस स्थान को सूचित करता है, जहाँ पर उदयन की रानी बुद्ध की एक श्रद्धालु उपासिका श्यामावती सखियों के सहित अपनी सौत मागन्दी-द्वारा जलवा दी गई थी। श्यामावती बुद्ध के ८० प्रसिद्ध शिष्य-शिष्याओं में है। जलते वक्त उस का धैर्य भी अपूर्व बतलाया गया है। वह महल में जली थी, इसलिए सम्भव है कि यहाँ ही राजकुल रहा हो।

कन्नौज की भाँति कोशम में रास्ता पूछते वक्त एक मुसलमान सज्जन ने अपने मकान ले जाने का बहुत आग्रह किया था। न मानने पर गढ़वा देख कर आने के लिए जोर दिया। यद्यपि उन्होंने 'शाहसाहब' नहीं कहा, तो भी मालूम होता है, उनको भी मुझ में मुसलमानीपन दीख पड़ा था। यही भ्रम एक और मुसलमान ने उसी शाम को सरायआकिल के करीब कुछ दूर पर बकरियों को पत्ता खिलाते हुए, सलामलेकुम् कह कर प्रदर्शित किया था। अँधेरा हो जाने पर सरायआकिल पहुँचा। पक्के कुएँ के पास ही धर्मशाला है, जिस के पास ही मन्दिर के अधिक साफ होने से वहीं रात बितानी चाही। मन्दिर में आसन लगा कर आरती के बाद ठाकुर जी को दण्डवत् करने न जाना मेरा बड़ा भारी अपराध था।

पुजारीजी ने नास्तिक कह ही डाला। लेकिन उस की चोट लगे, ऐसा दिल ही कहाँ? इस प्रकार आकिल की सराय में सन् १९२८ समाप्त हो गया।

पहली जनवरी को बस पर चढ़ मनौरो आया। बस में इलाहाबाद को जाने वाले दफ़्तर के बाबू भी थे। इस बार एक हिन्दू बाबू ने भी मुसलमान होने का सन्देह किया। ख़ैर! उन के साथी ने नहीं माना; और यही अन्तिम सन्देह था। इस सन्देह की भी बड़ी मौज रही। मैं हैरान होता था, सिवा १५-२० दिन के बढ़े हुए बाल के और क्या बात देखते हैं, जो लोग मुझे मुसलमान बनाते हैं? पर उन्हें मालूम नहीं था कि मैं राम-खुदाई दोनों से योजनों दूर हूँ।

§ ५ सारनाथ, राजगृह

प्रयाग में कोई काम नहीं था। यदि कोई मित्र होता तो दाल-रोटी मिल गई होती, लेकिन अब होटलों के युग में इस के लिए तरसने का काम नहीं। उसी दिन छोटी लाइन से बनारस में उतरे बिना ही सारनाथ पहुँच गया। भिक्षु श्रीनिवास सो गये थे। ख़ैर जागे, और सोने को जगह मिली।

बनारस में अपनी टीका-सहित पूर्ण किये हुए 'अभिधर्म कोश'[1] को छपाने तथा यदि हो सके तो उससे तिब्बत के खर्चे

1. [अभिधर्मकोश पेशावर के बौद्ध दार्शनिक वसुबन्धु का प्राचीन ग्रन्थ है। राहुल जी ने उस का सम्पादन किया है।]

का प्रबन्ध करना था। पुस्तक साथ न रहने से उस समय कुछ नहीं हो सकता था। केवल तथागत के धर्मचक्र-प्रवर्तन के इस पुनीत ऋषिपतन[1] का दर्शन कर पाया। ऋषिपतन का भी अब पहले का क्या रहा? तो भी इतना शून्य नहीं है और उसका भविष्य उज्ज्वल है।

शिवरात्रि १० मार्च को पड़नेवाली थी। अभी दो महीने और हाथ में थे। इसमें ४ से ७ तक छपरा में बिता कर पटना पहुँचा, ९ को ही पटना से बख्तियारपुर में गाड़ी बदल कर राजगिरि पहुँच गया। कौडिन्य बाबा की धर्मशाला घर सी ही थी। दो बजे के करीब वेणुवन, सप्तपर्णी-गुहा, पिप्पली-गुहा, बैभार, तपोदा[2] को देखने चला। जिस वेणुवन को तथागत ने संघ के लिए पहला आराम[3] पाया था, जिसमें कितनी ही बार महीनों तक रहकर अनेक धर्म-उपदेश किये थे, आज उसका पता लगाना भी मुश्किल है। वेणुवन की भूमि से होकर नदी के पार

---

१. [बौद्ध वाङ्मय में सारनाथ-बनारस को ऋषिपत्तन कहा जाता है। वहीं बुद्ध ने धर्मचक्र प्रवर्त्तन किया, अर्थात् अपने धर्म का प्रचार आरम्भ किया था।]

२. [बौद्ध वाङ्मय में राजगृह के इन सब स्थानों का उल्लेख है।]

३. आराम माने बगीचा, विहार। बुद्ध को अपने संघ के लिए उस समय की सब बड़ी नगरियों में आराम दान में मिल गये थे, राजगृह में वेणुवनाराम उन में पहला था।

हो महंत बाबा की कुटी मे गया। मालूम हुआ, आठ-नौ वर्ष पहले के बाबा अब इस ससार मे नहीं हैं। वहाँ से बैभार के किनारे तक बहुत दूर तक सप्तपर्णी की खोज में गया। फिर बैभार पर चढ़, उतरते हुए पत्थर से बिना गारे की जोड़ी पिप्पली-गुहा को देखा। महाकश्यप[1] का यही कितने दिनों तक प्रिय स्थान रहा। थोड़ा और उतर तपोदा-सप्तऋषियो के गर्म कुड-पर पहुँच गया। लौट कर दूसरे दिन गृध्रकूट[2] जाने का निश्चय हुआ।

स्वामी प्रेमानद जी साथी मिल गये। उन्होंने पराठे और तरकारी का पाथेय तैयार किया और श्रीकौंडिन्य स्थविर का नौकर मार्ग-प्रदर्शक बना। गृध्रकूट ४ मील से कम न होगा। पुराने नगर में से होते हुए आगे जगल में सुमागधा के सूखे घाट मे हम आगे बढ़े। यही भूमि किसी समय लाखों आदमियों से पूर्ण थी और आज जगल! यही सुमागधा कभी राजगृह और आस-पास के अनेक ग्रामों के तृप्त करने को महान् जलराशि थी, और अब वर्षा मे भी जल-रिक्त! गृध्रकूट पर तथागत की सेवा मे जाने के लिए जिस राजमार्ग को मगध-साम्राज्य के शिला-स्थापक बिम्बिसार ने बनवाया था वह अब भी काम लायक है।

---

१. [महाकाश्यप बुद्ध के एक प्रधान शिष्य थे।]

२. [राजगृह के पास गृध्रकूट नाम का एक विहार बुद्ध के समय बहुत ही प्रसिद्ध था।]

चलते चलते गृध्रकूट पहुँचे। मनुष्यों के चिह्न सब लुप्तप्राय थे, किन्तु जिन चट्टानों पर पीले कपड़े पहने तथागत को देख कर पुत्र के बन्दी[1] बिम्बिसार का हृदय आशा और सन्तोष से भर जाता था उनके लिए हज़ार वर्ष कुछ घण्टे ही हैं। दर्शन के बाद वहीं पराठे खाये गये, और फिर दोपहर तक हम कौंडिन्य बाबा की धर्मशाला में रहे।

उसी दिन १० जनवरी को सिलाव[2] चला आया। जिनसे कुछ काम लेना था वे तो न मिले, किन्तु मौखरियों[3] का गधशाली का भात-चिउड़ा और खाजा तो छोड़ना नहीं होता। सिलाव ब्रह्मजाल सुत्त[4] के उपदेश के स्थान अम्बलट्ठिका तथा महाकाश्यप के प्रव्रज्या-स्थान बहुपुत्रक चैत्य में से कोई एक है। बाबू भगवान-

---

१ [पाली बौद्ध वाङ्मय में लिखा है कि अजात शत्रु ने अपने पिता राजा बिम्बिसार को कैद किया और मार डाला था; पर आधुनिक विद्वान् अब इस बात को सच नहीं मानते।]

२. [नालन्दा के पास एक आधुनिक गाँव। वहाँ के चिउड़े की बिहारी लोग बहुत तारीफ करते हैं।]

३. [गुप्त सम्राटों के बाद मध्यदेश में मौखरि वंश के सम्राट् हुए। हर्षवर्धन की बहन राज्यश्री एक मौखरि राजा को ही ब्याही थी। मौखरियों की एक छोटी शाखा बिहार में भी राज्य करती रही। सिलाव गाँव में अब भी कई 'मोहरी' परिवार हैं।]

४. [बुद्ध के उपदेश किये हुए सूक्तों में से एक का नाम।]

दास मौखरी के हाते मे एक ग्यारहवी-बारहवीं शताब्दी का नया शिलालेख भी देखने को मिला। दूसरे दिन उस की कापी लेने और खाने मे ही दोपहर हो गया। फिर वहाँ से अपनी स्वप्न की भूमि[१] नालन्दा के लिये रवाना हुआ।

दो वर्ष के बाद फिर भव्य नालंदा की चिता देखने आया—उसी नालंदा की जिस के पण्डितो के रौंदे हुए मार्ग को पार करने के लिए मैंने अपनेको तैयार किया है। इच्छा थी, नालंदा मे थोड़ी सी, भविष्य मे कुटिया बनाने के लिए भूमि ले ले। लेकिन इतनी जल्दी में वह काम कहाँ हो सकता था? भीतर-बाहर परिक्रमा कर के निकली हुई मूर्तियाँ, मुद्राये, बर्तन, कोठरियाँ, द्वार, कुएँ, पनाले, स्तूप देखे, एक ठंडी आह भरी और चल दिया।

उसी दिन ११ जनवरी को पटना पहुँच गया। अभिधर्मकोश का पार्सल पहुँच गया था, इसलिए उसके प्रबन्ध मे १३ जनवरी को फिर बनारस पहुँचा। डेरा हिन्दूविश्वविद्यालय मे डाला। प्रकाशक महोदय ने स्वयं पुस्तक देखी, फिर दूसरे विद्वान के पास दिखाने को ले गये। उन्होंने मूल फ्रेंच[२] से कारिकाओं को मिला-

---

१. [ग्रन्थकार का यह स्वप्न-संकल्प है कि नालन्दा में फिर से एक बौद्ध विद्यापीठ स्थापित किया जाय।

२. बेल्जियम के विद्वान् लुई द वाली पूसीं ने अभिधर्मकोश का फ्रेंच में सम्पादन किया है। राहुलजी का नागरी सम्पादन उसी पर आश्रित है।

कर कुछ राय देने के लिए कहा। अठारह तारीख को सारनाथ जाने पर चीनी भिक्षु बोधिधर्म की चिट्ठी मिली। दो वर्ष पूर्व मेरी उनसे राजगृह के जंगल में मुलाकात हुई थी। पीछे सिंहल मे विद्यालंकार-विहार मे ही जहाँ मै रहता था वे भी महीनों रहे। हद से अधिक शान्त थे, इसलिए अपरिचित मनुष्य उन्हे पागल कहने से भी न चूकते थे। देखने से भी उस गर्दन-झुके, मलिन अकृत्रिम शरीर को देख कर किसी को अनुमान भी नही हो सकता था कि वह अन्दर से सुसंस्कृत होगा। सिंहल से लौट कर उन्होंने मेरे लिखने पर अपनी नेपाल-यात्रा के सम्बन्ध मे विस्तार-पूर्वक लिखा था। चीनी-भाषा मे बौद्धदर्शन के वे पण्डित ही न थे, बल्कि उस के अनुसार चलने की भरपूर कोशिश भी करते थे। उन्होंने हम लोगों के भविष्य के कार्य पर ही उस पत्र में लिखा था। मुझे यह न मालूम था कि वही उन का अन्तिम पत्र होगा।

२० जनवरी को पण्डित महोदय की अनुकूल सम्मति मिली। दूसरे दिन प्रकाशक महोदय से बातचीत होने पर मालूम हुआ कि दस-पाँच प्रतियाँ देने के अतिरिक्त और कुछ पारितोषिक देने मे वे असमर्थ हैं। मुझे अपनी यात्रा के लिए कुछ धन की अत्यन्त आवश्यकता थी, इसलिए उन की बात स्वीकार करने मे असमर्थ था। इस प्रकार इस बार का नौ दिन काशी-वास निष्फल ही होता, यदि आचार्य नरेन्द्रदेव ने पुस्तक के कुछ अंशो को देखा न होता। उन्होंने उस को काशी-विद्यापीठ की ओर से प्रकाशित कराने की बात कही। २२ को प्रकाशन समिति की स्वीकृति भी

आ गई और सब से बड़ी बात थी सौ रुपये के देने की स्वीकृति भी।

§ ६. वैशाली, लुम्बिनी।

मैं अन्य झंझटों से मुक्त था ही। पटना हो कर पहले बुद्धगया गया। वहीं मुझे मंगोलिया के भिक्षु लोब्-सङ्-शे-रब मिले। मैंने भोटिया भाषा की एक-आध पुस्तकें देख ली थी, इसलिए एक-आध शब्द बोल लेता था। उन्होंने बड़े आग्रह से चाय बनाकर पिलाई। मुझे उनसे उनके ल्हासा के डेपुङ् मठ में रहने की बात भी मालूम हुई। उन्हें अभी एक-दो मास और यहीं रहना था। वे महाबोधि के लिए एक लाख दंडवत प्रणाम पूरा करना चाहते थे। उस समय मुझे कभी न भान हुआ था कि उन की यह मुलाकात आगे मेरे बड़े काम की सिद्ध होगी।

बुद्धगया से लिच्छवियों की वैशाली[1] को देखना था। मुजफ्फरपुर उतरने से मालूम हुआ कि वैशाली के पास बखरा तक बस जाती है। जनक बाबू[2] ने बौद्ध धर्म पर एक व्याख्यान देने के लिए भी दिन नियत करवा लिया। मैं रास्ते में बखरा के

---

१. [प्राचीन मिथिला में लिच्छवि नाम की प्रसिद्ध जाति रहती थी, जिन की पंचायती राज्य की राजधानी वैशाली को मुज़फ़्फ़रपुर ज़िले का बसाढ़ गाँव सूचित करता है।]

२. मुज़फ़्फ़रपुर के कांग्रेस-कार्यकर्त्ता बाबू जनकधारी प्रसाद। महात्मा गांधी की चम्पारन-जाँच के समय से राष्ट्रीय कार्य करने लगे हैं।

अशोकस्तम्भ को पहले देखने गया, जहाँ किसी समय महावन की कूटागारशाला थी, जिस में तथागत ने कितनी ही बार वास किया था। जिस स्थान में अनेक विख्यात सुत्त[1] आज भी वर्तमान है, जहाँ[2] तथागत के परिनिर्वाण के १०० वर्ष बाद आनन्द के शिष्य स्थविर सर्वकामी की प्रधानता में भिक्षु-सङ्घ ने दूसरी बार एकत्र हो शङ्काओं का समाधान करते हुए भगवान की सूक्तियों का गान किया था, उसकी आज यह अवस्था कि आदमी असन्देह हो स्थान को भी नहीं बता सकते।

बखरा से बनिया पहुँचा। वैशाली आज-कल बनिया-बसाढ़ के नाम से ही बोली जाती है। बसाढ़ तो असल वैशाली है, जो वज्जियों[3] की राजधानी थी। बनिया उसी का व्यापारिक मुहल्ला था। यही जैनसूत्रों का 'वाणिय गाम नयर' है। भगवान महावीर का एक प्रधान गृहस्थ शिष्य आनन्द यहीं रहता था। भगवान बुद्ध के ग्यारह प्रधान गृहस्थ शिष्यों में उग्र गृहपति यहीं रहता था। वज्जियों के महा-शक्ति-शाली प्रजातन्त्र की राजधानी का यह व्यापारिक केन्द्र महासमृद्धिशाली था, यह बौद्ध-जैन-ग्रन्थों से स्पष्ट है। अब यह एक गाँव रह गया है। वहाँ पहुँचते पहुँचते

---

१ [बुद्ध ने कौन कौन सुत्त (सूक्त) कहाँ कहा सो पाली वाङ्मय में दर्ज है।

२ वैशाली की ओर निर्देश है।

३. [लिच्छवि ही वृजि या वज्जि कहलाते थे।]

भोजन का समय हो गया था. इसलिए एक गृहस्थ के भोजन कर लेने के आग्रह को अस्वीकार न कर सका।

बनिया-बसाढ़ के आस-पास मिट्टी की छोटी छोटी पकी मेखलाओं से बँधी हुई कुइयाँ कहीं भी निकल आ सकती है। वहाँ से चल कर बसाढ़ आया। तालाब पर का मन्दिर जिस मे अब भी बौद्ध-जैन-मूर्तियाँ हिन्दुओं की देवी-देवताओं के नाम पर पूजी जा रही है, गैजा, गढ़ और गाँव सभी घूम-फिर देखा। यहीं किसी समय वज्जियों का सन्थागार (प्रजातन्त्र-भवन) था, जिस मे ७७०७ राजोपाधिधारी लिच्छवि किसी समय बैठ कर मगध और कोशल के राजाओं के हृदय कम्पित करने वाले, सात 'अपरिहाणि धर्मों'[1] से युक्त वज्जी-देश के विशाल प्रजा तन्त्र का

१ [मगध के राजा अजातशत्रु ने वज्जियों के संघ-राज्य (प्रजातंत्र राज्य) को जीत लेना चाहा था। उसने बुद्ध से इस बारे में सलाह माँगी। बुद्ध ने कहा (१) जब तक वज्जी अपनी परिषदों में बड़ी संख्या में और बार बार जमा होते हैं, (२) जब तक वे इकट्ठे उठते-बैठते और मिल कर अपने सामूहिक कार्यों को करते हैं, (३) जब तक वे बिना नियम बनाये कोई काम नहीं करते, और अपने बनाये नियम-कानून का पालन करते हैं, (४) जब तक वे अपने बुजुर्गों की सुनने लायक बात सुनते और उन का आदर करते हैं, (५) जब तक वे अपनी कुलस्त्रियों और कुल-कुमारियों पर ज़ोर-जबरदस्ती नहीं करते, (६) जब तक वे अपने वज्जी-चैत्यों (राष्ट्रीय मन्दिरों) का सम्मान करते हैं, और (७)

सञ्चालन किया करते थे। बसाढ़ और उस के आस-पास अधिक प्रभावशाली जाति के लोग जथरिया (भूमिहार) है। आज-कल तो ये लोग सोलहो आने पक्के ब्राह्मण जाति के बने हुए हैं, जिस जाति को भिखमंगो की जाति तथा तीर्थङ्करो के न उत्पन्न होने योग्य जाति जथरियो के पुत्र (ज्ञातृ-पुत्र) वर्द्धमान महावीर ने कहा था[1]। मैं जिस वक्त बसाढ़ के एक वृद्ध जथरिया से कह रहा था कि आप लोग ब्राह्मण नहीं है, क्षत्रिय हैं, तब उन्होंने झट नोमसार से आ कर जेथरडीह (छपरा ज़िला) मे बसने वाले अपने पूर्वज ब्राह्मणों की कथा कह सुनाई। बेचारों को समृद्ध, प्रतिभाशाली, वीर, स्वतन्त्र ज्ञातृ-जाति के खून की उतनी परवा न थी, जो अब भी उन के शरीर में दौड़ रहा था, और जिस के लिए आज भी पड़ोसियों की कहावत है—

जब तब वे विद्वान् अर्हतों की शुश्रूषा करते हैं, तबतक वे कभी नहीं हारेंगे चाहे कितनी सेना ले कर उन पर चढ़ाई क्यों न करो। बुद्ध की ये सात शर्तें अपरिहाणि-धर्म अर्थात क्षीण न होने की शर्तें कहलाती हैं। देखिये भारतीय इतिहास की रूपरेखा, पृ० २१४-१५।]

१. [भगवान महावीर लिच्छवियों के ज्ञात्रिक कुल में पैदा हुए थे। ज्ञात्रिक का ही रूपान्तर है जथरिया। जथरिया लोग अब भूमिहारों में शामिल हैं। बिहार के भूमिहारों ने जिन्हें वीर लिच्छवि क्षत्रियों के वंशज होने का अभिमान करना चाहिए, अज्ञानवश अपने आप को ब्राह्मण कहना शुरू कर दिया है।]

सब जात में बुबक जथरिया।
मारै लाठी छीनै चदरिया॥

जितना कि एक अधिकांश धनहीन, बलहीन, विद्याजड़, कूप-मण्डूक, मिथ्याभिमानी जाति में गणना कराने में। वही क्यों, क्या सुशिक्षित देश भक्त मौलाना शफी दाऊदी[1] भी 'शफ़ी जथरिया' के महत्त्व को समझ सकते हैं?

वैशाली से लौट कर मुज़फ्फरपुर आया। एक ज्ञातृ-पुत्र के ही सभापतित्व में बुद्ध-धर्म पर कुछ कहा। फिर एक-दो दिन बाद वहाँ से देवरिया का टिकट कटाया। आज (१४ फरवरी) फिर दो-तीन वर्षों के बाद कुशीनार (कसिया)[2] पहुँचा। दश वर्ष पहले इसी रास्ते पैदल गया था। उस वक्त एक भोले-भाले गृहस्थ ने कहा था, क्या बर्मा वालों के देवता के पास पाते हो? सौभाग्य है, आज लोगों ने अपने को पहचान लिया है। माथा कुँअर में अब की महापरिनिर्वाण-स्तूप को तैयार पाया। प्रतापी कुँअरसिंह

---

१. [खुदीराम बोस वाले भारत के पहले बम-मामले में शफ़ी दाऊदी सरकार की तरफ़ से वकील थे। १९२१ में वे वकालत से असहयोग कर देशभक्त कहलाये। अब 'मुस्लिम अधिकारों' की रक्षा में जुटे हैं। वे भी जथरिया हैं।]

२. [बुद्ध का महापरिनिर्वाण (बुझना = देहान्त) कुशीनारा में हुआ था, जिसे अब गोरखपुर ज़िले की देवरिया तहसील का कसिया गाँव सूचित करता है।]

के सम्बन्धी स्थविर महावीर[1] के धूनी रमाने का ही यह फल है जो आसपास के हजारों नरनारी तथागत के अन्तिम-लीला-संवरण-स्थान पर फूल-माला ले बड़ी श्रद्धा से आते हैं।

मूर्ति के सामने बैठे खयाल आया कि २,४१२ वर्ष पूर्व इसी स्थान पर युगल शालों (साखुओं) के बीच में वैशाख की पूर्णिमा के सवेरे, इसी तरह उत्तर को सिर दक्षिण को पैर पश्चिम की ओर मुँह किये, अश्रु-मुख हजारों प्राणियों से घिरी वह लोक-ज्योति "सभी बने बिगड़नेवाले हैं" कहती हुई हमेशा के लिए बुझ गई।

कुशीनारा में दो-चार दिन विश्राम किया। फिर वहाँ से बस में गोरखपुर गया। शाम की गाड़ी से नौतनवा गया। लुम्बिनी[2] यहाँ से पाँच कोस है। जिस को दुर्गम, दुरारोह हिमालय की सैकड़ों कोस लम्बी घाटियाँ पार करनी हैं उस को यहाँ से टट्टू की क्या जरूरत? सवेरा होते ही दूकान से कुछ मिठाई पाथेय बाँधा, और रास्ता पूछते हुए चल दिया। रास्ते में शाक्यों और

---

१. [सन् ५७ के गदर में बिहार के जो प्रसिद्ध कुँवरसिंह बड़ी वीरता से लड़े थे, उन के एक सम्बन्धी अंग्रेजों की प्रतिहिंसा से बचने को बर्मा भाग गये, वहाँ बौद्ध धर्म का अध्ययन कर भिक्षु बने और फिर बरसों बाद कसिया में आकर रह गये। उन की असलीयत के हाल तक का बहुत कम लोगों को पता था। अब भी इस बात के सच होने में कुछ सन्देह है।]

२. [बुद्ध कपिलवस्तु के पास जिस बगीचे में पैदा हुए थे, उस का नाम।]

कोलियों की सीमा पर बहनेवाली रोहिणी[1] के साथ अनेक नदी-नालों को पार करते, जहाँ भगवान शाक्य मुनि पैदा हुए उस स्थान पर १७ को पहुँच गया। अब की यह पूरे दस वर्ष बाद आना हुआ था। अब एक छोटी सी धर्मशाला भी बन गई है। कुएँ और मन्दिर की भी मरम्मत हो गई है। उदार नेपाल-नरेश चन्द्र-शम्शेर के सङ्कल्प-स्वरूप कँकरहवा तक के लिए सड़क भी बहुत कुछ तैयार हो गई है। महाराज रुम्मिन देई[2] को फिर लुम्बिनी-वन बना देना चाहते थे, किन्तु यह इच्छा मन की मन ही में ले कर चल बसे। अब न जाने किसे उस पुनीत इच्छा के पूर्ण करने का सौभाग्य प्राप्त होगा?[3]

२,४९१ वर्ष पूर्व यहीं वैशाख की पूर्णिमा को सिद्धार्थ कुमार पैदा हुए थे। २,१८२ वर्ष पूर्व धर्मविजयी सम्राट अशोक ने स्वयं आ कर यहाँ पूजा की थी। इसी स्थान को देखना मनुष्य जाति के तृतीयांश की मधुर कामना है। कुशीनारा के पूज्य चन्द्रमणि महास्थविर की दी हुई मोमबत्तियों और धूपबत्तियों को उस नीची कोठरी में मैंने जलाया, जिस में लोक गुरु की जननी महा-माया की विनष्ट प्राय मूर्ति अब भी शाल-शाखा को दाहिने हाथ

१. बुद्ध शाक्य वंश के थे; उन की माँ पड़ोस के कोलिय वंश की थी। शाक्यों और कोलियों के देश के बीच सीमा रोहिणी नदी थी।

२. लुम्बिनी के स्थान पर अब रुम्मिनदेई गाँव है।

३. नेपाल सरकार का लुम्बिनी-पुनरुद्धार कार्य जारी है।

से पकड़े खड़ी है। रात को वहीं विश्राम करने की इच्छा हुई, किंतु दयालु पुजारी ने कहा—इस झाड़ी में रात को चोर रहते हैं, इसलिये यहाँ रहना निरापद नहीं है। मैं अब भी जाने का पूरा निश्चय न कर चुका था कि इतने में ही खुनगाँई के चौधरी जी के लड़के आ गये उन्होंने भी अपने यहाँ रात को विश्राम करने को कहा। उन के साथ चल दिया। लुम्बिनी के यात्रियों के लिए चौधरीजी का घर खुला विश्रामशाला है। उन्होंने अ-हिन्दू अतिथियों के लिए चीनी मिट्टी के प्याले-तश्तरी भी रख छोड़े हैं। मुझे रात को भोजन करने की आवश्यकता न होने से मैं उन के उपयोग से बच गया।

दूसरे दिन चौधरी साहब ने अपनी गाड़ी पर नौगढ़ रोड स्टेशन तक भेजने का प्रबन्ध कर दिया। खुनगाईं से कँकरहवा डेढ़-दो कोस से अधिक न होगा। यह नैपाल-सीमा से थोड़ी ही दूर पर है। नौगढ़ से यहाँ तक मोटर और बैलगाड़ी के आने-जाने की सड़क है। जब लुम्बिनी तक सड़क तैयार हो जायगी तब यात्री बड़े सुख-पूर्वक मोटर पर नौगढ़-रोड से लुम्बिनी जा सकेंगे। उसी दिन रात को स्टेशन पर पहुँच गया। अब जेतवन[1] जाना था। गाड़ी उस समय न थी, भूख लगी थी, इसलिए हलवाई के पास गया। वह पूड़ी बनाने लगा। उस की अपनी पान की भी

---

१. कोशल देश की राजधानी श्रावस्ती मे बुद्ध को जो बगीचा दान मिला था, उस का नाम।

दूकान है। रोज़ों के दिन थे। एक ग्राम-वासी मुसलमान गृहस्थ आ कर बैठ गये। हलवाई ने पान मँगवाया। कहा—

"बहुत तकलीफ है, खाँ साहब?"

"नहीं भाई! इस साल तो जाड़े का दिन है, रात को पेट भर खाने को मिल जाता है। जब कभी गर्मी मे रमज़ान पड़ता है तब तकलीफ होती है।"

उन की बातें चुपचाप सुनते समय खयाल हुआ कि इन को कौन एक दूसरे का जानी दुश्मन बनाता है? क्या इस प्रकार अलग अलग विचार-व्यवहार रखते हुए भी इन दोनों को पैर पसारने के लिए इस भूमि पर काफी जगह नहीं है? यदि यह काम धर्म का है तो धिक्कार है ऐसे धर्म का।

§ ७ भारत से बिदाई

दूसरे दिन (१९ फरवरी) नौगढ़ से बलरामपुर पहुँचे। भिक्षु आसया की धर्मशाला में ठहरे। ये ब्रह्मदेशीय धनिक पिता की शिक्षित सन्तान हैं। दस वर्ष पहले जब मैं यहाँ आया था, उस समय वर-सम्बोधि नामक भिक्षु रहते थे। उन्हों ने इस धर्मशाला का आरम्भ किया था। उस समय बहुत थोड़ा ही हिस्सा बन पाया था। अब तो कुएँ और रहने तथा भोजन बनाने के मकानों के अतिरिक्त मंदिर और पुस्तकालय के लिये भी एक अच्छा मकान बन रहा है।

२१ फरवरी की अपनी चिट्ठी में मैंने आयुष्मान आनन्द को जेतवन के बारे मे इस प्रकार लिखा—

'कल सवेरे पैदल चल कर बिना कहीं रुके दो ढाई घंटे में यहाँ चला आया। चलने का अभ्यास बढ़ाना ही है। यहाँ महिन्द बाबा की कुटी में ठहरा हूँ। कल पूर्वाह्न में जेतवन घूमा। गंध कुटी, कोसम्ब कुटी, कारेरी कुटी, सललागार में सन्देह नहीं मालूम होता। गंध कुटी के सामने बाहर की ओर निम्न भूमि ही जेतवन-पोक्खरणी है। महिन्द बाबा की जगह फाहियान वर्णित तैर्थिकों के देवालय की है। महिन्द बाबा आज कल ब्रह्मदेश गये हैं। मुझे तो वे धनुष्कोडी में ही मिले थे। अपराह्न में श्रावस्ती गया। पूर्व-द्वार गङ्गापुर दरवाजा (बड़का दरवाजा) हो सकता है, किन्तु उस के पास बाहर पूर्वाराम का कोई चिह्न नहीं। हनुमनवाँ ही सम्भवतः पूर्वाराम का ध्वंसावशेष है। कल सूर्यास्त तक श्रावस्ती में घूमते रहे, तो भी चारों ओर नहीं फिर सके।

'आज-कल गोंडा बहराइच के जिले में अकाल है। इस देहात के आदमी तो विशेष कर पीड़ित मालूम होते हैं। तालाब सूखे पड़े हैं। वर्षा की फसल हुई ही नहीं। रबी भी पानी के बिना बहुत कम बो सके हैं। इन का कष्ट अगली वर्षा तक रहेगा। जगह जगह सरकार सड़क आदि बनवा रही है, जिस के लिये दो-दो तीन-तीन कोस जा कर लोग काम करते हैं। मर्द को ढाई आना, दूसरों का दो आना रोज। मकई चार आना सेर मिल रही है। लुम्बिनी के रास्ते में ऐसी तकलीफ नहीं देखने में आई।

'७-८ मार्च तक नेपाल पहुँच जाऊँगा। अन्तिम पत्र चम्पारन जिले से लिखूँगा। नेपाल तक एक दो साथी मिलेंगे।

'यात्रा के लिये महाबोधि[1] के तीस चालीस पत्ते बुद्ध-गया के चढ़े कुछ कपड़े कुशीनारा के चढ़े कुछ कपड़े और कुश ले लिये हैं। नेपाल तक सम्भवतः डेढ़ सौ रुपये खर्च रहेंगे। नेपाल से भी अपने साथी के हाथ एक पत्र दे दूँगा। आगे के लिए क्या प्रबन्ध हुआ, यह उससे मालूम हो सकेगा।

आज अन्धवन (पुरैना, असहा ताल) देखने का विचार है।'

२२ फरवरी की रात को मैंने चम्पारन जाने का रास्ता लिया। सोने के ख़याल से छितौनी घाट तक का ड्योढ़े का टिकट लिया। गाड़ी गोरखपुर में बदलती है। दस बजे के क़रीब छितौनी पहुँचा। गण्डक के पुल के टूट जाने से यहाँ उतर कर बालू में बहुत दूर तक दोनों ओर पैदल चलना पड़ता है। सीधे रेल से रक्सौल जाने वालों के लिए छपरा, मुज़फ्फ़रपुर हो कर जाना पड़ता है। नाव पर पशुपतिनाथ के यात्रियों को अभी से जाते देखा। लेकिन अब मुझे ख़याल आया कि मैं आठ दिन पहले आया हूँ। अब इन आठ दिनों को कहीं बिताना चाहिए। उस वक़्त नरकटिया-गंज के पास विपिन बाबू का मकान याद आया। मैंने कहा, चलो काम बन गया।

स्टेशन पर मालूम हुआ, शिकारपुर न कह कर उसे दीवानजी का शिकारपुर कहना चाहिए। जाने पर विपिन बाबू तो न मिले, उन के सबसे छोटे भाई घर ही पर मिले। बे-घर को घर

1 बुद्ध-गया का पीपल वृक्ष।

बड़ी आसानी से मिल ही जाता है। लेकिन अब ख़याल हुआ, ये दिन कैसे कटे। इसके लिए मैंने आस-पास के ऐतिहासिक स्थानों को देखने-भालने का निश्चय किया। ये सब बातें मैंने २८ फ़रवरी से ३ मार्च तक के लिखे अपने पत्र में दी हैं। वह पत्र यों है—

शिकारपुर, ज़िला चम्पारन (बिहार)

२८-२-२९

प्रिय आनन्द,

बलरामपुर से पत्र भेज चुका हूँ। इस ज़िले में तेइस ही तारीख़ को आ गया। आना चाहिए था तीन मार्च को। इस तरह किसी प्रकार इस समय को बिताना पड़ रहा है। इधर रमपुरवा गया था, जो पिपरिया-गाँव के पास है और जहाँ पास ही पास दो अशोक-स्तम्भ मिले हैं, जिन में से एक पर शिलालेख भी है।

पुरातत्त्व-विभाग की खुदाई के समय एक बैल मिला था, जो एक स्तम्भ के ऊपर था। दूसरे के ऊपर क्या था, इस का कोई ठीक पता नहीं। परम्परा से चला आता है कि एक पर मोर था। मोर मौर्यों का राज-चिन्ह था। साथ ही पास में पिपरिया-गाँव है। क्या पिप्पलीवन[1] को ही तो नहीं यह पिपरिया प्रकट करता

---

1 पिप्पलीवन—हिमालय तराई में कोई जगह थी। वहां मोरियों (मौर्यों) का प्रजातन्त्र राज्य था।

है ? पिप्पली वनिय-मोरियों ने भी कुसीनारा में भगवान् की धातु[1] मे एक भाग पाया था। एक ही जगह दो-दो अशोक-स्तम्भों का होना भी स्थान के महत्त्व को बतलाता है। पिप्पलीवन ही मौर्यों का मूल-स्थान है और वहाँ के लोगों ने बुद्ध का सम्मान भी किया था। ऐसी अवस्था मे बुद्ध-भक्तों का अपने पूर्वजों के स्थान के स्मरण मे अशोक का यहाँ दो स्तम्भ गाड़ना अर्थ-युक्त मालूम होता है।

पिप्पलीवन जैसी छोटे से गण-तन्त्र की राजधानी कोई बड़ा शहर नहीं हो सकता। अजातशत्रु के समय मे ही इस का भी मगध-साम्राज्य मे मिल जाना निश्चित है। इस प्रकार ईसा के पूर्व की पाँचवीं शताब्दी के एक छोटे से कस्बे का जो अधिकतर लकड़ी की इमारतों से बना था, ध्वंसावशेष (जो अब बीस-बाईस .फुट, जल-तल से भी कई .फुट नीचे है) बहुत स्पष्ट नहीं हो सकता।

मैं रमपुरवा से ठोरी गया, जो वहाँ से ७-८ मील उत्तर नेपाल-राज्य मे है; और वहाँ से भी एक मार्ग तिब्बत तक जाने का है। ठोरी से तीन मील दक्षिण महायोगिनो का गढ़ है।

---

१. [बुद्ध के चिताभस्म के फूल या अस्थियाँ धातु कहलाती हैं। परिनिर्वाण के बाद वे आठ हिस्सों में बाँटी गईं थीं। पिप्पलीवन के मोरिय बँटवारे के बाद पहुँचे, इसलिए उन्हें राख से ही सन्तोष करना पड़ा था।]

नीचे की ईंटों से यह प्राक्-मुस्लिम-कालीन मालूम होता है। पुराना मन्दिर पत्थर का बहुत सुदृढ़ बना था। मुसलमानों द्वारा नष्ट होने पर नया बड़ा मन्दिर १००-१५० वर्ष पूर्व बना होगा। यह स्थान तराई के जङ्गल से मिला हुआ है।

यहाँ थारु-जाति का परिचय प्राप्त करने का भी मौका मिला। यह बड़ी विचित्र जाति है। कितने विद्वान् इन्हीं को शाक्य सिद्ध करने का प्रयास कर चुके हैं (१) चेहरा मङ्गोलीय। (२) इधर के थारुओं की मुख्य भाषा गया-ज़िले की (मगही) भाषा से सपूर्णतः मिलती है। (३) अपने दक्षिण के अथारु लोगों को ये बाजी[1] और देश को बजियान कहते हैं। (४) मुर्गी और सूअर दोनों ही खाते हैं, हालाँ कि हिन्दू इधर मुर्गी खाना बहुत बुरा समझते हैं। (५) (चितवनिया थारु अपने को चित्तौड़ गढ़ से आया कहते हैं।) पश्चिम (लुम्बिनी के पास) के थारु अपने को बनवासी हुए अयोध्या के राजा की सन्तान बतलाते हैं।

'कल चानकी-गढ़ जाऊँगा जहाँ मौर्य-काल या प्राक्मौर्य काल का एक गढ़ है। परसों रात की गाड़ी में यहाँ से प्रस्थान करूँगा। नेपाल से पत्र भेजने का कम ही मौका है।

'३-३-२९ आज सायंकाल यहाँ से प्रस्थान करूँगा, कल सवेरे नरकटिया-गंज रेल पर रक्सौल के लिए।

---

१. [अर्थात् वृजि=लिच्छवि।]

"प्रिय आनन्द ! अन्तिम वन्दे करते हुए अब छुट्टी लेता हूँ। 'कार्यं वा साधयेयं, शरीरं वा पातयेयं"—जीवन बहुत ही मूल्य-वान है, और समय पर कुछ भी नहीं है।

तुम्हारा अपना—

रा० सांकृत्यायन

तीन तारीख़ को मैं शिकारपुर से रक्सौल पहुँचा। वहाँ से नेपाल-सरकार की रेलगाड़ी से उसी दिन वीरगंज पहुँच गया।

दूसरी मंजिल

नेपाल

§ १. नेपाल-प्रवेश

तीन मार्च १९२९ ई० को सूर्योदय के समय मैं रक्सौल पहुँच गया। छः वर्ष पहले जब मैं इसी रास्ते नेपाल गया था उस समय में अब बहुत फर्क पड़ गया है। अब यहाँ से झुण्ड के झुण्ड नरनारियों का पैदल बीरगंज की ओर जाना, और वहाँ कतार में हो कर डाक्टर को नब्ज दिखलाना, तथा इस प्रान्त के उच्च अधिकारी से राहदानी लेना आवश्यक नहीं है। रक्सौल के बी० एन० डबलू० आर० के स्टेशन की बगल में ही नेपाल-राज्य-रेलवे का स्टेशन है। लाइन बी० एन० डबलू० आर० से भी छोटी है। यात्री अब सीधे वहाँ पहुँच जाते हैं। राहदानी देने

के लिये कितने ही आदमी खड़े रहते हैं। उस के मिलने में न कोई दिक्कत न देरी। नब्ज दिखलाने की भी कोई आवश्यकता नहीं। दर असल उस की आवश्यकता है भी नहीं, क्योंकि असल नब्ज-परीक्षा तो चीमा पानी, चन्दागढ़ी की चढ़ाइयाँ हैं; जिन पर स्वस्थ आदमी को भी हाँपते-हाँपते पहुँचना पड़ता है।

मेरे यहाँ पहुँचने की तारीख कुछ मित्रों को मालूम थी। पूर्व-विचार के अनुसार यात्रा लम्बी होने वाली थी। वस्तुतः मैं ने अपनी इस यात्रा का प्रोग्राम आठ-दस वर्ष का बनाया था। तिब्बत से चौदह मास बाद ही लौट आने का जरा भी विचार न था। इसी-लिये कुछ मित्रों को बिदाई देने की आवश्यकता भी प्रतीत हुई थी। उन में से एक तो गाड़ी से उतरते ही मेरी प्रतीक्षा कर रहे थे। उन से बिदाई ले मैं नेपाली स्टेशन पर पहुँचा। राहदानी तो मैंने ले ली, लेकिन अभी सीधा अमलेखगंज नहीं जाना था। अभी कुछ साथियों और एक बिदा करने वाले मित्र की बीरगञ्ज में प्रतीक्षा करनी थी। मैं रेल में बैठ कर बीरगञ्ज पहुँचा। गाड़ियों की कमी से माल के डब्बे भी जोड़ दिये गए थे। मुझे भी मुश्किल से एक माल के डब्बे में जगह मिली।

वस्तुतः रेल-यात्रा में यात्रा का मजा कितना किरकिरा हो जाता है, यह अब की मालूम हुआ। जिस वक्त इञ्जन नेपाल-हिन्दुस्तान की सीमा बनाने वाली छोटी नदी पर पानी ले रहा था, उस समय मैंने कुछ दूर पर इसी नदी के किनारे सड़क पर की उस कुटिया को देखा, जिस में दस वर्ष पूर्व आ कर मैं कुछ दिन

ठहरा था। उस समय तो साधारण आदमी के लिए बीरगञ्ज भी पहुँचना, सिवाय शिवरात्रि के समय के, मुश्किल था। मैं भी उस समय वैशाख मास मे राहदानी की अड़चन से ही नहीं जा सका था। उस समय का वह तरुण साधु भी मुझे याद आया, जो रूस के मुल्क की ज्वालामाई मे लौटा हुआ अपने को कह रहा था। मैंने उस के किस्से को सुना तो था, किन्तु उस समय इस का विश्वास ही न था कि रूस मे भी हिन्दुओं की ज्वाला-माई है। यह तो पीछे मालूम हुआ कि बाकू के पास रूसी सीमा के अन्दर दर-असल ज्वाला-माई है, और वह उक्त साधु के कथनानुसार बड़ी ज्वाला-माई है। रक्सौल से बीरगज तीन-चार मील ही दूर है। इतनी दूरी को हमारी बच्ची गाड़ी को भी काटने मे बहुत देर न लगी।

गाडी बीरगञ्ज बाजार के बीच से गई है। सड़क पहले ही मे बहुत अधिक चौडी न थी, अब तो रेल की पटरी पड़ जाने से और भी सङ्कीर्ण हो गई है। स्टेशन पर उतर कर अब धर्मशाला मे जाना था। रेल से ही धर्मशाला का मकान देखा था। आकृति से ही मालूम हो गया था कि यह धर्मशाला है, इसलिए किसी से रास्ता पूछने की आवश्यकता न थी। सीधे धर्मशाला मे पहुँचा। दूसरा समय होता तो धर्मशाला मे भी जगह मिलना आसान न होता, किन्तु मालूम होता है, जैसे अन्यत्र रेलो ने पुरानी सरायों की चहल-पहल को नष्ट कर दिया, वैसे ही यहाँ शिवरात्रि के यात्रियो की बहार को भी। मुझे एक दो दिन ठहरना था। आज

फागुन सुदी अष्टमी (३ मार्च १९२९) थी। इसलिए अभी नेपाल पहुँचने के लिए काफी दिन थे। एकान्त के लिए मैं ऊपरी तल की एक कोठरी में ठहरा। यह धर्मशाला किसी मारवाड़ी सेठ की बनवाई हुई है। यह पक्की और बहुत कुछ साफ है; पीछे की ओर कुआँ और रसोई बनाने की जगह भी है। दर्वाजे पर ही हलवाई की तथा आटा चावल की दूकानें हैं। आसन रख कर मैंने पहले मुँह-हाथ धोया, और फिर पेट भर पूरियाँ खाईं। थोड़ी ही देर में एक बारात आ पहुँची, और मैंने देखा कि मेरी कोठरी भर गई। असल में हवा और धूप के लोभ से मैंने बड़ी कोठरी लेकर गलती की थी। अन्त में बारात की भीड़ में उस कोठरी में मेरा रहना असम्भव मालूम हुआ, इसलिए दूसरी छोटी कोठरी में चला गया, जिस में बारात के दो-तीन नौकर ठहरे हुए थे। यह अच्छी भी थी।

यह सब हो जाने पर, अब बिना काम बैठे दिन काटना मुश्किल मालूम होने लगा। पास में ऐसी कोई किताब भी न थी, जिस में दिल बहलाव करता; न यहाँ कोई परिचित ही था, जिस से गप-शप करता। खैर, किसी तरह रात आई। आज भी मेरे मित्र के आने की प्रतीक्षा थी। वे न आये। तरह तरह के ख्याल दिल में आ रहे थे। सवेरे उठा तो पास की दालान में किसी के ऊँचे स्वर में बात करने की आवाज मालूम हुई। मथुरा बाबू की आवाज़ पहचानने में देर न लगी। मालूम हुआ, वह रात में ही आ कर यहीं आसन लगा कर पड़ गये थे। बहुत देर तक बात

होती रही। पिछले दिन मुझे थोड़ा सा ज्वर भी आ गया था, इसलिये भोजन में स्वाद नहीं आता था। भात का वहाँ प्रबन्ध न था। मथुरा बाबू के परिचित मित्र यहाँ निकल आये, और मेरे लिए भात का प्रबन्ध बराबर के लिए हो गया।

दस बजे के करीब मथुरा बाबू लौट गए। अब मुझे मित्रों की ही प्रतीक्षा करनी थी, जिन्हें नेपाल तक का साथी बनना था। उनके लिए भी बहुत प्रतीक्षा नहीं करनी पड़ी। दोपहर के करीब वे भी पहुँच गये। लेकिन और आने वाले साथी उन के साथ न थे। मालूम हुआ, उन में से एक बीमार हो गया, और दूसरों ने यात्रा स्थगित कर दी। मेरे इन मित्र को भी आगे जाना नहीं था। जिसको अकेले यात्रा करने का अभ्यास हो उसके लिए यह कोई उदास होने की बात तो थी ही नहीं। हाँ, मुझे इस का जरूर ख्याल हुआ कि उन्हें छपरा से इतनी दूर आने का कष्ट उठाना पड़ा। लेकिन यह तो अनिवार्य भी था, क्यों कि मेरी यात्रा का सामान और रुपये उन्हीं के पास थे।

दोपहर के बादवाली गाड़ी से उन्हें लौट जाना था। मुझे भी अब प्रतीक्षा की आवश्यकता न थी। मैं ने बीरगञ्ज में प्रतीक्षा करने की अपेक्षा उसी गाड़ी पर रक्सौल जाकर लौटना अच्छा समझा। सभी गाड़ियाँ रक्सौल से भरी आती थीं, इससे बीरगञ्ज में चढ़ने की जगह मिलेगी, इसमें भी सन्देह था। इस प्रकार अपने मित्र के साथ ही एक बार फिर मैं भारत-सीमा में आया, और चिरकाल के लिये वहाँ से बिदा ले लौटती गाड़ी से

अमलेखगञ्ज की ओर चला। यात्रा आराम से हुई, लेकिन जो आनन्द पैदल चलने में पहले आया था, वह न रहा। अँधेरा होते होते हमारी गाड़ी जङ्गल में घुस पड़ी। कुछ रात जाते जाते हम अमलेखगञ्ज पहुँच गए।

§ २. काठमाण्डव की यात्रा

अमलेखगञ्ज नई बस्ती है। दिन पर दिन बढ़ती ही जा रही है। रेल के आने के साथ ही साथ इस की यह उन्नति हुई है। रेल यहीं समाप्त हो जाती है। आगे, सम्भव है धीरे धीरे रेल भीमफेदी तक पहुँच जाय। आजकल सामान और माल यहाँ से लौरियों पर भीमफेरी जाता है। स्टेशन से उतरने पर ख्याल किया कि किसी लौरीवाले से बात-चीत ठीक कर वहीं सोना चाहिये, जिसमें बहुत सवेरे यहाँ से चल कर भीमफेदी पहुँच जाऊँ, और चीसापानी-गढ़ी ठण्ढे ठण्ढे में चढ़ सकूँ। एक बस वाले से बात की, उस ने सवेरे जाने का वचन दिया। उसी बस में सो गया। सवेरे देखा कि लौरियाँ दनादन निकलती जा रही हैं, लेकिन हमारे बसवाले ने अभी चलने का विचार भी नहीं किया है। आखिर मैं थोड़ी देर में ऊब गया। पूछने पर उसने कहा, सवारी तो मिल जाय। उसका कहना वाजिब था। आखिर मैंने खुली माल ढोनेवाली लौरी के मालिक से बात की। किराया भी बहुत सस्ता, एक रुपया। लौरी तय्यार थी। किराया कम होने से यात्रियों के मिलने में देर न लगती थी।

हमारी लौरी चली। हमने समझा था, अब कोई भी भीमफेदी तक पैदल चलने का नाम न लेता होगा। लेकिन रास्ते में देखा झुण्ड के झुण्ड आदमी चले जा रहे हैं। दरअसल यह सभी लोग अधिक पुण्य के लिये पैदल नहीं जा रहे थे, बल्कि इसका कारण उन की भयानक दरिद्रता है। दूर के तो वही लोग पशुपति की यात्रा करते हैं, जिनके पास रुपया है; परन्तु पास के चम्पारन आदि जिलों के लोग सत्तू ले कर भी चल पड़ते हैं। वह तो मुश्किल से एक आध रुपया जमा कर पाते हैं। उनके लिये तो खुली माल ढोने की लौरी पर चढ़ना भी शौकीनी है। मैं प्रतीक्षा कर रहा था कि अब चुरियाघाटी पर चढ़ना होगा, किन्तु थोड़ी ही देर में हम एक लम्बी सुरङ्ग के मुँह पर पहुँचे। मालूम हुआ, चुरिया पर की चढ़ाई को इस सुरङ्ग ने खतम कर दिया। अब हम तराई के जङ्गल से आगे पहाड़ों में जा रहे थे। हमारे दोनों तरफ जङ्गल से ढँके पहाड़ थे, जिन पर कोई कहीं जङ्गल काट कर नये नये घर बसे हुए थे। कितनी ही जगह जङ्गल साफ करने का काम अब भी जारी था, कितनी ही जगह छोटी छोटी पहाड़ी गायें चरती दिखाई पड़ती थीं। रास्ते में लोग कहीं पशुपति और भैरव के गीत गाते चल रहे थे; कहीं कहीं "एक बार बोलो पस-पस-नाथ बाबा की जय", "गुह्येसरी (—गुह्येश्वरी) माई की जय" हो रही थी। देखा-देखी हमारी लौरी के आदमियों में यह बीमारी फैल गई। और इस प्रकार हमें यह मालूम भी न हुआ कि हम कब भीमफेदी पहुँच गये। सारी यात्रा में तीन घंटे से कम ही वक्त लगा।

भीमफेदी बाजार के पास ही रोप-लाइन का अड्डा है। लौरियों पर अमलेखगञ्ज से माल यहाँ आता है, और यहाँ से तार पर बिजली के जोर से काठमाण्डव पहुँचता है। भीमफेदी में घुसने के पूर्व ही सिपाही पहुँच गये। उन्होंने राहदानी देखी। देखने वालों की संख्या अधिक होने से छुट्टी पाने मे देर न लगी। यद्यपि मेरे पास सामान न था, तो भी एक भरिया (=बोझा ढोने वाला) लेना था, जो कि रास्ते मे भोजन भी बना कर खिलाता जाय। थोड़ी ही देर मे डेढ़ रुपये पर एक भरिया मिल गया। यद्यपि मुझे उस की जाति से काम न था, तो भी कुतूहल वश पूछने पर मालूम हुआ, उसकी जाति लामा है। जैसे अपने यहाँ वैरागी सन्यासी, जो किसी समय गृहस्थ हो गये थे, अब भी अपने को उन्हीं नामो से पुकारते, तथा एक जाति हो गये हैं, वैसे ही पहाड़ मे जो बौद्ध भिक्षु कभी गृहस्थ हो गये, उन की सन्तान लामा कही जाती है। लामा, गुरुङ्ग, तमङ्ग आदि जातियाँ नेपाल-दून के पास वाले पहाड़ो प्रदेशों मे बसती हैं। इन की भाषा तिब्बती भाषा की ही एक शाखा है, किन्तु गोर्खा के राष्ट्र भाषा होने से सभी इसको बोलते हैं।

भीमफेदी मे भोजन कर आदमी को ले आगे बढ़ा। चीसा-पानी की चढ़ाई थोड़ा आगे से शुरू होती है। चढ़ाई शुरू होने की जगह पर ही कुलियो का नाम-ग्राम लिखने वाला रहता है। यह प्रबन्ध इसलिए है, जिसमे कि कुली अनजान आदमी को धोखा दे कर, पहाड़ में कहीं खिसक न जायँ। चीसापानी का रास्ता

अब की उतना कठिन न था। पहले का रास्ता छोड़ कर राज की ओर से अब बहुत अच्छा रास्ता बन गया है। इसमे चढ़ाई क्रमशः है; पहले की भाँति सीधी नहीं। इस प्रकार चीसापानी के आधे गौरव को तो इस नये रास्ते ने ही खतम कर दिया, और यदि कहीं इस पर भी मोटर दौड़ने लगी तो खातमा ही है। रास्ते मे कही कही हमने अपने सिर पर से रोप-लाइन के रस्से पर माल दौड़ते देखा। दोपहर के करीब हम चीसापानी-गाड़ी के ऊपर पहुँचे। पहरे वालों ने तलाशी लेनी शुरू की, लेकिन मेरे पास सामान बहुत थोड़ा होने से उन्होंने सामान खोलकर देखना भी पसन्द न किया। मैंने तो भिक्षुओं के पीले कपड़ों की मोटरी बाँध कर बहुत गलती की थी। इस सारी यात्रा मे उन का कोई काम न था, और दूसरों को उन के देखने मात्र से पूरा सन्देह हो जाने का अवसर था।

भरिया ने कहा मेरा भी ऐसा विचार हुआ कि आज ही चन्द्रागढ़ी को भी पार कर जायँ। पिछली बार भीमफेदी से चल कर जिस भैसादह मे रात्रिवास किया था, उसे अब की हम दो-तीन बजे के समय ही पार कर गये। चीसापानी के इस ओर के प्रदेश मे जहाँ तहाँ गाँव बहुत हैं, तो भी उतनी हरियाली और जङ्गल नहीं है। चार बजे के करीब चन्द्रागढ़ी के पार करने की प्रतिज्ञा छूटती जान पड़ी, तो भी हिम्मत बाँधे अभी आगे आगे चलता जा रहा था। बहुत रोकने पर भी कुली आगे चला जाता था। उसी समय सारन ज़िले के दो-तीन परिचित जन मिल गये। उनमे एक की तो अवस्था मुझ से भी खराब थी। खैर, किसी तरह

मर पिट कर हम चितलाङ् पहुँचे। ऐसी यात्रा में दिन रहते ही चट्टी पर पहुँच जाना अच्छा होता है, हम अँधेरा होते होते पहुँचे। उस समय सभी जगहे भर चुकी थीं। सर्दी काफी पड़ रही थी। बड़ी मुश्किल से एक छोटी सी कोठरी मिली। हम पाँचों आदमी उस मे दाखिल हुए। उस थकावट में तो सब से मीठा लेटना ही लगता था, किन्तु बिना खाये कल की चढ़ाई पार करना कठिन था। खैर, हमारे साथी पाण्डे जी ने भात बनाया। सब ने भोजन किया; और लेट रहे।

सबेरे तड़के ही चल पड़े। अब मुझे अपने सारन के साथियों से पिण्ड छुड़ाना था। यद्यपि उनका मेरे साथ घनिष्ठ सम्बन्ध था, तो भी उन्हें इतना ही मालूम था, कि मैं भी उन की भाँति पशुपति का दर्शन करने जा रहा हूँ। चन्द्रागढ़ी की चढ़ाई में आप ही वे पीछे पड़ गये; और मुझे आगे बढ़ जाने मे कोई कठिनाई न हुई। मैं प्रतीक्षा कर रहा था, अभी चन्द्रागढ़ी की सख्त उतराई आने वाली है। लेकिन आकर देखा, तो यहाँ भी कायापलट, रास्ता बहुत अच्छा बन गया है। नीचे आकर मालपूए के सदाव्रत पर मुझे भी लेने जाने को कहा; और मेरे कुली ने भी जोर दिया। खैर, मैं भी गया। देखा पास में कितने ही महात्मा लोग भी बैठे हुये हैं। गाँजे की चिलम दम पर दम लग रही है। मुझे भी कहा—आओ सन्तजी! मैं बहाना बना, मालपूआ ले, आगे चल पड़ा। थानकोट मे केला और दूध मिला। आगे देखा इधर भी लौरियाँ रोपलाइन के स्टेशन से माल ढो रही हैं। मेरे साथी कुली ने पहले ही अपनी गाथा

सुनादी थी कि किस प्रकार पहले जब रोपलाइन न थी, तब हम लोग साल भर भीमफेदी से काठमाण्डव माल ढोने मे लगे रहते थे। हजारो परिवारो का इस प्रकार सुख-पूर्वक पालन होता था। लेकिन अब तो रोप-लाइन पर छः आने मन भाड़ा लगता है, किसको पड़ी है जो अठगुना भाड़ा देकर अपने माल को महँगा बनावे। वस्तुतः इन हजारो परिवारों की जीविका-वृत्ति का कोई दूसरा प्रबन्ध किये बिना रोप-लाइन का निकालना बड़ा क्रूर काम हुआ है।

काठमाण्डव शहर मे होते हुए दस बजे के करीब हम थापाथली के बैरागीमठ मे पहुँचे। यद्यपि पिछली बार हफ्तो तक रहने से महन्त जी परिचित हो गये थे, और उनके जन्म-स्थान छपरा से मेरा सम्बन्ध भी उन्हे मालूम था, पर भीड़ के समय देखे आदमी का परिचय किसको रहता है। तो भी उन्होंने रहने के लिये एक साफ स्थान दे दिया।

§ ३. डुक्पा लामा से भेंट

छः मार्च को मै नेपाल पहुँच गया था। उस दिन तो मै कहीं न जा सका। शिवरात्रि के अवसर पर कई दिन तक थापाथली के सभी मठों मे साधुओ के लिए भोजन, गाँजा, तम्बाकू, धूनी की लकड़ी महाराज की ओर से मिलती है। साधारण तौर पर भी इन मठों मे प्रति दिन की हण्डियाँ बँधी है। एक हण्डी से मतलब एक आदमी का भोजन है। इन्हीं हण्डियों और वार्षिक भोज से पैसे

काठमांडू

बचा कर यहाँ के महन्त लोग धनी भी हो गये हैं, यद्यपि यों देखने से ये महन्त लोग बड़े गरीब से मालूम होते हैं। नेपाल के दून के महन्त ही क्या, राजपरिवार को छोड़, सभी लोग अपने धन के अनुसार ठाट-बाट से नहीं रहते। राजा तथा उच्चाधिकारी सर्वज्ञ तो हैं नहीं, और चुगलखोरों की कमी नहीं है, इसीलिए लोगों को आत्म-गोपन कर के रहना पड़ता है। मैंने नेपाल में जिन साहूकारों के घर मामूली से देखे, ल्हासा में उन्हीं की बड़ी बड़ी सजी कोठियाँ लाखों के माल से परिपूर्ण पाईं। अस्तु। महन्त बेचारों की हालत तो और भी बुरी है। वे तो सदा अपने को बारूद के ढेर पर समझते हैं। जिन लोगों से डरते हैं उन्हें भी पूजा देनी पड़ती है, स्वयं भी रुपये बचा कर नेपाल राज्य से बाहर कहीं इन्तज़ाम करना पड़ता है; जिसमें पदच्युत होने पर आश्रय मिल सके। शिवरात्रि के भोजों के समय राजकर्मचारी भी देख भाल के लिए रहता है, लेकिन इससे प्रबन्ध में कोई मदद नहीं मिलती, उसी का कुछ फ़ायदा हो सकता है। वस्तुतः यह दोष तो उन सभी शासनों में होता है, जहाँ लोक-मत का कोई मूल्य नहीं है, और इसलिए शासक को अधिकतर अपने पार्श्ववर्ती लोगों की बात पर चलना पड़ता है।

दूसरे दिन मैंने विचार किया कि यों ही बैठे रहना ठीक नहीं है। नेपाल से कई दिनों के रास्ते पर भोट की सीमा के पास मुक्तिनाथ और गोसाईं कुण्ड के तीर्थ-स्थान हैं। मालूम हुआ, कहने से वहाँ जाने के लिये आज्ञा मिल सकती है, लेकिन राज्य

के खर्च और प्रबन्ध से साधु लोग नियत समय पर जाते आते हैं। मैंने इस परतन्त्रता में सफलता कम देखी। इसलिये किसी भोटिया साथी को ढूँढ़ना ही उत्तम समझा। पशुपतिनाथ के मन्दिर से थोड़ी दूरी पर बोधा स्थान है। इसे नेपाल में भोट का एक टुकड़ा समझना चाहिए, जैसे कि बनारस में बङ्गाली, मराठे, तिलङ्गे आदि महल्ले हैं। मैंने सोचा वहीं कोई भोटिया साथी मिल सकेगा। ७ मार्च को पशुपति और आगे गुह्येश्वरी का दर्शन करते, नदी पार हो, मैं बोधा गया।

बोधा को भोटिया लोग छोर्तन-रिम्पोछे (चैत्य-रत्न) या ब-युल-छोर्तन् (नेपालचैत्य) कहते हैं। कहते हैं पहले-पहल इस स्तूप को महाराज अशोक ने बनवाया था। यह बीच में सुनहले शिखरवाला विशाल स्तूप है, जिस की परिक्रमा के चारों ओर घर बसे हुए हैं। इन घरों में अधिकांश भोटिया लोग रहते हैं। विशेष कर जाड़े में तो यह एक तरह भोट ही मालूम होता है। अपनी पहली यात्रा में भी मैं यहाँ के प्रधान चीना लामा से मिला था। मैंने सोचा था, उनसे मेरी यात्रा में कुछ सहायता मिलेगी, लेकिन वहाँ पहुँच कर बड़े अफसोस से सुना, कि अब वह इस संसार में नहीं रहे। जिस समय स्तूप की भीतर से प्रदक्षिणा कर रहा था, उस समय मैंने कितने ही भोटिया भिक्षुओं को हाथ के बने पतले कागजों को दोहरा चिपकाते देखा। मैंने अपनी टूटी-फूटी भोटिया में उन का देश पूछा। मालूम हुआ, उन में तिब्बत, भूटान और कुल्लु (काँगड़ा) तक के आदमी हैं। मुझे बड़ी प्रसन्नता हुई, जब मैंने कुल्लू के दो

बोघा

भिक्षुओं को हिन्दी बोलते देखा। उन्होंने बतलाया, हम लोग बड़े लामा के शिष्य हैं, जो प्रायः दो मास से यहाँ विराज रहे है, और अभी एक मास और रहेंगे। ये बड़े सिद्ध अवतारी पुरुष हैं। इन का जन्म डुक्पा (=भूटान) देश का है, इसलिए लोग इन्हें डुक्पालामा भी कहते हैं। कोरोङ् (नेपाल की सीमा के पास भोट मे) तथा दूसरे स्थानों में इन्होने बड़े बड़े मन्दिर बनवाये हैं। रात-दिन योग में रहते हैं। हम लोग तीस चालीस भिक्षु-भिक्षुणी उनके शिष्य इस वक्त गुरुजी के साथ हैं। वे वज्रच्छेदिका प्रज्ञापारमिता (=दोर्जे-चोद्पा) पुस्तक को धर्मार्थ वितरण करने के लिए छपवा रहे हैं। उसी के छापने और कागज तय्यार करने का काम हम लोग कर रहे हैं।

पिछली बार जब मैं लदाख गया था तब के और कुछ पीछे के भी लदाखी बड़े लामों के थोड़े से पत्र मेरे पास थे। उनमे मेरी तारीफ़ काफ़ी थी, और मेरी यात्रा का उद्देश्य तथा सहायता करने की बात लिखी थी। मैंने उन चिट्ठियों को दिखलाया। उन्होंने परिचय कराने मे बड़ी सहायता की। कुल्लूवासी भिक्षु मुझे डुक्पा लामा के पास ले गया। उन्होंने भी पत्रों को पढ़ा। उनमें से एक के लेखक उनके अत्यन्त परिचित तथा एक सम्प्रदाय के बड़े लामा थे। मैंने उन से कहा—बुद्ध-धर्म अपनी जन्म-भूमि से नष्ट हो चुका है; वहाँ उस की पुस्तकें भी नहीं हैं; उन्हीं पुस्तकों के लिए मैं सिंहल गया; कितने ही बड़े बड़े आचार्यों की पुस्तके वहाँ भी नहीं हैं, लेकिन वे तिब्बत मे मौजूद हैं; मैं तिब्बत की किसी

अच्छी गुम्बा (=विहार) मे रह कर तिब्बती पुस्तको को पढ़ना उनका संग्रह करना और उन्हे भारत मे ला कर कुछ का सस्कृत या दूसरी भाषा मे तर्जुमा करना चाहता हूँ; ऐसा करने से भारत-वासी फिर बौद्ध धर्म से परिचित होंगे, भारत मे फिर बौद्ध धर्म का प्रचार होगा, आप मुझे अपने साथ तिब्बत ले चलें।

डुक्पा लामा ने इसे तुरन्त स्वीकार कर लिया, लेकिन उस जल्दी के स्वीकार से मुझे यह भी मालूम हो गया कि वे मेरे जाने को वैसा ही आसान समझते हैं, जैसा दूसरे भोटियों के। मै शिव-रात्रि को सामान लेकर आ जाने की बात कह वहाँ से फिर थापाथली आया। आज की बात से मैंने समझ लिया कि मैदान मार लिया।

आठ मार्च को मै अपने एक पूर्वपरिचित पाटन के बौद्ध वैद्य को देखने गया। मालूम हुआ, वह भी इस संसार मे नहीं है। फिर मैंने पाटन के कुछ और संस्कृतज्ञ बौद्धों से मिलना चाहा। दो-चार से मिल कर बड़ी प्रसन्नता हुई। सभी मेरे विचार से सन्तुष्ट थे। कोई ब्राह्मण बौद्ध धर्म की ओर खिंचेगा, यह उन के लिए आश्चर्य की बात थी। तिब्बत जाने के बारे मे उन्होंने भी डुक्पा लामा छोड़ दूसरा उपाय नहीं बतलाया। उस दिन भोजन मैंने पाटन के एक बौद्ध गृहस्थ के यहाँ किया। पाटन को ललित पट्टन और अशोक-पट्टन भी कहते हैं। नेपाल की पुरानी राज-धानी यही है। निवासी अधिकांश बौद्ध और नेवार हैं। शहर के बीच मे पुराने राजमहल अब भी दर्शनीय हैं। जहाँ तहाँ मन्दिरो

और चैत्यों की भरमार है। गलियों मे बिछी ईंटें बतला रही हैं कि किसी समय यह शहर अच्छा रहा होगा। लेकिन आज-कल तो गलियाँ बहुत गन्दी रहती हैं। जहाँ-तहाँ पाखाना और सूअर दिखाई पड़ते हैं। शहर में पानी की कल लगी है। पाटन के पुराने भिक्षु-विहार अब भी पुराने नामों से मशहूर हैं, जिनमें इस समय भी लोग रहते हैं। उनमें कितने अब भी अपने को भिक्षु कहते है—हाँ, गृहस्थ-भिक्षु। वस्तुतः यह वैसे ही भिक्षु हैं, जैसे घरबारी गोसाई सन्यासी। विद्या का भी अभाव है। पिछली यात्रा में, जब कि मेरा विचार तिब्बत जाने का नहीं था, पाटन के एक साहूकार ने मुझे तिब्बत ले जाने का प्रस्ताव किया था, किन्तु अब जब कि मै स्वयं जाने के लिये उत्सुक था, किसी ने कुछ नहीं कहा।

पाटन से लौट कर मैं फिर थापाथली अपने स्थान पर आया। मेरा इरादा उसी दिन उस स्थान को छोड़ देने का था, लेकिन मैंने फिजूल सिहली-चीवरो की एक बला मोल ली थी। वह न होते तो मुक्त हो विचरता। किसी के उन के देख लेने मे भी अच्छा न था। इन चीवरों के लिए मैं बहुत दिनो तक पछताया। और मैं अपनी परिस्थिति के दूसरे पुरुषों को यही कहूँगा कि हरगिज़ इस प्रकार की चीजों को साथ न रखें। मै उन्हे एक नेवार सज्जन के पास रख छोड़ना चाहता था। उन्हें मैं एक जगह खड़ा कर चीज़ों को लेने गया, लेकिन उस समय मेरे आसन के पास और लोग बैठे थे, और मेरे असबाब उठाने से उन्हे सन्देह हो जाने का डर

था, इस कारण मैं कुछ न कर सका; और उस रात फिर वहीं रहना पड़ा।

नौ मार्च शनिवार को महाशिवरात्रि थी। बड़े तड़के ही मैंने अपना कम्बल, गठरी बहुत यत्न से इस प्रकार बाँधी, जिस में किसी को मालूम न हो कि मैं क्यों बिदाई से पहले ही आसन ले जाता हूँ। मै पहिले बागमती के किनारे पुल के नीचे से ऊपर की ओर चला, फिर पशुपति की ओर से आनेवाली धार को मुड़ गया। सूर्योदय के क़रीब मै पशुपति पहुँचा। एक तो ऐसे ही माघ-फाल्गुन का महीना, दूसरे नेपाल मे सर्दी भी अधिक पड़ती है। लेकिन उस जाड़े मे भी श्रद्धालु हजारो की सख्या मे नहा रहे थे। अधिकांश स्त्री-पुरुष उत्तरी बिहार के थे, उस के बाद पूर्वी संयुक्त प्रान्त के, वैसे तो कुछ कुछ सभी प्रान्तों से आदमी शिवरात्रि मे बाबा पशुपतिनाथ के दर्शन के लिए आते हैं। मुझे आज न नहाने की फुर्सत थी, न बाबा पशुपतिनाथ के दर्शन करने का। पुल और पहाड़ी टेकरी पार कर गुहेश्वरी, और वहाँ से नदी पार हो बोधा पहुँचा।

अभी सवेरा ही था, जब मै बोधा पहुँच गया। कुल्लू का भिक्षु रिछेन मुझे डुक्पालामा के पास ले गया। उन्होंने मेरे पास जो सिंहली भिक्षुओं के कपड़े थे उन्हे देखा। कैसे पहना जाता है, यह उन को दिखाया। फिर रिछेन ने मुझको एक बगल के मकान मे ले गया, जहाँ वह और उस का दूसरा साथी छवङ् रहता था। यह दोनों ही हिन्दी समझते थे, इसलिए मुझे कठिनाई न होती थी।

पशुपतिनाथ

नाश्ते के लिए भात आया। मैंने कहा, जो यहाँ और लोग खाते हैं, वही मैं खाना चाहता हूँ। मुझे इस का अभ्यास भी तो करना है। मैं इस वक्त भी काली अल्फी पहने हुआ था, और यह मेरे लिये खतरनाक थी। मैंने रिञ्जेन् से कहा कहीं से एक भोटिया छुपा (=लम्बा कोट) और एक भोटिया जूता लेना चाहिए। जाड़े के महीनों में इन चीजों का मिलना मुश्किल नहीं है। भोटिया लोग भी खर्च के लिए चीजें बेच दिया करते हैं। बोधा में दूकान करने वाले नेपाली ऐसी चीजें खरीद कर रख छोड़ा करते हैं। मैंने सात-आठ रुपये मे एक छुपा लिया। जूता तुरन्त नहीं मिल सका। जूते के न होने पर भी, छुपा पहिनने से ही अब कोई मधेसिया[1] (=मध्य देश का आदमी) तो नहीं कह सकता था। रिञ्जेन् और छवङ् दिन भर पुस्तक छापने में लगे रहते थे, तो भी बीच मे आ कर पूछताछ कर जाया करते थे।

छुपा पहन कर दूसरे दिन फिर लामा के पास गया। डुक्पा-लामा का असल नाम गेशे शेब्र-दोर्जे (=अध्यापक प्रज्ञावज्र) है। विद्वान् भिक्षु को भोटिया लोग गे-शे (=अध्यापक) कहते हैं। इनकी अवस्था साठ के करीब थी। खाम्[2] और तिब्बत मे बहुत दिनों तक रह इन्होने भोटिया पुस्तकों को पढ़ा था, वहीं तिब्बत के

---

१. [नेपाली अब भी बिहार-युक्त प्रान्त के लोगों को मधेसिया कहते हैं।]

२. [तिब्बत का उत्तर पूरबी सीमा-प्रान्त।]

एक बड़े तान्त्रिक लामा शाक्य-श्री से तान्त्रिक क्रिया सीखी थी। पीछे डुक्पालामा अपने देश भूटान में गये। राजा ने रहने के लिए बड़ा आग्रह किया, लेकिन इन का चित्त वहाँ न लगा। वहाँ से भाग कर काठमाण्डव से उत्तर की ओर सीमा पार भोट देश के के-रोङ् स्थान में ये बहुत दिनों पूजा और तन्त्र-मन्त्र करते रहे। तिब्बत में और नेपाल में भी, बिना तन्त्र-मन्त्र के कोई सम्मानित नहीं हो सकता। गेशे शेरब्-दोर्जे पढ़े लिखे भी थे, चतुर थे, तन्त्र-मन्त्र रमल फेंकने भूत झाड़ने में भी होशियार थे। आदमियों को कैसे रखना चाहिए यह भी जानते थे, इस प्रकार धीरे धीरे इनके चारों ओर भिक्षु चेले-चेलियों की एक जमात बन गई। इन्होंने धीरे धीरे केरोङ् के अवलोकितेश्वर के पुराने मन्दिर की अच्छी तरह मरम्मत करवा दी। वहाँ भिक्षु-भिक्षुणियों के लिये एक मठ बनवा दिया। केरोङ् और आस पास के इलाके में इनकी बड़ी ख्याति है। केरोङ् के मन्दिर में नेपाल के बौद्धों ने भी मदद की थी। इस प्रकार यह गेशे शेरब्-दोर्जे से डुक्पा लामा हो गये।

डुक्पा लामा की बड़ी बड़ी शक्तियाँ मेरे साथी कुल्लूवाले बयान किया करते थे। मैं भी दूसरे दिन जब जाकर लामा के सामने बैठा, तो देखा वह बात करते करते बीच में आँख मूँद कर निद्रित हो जाते थे। यह मैंने कई बार और दिन में बहुत बार देखा। उस समय इसे निद्रा न समझा। मैंने ख्याल किया, यह जीवन्मुक्त महात्मा बारम्बार इस हमारी बाहरी दुनिया से

भीतर की दुनिया मे चले जाया करते हैं। दो-तीन दिन तक तो मै हद से अधिक प्रभावित रहा। मैंने समझा, मेरे भाग्य खुल गये। कहाँ मै काग़ज़ बटोरने जा रहा था, और कहाँ रत्नाकर मिल गया। लेकिन मेरे ऐसे शुष्क तर्की की यह अवस्था देर तक नही रह सकती थी, पीछे मैंने भी समझ लिया, वस्तुतः वह समाधि नहीं, नींद ही थी। यह लोग रात में भी लेट कर बहुत कम ही सोते हैं, और इस प्रकार बैठे बैठे सोने की आदत पड़ जाती है। उसी वक्त यह भी समझ मे आ गया कि यदि मेरे जैसे पर तीन-चार दिन तक इन का जादू चल सकता है तो दूसरे श्रद्धालुओं पर क्यो नही चलेगा। नेपाल के लोग लामा के पास पहुँचा करते थे। बराबर उन के यहाँ भीड़ लगी रहती थी। लोग आ कर दण्डवत् करते, मिश्री-मेवा तथा यथाशक्ति रुपये चढ़ाते थे। कभी कोई अपना दुःख-सुख पूछता, तो वे रमल फेक कर उसे भी बतला देते थे। बाधा हटाने के लिए कुछ यन्त्र-मन्त्र देते, कभी कोई छोटी-मोटी पूजा भी बतला देते थे।

दो-तीन दिन अलग मकान मे रह कर मैने सोचा, मुझे भी भोटियों के साथ ही रहना चाहिए, इससे भोटिया सीखने में आसानी होगी। फिर मैं उनके पास ही आ गया। पहले से अब कुछ भोटिया बोलने का अधिक मौका तो मिला, लेकिन उतना नहीं; क्योंकि सभी भिक्षु-भिक्षुणियाँ सूर्योदय से पहले ही उठ कर किताब छापने की जगह पर चली जाती थीं। किताब छापने को कोई प्रेस न था! एक लकड़ी की तख्ती के दोनों ओर किताब के

दो पृष्ठ खुदे हुए थे। तख्ती को ज़मीन पर रख कपड़े से स्याही पोती, और कागज रख कर छोटे से बेलन को ऊपर से चला दिया। डुक्पा लामा कई हज़ार प्रतियाँ वज्रच्छेदिका की छपवा कर मुफ्त वितरण करवा चुके है, और कहते थे, दस हज़ार प्रतियाँ और छपवा रहे हैं।

यद्यपि मैं अब भोटिया छुपा पहने था, किन्तु अब भी आत्म-विश्वास न था। इस आत्म-विश्वास का अभाव आधे जून तक रहा, यद्यपि अब मै सोचता हूँ उस की कोई आवश्यकता न थी। मैं समझता था, मैंने कपड़ा पहन लिया है, दो चार भोटिया वाक्य भी बोल सकता हूँ, लेकिन चेहरा मेरा कहाँ से छिपा रह सकता है। अपने साथी रिछेन् का चेहरा भी मैं देखता था, तो वह भी भोटियों से जरा भी मेल न खाता था, तो भी मुझे विश्वास न होता था। इसका कारण दर-असल सुनी सुनाई अतिशयोक्तियाँ और मेरी जैसी परिस्थितवाले भारतीय को इन रास्तों को कैसे पार करना चाहिए—इस ज्ञान का अभाव था। वस्तुतः जब तुमने भोटिया कपड़ा धारण कर लिया, और थोड़ी भाषा भी सीख ली, तो तुम्हें निडर हो जाना चाहिए, दुनिया अपना काम छोड़ कर तुम्हारी देख रेख मे नहीं लगी है।

कोई देख न ले इसके लिए नौ से तीस मार्च तक मैं गोया जेल में था। दिन मे घर से बाहर निकलने की हिम्मत ही नहीं थी, रात को भी पेशाब-पाखाना छोड़ एकाध ही बार में बोधा चैत्य की

परिक्रमा के लिए गया होऊँगा। इस समय बस हैण्डर्सन का तिबेतन्-मेनुअल (तिब्बती भाषा की पुस्तक) दोहराया करता था। बीच बीच में शब्दों का प्रयोग भी करता था, लेकिन तिब्बत के प्रदेश प्रदेश में भिन्न भिन्न उच्चारण है। ल्हासा राजधानी होने से उस का उच्चारण सर्वत्र समझा जाता है, लेकिन हैण्डर्सन महाशय की पुस्तक मे चाङ (=टशीलुम्पो के पास के प्रदेश) का ही उच्चारण अधिक पाया जाता है। इसके लिए सर चार्लस बेल् की पुस्तक अधिक अच्छी है, जिसमें उच्चारण भी ल्हासा का है।

डुक्पा लामा ने सत्सङ्ग में जब योग-समाधि की बात न कर के मन्त्र तन्त्र की ही बात शुरू की तभी मालूम हो गया, बस, इतना ही है। लेकिन मुझे तो उनके साथ साथ भोट की सीमा के भीतर पहुँच जाने का मतलब था। और इस कारण वे मेरे लिए बड़े योग्य व्यक्ति थे। सप्ताह के बाद ही मैं फिर घबराने लगा, जबकि बनारस के ब्राह्मण पण्डित को खोज खोज कर कितने ही नेपाली मेरे पास पहुँचने लगे। मैं चाहता था शीघ्रातिशीघ्र यहाँ से चल दूँ किन्तु यह मेरे बस की बात न थी। डुक्पा लामा की छपाई पूरी न हुई थी। अभी गर्मी भी न आयी थी कि पिछले वर्ष की तरह एकाध साथी मरणासन्न होते, और गर्मी के डर से लामा को जल्दी करनी पड़ती।

जब लामा ने करुणामय की पूजा की विधि साङ्गोपाङ्ग बतलाना स्वीकार किया, तो रिञ्छेन् ने कहा, आप बड़े भाग्यवान् हैं

जो गुरुजी ने इतनी जल्दी इस रहस्य को देना स्वीकार कर लिया। लेकिन उस को क्या मालूम था कि जो आदमी करुणामय (=अवलोकितेश्वर) को ही एक बिल्कुल कल्पित नाम छोड़ और कुछ नहीं समझता, वह कहाँ तक इस रत्न का मोल समझेगा। कई दिन टालते टालते सत्ताइस मार्च को मालूम हुआ, पुस्तक की छपाई समाप्त होगई। इस समय काठमाण्डव और पाटन के कुछ आदमी मेरे पास उपदेश सुनने आया करते थे। भय तो था ही, कुछ कहने में भी सङ्कोच होता था, क्यों कि मैं तो पुरुषोत्तम बुद्ध का पूजक था, और वे अलौकिक बुद्ध के। जब से बोधा आया, तब से मैंने स्नान नहीं किया था; मैं चाहता ही था पक्का भोटिया बनना। आते ही वक्त कुछ दिनों तक पिस्सुओं ने निद्रा में बाधा डाली, पीछे उतनी तकलीफ़ न होती थी।

पुस्तक छप जाने पर मुझे बतलाया गया, कि अब गुरु जी स्वयम्भू[1] के पास एकाध दिन बैठ कर यल्मों में और फिर वहाँ से यावज्जीवन बैठने के लिए लब-चीकी गुहा में जायँगे। मुझे प्रसन्नता हुई कि यदि नेपाली सीमा से नहीं पार हो सकता तो भोटिया जाति के देश यल्मों में पहुँच जाना भी अच्छा ही है। चैत में अब गर्मी भी मालूम होने लगी, एकाध भोटिया साथियों का सिर भी दर्द करने लगा। अन्त में इकतीस मार्च, रविवार को सायंकाल सब बोधा छोड़ किन्दू को गये। आज इतने दिनों पर मैं बाहर

---

१. [काठमांडू के पास एक बौद्ध स्तूप।]

निकला था। बोधा से काठमाण्डव के पास पहुँचते पहुँचते ही भोटिया जूते ने पैर काट खाया। इसपर भी मैं उसे नहीं छोड़ना चाहता था, समझता था जूता उतारने पर मेरा भोटियापन कहीं न हट जाय, यद्यपि मेरे अधिकांश साथी नङ्गे पैर जा रहे थे। जिस समय मै गलियों मे से गुजर रहा था, मै समझता था सारे लोग मुझे ही मधेसिया समझ कर घूर रहे हैं, यद्यपि काठमाण्डव के लोग चिर-अभ्यस्त होने से भोटियों की ओर जल्दी नजर भी नहीं डालते। नेपाल के गृहस्थ ने और भी कितनी ही बार घर आने के लिये आग्रह किया था, इसलिए आज वहाँ जाना हुआ। उन्होंने बड़े आग्रहपूर्वक एक अप्रैल से दो अप्रैल तक अपने यहाँ मुझे रखा। यह बिचारे बड़े भोले-भाले थे, उन्हें इसमे भी डर नहीं होता था कि चाहे कितना ही मेरा काम और भाव शुद्ध हो, लेकिन मालूम हो जाने पर नेपाल सर्कार मेरे लिए उनको भी तकलीफ पहुँचा सकती है। चौथे दिन की रात को मै काठमाण्डव छोड़ स्वयम्भू के पास पहुँचा।

§ ४. नेपाल राज्य

नेपाल उपत्यका, जिस मे काठमाण्डव, पाटन, भात गाँव के तीन शहर और बहुत से छोटे छोटे गाँव हैं, बड़ी आबाद है। इस उपत्यका का भारत से बहुत पुराना सम्बन्ध है। कहते हैं पाटन, जिस का नाम अशोकपट्टन और ललितपट्टन भी है, महाराज अशोक का बसाया है, और अशोक-काल में यह मौर्य

साम्राज्य के अन्तर्गत था। यही नहीं, बल्कि नेपाल के अर्ध-ऐतिहासिक ग्रन्थ स्वयम्भूपुराण मे सम्राट् अशोक का नेपाल-यात्रा करना भी लिखा है। उन्नीसवीं शताब्दी के आरम्भ तक वर्तमान बीरगञ्ज से नेपाल का रास्ता ऐसा चालू न था। उस समय भिखना-टोरी से पोखरा होकर नेपाल का रास्ता था।

भारत और नेपाल का सम्बन्ध कितना ही पुराना क्यो न हो, किन्तु नेपाल उपत्यका की नेवारी (नेपारी=नेपाली) भाषा संस्कृत और संस्कृत के अनगिनत अपभ्रंश शब्दो को ले लेने पर भी आर्यभाषा नही है। यह भाषाओं के उसी वंश की है, जिसमे बर्म्मा और तिब्बत की भाषायें शामिल हैं। समय समय पर हजारो आदमी मध्यदेश छोड़ कर यहाँ आ बसे, तो भी मालूम होता है, यह कभी उतनी अधिक संख्या मे नहीं आये, जिसमे कि अपनी भाषा को पृथक् जीवित रख सकते। आज यद्यपि नेवार लोगो के चेहरो पर मङ्गोल मुख-मुद्रा की छाप बहुत अधिक नही है, तो भी इनकी भाषा अपना सम्बन्ध दक्षिण की अपेक्षा उत्तर से अधिक बतलाती है। सातवीं शताब्दी के उत्तरार्द्ध मे, जब कि भारत में सम्राट् हर्षवर्द्धन का शासन था, नेपाल तिब्बत के शासक स्रोङ्-चन-गेम्बो को अपना सम्राट् मानता था। मुसल्मानी काल में भारत से भागे राजवंशो ने भी कभी कभी नेपाल पर शासन किया है।

ऐसे तो नेपाल उपत्यका एक छोटा सा देश है ही, किन्तु सत्रहवीं शताब्दी के अन्त मे राजा यक्षमल ने अपने राज्य को

अपने पुत्रों मे बाँट कर नेपाल को बहुत ही कमज़ोर बना दिया। उसी समय से पाटन, काठमाण्डव और भातगाँव में तीन राजा राज करने लगे। उधर इसके पश्चिम ओर गोर्खा प्रदेश में सीसोदियों का वंश स्वदेश-परित्याग कर धीरे धीरे अपनी शक्ति बढ़ा रहा था। गोर्खा का दशम राजा पृथ्वीनारायण बहुत मनस्वी था। उसने नेपाल की कमजोरी से लाभ उठाना चाहा; और अल्प परिश्रम से २९ दिसम्बर सन् १७६९ ईसवी को काठमाण्डव दख़ल कर लिया तब से नेपाल पर गोर्खा वंश का शासन आरम्भ हुआ। पहले सहस्राब्दियों से यद्यपि नेपाल पर प्रायः बौद्ध शासको का ही शासन रहा है, और गोर्खा राजा ब्राह्मण धर्म के मानने वाले हैं, तो भी भारत की तरह यहाँ भी धर्म के नाम पर कभी किसी को कठिनाई मे नहीं पड़ना पड़ा।

महाराज पृथ्वीनारायण से महाराज राजेन्द्र विक्रमशाह के समय तक नेपाल का शासन-सूत्र गोर्खा के ठकुरी क्षत्रियों के वश मे रहा; किन्तु १८४६ ई० के १७ सितम्बर की क्रान्ति ने नेपाल मे एक नयी शासन-रीति स्थापित की, जो अब तक चली जा रही है। इस क्रान्ति के कारण महाराज जङ्गबहादुर ने राज-शासन की बागडोर अपने हाथ मे ली। उन्होने यद्यपि अपने लिए महामन्त्री का ही पद रखा तो भी इसमे शक नहीं कि १७ सितम्बर सन् १८४६ से पृथ्वीनारायण का वंश सिर्फ नाम का ही अधिराज (महाराजाधिराज) रह गया, और वास्तविक शक्ति महाराज जङ्गबहादुर के राणावंश में चली गयी।

महाराज जङ्गबहादुर ने अपने भाइयो की सहायता से इस क्रान्ति में सफलता पाई थी। इसलिए उत्तराधिकार के बारे मे अपने भाइयों का ख्याल उन्हे करना ही था। उन्होंने नियम बना दिया कि महामन्त्री की जिसे तीन सरकार (=श्री ३) और महाराज भी कहते है जगह खाली होने पर बाकी बचे भाइयो में सब से बड़े को यह पद मिले। भाइयों की बारी खतम हो जाने पर, दूसरी पीढ़ी वालो मे जो सब से जेठा होगा वही अधिकारी होगा। महाराज जङ्गबहादुर के बाद उनके भाई उदीपसिंह तीन सरकार (१८७७–८५ ई०) हुए। उस समय जङ्गबहादुर के पुत्रो ने कुछ षड्यन्त्र रचे, जिनके कारण उन्हे नेपाल छोड़ भारत चला आना पड़ा। महाराजा उदीपसिंह के बाद उनके भतीजे और वर्तमान महाराज के सब से बड़े भाई वीरशमसेर (१८८५-१९०१ ई०) चचा के गोली का निशान बन जाने पर गद्दी पर बैठे। उनके बाद (१९०१ ई० मे) महाराज देवशमसेर कुछ महीनो तक ही राज्य कर पाये और वह वहाँ से भारत निकाल दिये गये तब से २५ नवम्बर १९२९ तक नेपाल पर वर्तमान तीन सरकार महाराज भीमशमसेर जङ्गराणाबहादुर के बड़े भाई महाराज चन्द्र शमसेर ने शासन किया।

मै कह चुका हूँ, पृथ्वीनारायण का वंश अब भी नेपाल का अधिराज है, तो भी सारी राज-शक्ति प्रधान मन्त्री के हाथ मे है, जिसके बनाने-बिगाड़ने मे अधिराज को अधिकार नहीं है। जगह खाली होने पर स्वय राणा खान्दान का दूसरा ज्येष्ठ व्यक्ति आ

जाता है। प्रधान मन्त्री के नीचे चीफ साहेब (कमाण्डर-इन्-चीफ) फिर लाट साहेब (=फौजी लाट), और पीछे राज्य के चार जनरलो का दर्जा आता है। महाराज जङ्गबहादुर के भ्रातृवंश मे उत्पन्न होने वाला हर एक बच्चा नेपाल का प्रधान मन्त्री होने की आशा कर सकता है; लेकिन ऐसे लोगों की सख्या सैकड़ों हो जाने से अब उस आशा का पूर्ण होना उतना आसान नहीं है; और यही भविष्य में चलकर इस पद्धति के विनाश का कारण होगा।

नेपाल का शासन एक प्रकार का फौजी शासन समझना चाहिए। राणा खान्दान (जङ्गबहादुर के खानदान) का बच्चा जन्मते ही जनरल होता है (यद्यपि इस प्रथा को महाराज चन्द्र-शमसेर ने बहुत अनुत्साहित किया है)। वह अपनी उम्र और सम्बन्ध के कारण ही राज्य के भिन्न भिन्न दायित्वपूर्ण पदों पर पहुँच सकता है। वह हजारो सैनिकों का "जर्नैल" बन सकता है, चाहे उसे युद्ध विद्या का क-ख भी न आता हो। इस बड़ी आशा के लिए उसे अपनी रहन सहन मे वित्त के अनुसार नहीं, बल्कि खान्दान के अनुसार जीवन बसर करना पड़ता है। राज्य को किसी न किसी रूप मे एक ऐसे खान्दान के सभी मेम्बरो की पर्वरिश करनी पड़ती है, जिन मे अधिकांश अपनी किसी योग्यता या परिश्रम से राज्य को कोई फ़ायदा नहीं पहुँचाते। बहु-विवाह की प्रथा से अभी ही इस खान्दान के पुरुषों की सङ्ख्या दो सौके करीब पहुँच गयी है, ऐसा ही रहने पर कुछ दिनों मे यह

हजारों पर पहुच जायेगी। यद्यपि महाराज चन्द्रशमसेर ने अपने लड़कों की शिक्षा का पूरा ध्यान रखा, और वैसे ही कुछ और भाइयों ने भी, किन्तु जब इन सैकड़ो खान्दानी "जनैलों" पर ध्यान जाता है, तो अवस्था बहुत ही असन्तोषजनक मालूम होती है।

नेपाल की भीतरी भयङ्कर निर्बलता का ज्ञान न होने से बहुत से हिन्दू उस से बड़ी बड़ी आशायें रखते हैं। उनको जानना चाहिए कि नेपाल मे प्रजा को उतना भी अधिकार नहीं है जितना भारत मे सब से बिगड़े देशी राज्यों की प्रजा को है। इसलिए राष्ट्र की शक्ति का यह स्रोत उसके लिए बन्द है। जिस तीन-सरकार के शासन से कुछ आशा की जा सकती है, उस पद के अधिकारी अधिकांशतः वे हैं, जिनमे उसके लिए उपयुक्त शिक्षा नही, और जो अपने राजसी खर्च के कारण बड़ी शोचनीय आर्थिक अवस्था मे रहते है। मेरा ध्यान एक दो व्यक्तियों पर नही है, बल्कि राणा खान्दान के उन सभी पुरुषो पर है, जो जीते रहने पर एक दिन उस पद पर पहुँच सकते हैं। अनियन्त्रित व्यक्तिगत शासन के कारण शासक का जीवन हमेशा खतरे मे रहता है। यही हाल नेपाल मे भी है। कहावत है, नेपाल की तीन-सरकारी का मूल्य एक गोली है, जितने में महाराज जङ्ग-बहादुर ने इसे खरीदा था। उससे बचने पर वैसे षड्यन्त्रों का भी भय रहता है, जिनके कारण महाराज देवशमसेर कुछ ही मास में देश से बाहर निकाल दिये गये। ऐसी स्थिति में तीन

सरकार के पद पर पहुँच कर कोई भी क्षण भर के लिए निश्चिन्त नहीं बैठ सकता; उसको यह डर बना रहेगा कि कहीं मैं भी किसी कुचक्र में न पड़ जाऊँ। इसलिए उसे पहले अपनी सन्तानों के लिए जितना हो सके उतना धन जमा करना पड़ेगा; उसे भी सुरक्षा के लिए नेपाल से बाहर किसी विदेशी बैंक में रखना होगा, जिसमें ऐसा न हो कि उस के परिवार की सारी सम्पत्ति जब्त हो जाय।

जनवृद्धि के अनुसार ही तीन सरकारी के भुक्खड़ उम्मेदवारों की संख्या बढ़ रही है। ऐसी अवस्था में निश्चय ही अच्छे दिनों की आशा कम होती जा रही है। यदि राणा खान्दान के लड़कों को देश-विदेश में भेज कर भिन्न भिन्न विषयों की उच्च शिक्षा दिलायी जाती, यदि नेपाल विदेशी राज्यों में अपने राजदूत भेजता तो इस में शक नहीं कि बेकार राणा खान्दान वालों को भी काम मिलता, और देश को भी कई तरह से नफ़ा होता। किन्तु आधुनिक सभी पाश्चात्य विलासिताओं को अपना कर भी, यह लोग विद्या-ग्रहण में विदेश-गमन के अनुकूल नहीं हैं; और आगे भी, ढोंगबाजी में एक दूसरे से बाजी लगाने वाले इन लोगों को कब अक़्ल आयगी, कोई नहीं जानता; सम्भव है, उसी वक्त होश आये, 'जब चिड़ियाँ चुग गईं खेत'।

नेपाल की वर्तमान अवस्था से यदि किसी को अधिक सन्तोष हो सकता है, तो अङ्ग्रेजों को। वे जानते हैं कि यहाँ की प्रजा

शक्ति-शून्य है, सिंहासनाधिपति अधिराज शक्ति-शून्य है और तीन सरकार अपने खान्दान के दाव पेंचों से ही शक्ति-शून्य है। इसलिए वह चाहे सैनिक-शक्ति-सम्पन्न जनता का देश ही क्यों न हो, उस के नाम के 'जर्नैल' और खुशामद के बल पर होने वाले टके सेर 'कप्टेन' और 'कर्नेल' मौका पड़ने पर क्या अपने देश की भी रक्षा कर सकेंगे? अगर अङ्ग्रेजों ने इस तत्त्व को न समझा होता, तो जिस प्रकार कश्मीर धीरे धीरे बृटिश साम्राज्य के अन्तर्गत आ गया, वैसे ही नेपाल भी आ गया होता। इन्हीं बातों के कारण अङ्ग्रेजों ने भी आसानी से १९२३ ई० की सन्धि-द्वारा नेपाल को "स्वतन्त्र" राज्य स्वीकार कर लिया, और काठ-माण्डव मे रहने वाले रेज़ीडेण्ट का नाम बदल कर "एनवाय" (=राजदूत) कर दिया।

§ ५. यल्मो ग्राम की यात्रा

किन्दू स्वयम्भू के पास ही है। अभी यहाँ नया विहार बनाया गया है। डुक्पा लामा को यहाँ कुछ दिन रहना था। मै तीन अप्रैल की रात को वहाँ पहुँचा। लामा ने मुझे भी पास में आसन के लिए जगह दे दी। परन्तु मैं रात को ही समझ गया कि इस जगह पर, जहाँ दिन भर सैकड़ों आदमी आते रहते हैं, मेरा रहना ठीक न होगा। मैंने यह भी सुन लिया कि और भी एक सन्यासी तिब्बत की यात्रा के लिए ठहरे हुए हैं। वे यहाँ आये थे, और उन को मेरी सूचना भी दे दी गयी है। पीछे यह

भी मालूम हुआ कि मेरे उक्त स्थान को छोड़ने के दूसरे दिन वे वहाँ भी मुझे खोजने के लिए गये थे। उनको तो राज्य से ठहरने की इजाज़त मिल गई थी, और वे राज कर्मचारियों की सङ्गति में रहते भी थे। मैंने सोचा यह बड़ी गल्ती हुई, अगर कहीं ऊपर खबर हुई तो इतने दिन बेकार गये और मैं फिर रक्सौल उतार दिया जाऊँगा।

रात को ही मैंने निश्चय कर लिया कि मैं अलग किसी एकान्त जगह में जाऊँगा। संयोग से मुझे इस काम मे मदद देने के लिए एक सज्जन मिल गये। उन्होंने एक खाली मकान में मेरे रहने का प्रबन्ध किया। दिन भर मै एक कोठरी मे पड़ा रहता था, सिर्फ रात को पाखाने के लिये एक बार बाहर निकलता था। कोठरी का अभ्यास तो मुझे हजारीबाग में दो साल के कारावास मे काफी हो चुका था; किन्तु यह एकान्तवास उस से कठिन था। हर समय चिन्ता बनी रहती कि कहीं यह रहस्य खुल न जाय। मालूम हुआ, अभी डुक्पा लामा को जाने का कोई विचार ही नहीं हो रहा है। उन्होंने दो-चार ही दिन रहने का ख्याल किया था, किन्तु मालूम हुआ, पूजा यहाँ काफी चढ़ रही है। यहाँ भी धीरे धीरे कुछ लोग आने लगे। फिर तो मैं दूना चिन्तित हो उठा। डुक्पा लामा को यल्मो जाकर कुछ दिन रहना था इसलिए मैंने सोचा कि मुझे वहाँ ही जा कर ठहरना चाहिए।

मेरे अकारण मित्र कोशिश करने पर भी किसी यल्मोवासी को न पा सके। अन्त मे निश्चय हुआ कि वही मुझे यल्मो पहुँचा

आँय। ८ अप्रैल को अँधेरा रहते ही हम चल पड़े। स्वयम्भू के दर्शन को न जा सके। स्वयम्भू का दर्शन पहली नेपाल-यात्रा में कर चुका था। यह नेपाल का सर्वश्रेष्ठ बौद्ध तीर्थ है। चन्द्रागढ़ी से भी इस के दोनों जुड़वे मन्दिर, काठमाण्डव से बाहर एक छोटी टेकरी पर, दिखाई पड़ते हैं। वर्तमान मन्दिर और दूसरे मकानों में कोई भी उतना पुराना नहीं है, जैसा कि स्वयम्भू-पुराण में बतलाया गया है। तो भी स्थान रमणीय है। कुछ वर्षों पूर्व इसकी भी मरम्मत हो चुकी है। हम स्वयम्भू की परिक्रमा कर नगर से बाहर ही बाहर यल्मो की ओर चले। कुछ देर तक रोप-लाइन के खम्भों के सहारे चले, खम्भों को देख कर फिर हजारों बे रोजगार मजदूर परिवार याद आये। हमारे पास एक छोटी गठरी थी। बेचारे मित्र उसे ले चले, किन्तु उन को भी अभ्यास न था। अङ्ग्रेजी रेजीडेन्सी के नीचे से हम लोग गुजरे। यह जगह शहर से बाहर एक टीले पर है। बहुत दिनों से रहने के कारण बाग बगीचे अच्छे लग गये हैं। हम को थोड़ा ही आगे चलने पर एक आदमी मिला, हमने उसे सुन्दरी जल तक मजदूरी पर चलने को कहा। वह पूछने के बहाने घर गया। थोड़ी देर इन्तजार करने पर मेरे साथी उस का पता लगाने गये। मालूम हुआ वह नहीं जायगा। नाहक में ठण्डे समय का आधा घण्टा बरबाद किया।

हाँ, मैंने इस समय की अपनी पोशाक की बात नहीं कही। यल्मो तक के लिए मैंने नेपाली पोशाक स्वीकार की। नेपाली

स्वयम्भु

बगलबन्दी, ऊपर से काला कोट, नीचे नेपाली पायजामा, सिर पर नेपाली टोपी, पैर में नेपाली फलाहारी जूता (कपड़े और रबड़ का), आँखों पर काला चश्मा। ऊपर से नेपाली तो बन गया था, लेकिन दिल में चैन कहाँ ! वस्तुतः नेपाल में भोटिया पोशाक ही अधिक उपयुक्त है। मालूम हुआ, इस रास्ते पर भी सरकारी पुलिस चौकी है। हमारे भाग्य अच्छे थे, जो उस दिन घुड़दौड़ थी। सिपाही लोग भी घुड़दौड़ देखने काठमाण्डव चले गये थे। दोपहर मेरे साथी ने एक जगह भात बनाया; किन्तु भूख मुझे उतनी न थी। मध्याह्न की धूप से बचने के लिए थोड़ा विश्राम किया, और फिर चल पड़े।

नये जूते ने पैर काट खाये थे; महीने भर की टाँगों की बेकारी ने चलने की शक्ति को बेकार कर दिया था; तो भी उत्साह के बल पर मैं चला जा रहा था। काठमाण्डव से सुन्दरीजल तक मोटर जाने लायक सड़क भी बनी है, किन्तु आजकल एक जगह नदी का पुल टूटा हुआ है। यहाँ मैंने पत्थर के कोयलों से ईंटों को पकाते देखा। वही कोयले, जिन्हें छः वर्ष पूर्व जब मैंने एक राजवंशिक के सामने जला कर दिखाया तो उसे आश्चर्य हुआ था। उस समय लोग इस नर्म कोयले को कुदरती खाद समझते थे, और उस का व्यवहार खेत में डालना भर था। नेपाल की भूमि रत्नगर्भा है, नाना प्रकार की धातुएँ हैं, और उत्तम फलों के लिए यहाँ उपयुक्त भूमि है, परन्तु इधर किसी का ध्यान हो तब न।

चार-पाँच बजे हम सुन्दरीजल पहुँचे। यहाँ से भी नलों द्वारा पानी काठमाण्डव गया है। इस नल के रास्ते को हमने जनरल मोहनशमसेर के महल के पास से ही पकड़ा था। महाराज चन्द्रशमसेर ने अपने सभी लड़को के लिए अलग अलग महल बनवा दिये हैं। मकान बनवाने का उन्हे बहुत शौक था। अपना महल भी उन्होंने बहुत सुन्दर बनवाया है। कहते हैं, इस पर करोड़ो रुपया खर्च हुआ है। इस महल को तो अपने जीवन मे ही वह सभी तीन-सरकारों के लिए नियत कर गये हैं। उन के लड़को के भी छः अलग अलग महल हैं। इन में जितनी भूमि और रुपयों का खर्च हुआ है, यदि ऐसा ही भविष्य के भी तीन-सरकार करें, तो बीसवीं शताब्दी के अन्त तक काठमाण्डव के चारो ओर का भूभाग तो महलों से भर जायगा, और सारे उपजाऊ सुन्दर खेत उन के पार्कों के रूप में परिणत हो जायँगे। देश के करोड़ो रुपये कला शून्य इन विलायती ढङ्ग की ईंटों के ढेर में चले जायँगे सो अलग।

सुन्दरीजल की चढ़ाई शुरू हो गई। अभी तक तो हम मैदान मे जा रहे थे, अब मालूम हुआ, पहाड़ पार करना आसान नहीं होगा। सयोग से ऐन मौके पर एक हट्टा कट्टा तमङ्ग मजदूर मिल गया। उसे चार दिन के लिये नेपाली आठ मोहर (३ रुपये से कुछ ऊपर) पर ठीक किया। साथ ही यह भी ठहरा कि वह मुझे ढोकर ले चलेगा। आदमी बहुत मजबूत और साधारण गोर्खे के कद से लम्बा था। हम सुन्दरीजल के सहारे ऊपर बढ़े। थोड़ी

ही देर में हरियाली से भरे सुहावने जङ्गल में पहुँच गये। हमने नीचे से जाने वाले रास्ते को छोड़ दिया था, क्योंकि उसमें कुछ चौकियाँ पड़ती हैं। यह ऊपर का रास्ता पहाड़ों के डाँड़ों डाँड़ों गया है; यह कठिन तो है, किन्तु निरापद है। लगातार चढ़ाई ही चढ़ते शाम को हम ऊपर एक गाँव में पहुँचे। यहाँ ऊँचाई के कारण ठण्ढक थी। सभी रास्तों पर नेपाल के पहाड़ों पर छोटी छोटी दूकाने हो गयी है, जहाँ खाना बनाने का सामान मिल जाया करता है।

मुझे तो दिन भर की थकावट में नींद सब से मीठी मालूम हो रही थी। मेरे साथी को पर्वाह न थी। उन्होने भोजन तय्यार किया, फिर तीनों आदमियो ने भोजन किया।

सबेरे बड़े तड़के हम लोग रवाना हुए। अब भी चढ़ाई काफी चढ़नी थी। इन ऊपरी भागो में भी कहीं कहीं आबादी थी। जगह-जगह नये जङ्गल साफ हो रहे हैं, और लोग अपनी झोपड़ियाँ डाल रहे हैं। नेपाल मे जनवृद्धि अधिक हो रही है, इस लिए दार्जिलिङ्ग और आसाम मे लाखो नेपालियों के बस जाने पर भी, वर्तमान खेत उन की जीविका के लिए काफ़ी नहीं हैं, और नित्य नये खेतों की आवश्यकता पड़ रही है, जिसके लिए जङ्गल बेदर्दी से काटे जा रहे हैं। जङ्गल का वर्षा से सम्बन्ध है ही; यह तो प्रत्यक्ष है कि जङ्गल कट जाने पर पानी के सोते कई जगह सूख गये या क्षीण हो गये। जङ्गलों की इस कटाई ने कई जगहों पर पहाड़ों को नङ्गा कर दिया है।

अस्तु, हम डाँड़ो से होते दोपहर को डाँड़ों के बीच की रीढ़ पर के एक गाँव मे पहुँचे। सुन्दरीजल के ऊपर से तमङ्गों का देश शुरू होता है। अङ्ग्रेजी गोर्खा फौजो मे वीर तमङ्गों की बड़ी खपत है। चेहरे में भोटिया लोगो से अधिक मिलते हैं, भाषा और भी समीप है। धर्म यद्यपि बौद्ध है, तो भी वर्तमान अवस्था देखने से मालूम होता है, कि वह बहुत दिनो तक शायद ही टिके। मेरे साथी तमङ्ग से मालूम हुआ कि मरने पर तो उनके यहाँ लामा आता है, और विजया दशमी के दिन वे पूरे शाक्त होते हैं। इस गाँव मे भी एक साधु की टीन से छाई हुई अच्छी कुटी है। कहते हैं, किसी समय बौद्ध तमङ्गों को ब्राह्मण धर्म मे दीक्षित करने के लिए ही यह कुटी बनवायी गयी थी, और यहाँ एक प्रसिद्ध साधु भी रहता था। दूसरे डाँड़े को पार कर अब हम दूसरी ओर से चल रहे थे। रास्ते मे अब हमें मानियाँ[1] (=पत्थरो पर मन्त्र लिख कर बनाये स्तूप या लम्बे ढेर) मिलीं; मालूम होता था, चिरकाल से वे उपेक्षित हैं।

रात तो एक झोपड़े मे कटी; सबेरे उतराई शुरू हुई। दो दिन की यात्रा मे पैरो मे थोड़ी मजबूती भी आ गयी, और रास्ता भी उतराई का था, इसलिए अब मै चलने मे किसी से पीछे न था।

---

१. [वज्रयान अर्थात् तान्त्रिक बौद्ध धर्म का तिब्बती में प्रसिद्ध मन्त्र है—ओं मणि पद्मे हुं ; उसके कारण जिस चीज़ पर वह लिखा हो वह भी मानी हो गई।]

आठ बजे के करीब हम नीचे नदी के तट पर पहुँच गये। नदी पार कर नीचे की ओर जाने पर थोड़ी देर में हम नदी के सङ्गम पर पहुँच गये। यहाँ कुछ दूकाने हैं। खाने के लिए कुछ चीजें ली गयीं और हम फिर चल दिये। दोपहर को छोटे गाँव में पहुँचे। नीचे पूजा के लिए पुराने पीपल और बर्गद के पेड़ हैं। किन्तु सर्दी की प्रतिकूलता से बिचारे उतने प्रसन्न नहीं। यहाँ पहाड़ों के ऊपरी भाग मे मालूम हुआ, यल्मो लोग बसते हैं। निचला भाग अपेक्षाकृत गर्म और जङ्गलहीन होने से, उसे ये पसन्द नहीं करते। उन्हे अपनी चँवरी गायो और भेड़ों के लिये जङ्गल को अनिवार्य आवश्यकता है।

जिस घर मे हमे भोजन बनाना था, वह खेत्री का था। नेपाल मे अब भी मनु के अनुसार अनुलोम असवर्ण विवाह होता है। क्षत्रिय का अपने से नीची जाति की कन्या में उत्पन्न लड़का खेत्री कहा जाता है; कुछ पीढ़ियो बाद वह भी पक्का क्षत्रिय हो जाता है। इसी प्रकार ब्राह्मण का अब्राह्मण स्त्री मे उत्पन्न लड़का जोशी होता है और कुछ पीढ़ियों बाद पूरा ब्राह्मण हो जाता है।

उसी दिन शाम को हम असल यल्मो लोगों के गाँव में पहुँचे। ये लोग भोटिया समझे जाते हैं। भोटिया इनमें खूब समझी जाती है। इनका रङ्ग बहुत साफ गुलाबी होता है, और सुन्दरता भी है, इसीलिये इनकी लड़कियाँ राज-घरानों मे लौंडी के काम के लिये बहुत पसन्द की जाती रही हैं। आज पिस्सुओं ने रात

को सोना हराम कर दिया। मालूम हुआ, कल हम पहुँच जाँयगे।

दूसरे दिन बड़े तड़के ही उठे। रास्ता चढ़ाई का था। तीन घण्टे में हम घने जङ्गलों मे पहुँच गए। यहाँ गेहूँ मे अभी दाना नहीं आया था। कही कहीं आलू भी बोया हुआ था। दोपहर को हमें भी तरकारी के लिए आलू मिला। भोजनोपरान्त हम लोग चले। पहाड़ की एक फैली बाँह को पार करते ही मानो नाटक का एक पर्दा गिर गया। चारो ओर गगनचुम्बी मनोहर हरे हरे देवदारू के वृक्ष खड़े थे। नीचे की ओर जहाँ तहाँ हरे भरे खेत भी थे। किन्तु कहीं भी प्रकृति देवी अनीलवसना न थी। जगह भी बहुत ठण्ढी थी। ११ अप्रैल को तीन बजे के करीब हम यल्मो के उस गाँव में पहुँच गये। ग्राम-प्रवेश के पूर्व ही पानी के बल से मानी (=कागज़ पर लिखे मन्त्रों से भरा लकड़ी का घूमता ढोल) चलती दिखाई पड़ी।

२६ डुक्‌पा लामा की खोज

अब जिस गाँव में मैं था वह यल्मो लोगो का था। ये लोग यल्मो नदी के किनारे पहाड़ के ऊपरी भागो में रहते हैं। इनमे पुरुष तो दूसरे नेपालियों जैसे ही पोशाक पहनते हैं, किन्तु स्त्रियो की पोशाक भोटिनियो की सी है। वस्तुतः इन्हें भाषा, भूषा, भोजन आदि से भोटया ही कहना चाहिए यद्यपि दूसरी जातियों के सत्सङ्ग से इनमें भोटियों से अधिक सफाई पाई जाती है ये लोग हाथ मुँह धोना भी पसन्द करते हैं।

यह गाँव बड़ा है। इस में सौ से ऊपर घर हैं। सभी मकानों की छतें लकड़ी की हैं। पास ही देवदारु का जङ्गल होने से लकड़ी इफरात से है। इसलिए मकान में लकड़ी की भरमार है। मकान अधिकतर दो मञ्जिले तिमञ्जिले हैं। सब से निचली मञ्जिल मे लकड़ी या दूसरा सामान रखते हैं। पशुओं के बाँधने की भी यही जगह है। जाड़े के दिनों में यहां बर्फ पड़ा करती है आजकल भी आधे अप्रैल के बाद काफी ठण्ढक है। पहाड़ के ऊपरी भागो मे तो मई के पूर्वार्द्ध (वैशाख) तक मैंने कभी कभी बर्फ पड़ते देखा। इन लोगों मे बौद्ध धर्म अधिक जागृत है। हर एक घर के पास नाना मन्त्रों की छापा वाले सफेद कपड़ों की ध्वजायें, पतले देवदारु के स्तम्भों में फहरा रही हैं। मकान, आदमी, खेत, पशु इत्यादि के देखने से मालूम होता है कि यल्मो लोग नेपाल की दूसरी जातियों से अधिक सुखी हैं। इनके गाँवों की मानियाँ सुन्दर अवस्था मे हैं। हर एक गाँव मे एक दो गुम्बायें (=विहार, मठ) हैं। लामा भी एकाध रहते हैं। खेती से भी बढ़ कर इन की सम्पत्ति भेड़ बकरी और चँवरी हैं। जाड़े के महीने मे ही ये इन जानवरों को घर ले आते हैं, अन्यथा जहाँ सुंदर चरागाह देखते हैं, वहीं एक दो घर के आदमी अपना कुत्ता और डेरा लेकर पशुओ को चराते फिरते हैं। मक्खन मिला कर बनाई हुई चाय और सत्तू इन के भी प्रधान खाद्य हैं।

मैं एक भोटिया (=यल्मो) घर मे ठहरा। आते ही मैंने भोटिया चोगा और जूता पहन लिया। दूसरे दिन मेरे मित्र भी

लौट गये। मालूम हुआ, यहाँ से चार दिन में कुत्ती और चार ही दिन में केरोङ् पहुँचा जा सकता है। दोनों ही स्थान भोट (=तिब्बत) देश में हैं। यहाँ घूमने फिरने की रुकावट न थी। दिन काटने के लिये तिब्बती पुस्तक की एकाध आवृत्ति रोज़ करता था। कोई कोई लोग हाथ दिखाने और भविष्य पूछने आते थे। अधिकों को मैं निराश ही किया करता था, यद्यपि भाग्य देखना, दवा देना, और मन्त्र-तन्त्र का प्रयोग करना यही तीन इन प्रदेशों में अधिक सम्मान की चीज़ें हैं।

मेरे यहाँ पहुँचने के तीन दिन बाद डुक्पा लामा के शिष्य भिक्षु-भिक्षुणी भी आ गये। अभी भी उन्हें कई हज़ार पुस्तकें छापनी थीं। उन्होंने यह भी बतलाया कि बड़े लामा भी जल्दी आयेंगे। वे लोग गाँव से थोड़ा हट कर एक बड़ी गुम्बा के भीतर ठहरे। मुझे भी गाँव छोड़ कर वहाँ ही जाना पसन्द हुआ, क्योंकि वहाँ मुझे भाषा सीखने की सहूलियत थी। यहाँ आने पर मुझे बुखार आने लगा था, किन्तु वह दो तीन दिन में ही छूट गया। अब मैं उक्त गुम्बा में आगया सवेरे उठते ही वे लोग तो पुस्तक छापने या दो दो कागजों को चिपका कर एक बनाने में लग जाते थे और मैं शौच से फ़ुर्सत पा अपने 'तिबेतन् मेनुअल' के पाठ में। आठ बजे के करीब थुक्पा (=लेई) तैयार हो जाता था। सभी तीन-तीन चार-चार प्याले पीते थे। मैं भी अपने लकड़ी के प्याले से थुक्पा पीता था। यह थुक्पा मकई मँडुए या जौ के सत्तू को उबलते पानी में डाल कर पकाने से बनाया जाता

था। कभी कभी उस में जङ्गल से कुछ साग ला कर डाल देते थे। ऊपर से थोड़ा नमक पड़ जाता था। दोपहर को उसी तरह गाढ़ा सत्तू पकाया जाता था, साथ ही जङ्गली पत्तों की सब्ज़ी होती थी; शाम को सात बजे फिर वही थुक्पा। अधिकतर मँडुए और मकई का ही सत्तू होता था। मँडुए के सत्तू को ये लोग ग्यगर् चम्पा (=भारतीय सत्तू) कहते थे; मै इस पर बड़ी टिप्पणी किया करता था।

इस वक्त मेरा घनिष्ठ मित्र (=रोक्पो) एक चार पाँच वर्ष का लड़का तिन्-जिन् (=समाधि) था। यह मुझे भाषा सिखलाया करता था। कभी कभी मेरी भाषा सम्बन्धी गलती भी दूर किया करता था। थोड़े ही दिनों में मै ग्यगर् चम्पा से ऊब गया। फिर मैंने मक्खन, चावल और जौ का सत्तू मँगा लिया। मेरे खाने मे मेरा मास्टर तिन्-जिन् भी शामिल रहता था। उस समय जङ्गली स्ट्राबरी[1] बहुत पक रही थी। मैं रोज चुन चुन कर ले आता था। तिन्-जिन बड़ा खुश होता था। वह डुक्पा लामा की चचेरी बहिन का लड़का था। इस एक मास के साथ रहने में सच मुच ही वह मेरा बड़ा प्रिय मित्र बन गया और चलते वक्त मुझे उसके वियोग का दुःख भी हुआ।

बड़े कुत्तो की नसल यहाँ शुरू होती है। इसलिए यहाँ अब गाँवों में, या चरवाहों के डेरों में, जाना आसान नहीं था। मैं

---

१. [स्ट्राबरी के लिए कुमाऊँ-गढ़वाल का हिन्दी शब्द हिसालू है।]

गाँव में दो तीन ही बार गया। किन्तु रोज एक दो बार पहाड़ के नीचे ऊपर काफी दूर तक टहलने जाया करता था। खेतों में जौ और गेहूँ लहरा रहे थे, किन्तु उन के तैयार होने मे अभी एक मास की देर थी। ठण्ढक की वजह से यहाँ मकई और धान नहीं होता, आलू काफी होता है। लेकिन वह हाल मे बोया गया था। कभी कभी पुराना आलू और पिछले साल की मूली तर्कारी के लिये मुझे भी मिल जाती थी। बेचारे डुकपा लामा के चेले भी कुछ दिनो मे मकई मँडुए के सत्तू से तङ्ग आगये। एक दिन चार पाँच मील पर के एक गाँव मे एक बैल मरने की खबर पा कर गये। लेकिन वहाँ उस का मूल्य छः सात रुपया माँगा गया, और उस मे चर्बी भी नहीं थी। लोग यहां यह आशा कर रहे थे, कि आज पेट भर मांस खायेंगे, किन्तु उन के खाली हाथ लौटने पर बड़ी निराशा हुई। पीछे शाम के वक्त उन्होने किसी किसी दिन मकई भून कर खाना शुरू किया, और कड़वा तेल डाल कर चाय पीना शुरू किया। मक्खन उनके लिये आसान न था, इसलिये उन्होने तेल का आविष्कार किया था। कहते थे, अच्छा लगता है। मै तो दोपहर बाद कुछ खाता ही न था। खाने का सामान मँगा लेने से आराम हो गया था।

हमारी गुम्बा से प्रायः एक मील ऊपर की ओर देवदारू के घने जङ्गल मे एक कुटी थी, वहाँ एक लामा कितने ही वर्षों से आ कर बैठा था। ऐसे लामा प्रायः बस्ती से बाहर ही रहा करते हैं। उन के एकान्त-वास के वर्ष और दिन भी नियत रहते हैं।

सफ़ेद कुटी देखने में बड़ी सुन्दर मालूम होती थी। अपना दिल कई बार ललचाया, कि क्यों न कुछ दिन यहीं रमा जाय। लेकिन फिर ख्याल आया—'आई थी हरिभजन को ओटन लगी कपास' वाली बात नहीं होनी चाहिए। इसी गाँव के ठीक ऊपर की तरफ़ कुछ हट कर, एक खम्पा (खम्=चीन की सीमा पर का भोटिया प्रदेश) लामा कई वर्षों से वास करते थे। एक दिन वे इस गुम्बा मे आये। मुझ से भी बात हुई। फिर उन्होंने मुझ से अपने यहाँ आने के लिए आग्रह किया। यहाँ मैं इस गुम्बा का कुछ वर्णन कर दूँ। मैं नीचे के तल में प्रधान देवालय मे था। मेरे सामने खून पीती, अँतड़ियाँ चबाती, लाल लाल अङ्गारों की सी आँखो वाली मिट्टी की एक मूर्ति थी। इस मन्दिर मे और भी कितने ही देवताओं और लामाओं की मूर्त्तियाँ थी। मुख्य मूर्त्ति लोबन् रिम्पो-छे या गुरु पद्म सम्भव की थी। यह निःसङ्कोच कहा जा सकता है कि इनकी बनावट सुन्दर थी, कला की कोमलता भी थी। छत से कितने ही चित्र लटक रहे थे। गुम्बा के ऊपरी तल मे भी कुछ मूर्तियाँ और शतसाहस्रिका प्रज्ञापारमिता की भोटिया भाषा मे बड़ी सुन्दर हस्तलिखित पुस्तकें थीं। कभी यहाँ भिक्षु रहा करते थे; किन्तु पीछे उन के चेलों ने ब्याह कर लिया। अब उन की सन्तान इस गुम्बा की मालिक है। गुम्बा की बगल मे थोड़ा खेत भी है। इसी पर ये लोग गुजारा करते हैं। पूजा से कुछ अधिक आमदनी होती होगी, इसकी आशा नहीं मालूम होती।

१२ मई को मैं खम्पा लामा के पास गया। उन्होंने मेरा बहुत स्वागत किया। उनके सादगी के साथ निकले हुए शब्द 'तू भी बुद्ध का चेला, मैं भी बुद्ध का चेला' अब भी स्मरण आते हैं। रात को वहीं रहना हुआ यह लामा न्यूमा (=उपवास) व्रत करते हैं। एक दिन अनियम भोजन के साथ पूजा, दूसरे दिन दोपहर के बाद भोजन न कर के पूजा, और तीसरे दिन निराहार रह कर पूजा—वही न्यूमा है। ऊपर से रोज हज़ारों दंडवत् भी करने पड़ते हैं। लोगो का अवलोकितेश्वर के इस व्रत मे बहुत विश्वास है। खम्पा लामा के पास कुछ और भी श्रद्धालु स्त्री-पुरुष इसी व्रत को करते हैं। यह लामा व्रत के साथ कुछ झाड़-फूँक भी जानने हैं, फिर ऐसे आदमी को क्या तकलीफ़ हो सकती है ? रात को मुझे खाना नहीं था। पर मक्खन डाल कर चाय उन्होने अवश्य पिलाई। बड़ी देर तक भोट के और भोट के धर्म के बारे में बातचीत होती रही। उन्होंने खम् देश जाने के लिए भी मुझे बहुत कहा।

दूसरे दिन उनका निराहार था, किन्तु मेरे लिए उन्होंने अपने हाथ से चावल और आलू की तरकारी बनाई। भोजन कर मध्यान्ह के उपरान्त मैं अपनी गुम्बा में आ गया। उसी दिन शाम को काठमाण्डव से डुक्पा लामा के बाकी चेले आ गये। उन से मालूम हुआ कि डुक्पा लामा काठमाण्डव से सीधे कुती को रवाना हो गये; वे इधर अब नहीं आयेंगे। डुक्पा लामा अब जीवन भर के लिए भोटिया सिद्ध और कवि जेसुन्-मिला-रेपा के

सिद्ध स्थान लप्ची में बैठने जा रहे थे। इसकी खबर पाते ही शिष्यमण्डली में कितनों ने ही फूट फूट कर रोना शुरू किया। मेरे लिये तो अब विषम समस्या थी। पूछने पर मालूम हुआ कि मेरे बारे में उन्होंने कुछ नहीं कहा। दो महीने तक मै उन की प्रत्याशा में बैठा रहा, और अब इस तरह का बर्ताव! दर-असल यह चित्त को धक्का लगाने वाली बात थी; लेकिन इतने दिनों में मै भोटिया स्वभाव से कुछ परिचित हो गया था। मैंने उसी समय निश्चित कर लिया, कल यहाँ से चल दूँगा, और कुती के रास्ते में ही कहीं उन्हें पकड़ूँगा। मुझे एक साथी की तलाश थी। मालूम हुआ आजकल बहुत लोग कुती की ओर नमक लाने जाते हैं। यही साल भर के नमक लाने का समय है। मालूम हुआ दो चार दिन ठहरने पर ही आदमी मिल सकेगा। किन्तु मुझे तो डुक्पा लामा के साथ नेपाल की सीमा को पार करना था।

रात तक किसी आदमी का पबन्ध न हो सका। उसी गुम्बा में रहनेवाला एक नव युवक नमक के लिए कुती जानेवाला था, लेकिन उसे अपना पका खेत काटना था। इस प्रकार आदमी के अनिश्चय और जाने के निश्चय के साथ ही मै सो गया।

तीसरी मंज़िल

सरहद के पार

§ १. तिब्बत में प्रवेश

आज (१४ मई) सवेरे थोड़ा पानी बरस रहा था। बड़े सवेरे ही शौच आदि से निवृत्त हो मैंने तमङ्ग तरुण से साथ चलने को कहा। उसे पके खेत को काटना था, इसलिए अवश्य कठिनाई थी। अन्त में मैंने उसे तातपानी तक ही चलने के लिए कहा। उसके मन में भी न जाने क्या ख्याल आया, और वह चलने को तय्यार हो गया। तब तक आठ बज गये थे। बूँदें भी कुछ हलकी हो गई थीं। मैंने सब से बिदाई ली। गाँव से थोड़ा मक्खन और सत्तू लेना था। मक्खन तो न मिल सका, सत्तू लेकर हम चल पड़े। मालूम हुआ, हमारे रास्ते के बगल में ही चरवाहों का डेरा है, वहाँ मक्खन मिल जायगा। हमारा रास्ता पहाड़ के ऊपरी हिस्से पर से जा रहा था। यहाँ चारों

ओर जङ्गल था। रास्ता कहीं कहीं तो काफी चौड़ा था। इन रास्तों की मरम्मत आदि गाँव के लोग ही किया करते हैं।

छः घण्टे बाद हम चरवाहों के डेरे में पहुँच गये। मोटी जंजीर में बँधे कुत्तो ने कान के पर्दे फाड़ना शुरू किया। गृहिणी ने कुत्ते को दबाया, तब फिर हम डेरे के भीतर घुसने पाये। डेरा क्या था, चटाइयों से छाया हुआ झोपड़ा था जिसके भीतर खाने-पीने का सामान कपड़े बिछौने बर्तन सभी ठीक से रक्खे हुए थे। ज़ामो (=गाय और चमरे से उत्पन्न मादा) दुही जा रही थी। गृहपति लकड़ी के छोटे बर्तनों मे दूध दुह दुह कर लाता था। गृहपत्नी चारा तय्यार कर रही थी। इस देश मे दुहने के वक्त गाय के सामने कोई खाने की चीज़ अवश्य रखनी होती है। डेरे के एक कोने में लकड़ी का बड़ा बर्तन छाछ से भरा हुआ था। डेरेवालो ने दूध पीने को कहा, किन्तु मैंने छाछ पसन्द की। इसके बाद उन्होंने खाने का आग्रह किया रास्ते मे कुछ खाने को मिलेगा या नहीं इस का कुछ ठीक न था; इसलिए मैंने निमन्त्रण स्वीकार कर लिया। उसी समय उन्होंने चावल और तरकारी बनाई। खाना समाप्त करने तक उन्होंने मक्खन भी तैयार कर दिया। इस प्रकार ग्यारह बजे के करीब हमे छुट्टी मिली।

विशालकाय वृक्षों के बीच से रास्ता बड़ा सुहावना मालूम होता था। जंगली पक्षियों के मधुर शब्द कर्णगोचर हो रहे थे। मेरा साथी भोटिया भाषा अच्छी जानता था, उसकी दूसरी

बोली मैं नहीं जानता था। दोनों बीच बीच में भोटिया में बात करते, कभी स्ट्राबरी चुनते, कभी जोकों से पैर बचाते, आगे बढ़ रहे थे। ऊपर कहीं कहीं गाँव भी मिलते थे। यह सभी गाँव यल्मो लोगों के थे। सारा गाँव सफ़ेद ध्वजाओं का जंगल था। गाँव के पास रास्ते मे मानी का होना अनिवार्य था। मानियों के दोनों ओर रास्ता बहुत साफ़ बनाया गया था। बौद्ध यात्री सदा इन मानियों को दाहिने रख परिक्रमा करते चला करते हैं। यद्यपि इस प्रकार चारो ओर परिक्रमा नहीं होती, तो भी उस की लम्बी परिक्रमा हो जाती है, या भविष्य की यात्राओं से परिक्रमा पूरी हो जाती है और आदमी महापुण्य का अधिकारी हो जाता है। एक गाँव में तो मानी की दीवारो मे पत्थरो पर खुदी हुई तस्वीरो पर रग भी ताजा ही लगा हुआ था। ऊपर कह चुका हूँ, यल्मो लोगो मे लामा-धर्म बहुत जागृत है, और वे खाने-पीने से भी खुश हैं।

एक बजे के करीब हम डाँड के किनारे पर आये। यहाँ से हमें दूसरी ओर जाना था। ऐन 'ला' (घाटा, जोत)[1] पर बड़ी मानी थी। दूसरी ओर पहुँचते ही सीधी उतराई शुरू हुई। थोड़ा

१. [पहाड़ के एक तरफ़ चढ़ कर दूसरी तरफ़ जहाँ उतरा जाता है, वहाँ उस के शिखर को कुमाऊँ-गढ़वाल में घाटा, नेपाल भञ्ज्याङ, कुल्लू-कांगड़ा में जोत, अफ़ग़ानिस्तान में कोतल या गर्दन, महाराष्ट्र में घाट और राजपूताना में घाटी कहते हैं। वही तिब्बती ला है।]

नीचे उतरने पर जङ्गल आँखों से ओझल हो गया। चारों ओर खेत ही खेत थे। थोड़ी ही देर में पके जौ और गेहूँ के खेत भी ऊपर छूट गये। जितना ही हम नीचे जाते थे, उतना ही ताप-मान का स्पष्ट प्रभाव खेतों पर दिखाई पड़ता था। मै भी अब चलने में कमजोर न था, मेरे साथी को भी खेत काटने के लिए जल्द लौटना था। इसलिए हम खूब तेजी से उतर रहे थे।

तमङ्गों के कितने ही गाँवो को पार कर, निचले हिस्से मे गोर्खों के गाँव मिले। यहाँ मकई एक एक बालिश्त उगी थी। तीन चार बजे हम नीचे नदी के पुल पर पहुँच गये। यहाँ भी एक सरकारी सिपाही रहता था; किन्तु उसे एक भोटिया लामा से क्या लेना था? पार होकर चढ़ाई शुरू हो गई। चढ़ाई में अब उतनी फुरती नहीं हो सकती थी। पाँच बजे के बाद थकावट भी मालूम होने लगी। हमने सबेरे ही बसेरे का निश्चय कर लिया। पास के गाँव में एक ब्राह्मण का घर मिला। गृहपति ने लामा को आसन दे दिया। साथी ने भात बनाया। रात बिता कर फिर हम ऊपर की ओर बढ़े। कितने ही गांवों और नालों को पार करते दोपहर के क़रीब हम डाँडे पर पहुँचे। डाँडे को पार करते ही फिर वृक्षों से शून्य पहाड़ मिला। बारह बजे के बाद दूसरा डाँडा भी पार कर लिया, और अब हम काठमाण्डव से कुती जानेवाले रास्ते पर थे। यह रास्ता ऊपर से जाने वाला है। नीचे से एक दूसरा भी रास्ता है, लेकिन वह बहुत गर्म है।

इस डाँडे को पार करने पर फिर हमें घना जंगल मिला। आज

कल कुती से नमक लाने का मौसम था, इसलिए झुण्ड के झुण्ड आदमी या तो मकई चावल लेकर कुती की ओर जा रहे थे, या नमक पीठ पर लादे पीछे लौट रहे थे। दो बजे के करीब से फिर उतराई शुरू हुई। अब भी हम शर्बों की बस्ती मे थे। यल्मो लोग भी शर्बा-भोटियों की एक शाखा हैं। ये शर्बा-भोटिये दार्जिलिंग तक बसते चले गये हैं, शर्-बाका मतलब है पूर्व-वाला। एक शर्बा से पूछने से मालूम हुआ कि डुक्पालामा अभी इधर से नही गुजरे हैं। विश्वास हो चला, शायद पीछे ही हैं। एक घण्टे की उतराई के बाद मालूम हुआ, लुक्पालामा अगले गाँव मे ठहरे हुए हैं। बड़ी प्रसन्नता हुई। तीन बजे हम जा कर उन के सामने खड़े हुए। मेरा उन का कोई झगड़ा तो था नहीं, सिर्फ जातीय स्वभाव के कारण उन्होने मेरी उपेक्षा की थी। सभी लोग 'पंडिता' को देख कर बड़े प्रसन्न हुए। उस रात को वहीं रहना हुआ। गाँव तमगों का था। ये लामा धर्म के मानने वाले कहे जाते हैं, लेकिन डुक्पा लामा ऐसे बड़े लामा के लिए भी उन को कोई श्रद्धा न थी। दाम देने पर मुश्किल से चीज मिलती थी। मेरे दिल में अब पूर्ण शान्ति थी। कुल्लू के रिञ्चन् साथ थे। डुक्पा लामा का शरीर बहुत भारी था, और चलने में बहुत कमजोर थे, इसलिए बीच बीच में उन को ढोने के लिए दो आदमी साथ ले लिये थे। हमारी जमात में चार लामा और चार गृहस्थ थे। इस प्रकार सब मिल कर हम आठ आदमी थे।

सबेरे फिर उतराई शुरू हुई। यहाँ नदी पर लोहे का झूले-

वाला पुल था। आम रास्ता होने से यहाँ चट्टी पर दूकानें थीं। खाने की और कोई चीज तो न मिली, हाँ आग में भुनी मछलियाँ मिलीं। चढ़ाई फिर शुरू हुई। शाम तक चढ़ाई चढ़ते हम तमंगों के बड़े गाँव में पहुँचे। वहाँ रात बिता गुरु को ढोने के लिए दो आदमी ले फिर सवेरे चल पड़े। एक डाँडा और पार करना पड़ा, फिर उतराई शुरू हुई। अन्त मे हम काली नदी के किनारे पहुँच गये। अब हम काठमाण्डव से आनेवाले बड़े मार्ग पर आ गये। सड़क पर नमक वालों का मेला सा जाता हुआ मालूम होता था। अब हम शर्वा लोगों के प्रदेश में थे। १८ मई को हम काली नदी के ऊपरी भाग पर शर्वों के एक बड़े गाँव में ठहरे। साथियों ने बतलाया, कल हम नेपाल की सीमान्त चौकी पार करेंगे।

इस यात्रा मे और लोग तो थुक्पा सत्तू से काम चला लिया करते थे, किन्तु मेरे और डुक्पा लामा के लिये भात बना करता था। कभी कोई जगली साग मिल जाया करता। कभी भुनी मछली का झोल मिल जाता था। आज तो इस गाँव मे मुर्गी के अडों की भरमार थी। हमने चालीस पचास अडे खरीदे, और रात को ही सब ने उन्हे चट कर दिया। नीचे तो मुझे इन चीजों से कुछ सरोकार न था, किन्तु मैंने इस यात्रा में माँस का परहेज छोड़ दिया था। लड़कपन में तो इस का अभ्यास था ही, इसलिए घृणा की कोई बात नही। उसी रात को मैंने यल्मो में लिखे कुछ कागजों को जला दिया। मैंने सोचा कि तातपानी में कोई देख-भाल न करने लगे।

हम काली नदी के ऊपरी भाग पर थे। धीरे धीरे नदी की धार की ऊँचाई के साथ साथ हम भी ऊँचे पर चढ़ते जाते थे। नदी के दोनों ओर हरियाली थी। सभी जगह जगल तो नहीं था, किन्तु नङ्गा पर्वत कहीं न था। दो बजे के करीब हम तातपानी पहुँचे। गर्म पानी का चश्मा होने से इसे तातपानी कहते हैं। गाँव में नेपाली चुङ्गी-घर और डाकखाना है। मेरी तबियत घबरा रही थी। डर रहा था, 'तुम मधेस का आदमी कहाँ से आया' तो नहीं कहेगा। हमारे लामा पीछे आ रहे थे। चुङ्गी वालों ने पूछा—लामा कहाँ से आते हो? हम ने बतला दिया, तीर्थ से[1]। चुङ्गी से छुट्टी मिल गयी। रिञ्जन् ने कहा—अब हो गया न काम खतम? उसी वक्त मुझे मालूम हुआ कि फौजी चौकी आगे है। मैंने कहा—भाई! असली जगह तो आगे है।

थोड़ी देर में लामा भी आ गये। इस वक्त वर्षा हो रही थी। थोड़ी देर एक झोपड़ी में हमे बैठना पड़ा। फिर चल पड़े। आगे एक ऊँचे पर्वत-बाहु से हमारा रास्ता रुक सा गया। नदी की धार भी किधर से होकर आती है, नहीं मालूम पड़ता था। अब मेरी समझ में आया, क्यों तातपानी की फौजी चौकी तातपानी मे न होकर आगे है। वास्तव में यह सामने की महान् पार्वत्य दीवार सैनिक दृष्टि से बड़े महत्व की है। नीचे से जानेवाली बड़ी पल्टन को भी कुछ ही आदमी इस दीवार पर से रोक सकते हैं।

[१. अर्थात् भारत के बौद्ध तीर्थों की यात्रा से।]

थोड़ी देर में चढ़ाई चढ़ते हम वहाँ पहुँच गये जहाँ रास्ते में पहरेवाला खड़ा था। पहरेवाले ने सबको रोक कर बैठाया, फिर हवल्दार साहेब को बुला लाया। यही वह असल जगह थी, जिस से मै इतना डरा करता था। मैं अपने को साक्षात् यमराज के पास खड़ा समझ रहा था। पूछने पर हमारे साथी ने कह दिया, हम लोग केरोङ् के अवतारी लामा के चेले हैं। लामा भी थोड़ी देर मे आ गये। हवल्दार ने जाकर कप्तान को खबर दी। उन्होंने सूबेदार भेज दिया। आते ही एक एक का नाम-ग्राम लिखना शुरू किया। उस समय यदि किसी ने मेरे चेहरे को देखा होता, तो उसे मै अवश्य बहुत दिनों का बीमार सा मालूम पड़ता। भर सक मैं अपने मुँह को उनके सामने नहीं करना चाहता था। अन्त मे मेरी बारी भी आयी। रिछेन् ने कहा—इनका नाम खुनू छबङ् है। सब को छुट्टी मिली मै भी परीक्षा मे पास हो गया। पेट भरकर साँस ली। शाम करीब थी, इसलिए अगले ही गाँव में ठहरना था। सूबेदार ने गाँव के आदमी को कह दिया कि अवतारी लामा को अच्छी जगह पर टिकाओ और देखो तकलीफ न हो। हम लोग उसके साथ अगले गाँव में गये। यह गाँव फैली बाँह की आड़ मे ही था। रात में रहने के लिए एक अच्छा कोठा मिल गया।

आज (१९ मई) डुक्पा लामा ने देवता की पूजा आरम्भ की। सत्तू की पिण्डियों पर लाल रङ्ग डाल कर मांस तैयार किया

गया।[1] घर से बढ़िया अरक (=शराब) आया। घी के बीसो दीपक जलने लगे। थोड़े मन्त्रों के जाप के बाद डमरू गड़गड़ाने लगा। रात के दस बजे तक पूजा होती रही। पीछे प्रसाद बाँटने का समय आया। शराब की प्रसादी मेरे सामने भी आयी। मैंने इन्कार कर दिया। इस पर देवता के रोष आदि की कितनी ही दलीलें पेश की गयी; लेकिन यहाँ उन देवताओ को कौन मानता था? इधर चढ़ाई से ही मैंने दोपहर के बाद न खाने का नियम तोड़ दिया था। लाल सत्तू से मैंने इन्कार नहीं किया।

दूसरे दिन सवेरे चल पड़े; दो घण्टे मे हम उस पुल पर पहुँच गये, जो नेपाल और तिब्बत की सीमा है। तिब्बत की सीमा मे पैर रखते ही चित्त हर्ष से विह्वल हो उठा। सोचा, अब सब से बडी लड़ाई जीत ली।

§ २. कुती के लिए प्रस्थान

बीस मई को दस बजे से पहले ही हम भोट-राज्य की सीमा मे प्रविष्ट हो गये। यहाँ भोटिया-कोसी नदी पर लकड़ी का पुल है, यही नेपाल और भोट की सीमा है। पुल पार करते ही चढ़ाई का रास्ता शुरू होता है। नमक का मौसम होने से आने-जाने वाले गोर्खा लोगो से रास्ता भरा पड़ा था। बीच बीच में एकाध भोटियां के घर भी मिलते थे। सभी घरों मे यात्रियो के ठहरने

[१. अर्थात् उस में मांस की कल्पना कर ली गई।]

का प्रबन्ध था। उनके लिए मक्के की शराब सदा तैयार रहती थी। गृहस्थो के लिए यह पैसा पैदा करने का समय है। चारों ओर घना जङ्गल होने से रात-दिन धूनी जलती ही रहती है। यात्रियों के झुण्ड मल मूत्र का उत्सर्ग कर रास्ते के किनारे की भूमि को ही नहीं बल्कि चैत्यो और मानियों की परिक्रमाओ को भी गन्दा कर देते हैं। उस दिन दोपहर का भोजन हमने रास्ते में एक यल्मो के घर मे किया। यह पति-पत्नी यल्मो से आकर यहाँ बस गये हैं।

अब हम बड़े मनोहर स्थान में जा रहे थे। चारों ओर उत्तुङ्ग शिखरवाले, हरियाली से ढँके पहाड़ थे जिन में जहाँ तहाँ झरनों का कलकल सुनाई देता था। नीचे फेन उगलती कोसी की वेगवती धार जा रही थी। नाना प्रकार के पक्षियों के मनोहर शब्द सारी दून को जादू का मुल्क सिद्ध कर रहे थे। इस सारे ही आनन्द मे यदि कोई डर था, तो वह जगह जगह उगे बिच्छू के पौधो का। इस समय डुक्पा लामा को ढोनेवाला कोई न था। इसलिए उन्हे बार बार बैठना पड़ता था। हमें भी जहाँ तहाँ इन्तजारी करनी पड़ती थी। मेरे बुद्ध गया के परिचित मङ्गोल भिक्षु लोब्-सङ्-शे-रब् (=सुमति प्रज्ञ) कल एकाएक आ मिले थे। वे भी अब हमारे साथ चल रहे थे। चढ़ाई यद्यपि कहीं कहीं दूर तक थी, तो भी मै खाली हाथ था, इसलिए कुछ कष्ट मालूम न होता था। दोपहर के बाद हमारा रास्ता छोटे छोटे बाँसों के जङ्गल में से जा रहा था।

चार बजे के करीब हम डाम्ग्राम के सामने आ पहुँचे। यहाँ पर एक चट्टी सी बसी थी। लोगों को मालूम हो गया कि डुक्पा लामा आ रहे हैं। उन्होंने पहले से ही इन्तजाम कर रखा था। उनके आते ही स्त्री-पुरुष शिर नवाने के लिए आगे बढ़े। लामा अपना दाहिना हाथ उनके सिर पर फेर देते थे।

कुछ लोग धूप जला कर भी आगे आगे चल रहे थे। रास्ते से हट कर एक कालीन बिछाया गया, जिसके सामने प्याला रखने की एक छोटी चौकी रखी गयी। बैठते ही चाय आयी। मैंने तो छाछ पसन्द किया। डुक्पा लामा को चावल और नेपाली मुहरों की भेंट चढ़नी शुरू हुई। उन्होंने मन्त्र पढ़ पढ़ कर लाल पीले कपड़े की चिटों को बाँटा। आध घण्टे मे यह काम समाप्त हो गया और हम आगे बढ़े। धीरे धीरे हम कोसी की एक छोटी शाखा पर आये, जिसकी धार घोर कोलाहल करती बड़े ऊँचे से वहाँ गिर रही थी। यहाँ लोहे की जञ्जीरो पर झूले का लम्बा पुल था जो बीच में जाने पर बहुत हिलता था। बहुतो को तो पार होने में डर मालूम होता था। हमारे साथ का नेपाली लड़का गुभा-जू बहुत मुश्किल से पार हुआ। इस पुल की रक्षा के लिए रङ्गबिरगी झण्डियो वाला देवता स्थापित है।

पुल के पास ही डाम् गाँव है। ऊपर नीचे खेत भी हैं। गाँव मे बीस-पच्चीस घर हैं। घर अधिकतर पत्थर की दीवारो के हैं और लकड़ी के पटरों से छाये हुए हैं। मकान दो-तल्ले तिन-तल्ले हैं। कुछ ही ऊपर देवदारु का जङ्गल है। इसलिए छाने

पाटने सभी में देवदारु की लकड़ी का उपयोग किया गया है। यहाँ हमारे ठहरने के लिए एक खास मकान पहले से ही तैयार किया गया था। नमक के समय सभी घरवालों को यद्यपि नमकवालो के टिकाने मे नफा था, तो भी लामा का डर और सम्मान कम चीज न थी। गाँव में घुसते ही यहाँ भी डुक्पा लामा को सिर छुआने के लिए नर-नारी दौड़ने लगे। मकान पर पहुँचने पर तो आदमियों से घर भर गया। दो-तल्ले पर हम लोगों को टिकाया गया। डुक्पा लामा के लिए मक्खन मे शराब बघारी गई। हम लोगों के लिए मक्खन डाल कर अच्छी चाय तैयार हुई।

रात को ही रिन्-चेन् ने कह दिया था कि कल से अवलोकितेश्वर का महाव्रत आरम्भ होगा। सब लोग व्रत रखने जा रहे थे। मैने कहा, मै भी व्रत रखूँगा। यह व्रत तीन दिन का होता है। पहिले दिन दोपहर के बाद नही खाते, दूसरे दिन मौन और निराहार रहते है, तीसरे दिन पूजा मात्र की जाती है। व्रत के साथ मन्त्र-जाप और पाठ होता है। पचासों दीपक जलाना, सत्तू और मक्खन के तोर्मा (=बलि) बना कर सजाना आदि होता है। अनेक बार सैकड़ो साष्टाङ्ग दण्डवते भी करनी पड़ती हैं। अवलोकितेश्वर के इस व्रत (=न्यूमा) मे शराब और मांस की सर्वथा मनाई है। दूसरे दिन दोपहर को चावल का भोजन हुआ। सबके साथ मैने भी सैकड़ो साष्टाङ्ग दण्डवतें कीं। इन दण्डवतों से मैं तो थक गया। झूठ मूठ की परेशानी कौन उठावे सोच दूसरे दिन सबेरे ही मैंने सत्तू और चाय ग्रहण

कर ली। दोपहर को एक भोटिया सज्जन मुझे अपने घर ले गये। वहाँ उन्होंने मुर्गी के अण्डे की नमकीन सेवइयाँ तैयार कराई थीं। भोजन के बाद उनसे नाना विषयो पर बात होती रही। वे ल्हासा मे रह चुके थे। इन्होने वर्षों तक चीन की सीमा पर के खाम प्रदेश मे रह कर अध्ययन किया है। गोर्खा भाषा भी अच्छी तरह जानते है। तीसरे दिन वैशाख की पूर्णिमा[1] थी। हमारे पूर्व परिचित सज्जन ने आज बुद्धोत्सव मनाया। उनसे मालूम हुआ कि इस दिन सारे भोट मे बुद्धोत्सव मनाया जाता है।

इन तीन दिनों मे लोगों की भेंट-पूजा भी समाप्त हो गई। चौबीस मई को नाश्ता कर हम आगे चले। कुछ ही दूर आगे बढ़ने पर हम देवदारु-कटिबन्ध मे पहुँच गये। नदी के दोनों तरफ इधर उधर देवदारु के ही वृक्ष दिखाई देते थे। दो बजे से पहले ही हम चिना गाँव मे पहुँचे। यह एक बड़ा गाँव था। लोगों को खबर पहले से ही मिल गई थी। यहाँ डुक्पा लामा का स्वागत बाजे-गाजे से हुआ। आसन पर बैठते बैठते दर्जनों थाल चावल नेपाली मुहरों तथा खाता (=चीन का बना सफेद रेशमी कपड़ा जो माला के स्थान पर समझा जाता है) के साथ आ गया। शाम को रिन्चेन् ने कहा—गुरु जी यहाँ तीन दिन और पूजा करेंगे। यह बीच बीच का रुकना मुझे बुरा तो मालूम

[१. बुद्ध के जन्म, बोध और निर्वाण तीनों की तिथि वैशाख-पूर्णिमा है। वह बौद्ध के लिए सब से पवित्र तिथि है।]

होता था, लेकिन उपाय ही क्या था? सौभाग्य से गाँव वालो ने लामा से रहने का आग्रह नहीं किया। अन्दाज से मालूम हुआ कि देनेवाले असामी अपनी अपनी पूजा चढ़ा चुके हैं। पहर भर रात गये, रिन्-चेन् ने कहा कि कल चलना होगा। उसकी यह बात मुझे बहुत ही मधुर मालूम हुई।

दूसरे दिन आठ-नौ बजे के करीब हम चले। खाली हाथ होने से मै बीच बीच मे आगे बढ़ जाता था। अब भी हमारे चारों ओर देवदारु का जङ्गल था। कहीं कहीं कुछ छोटी छोटी गायें चरती दिखाई पड़ती थीं। आगे एक नया घर मिला। घर से जरा आगे बढ़ कर मै पीछेवालों की प्रतीक्षा करने लगा। देर तक न आते देख घर मे गया। घरवालों को मैंने बतलाया कि डुक्पा लामा रेन्पो-छे आ रहे हैं। फिर क्या था, उन्होंने भी झट चाय डालकर पतीली आग पर चढ़ा दी। लामा के आते ही मैंने कहा कि चाय तैयार हो रही है। गृहपति ने प्रणाम कर नये घर मे लामा की पधरावनी कराई। घर के एक कोने मे पानी का छोटा सा चश्मा निकल आया था। लामा ने उसके माहात्म्य पर एक वक्तृता दी। यहाँ भी एक थाली चावल और कुछ मुहरे मिलीं। थोड़ी देर मे मक्खन डाल कर गाढ़ी चाय बनी। सब ने चाय पीकर आगे कदम बढ़ाया।

दोपहर के बाद देवदारु के वृक्ष छोटे होने लगे। वनस्पति भी कम दिखलाई पड़ने लगी। अन्त मे नदी की धार को रोके विशाल पर्वत भुजा दिखाई पड़ी। इसके पार होते ही हरियाली

का साम्राज्य विलुप्त सा हो गया। अब बहुत ही छोटे छोटे देवदारु रह गये थे। घास भी उतनी न थी। चार बजे के करीब हम चक्-सुम् गाँव के पास पहुँचे। सुमति-प्रज्ञ पहले ही गाँव मे पहुँच चुके थे। वह मक्खन डाल गर्म चाय बनवा कर अगवानी के लिए आये। मुझसे कुछ देर बाद और लोग भी पहुँच गये। सब लोग एक एक दो दो प्याला चाय पीकर फिर आगे चले। यहाँ ऊपर नीचे बहुत सी चमरी गाये (=याक्) चरती दिखाई पड़ीं। मालूम हुआ, यह वनस्पतियों का अन्तिम दर्शन है। वर्ष दिन बाद ही मुझे फिर आँख भर हरियाली देखने का सौभाग्य प्राप्त हुआ।

चक्-सुम् गाँव भी खासा बड़ा है। यहाँ गाँव से नीचे नदी के पास गर्म पानी के दो चश्मे है, इसलिये इसे छू-कम् (=गर्म पानी) भी कहते है। यहाँ सब से अच्छे मकान मे लामा जी को ठहराया गया। रात को लकड़ी की मशाल जला कर हम गर्म चश्मे में स्नान करने गये। मेरे साथी सभी नङ्गे नहा रहे थे। उस समय तो खैर रात थी। दूसरे दिन जब मै दिन मे भी नहाने गया, तो देखा कि भोटिया लोग स्त्रियों के सामने नग्न नहा रहे हैं। वस्तुतः उसके देखने से तो मालूम होता था कि यदि सर्दी का डर न होता, तो ये लोग भी कांगो के हब्शियो की तरह नङ्गे घूमा करते।

ग्राम बड़ा था; पूजा अभी काफी नही आई थी। इसलिये डाम् से आये भद्र पुरुष यद्यपि लामा के ढोने के लिए आदमी का प्रबन्ध कर थोड़ा आगे जाने के विचार से ही रवाना हुए थे, लेकिन

उनके जाते ही लामा ने कह सुन कर उस आदमी को दूसरे दिन के लिए चलने को राजी कर लिया। वह दिन लामा ने गर्म पानी में स्नान करने, गर्म गर्म शराब पीने, भक्तो का भाग्य देखने तथा मन्त्र-तन्त्र के उपदेश करने में बिताया।

छब्बीस मई को चकसुम् से हम लोग रवाना हुए। यहाँ मैंने रिन-चेन से मांग कर भोटिया भिक्षुओं का कपड़ा पहन लिया। तो भी रह रह कर कलेजे मे ठण्डी हवा का झोंका पहुँच जाता था। आज (कुती) पहुँचना है। ऐसा न हो कि यहाँ से लौटना पड़े! चकसुम् से थोड़ा ही आगे पहुँचने पर वनस्पतियाँ लुप्त हो गयीं। आस-पास नगे पहाड़ थे। कहीं कहीं दूर दूर पर उगी छोटी छोटी घासों को विशालकाय चमरियाँ चर रही थीं। रास्ते मे दो जगह हमे बर्फ़ के ऊपर से भी चलना पड़ा। दोपहर की चाय हमने जिस घर मे पी, वहाँ आग कण्डे से जलायी गयी। लकड़ी यहाँ दुर्लभ हो गई थी। अब रास्ता उतना कठिन न था। दाहिनी तरफ़ बर्फ़ से ढँकी रुपहली गौरीशङ्कर की चोटी दिखाई पड़ती थी। कुती (नेनम् का नेपाली नाम) के एक मील इधर ही डुक्पा लामा के चढ़ने के लिए घोड़ा आ गया। आज तो उन्हें ढोने के लिए आदमी मिल गया था, इसलिए उन्होंने सवारी न की। कुछ अनुचर आगे भेजे गये। मुझे भी लामा ने उनके साथ आगे जाने को कहा। किन्तु मैंने लामा के साथ ही जाने का आग्रह किया। दिल में तो दूसरा ही डर लग रहा था। अन्त में वह भी समय आ गया, जब

पाँच बजे के करीब हम कुती मे दाखिल हुए। नई माणी की प्रतिष्ठा के लिए लामा के पास चावल आये। उन्होंने "सुप्रतिष्ट वज्र स्वाहा" कर के माणी के चारों ओर चावल फेंक दिया। हम लोगो को एक अच्छे मकान मे ठहराया गया। पहुँचते ही हमारे लिए गर्म चाय और लामा के लिए घी मे छौंकी शराब तैयार मिली। लामा के ही कमरे मे मेरे लिए भी आसन लगाया गया।

§ ३. राहदारी की समस्या

डुकूपा लामा को लपू-ची मे एकान्त-वास के लिए जाना था। लपू-ची तिब्बत के महान् तान्त्रिक कवि और सिद्ध जे-चुन् मिला-रे-पा के एकान्तवास का स्थान है। इसलिए भोटिया लोग इसे बहुत ही पवित्र मानते है। डुकूपा लामा शेष जीवन यहीं बिताने के लिए जा रहे थे। अभी मालूम हुआ कि लपू-चीके रास्ते वाले ला (घाटे) पर बर्फ पड़ गई है, इसलिए वह अभी जा नहीं सकते थे। कुती भी अच्छा ख़ासा कस्बा है और आजकल नमक का मौसम होने के कारण दूर दूर के आदमी आये हुए थे इसलिए भी अभी कुछ दिन तक उन्हे यहीं विश्राम करना था। कुती मे पहुँचने के दूसरे ही दिन मैंने अपने साथ आये आदमी को नेपाली तेरह मुहरें (=५ रु० ४॥ आना) दे दीं। तात पानी तक आने के लिए उसे चार मुहर देना ही निश्चय हुआ था। उस हिसाब से उसे चार ही मुहर और मिलनी चाहिए थी।

वह अपनी मेहनत का मूल्य उतना थोड़े ही लगा सकता था, जितना कि मै समझता था; इसलिए वह बहुत सन्तुष्ट हुआ और सब का नमक खरीद लाया।

बरसात अब आनेवाली थी। इससे पूर्व के दो तीन मासों मे कुती का रास्ता लोगो से भरा रहता है। नेपाली लोग चावल मकई या दूसरा अनाज लेकर कुती पहुँचते है, और भोटिया लोग भेड़ो तथा चमरियों पर नमक लाद कर पहुँचते हैं। कुती मे अनेक दूकाने नेपाली सौदागरो की है। ये नमक और अनाज खरीद लते हैं। कोई कोई सीधे भी अनाज से नमक बदल लेते है। नमक के अतिरिक्त भोटिया लोग सोडा भी लाते है। यह सभी चीजे तिब्बत की कुछ झीलो के किनारे मिलती हैं। इनके ऊपर कुछ राज-कर भी है। गोर्खा लोग तो घरों में जहाँ तहाँ ठहर जाते हैं; लेकिन भोटियों के पास सैकड़ो चमरियाँ होती हैं, इस वजह से वे बाहर ही ठहरते है।

जिस दिन मैं कुती पहुँचा, उस दिन कुछ नेपाली सौदागर भी शीगर्ची (टशी-ल्हुन्-पो) जाने के लिए कुती में थे। इस रास्ते से शीगर्ची ल्हासा जाने वाले नेपाली लोग यहीं से घोड़ा किराये पर करते है। यहाँ से घोड़े का किराया टशी-ल्हुन्-पो तक का ४०, ४५ साङ् के करीब था; रुपये का मूल्य उस समय लगभग डेढ़ साङ् के था। एक ही घोड़ा शुरू से आखिर तक नही जाता। जगह जगह घोड़े बदले जाते हैं। इसी किराये मे घोड़े वाला खाना-पीना भी देता है। मैंने और मेरे साथियो ने बहुत

कोशिश की कि किसी तरह इन्ही नेपाली सौदागरो के साथ चले जावें, किन्तु उन्होंने इन्कार कर दिया।

चारों ओर निराशा ही मालूम हो रही थी। इधर डुक्पा लामा की पूजा के लिए बराबर लोग आते रहते थे। चावलों और खातो का ढेर लगता जा रहा था। हर थाली के साथ कुछ नेपाली मुहरे भी अवश्य आती थीं। कोई कोई मांस और अण्डा भी लाने थे।

२९ मई को डुक्पा लामा को जोङ्-पोन् (=जिला मजिस्ट्रेट) का बुलावा आया। मेरे साथियों मे किसी किसी ने मुझे भी चलने को कहा। कहा—लद्दाखी कह देगे। भला मै कहाँ 'आ बैल, मुझे मार' करने जा रहा था? वे लोग डुक्पा लामा के साथ गये। जोङ्पोन् डुक्पा लामा का नाम पहले ही सुन चुका था। उसने बड़ी खातिर की। डुक्पा लामा ने भी भाग्य-भविष्य देखा और कुछ मन्त्र-पूजा की। शाम को लोग लौट आये। उनसे मालूम हुआ इस वक्त एक ही जोङ्-पोन् है, दूसरा जोङ्-पोन् मर गया है। उसकी स्त्री फ़िलहाल कुछ काम देखती है। अभी नया जोङ्-पोन् नहीं आया है। तिब्बत मे हर गाँव मे मुखिया (=गोवा) होते है। इनके ऊपर इलाके इलाके का जोङ्-पोन् (=जिला-अफ़सर) होता है। जोङ् का अर्थ किला है, और पोन् का अर्थ 'अफ़सर'। जोङ् अधिकतर पहाड़ की छोटी टेकरी पर बने है। कुती के पास ऐसा कोई पहाड़ न होने से जोङ् नीचे ही है। प्रदेश के छोटे बड़े होने के अनुसार जोङ्-पोन् का दर्जा छोटा

बड़ा होता है। हर जोङ् में दो जोङ्-पोन् होते हैं, जिनमें एक गृहस्थ और दूसरा साधु हुआ करता है। कहीं कहीं इसका अपवाद भी देखा जाता है, जैसे आज कल यहाँ कुती में ही। जोङ्-पोन् के ऊपर दलाई लामा को गवर्नमेण्ट का ही अधिकार है। न्याय और व्यवस्था दोनों मे ही जोङ्-पोन् का अधिकार बहुत है। एक तरह उन्हें उस प्रदेश का राजा समझना चाहिए। प्रायः सारे ही जोङ्-पोन् ल्हासा की ओर के होते हैं। उनमें भी अधिकांश दलाई लामा के कृपा पात्रों के सम्बन्धी या प्रेमी होते हैं। जिस जोङ्-पोन् की जगह आज कल खाली है, उसके खिलाफ इस प्रदेश की प्रजा के कुछ लोग ल्हासा पहुँच गये थे। उन्होंने दर्बार मे अपनी दुःख-गाथा सुनायी। सर्कार की नजर अपने खिलाफ देखकर, कहते हैं, वह जोङ्-पोन् ल्हासा की नदी में डूब मरा।

भोट मे व्यापार के लिए जाने वाले नेपाली राजाज्ञा के अनुसार अपनी स्त्रियों को नहीं ले जा सकते, इसीलिए प्रायः सभी नेपाली भोटिया स्त्री रख लेते हैं। ये स्त्रियाँ बड़ी ही विश्वास-पात्र होती हैं। भोट के कुछ स्थानों मे नेपालियो को विशेष अधिकार प्राप्त है, जिनके अनुसार नेपाली प्रजा का मुकदमा नेपाली न्यायाधीश ही कर सकता है। इस न्यायाधीश को नेपाली लोग डीठा कहते हैं। केरोङ्, कुती, शीगर्ची, ग्याञ्ची, और ल्हासा में नेपाल सर्कार के डीठा हैं। ल्हासा मे सहायक डीठा तथा राजदूत भी रहता है। ग्याञ्ची मे भी नेपाल का राजदूत है। भोटिया स्त्री से उत्पन्न

नेपाली का पुत्र नेपाल की प्रजा होता है और कन्या भोट सर्कार की प्रजा होती है। ऐसी सन्तान को नेपाली लोग खचरा कहते है। इस खचरा सन्तान तथा उसकी माँ का कुछ भी हक पिता की सम्पत्ति मे नहीं होता। पिता जो खुशी से दे दे, वही उनका हक है। इसपर भी जिस अपनपौ के साथ ये अपनी नेपाली पिता या पति के कार-बार का प्रबन्ध करती हैं, वह आश्चर्य-जनक है।

३० मई तक हम सब उपाय सोच कर हार गये। कोई प्रबन्ध आगे जाने का न हो सका। कुती के पास वाली नदी पर पुल है, यहीं राहदारी (=लम्-यिक्=पासपोर्ट) देखने वाला रहता है इसके पार होने पर आगे या लेष् में एक बार और राहदारी देखी जाती है। जब सब तरफ से मै निराश हो गया, तो सोचा कि अब मङ्गोली भिक्षु सुमति-प्रज्ञ के साथ ही जाने का प्रबन्ध करना चाहिए। सुमति-प्रज्ञ अब भी कुती मे ठहरे थे। उनसे मैंने कहा कि मुझे अपने साथ ले चलिये। वे बड़े खुश हुए, और बोले कि मैं कल लम्-यिक् लाऊँगा, और कल ही हम लोग यहाँ से चलेंगे। वे तो निश्चिन्त थे, किन्तु मुझे अब भी बड़ा सन्देह था। मैंने एक भारतीय साधु बाबा को भी देखा, जो दो मास से यहीं ठहरे हुए थे, न आगे जा सकते थे, न पीछे लौट सकते थे। खैर, एक बार हिम्मत करने की ठान ली। उसी रात एक नेपाली सौदागर के घर में डुक्पालामा को भूत-प्रेत हटाने और भाग्य बढ़ाने के लिए पूजा करने का बुलावा था। मैं भी साथ गया। अनेक की

पुरुष और बच्चे जमा हुए थे। दीपक की धीमी रोशनी में मनुष्य की जाँघ की हड्डी का बीन बाजा, जुड़ी खोपड़ी पर मढ़ा डमरू तथा दूसरी इसी प्रकार की भयावनी सामग्री लेकर डुक्-पा-लामा और उनके चेले पूजा-स्थान पर बैठे। चिराग और भी धीमा कर दिया गया। पूजा करने वालों को पर्दे मे कर दिया। उन्होंने मन्त्र-पाठ शुरू किया। बीच बीच में डमरू की कड़खती आवाज, तथा चन्द महीनों के बच्चे के करुणापूर्ण रोदन जैसे हड्डी की बीन के शब्द सुनाई पड़ते थे। ऐसे वायुमण्डल में मन्त्र-मुग्ध न होना सब का काम नहीं है। यह पूजा आधी रात के बाद तक होती रही। पूजा के बाद फिर पूजा के जल से नर-नारियों और बच्चों का अभिषेक हुआ। इसके बाद सब लोग सोने के लिए आसन पर गये।

३१ मई को सबेरे मैं तो यात्रा की आवश्यक चीजों को जमा करने मे लगा और सुमति-प्रज्ञ को लम्-यिक् के लिए छोड़ रखा। मेरे पास उस समय साठ या सत्तर रुपये थे। मैंने तीस रुपये का नोट अलग बाँधकर, बाकी में से कुछ का सामान खरीदा और कुछ का भोटिया टङ्का भुनाया। इस समय कुती में रुपये का भाव नौ टङ्का था। सिक्का सभी आधे टङ्का वाला (=छी-के) मिला। सर्दी के ख्याल से यहाँ चार रुपये का एक भोटिया कम्बल भी लिया। डाम् के सज्जन ने, जो यहाँ आ चुके थे, एक ऊनी पीली टोपी दी। कुछ चिउड़ा, चावल, चीनी चाय, सत्तू और मसाला भी खरीद कर बाँधा। चूँकि अब सब चीजें अपनी पीठ पर लाद कर चलना था, इसलिए उन्हे थोड़ा ही थोड़ा खरीदा। डुक्पा-लामा

से मेरे लिए एक परिचय-पत्र भी दे दिया। इसी समय सुमति-प्रज्ञ भी दोनों आदमियो के लिए लम्-यिक् लेकर चले आये। दो मास से अधिक की घनिष्ठता के कारण मेरे सभी साथियों को मित्र-वियोग का दुःख हुआ। डुक्पा-लामा ने भी बड़ी सहृदयता के साथ अपनी मङ्गल-कामना प्रकट की। उन्होंने कुछ चाय तथा दूसरी चीजें भी दीं।

§ ४. टशी-गङ् की यात्रा

ढोने की लकड़ी (=खुर-शिङ्) के बीच मे सामान बाँध कर पीठ पर ले, हाथ में लम्बा डण्डा लिये दोपहर को एक बजे के करीब हम दोनों कुती से निकले। पुल पर पहुँचते देर न लगी। उस समय वहाँ कोई लम्-यिक् भी देखने वाला न था। साधारण लकड़ी पाटकर पुल बनाया गया है। पार हो कर थोड़ा ऊपर चढ़ना पड़ा। जिन्दगी मे आज यह पहले ही पहल बोझा उठा कर चलना पड़ा था, इसलिए चढ़ाई की कड़ुआहट के बारे मे क्या कहना? रह रह कर ख्याल आता था, मनुष्य को इसका भी अभ्यास करके रखना चाहिए। जराही चढ़ाई के बाद हम कोसी की दाहिनी मुख्य धार के साथ साथ ऊपर चढ़ने लगे। रास्ता साधारण था। बोझ बीस-पच्चीस सेर से ज्यादा न था, तो भी थोड़ी ही देर में कन्धा और जाँघें दुखने लगीं। सुमति-प्रज्ञ अपने ३०, ३५ सेर के बोझ के साथ मजे में बातें करते चल रहे थे। मुझे तो उस समय बातें भी सुनने में कड़वी मालूम हो रही थीं। नदी की दून काफ़ी चौड़ी थी, किन्तु कहीं वृक्ष नहीं थे। रास्ते में

एकाध घर भी दिखाई पड़े, लेकिन वह देखने में पत्थर के ढेर से मालूम होते थे। जहाँ तहाँ कुछ जोते हुए खेत भी थे।

डाम् के सज्जन लप्-चो जा रहे थे। आज वह सबेरे ही कुती से चल चुके थे, उन्हें आज टशी-गङ् में रहना था। सुमति-प्रज्ञ की भी सलाह आज वहीं रात्रिवास करने की हुई। सन्ध्या के करीब फर-क्ये-लिङ् मठ (=गुम्बा) दिखाई पड़ा। गुम्बा के पहले ही एक छोटा सा गाँव आया। हमने वहाँ से किसी आदमी को बोझा ले चलने के लिए लेना चाहा, किन्तु कोई भी तैयार न हो सका। वहाँ से फिर गुम्बा में पहुँचे। बाहर से देखने में यह बहुत सुन्दर मालूम होती है। भिक्षुकों की संख्या ३०, ४० से ज्यादा नहीं है। सामान बाहर रखकर हम देव दर्शन के लिए गये। बुद्ध, बोधिसत्त्व, महायान और तन्त्र के नाना देवी देवताओं की सुन्दर मूर्तियाँ, नाना प्रकार के सुन्दर चित्रपट, तथा ध्वजा आदि अखण्ड दीप के प्रकाश से प्रकाशित हो रहे थे। मठ में जेचुन्-मिला के सामने बर्तन मे छङ् (=कच्ची शराब) देखकर मैंने सुमतिप्रज्ञ से पूछा—यह तो गे-लुक्-पा-(=पीली टोपी वाले लामाओ के सम्प्रदाय) का मठ है, फिर क्यो यहाँ शराब है? उन्होंने बतलाया कि जे-चुन्-मिला सिद्ध पुरुष हैं। सिद्ध पुरुषों और देवताओं के लिए गे-लुक्-पा लोग भी शराब को मना नहीं करते। मनाही सिर्फ अपने पीने की है। मन्दिर से बाहर आने पर हमारे लिए चाय बन कर आ गयी थी। आँगन में बैठ कर हमने एक दो प्याले चाय पी। भिक्षुओं ने निवास-स्थान पूछा। सुमति-

प्रज्ञ ल्हासा डेपुङ् के गुम्बा के थे ही, और मैं था लदाख का। हम लोगों ने कहा कि ग्य-गर् (=भारत) दोर्जे-दन् (=बुद्ध गया)[1] से तीर्थ करके हम ल्हासा जा रहे हैं।

मैं इस समय थक गया था। कुती से हम लोग यद्यपि पाँच ही मील के करीब आये थे तो भी मेरे लिए एक क़दम आगे चलना कठिन मालूम होता था। उस समय वहाँ टशी-गङ् का एक लड़का था। उसने बतलाया, डाम् के कुशोक् (=साहेब) टशी-गङ् में पहुँच कर ठहरे हुए हैं। सुमति-प्रज्ञ ने वहाँ चलने को कहा। मैंने भी सोचा कल शायद आदमी का कोई प्रबन्ध हो जाय, इस आशा से चलना स्वीकार कर लिया। मठ पर ही अँधेरा हो चला था। हम लोग लड़के के पीछे पीछे हो लिये। नदी के किनारे किनारे कितनी दूर जाकर, हम पुल से उस पार गये। कितनी ही देर बाद बोये खेत मिले, जिससे विश्वास हो चला, अब पास में जरूर कोई गाँव होगा। थोड़ी देर आगे बढ़ने पर कुत्ते भूँकने लगे। मालूम हुआ, गाँव है, लेकिन हमारा गन्तव्य गाँव थोड़ा आगे है। अन्त में जैसे तैसे करके डाम् के सज्जन के ठहरने की जगह पर पहुँचे।

उस समय वह लोहे के चूल्हे में आग जला कर थुक्पा (= चावल की पतली खिचड़ी) पका रहे थे। हमको देख कर बड़े प्रसन्न हुए। जल्दी से मेरे लिए आसन बिछा दिया। मैं तो

---

१. [दोर्जे-दन् का शब्दार्थ वज्रासन। मध्य काल के संस्कृत अभिलेखों में बुद्ध-गया के लिए यही शब्द आता है।]

बोझे को अलग रख आसन पर लेट गया। चाय तयार थी, थोड़ी देर में थुक्पा भी तयार हो गया। फिर मैंने दो-तीन प्याला गर्मागर्म थुक्पा पिया। फिर चाय पीते हुए अगले दिन के प्रोग्राम पर बातें शुरू हुईं। सुमति-प्रज्ञ ने कहा—लप्-ची जे-चुन्-मिला का सिद्ध-स्थान है, चा-छेन्-बो (= महातीर्थ) है, हम भी इनके साथ वहाँ चलें। लप्-ची जाने के लिए हमें इस सीधे रास्ते को छोड़ कर एक बड़े ला (घाटे) को पार कर पूर्व की ओर तुम्बा कोसी की घाटी में जाना पड़ता था। यहाँ से फिर दो ला पार कर तब तिङ्-री जाना पड़ता था। रास्ते में एक जोङ् भी था। इन सारी कठिनाइयों को देखते मेरा दिल तो जरा भी उधर जाने को न था, किन्तु वैसा कह कर नास्तिक कौन बनता? उन्होंने बोझा ढोने के लिए आदमी का भी प्रबन्ध कर देने के लिए कहा; फिर मेरे पास बहाना ही क्या था! अन्त में मुझे भी स्वीकृति देनी पड़ी। निश्चय हुआ कि कल भोजन कर यहाँ से चलेंगे।

दूसरे दिन भोजन करके दोपहर के करीब हम लोग टशी-गङ् से लप्-चीकी ओर रवाना हुए। मैं खाली-हाथ था, इसलिए चलने में बड़ा फुर्तीला था। धीरे धीरे हम ऊपर चढ़ते जा रहे थे। घण्टे डेढ़ घण्टे की यात्रा के बाद बूँदा बाँदी शुरू हुई। ऊनी पोशाक होने से भोटिया लोग वहाँ की वर्षा से डरते नहीं। आगे एक जगह रास्ता जरा सा तिर्छा ढालू पर्वत-पार्श्व पर से था। मिट्टी भी इस पर नर्म थी। रह रह कर कुछ मिट्टी-पत्थर भी ऊपर से कई सौ फुट नीचे की ओर गिर रहे थे। मुझे तो इस

दृश्य को देखकर रोमाञ्च हो गया—रह रह कर यह ख्याल होता था कि कहीं इस मिट्टी-पत्थर के साथ मैं भी न कई सौ फुट नीचे के खड्ड में चला जाऊँ। मेरे साथी दनादन बोझा उठाये पार हो रहे थे। मुझे सब से पीछे देखकर एक साथी ने हाथ पकड़ कर पार करना चाहा, लेकिन उधर मैं अपने को निर्भय भी प्रकट करना चाहता था। खैर, किसी प्रकार जी पर खेल कर उसे पार किया। हिचकिचाने का कारण था अपने ढीले भोटिया जूते के ऊपर थोपा।

और ऊपर चलने पर बूँद की जगह छोटे छोटे इलाइचीदाने की सी सफ़ेद नर्म बर्फ़ पड़ने लगी। हम लोग बे-पर्वाह आगे बढ़ रहे थे। दो बजे के समय हम ल्हर्से (=ला के नीचे टिकाव की जगह) पर पहुँच गये। अब बर्फ़ रूई के छोटे छोटे फाहे की तरह गिरने लगी। साथियों में कुछ लोग तो चमरियों के सूखे कण्डे जमा करने लगे, और कुछ लोग पत्थरों से रस्सियों को दबा कर छोलदारी खड़ी करने लगे। यहां हम चौदह-पन्द्रह हजार फुट से ऊपर ही रहे होंगे। बर्फ़ की वर्षा भी बढ़ती जा रही थी; जिससे सर्दी बढ़ती जा रही थी। किसी प्रकार छोलदारी खड़ी कर बीच में भार्था (धौंकनी) की सहायता से कण्डे की आग जलायी गयी। लोग चारों ओर घेर कर बैठ गये। चाय डाल कर पानी चढ़ा दिया गया। उस बक्त आग को भी सर्दी लग रही थी। धीरे धीरे सारी भूमि बर्फ़ से ढँकती जा रही थी। छोलदारी पर से बर्फ़ को रह रह कर गिराना पड़ता था। बड़ी देर

मे मुश्किल से चाय तैयार हुई। उस वक्त मक्खन डाल कर चाय को कौन मथे ? मक्खन का टुकड़ा लोगों के प्यालों में डाल दिया; और बड़ी कलुछी से चाय का नमकीन काला पानी बाँटा जाने लगा। कुशोक् (=भद्र पुरुष) के पास छोटा बिस्कुट तथा नारङ्गी-मिठाई भी थी, उन्होंने उसे भी दिया। आग की उस अवस्था मे थुक्पा पकाना तो असम्भव था, इसलिए सब ने थोड़ा थोड़ा सत्तू खाया। मैंने चाय मे डाल कर थोड़ा चिउड़ा खाया।

धीरे धीरे अँधेरा हो चला। कुशोक् ने अपनी लालटेन जलवायी; और मुझे "बोधि-चर्यावतार" से कुछ पढ़ने को कहा। मेरे पास संस्कृत मे "बोधि-चर्यावतार" की पुस्तक थी। कुशोक् को भोटिया मे सारे श्लोक याद थे। मैं संस्कृत श्लोक कह कर, अपनी टूटी-फूटी भोटिया भाषा मे उस का अर्थ करता था; फिर कुशोक् भोटिया मे श्लोक कह कर उसे समझाते थे। इस प्रकार बड़ी रात तक हमारी धर्म-चर्चा होती रही। उसके बाद सभी लोग सिमिट सिमिट कर उसी छोटी छोलदारी के नीचे लेट रहे। सर्दी के कारण मैल की दुर्गन्ध तो मालूम न होती थी; किन्तु सबेरा होते होते मुझे विश्वास होने लगा कि मेरी जुँओं मे कई सौ की वृद्धि हुई है। देखने मे कुछ असाधारण मोटे ताजे लाल छुपा (=भोटिया चपकन) के हाशिये मे छिपे पाये गये। बर्फ रात भर गिरती ही रही। छोलदारी पर से कई बार बर्फ को झाड़ना पड़ा।

प्रातःकाल उठकर देखा तो सारी भूमि, जो कि कल नङ्गी थी,

आज एक फुट से अधिक बर्फ से ढँकी हुई है। बर्फ से पिघल कर बहती पतली धार में जाकर हाथ-मुँह धोया। आग के लिए तो कण्डा अब मिलने ही वाला न था। खाने के लिए कुछ बिस्कुट और थोड़ी मिठाई मिली। सुमति-प्रज्ञ ने नीचे-ऊपर चारों ओर श्वेत हिम-राशि को देख कर आप ही आ कर मुझसे कहा—यहाँ जब इतनी बर्फ है, तो ला पर तो और भी होगी। और अभी हिम-वर्षा हो ही रही है; इसलिये हमें लप्-ची जाने का इरादा छोड़ देना चाहिए। मैं तो यह चाहता ही था। अन्त मे कुशोक् से कह कर हमने बिदाई ली। उन्हे तो लप्-ची जाना था। अब फिर मुझे अपना बोझा लादना पड़ा। रास्ता बर्फ से ढँक गया था, दून के सहारे अन्दाज़ से हम लोग नीचे की ओर उतर रहे थे। उतराई के साथ साथ बर्फ की तह भी पतली होती जा रही थी। अन्त में बर्फ़-रहित भूमि आ गयी। अब बर्फ की जगह छोटी छोटी जल की बूँदें बरस रही थीं। दस बजे के करीब भीगते भागते हम दोनों फिर टशी-गङ् मे पहुँचे। आसन गोवा (=मुखिया) के घर मे लगाया। मुखिया ने अगले पड़ाव तक के लिए बोझा ले चलने वाले आदमी का प्रबन्ध कर देने को कहा। इस प्रकार २ जून को टशी-गङ् में ही रह जाना पड़ा। हम दोनों के जूते का तला फट गया था इसलिये मुखिया के लड़के से कुछ पैसा देकर नया चमड़ा लगवाया। दिन को चमरी की छाछ में सत्तू मिला कर खाया तथा चाय पी, रात को भेड़ की चर्बी डाल कर सुमति प्रज्ञ ने थुक्-पा तैयार किया। पीछे मालूम हुआ कि कुशोक् की

पार्टी के कुछ लोग रास्ता न पा बर्फ की चका-चौंध से अन्धे हो कर लौट आये। सुमति प्रज्ञ ने कहा—हम लोगों की भी यही दशा हुई होती, यदि आगे गये होते।

§ ५. थोङ्-ला पार कर लङ्कोर में विश्राम

चाय-सत्तू खा कर, आदमी के ऊपर सामान लाद ३ जून को सात-आठ बजे के करीब हम रवाना हुए। रास्ता उतराई और बराबर का था; उस पर मैं बिलकुल खाली, और सुमति-प्रज्ञ का बोझा भी हल्का था। आदमी के लिए एक-डेढ़ मन बोझा तो खेल सा था। आगे चल कर कोसी के बायें किनारे मुख्य रास्ता भी आ मिला। ग्यारह बजे के करीब हम तर्ग्ये-लिङ् गाँव में पहुँच गये। सुमति प्रज्ञ चौथी बार इस रास्ते से लौट रहे थे। इसलिए रास्ते के पड़ावों पर जगह जगह उनके परिचित आदमी थे। यहाँ भी मुखिया के घर मे ही हमने आसन लगाया। गृह-पत्नी पचास वर्ष के ऊपर की एक बुढ़िया थी, किन्तु गृह-पति उससे बहुत कम उम्र का था। तिब्बत मे ऐसा अकसर देखने में आता है। मुझे तो पहले उनका पति-पत्नी का सम्बन्ध ही नहीं मालूम हुआ। जब गृहपति ने गृह-पत्नी के बालको को खोल दिया, और उनके धोये जाने पर चाङ् प्रदेश के धनुषाकार शिरोभूषण को केशो में सँवारने मे मदद दी, तब पूछने पर असल बात मालूम हुई।

सुमति-प्रज्ञ वैद्य तान्त्रिक और रमल फेंक कर भाग्य बतलाने वाले थे। चाय पी कर वह गाँव में घूमने गये। थोड़ी देर में

आकर उन्होंने मुझे साथ चलने के लिए कहा। पूछने पर मालूम हुआ कि वे पचास वर्ष की एक धनाढ्य बाँझ स्त्री को सन्तान होने के लिए यन्त्र देने जा रहे हैं। उनको भोटिया अक्षर लिखना नहीं आता था। इसलिए मेरी जरूरत पड़ी। मैं सुन कर हँसने लगा। मैंने कहा—बुढ़िया पर ही आपको अपना यन्त्र आजमाना है? उन्होंने कहा—वहाँ मत हँसना, धनी स्त्री है, कुछ सत्तू-मक्खन मिल जायगा; और जो कहीं तीर लग गया, तो आगे के लिए एक अच्छा यजमान हो जायगा। मैंने कहा—तीर लगने की बात तो जाने दीजिये; हाँ! तत्काल को देखिये। घर के दर्वाजे के भीतर गये। लोहे की जञ्जीर में बँधा खूँ-ख्वार महाकाय कुत्ता ऊपर टूटने लगा। ख़ैर! घर का छोटा लड़का अपने कपड़े से कुत्ते का मुँह ढाँक कर बैठ गया, और तब हम सीढ़ी पर चढ़ने पाये। सुमति प्रज्ञ ने गृहपत्नी को औषध यन्त्र और पूजा मन्त्र दिया। गृह-पत्नी ने दो सेर सत्तू कुछ चर्बी और चाय दी। वहाँ से लौट कर हम अपने आसन पर आये।

दूसरे दिन सबेरे आदमी के साथ आगे चले। यहाँ गाँवों के पास भी वृक्ष न थे। खेत अभी अभी बोये जा रहे थे। लाल ऊन के गुच्छों से सुसज्जित बड़े बड़े चमरों के हल खेतों मे चल रहे थे। कहीं कहीं हलवाहे गीत भी गा रहे थे। दोपहर के करीब हम या-लेप् पहुँचे। या-लेप् से थोड़ा नीचे पुरानी नमक की सूखी झील है। या-लेप् में पुराना चीनी किला है। थोड़ी दूर पर नदी के दूसरे किनारे पर भी कच्ची दीवारों का एक टूटा किला है। चीन के

प्रभुत्व के समय या-लेप् के किले में कुछ पल्टन रहा करती थी। कुछ सर्कारी आदमी रहते तो आज भी हैं, किन्तु किला श्रीहीन मालूम होता है। घर और दीवार बेमरम्मत से दिखाई पड़ते हैं। एक परिचित घर मे सत्तू खाया और चाय पी। सुमति-प्रज्ञ ने गृह-पत्नी को बुद्ध-गया की प्रसादी—कपड़े की चिट—दी। लम्-यिक् (=राहदारी) यहाँ ले लिया जाना है, आगे उसकी खोज नहीं होती, इसलिए एक आदमी को ठिकाने पर पहुँचाने के लिए कह कर दे दिया। गाँव से बाहर निकलते ही एक बड़ा कुत्ता हड्डी छोड़ कर हमारी ओर दौड़ा। इन अत्यन्त शीतल स्थानों के कुत्तों को जाड़े में लम्बे बालों की जड़ मे मुलायम पशम उग आती है; जिससे उन पर सर्दी का प्रभाव नहीं होता। गर्मी मे यह पशम बालो से साँप की केचुल की भाँति निकल निकल कर गिरने लगती है। आजकल गर्मी की वजह से उसकी भी पशम की झल्ला गिर रही थी। खैर हम लोग तीन थे। कुत्ते से डर ही क्या? या-लेप् से प्रायः तीन मील आगे जाने पर ले-शिङ् डोल्मा गुम्बा नामक भिक्षुणियों का बिहार दाहिनी ओर कुछ हट कर दीख पड़ा। अब नदी की धार बहुत ही क्षीण हो गयी थी। थोड़ा आगे जा कर नदी को पार कर हम दूसरे किनारे से चलने लगे। यहाँ दूर तक जोते हुए खेत थे; जिनमें छोटी छोटी नहरो द्वारा नदी का सारा पानी लाया जा रहा था। कुछ दूर और आगे जा कर हम थो-लिङ् गाँव मे पहुँचे। गाँव में बीस पच्चीस घर हैं। यह स्थान समुद्र-तल से तेरह-चौदह हजार फुट से कम ऊँचा न होगा। तग्यें-

लिङ् से यहीं तक के लिए आदमी किया था। पहले वह अपने परिचित घर मे ले गया। जब कभी राज-कर्मचारी तथा दूसरे बड़े आदमी आते हैं वे इसी घर मे ठहराये जाते हैं। हमें यह सुनसान बड़ा घर पसन्द न आया। अन्त मे सुमति-प्रज्ञ अपने परिचित के घर ले गये। यह गाँव के बीच मे था। कुछ स्त्री-पुरुष धूप मे बैठे ताना तनते, और सूत कातते थे। सुमति-प्रज्ञ ने जाते ही जू-दनूज़ (आगन्तुक का सलाम) किया। उनके परिचित कई आदमी निकल आये। अन्त मे एक घर में हमारा आसन लगा। घर दो-तल्ला था। चारो ओर कोठरियाँ थीं। धुँआ निकलने के लिए मट्टी की छत मे बड़ा छेद था।

सुमति-प्रज्ञ ने चाय निकाल कर गृह-पत्नी को पकाने को दी। गृह-पत्नी के मुँह-हाथ पर तेल मिले काजल की एक मोटी तह जमी हुई थी, वही हालत उनके ऊनी कपड़ों की भी थी। उन्होंने झट उसे कई मुँहों के चूल्हे पर पानी डाल कर चढ़ा दिया, और भेड़ की लेंड़ी झोंक कर भाथी से आग तेज करना शुरू किया। चाय खौलने लगी। तब उस मे ठण्डा पानी मिलाया गया। लकड़ी के लम्बे पोंगे में चाय का पानी डाल कर नमक डाला; फिर सुमति-प्रज्ञ ने एक लोंदा मक्खन का दिया। मक्खन डाल कर आठ-दस बार मथनी घुमाई गयी, और चाय मक्खन सब एक हो फेन फेंकने लगा। वस्तुतः यह चाय मथने की एक दो-ढाई हाथ लम्बी पिचकारी सी होती है जिसका एक ही ओर का खुला हिस्सा ढक्कन से बन्द रहता है। मथनी को नीचे ऊपर खींचने से हवा भीतर जाती

है, उससे और पिचकारी की भीतरी गोल चिप्पी से भी चाय और मक्खन जल्द एक हो जाते हैं।

यहाँ से हमे थोङ्-ला (=थोङ् नामक घाटा) पार करना था। आदमी ले चलने की अपेक्षा दो घोड़े लेना ही हम ने पसन्द किया। यहाँ से लङ्-कोर के लिए अठारह टङ्के (=दो रुपये) पर हमने दो घोड़े किराये पर किये। दूसरे दिन आदमी के साथ घोड़ पर सवार हो हम आगे चले। इस बहुत ही विस्तृत वन में—जिसके दोनों ओर वनस्पति-हीन अधिकतर मिट्टी से ढँके पर्वतों की छोटी शृङ्खला थी—कोसी की क्षीण-धारा धीमी गति से बह रही थी। रास्ते मे कई जगह हमें पुराने उजड़े घरों और ग्रामों के चिह्न मिले। कुछ की दीवारें तो अब भी खड़ी थीं। मालूम होता है, पहले यह दून बड़ी आबाद थी। तब तो कोसी की धार भी बड़ी रही होगी, अन्यथा इन विस्तृत खेतों को वह सींच कैसे सकती? गाँव मे सुना था कि पिछले साल थोङ्-ला के रास्ते में दो यात्रियों को किसी ने मार डाला। भोट में आदमी की जान कुत्ते की जान से अधिक मूल्यवान् नहीं। राज-दण्ड के भय से किसी की रक्षा नहीं हो सकती। सुमति-प्रज्ञ इस विषय में बहुत चौकन्ने थे।

ज्यों ज्यों हम ऊपर जा रहे थे, वैसे वैसे दून सँकरी होती जाती थी। अन्त में हम लहर्से (=ला के नीचे खान-पान करने के पड़ाव) पर पहुँचे। कुछ लोग पहले ही "ला" के उस पार से इधर आकर वहाँ चाय बना रहे थे। भोट में भाथी अनिवार्य चीज

है। उसके बिना कण्डों और भेड़ की लेंड़ियों से जल्दी खाना नहीं पकाया जा सकता; बाज वक्त तो कण्डे गीले मिलते हैं, जो भाथी के सहारे ही जलाये जा सकते हैं। हमारे पास भाथी न थी, इसलिए हमने अपनी चाय भी दूसरों की चाय मे मिला दी। फिर घोड़ों को तो थोड़ा चरने के लिए छोड़ दिया गया, और हम लोग चाय पीने और गप करने में लग गये। मालूम हुआ, ला पर बर्फ़ नहीं है। इन आये हुए लोगो का मुँह पुराने ताँबे का सा हो गया था। तिब्बत मे (जोत ला) पार करते समय शरीर का जो भी भाग ख़ूब अच्छी तरह ढँका नहीं रहेगा, वही काला पड़ जायेगा; और यह कालापन एक-डेढ़ हफ़्ते तक रहता है।

चाय पीने के बाद हम लोग फिर घोड़े पर सवार हुए। अब चढ़ाई थी, तो भी कड़ी न थी, या यह कहिये कि हम दूसरो की पीठ पर सवार थे। आगे चल कर घाटी बहुत पतली हो गयी। वह नदी की धार-मात्र रह गयी, जिस मे जगह जगह और कहीं कहीं लगातार पुराने बर्फ की सफ़ेद मोटी तह जमी हुई थी। हमारा रास्ता कभी नदी के इस पार से था, कभी उस पार से। फिर धार छोड़ कर दाहिनी ओर तिछीं पहाड़ी पर भूल-भुलइयाँ करते हम चढ़ने लगे। घोड़े रह रह कर अपने आप रुक जाते थे, जिससे मालूम होता था कि हवा बहुत हल्की है। अन्त में हमें काले पीले सफ़ेद कपड़ों की झण्डियाँ दिखाई पड़ीं। मालूम हुआ ला का शिखर आ गया। भोट में हर ला का कोई देवता होता है। उसके पास आते ही लोग घोड़े पर से उतर जाते हैं, जिस में देवता

नाराज न हो जाय। हम भी उतर गये। सुमति-प्रज्ञ और दूसरे भोटियों ने "शो शो शो" कह देवता की जय मनायी। इस ला पर खड़े हो हमने सुदूर दक्षिण ओर दूर तक हिमाच्छादित पहाड़ों को देखा, यही हिमालय है। और तरफ भी पहाड़ ही पहाड़ देखे, किन्तु उन पर बर्फ न थी। दूसरी ओर की दून मे अवश्य कही कहीं थोड़ी बर्फ देखी। यहाँ अब उतराई शुरू हुई। मेरा घोड़ा सुस्त था, और मै मार न सकता था, इसलिए मैं थोड़ी ही देर में पिछड़ गया। सुमति-प्रज्ञ दूसरे भोटियो के साथ आगे बढ़ गये। रास्ते में आदमी भी न मिलता था, इस प्रकार धीरे धीरे चलते, कभी कभी आस पास की बस्तियों में पूछते, उन लोगों के पहुँचने के तीन घण्टे बाद चार बजे मै लङ्कोर पहुँचा। यह कहने की जरूरत नहीं कि सुमति-प्रज्ञ बहुत खफा हुए।

§ ६ लंकोर-तिङ्-री

लंकोर एक छोटा सा गाँव है, जो कि तिङ्-री के विशाल मैदान के सिरे पर बसा हुआ है। लङ्-कोर की गुम्बा (=विहार) बहुत प्रसिद्ध थी। तञ्जूर[1] की कुछ पुस्तकों का यहाँ संस्कृत से भोट भाषा में अनुवाद किया गया था। गाँव के पास के पहाड़ पर अब भी पुराने मठ की दीवारे खड़ी देख पड़ती हैं। यह विहार

1. [कंजूर बौद्ध त्रिपिटक का तिब्बती अनुवाद; तंजूर=कंजूर से सम्बद्ध या उनकी व्याख्या आदि के ग्रन्थों का संग्रह।]

पहले गोर्खा-भोट युद्ध मे गोर्खों द्वारा लूटा और उजाड़ा गया; तब से फिर आबाद न हो सका। पुराने भिक्षुओं के वंशज अब भी लंकोर गाँव मे हैं। इन्होंने एक छोटा मन्दिर भी बनवाया है। ये भोट के सब से पुराने बौद्ध सम्प्रदाय निंग्-मा-पा (=पुरातन) के अनुयायी है जिसका आरम्भ आठवीं शताब्दी मे हुआ। ग्यारहवीं शताब्दी मे कर् युग्-पा सम्प्रदाय का आरम्भ हुआ; तेरहवीं मे सक्या-पा का, और सोलहवीं मे गेलुक्पा का। यही चार तिब्बत के प्रधान बौद्ध संप्रदाय है। छः जून को भी सुमति-प्रज्ञ यहीं रहे। पूछने पर उन्होंने अपनी कठिनाई कही, कि हमको इस यात्रा मे कुछ जमा भी करना पड़ता है, नहीं तो ल्हासा मे जाकर खायँगे क्या ? इस पर मैंने कहा—यदि आप जल्दी ल्हासा चले, और रास्ते में देरी न करे, तो मै आप को ल्हासा मे पचास टङ्का दूँगा। उन्होंने इसे स्वीकार किया।

दूसरे दिन सात जून को चलना निश्चय हुआ। आदमी की इन्तजार मे दोपहर हो गयी, आखिर आदमी मिला भी नहीं। लङ्कोर से हमने अपने साथ कुछ सूखा मांस और कुछ मक्खन ले लिया। दोपहर के बाद मैंने बोझा पीठ पर उठाया और दोनों आदमी चले। लङ्कोर से तिङ्-री चार-पाँच मील से कम नहीं है लेकिन देखने मे पूर्व ओर तिङ्-री का किला बहुत ही पास मालूम होता था। इसका कारण हवा का हल्कापन हो सकता है। यद्यपि यह मैदान समुद्र-तल से चौदह हजार फ़ीट से अधिक ऊँचाई पर है, तो भी निखरी धूप में चलते हुए हमें बहुत गर्मी मालूम हो

रही थी। मैदान में जहाँ तहाँ कुश की तरह छोटी छोटी घास भी उगी हुई थी। चरने वाले जानवरों में भेड़ बकरी और गाय के अतिरिक्त कहीं कहीं जङ्गली गदहे (=क्याङ्) भी थे। इधर के कुत्ते बहुत बड़े और खूँ-ख्वार थे। मैं गाँव में जाने से बराबर परहेज़ किया करता था। धूप में प्यास लग आयी। सुमति-प्रज्ञ ने चाय पीने की सलाह की। आगे हमें छोटा सा गाँव मिला। घर छोटे छोटे थे। एक गरीब बूढ़ा हमें अपनी झोपड़ी में ले गया। वहाँ चाय बनने लगी। बूढ़े ने मेरे साथी से और सब बातें पूछते पूछते सङ्-ग्ये ओपा-मे (अमिताभ बुद्ध) के बारे में भी पूछा। भोटिया लोग टशी लामा को अमिताभ बुद्ध का अवतार मानते हैं, इसलिए उन्हें अमिताभ भी कहते हैं। जब उसने सुना कि वे चीन में हैं और अभी उनके लौटने की कोई आशा नहीं है, तो उसने बड़े करुण स्वर से कहा—क्या "सङ्-ग्ये ओपा मे" फिर भोट न आयेंगे? साधारण भोटियों में ऐसे सरल विश्वास वाले लोग बहुत हैं। अजनबियों को देखकर कुत्तों ने आकर दर्वाजा घेर लिया। गृहपति ने उन्हें डण्डा लेकर दूर भगाया।

चाय पीते हुए सुमति-प्रज्ञ ने कहा—पास के गाँव में शेकर्-विहार की खेती होती है। उसके प्रधान भिक्षु नम्-से मेरे परिचित हैं, वहाँ चलने से रास्ते के लिए थोड़ा मांस-मक्खन भी मिल जायगा। वहाँ से बोझा ढोने के लिए आदमी के मिल जाने की भी आशा है। अन्तिम बात मेरे मतलब की थी। इसलिए मैं भी गे-लोङ् (= भिक्षु) नम्-से के पास जाने के लिए राजी हो

गया। चाय पीने के बाद हम गे-लोङ्-नम्-से के मठ की ओर चले, जो कि गाँव से दिखलाई देता था। कुत्तों से बचाने के लिए बेचारा बूढ़ा पानी की धार तक हमारे साथ आया गे-लोङ्-नम्-से के मठ के चारों ओर भी तीन चार कुत्ते बँधे हुए थे। दूर से ही हमने आवाज़ दी। एक आदमी आया और कुत्तों से हमारी रक्षा करते हुए घर पर ले गया। गे-लोङ नम-से ने खिड़की से झाँक कर देखा और कहा—आ हो! साम्-पो (=मंगोल) गे-लोङ् (=भिक्षु) हैं। हम लोगों ने अपना आसन नीचे रसोई के मकान में लगाया। चाय और सत्तू का बर्तन सामने रखा गया। सत्तू खाने की तो मुझे इच्छा न थी, मैंने केवल चाय पी। थोड़ी देर हम वहीं बैठे। यहाँ शेकर् गुम्बा की जागीर है जिसमें खेती भी होती है। इस समय मुनीम साहब हिसाब लगा रहे थे। देखा—हड्डी और पत्थर के टुकड़ों को गिन गिन कर हिसाब लगाया जा रहा है। फिर गिन गिन कर उन टुकड़ों को अलग अलग बर्तनों में रखा जा रहा है। हम लोग जरूर उनकी इस गिनती पर हँसेंगे, किन्तु मुझे यह भी विश्वास है कि उनके हिसाब के तरीके को सीखने में भी हमें कुछ समय लगाना पड़ेगा।

चाय पीने के बाद हम कोठे पर गे-लोङ्-नम्-से के पास गये। नम्-से बड़े प्रेम से मिले। अभी वे विशेष पूजा में लगे हुए थे। उनके पूजा के कमरे में मूर्त्तियाँ और सत्तू-मक्खन के तोर्मा (=बलि-पिण्ड) बड़ी सुन्दरता से सजाये गये थे। उन्होंने फिर चाय पीने का आग्रह किया। गङ्गा-जमुनी प्याला-दान पर असली

चीन का प्याला रखा गया। मुझे थोड़ी चाय पीनी पड़ी। सुमति-प्रज्ञ ने कहा—आप दो-तीन दिन यहाँ ठहरें, मैं पास के गाँवों में अपने परिचितों से मिलना चाहता हूँ। हमारा आसन कंजूर के पुस्तकालय में लगाया गया। यहाँ एक पुराना हस्त-लिखित कंजूर है। मैंने उसे खोल कर जहाँ तहाँ पढ़ना शुरू किया। कञ्जूर में एक सौ से अधिक वेष्ठन हैं। इसका हर एक वेष्ठन दस सेर से कम न होगा। सुमति-प्रज्ञ ने पूछा, यदि इसे तुमको दे दिया जाय, तो तुम इसे ले जाओगे? मैंने कहा—बड़ी ख़ुशी से।

दूसरे दिन सुमति-प्रज्ञ तो गाँवों की ओर चले गये, और मैं वहाँ बैठा पुस्तक देखने लगा। दोपहर तक वह लौट आये और कहा—अब आगे चलना है। उसी दिन (आठ जून को) दोपहर के बाद हम वहाँ से तिङ्-री की ओर चले जिसका फ़ासला दो मील से कम ही था। सुमति-प्रज्ञ ने कहा—पुराना जोङ्-पोन् (=ज़िलाधीश) मेरा परिचित है, उसी के घर ठहरेंगे। मैंने बहुतेरा विरोध किया, लेकिन उन्होंने कहा—कोई डरने की बात नहीं है, यहाँ कोई आपको ग्य-गर्-पा (=भारतीय) नहीं समझेगा। तिङ्-री आस पास के पर्वतों से अलग एक छोटी पहाड़ी है। इसके ऊपर एक किला है, जो अब बे-मरम्मत है। थोड़ी सी पल्टन अब भी इसमें रहती है। इसी पर्वत के मूल में तिङ्-री कस्बा बसा हुआ है। यह कुत्ती से बड़ा है। पुराने चीनियों की कुछ सन्तान अब भी यहाँ वास करती है। नेपालियों की दूकानें यहाँ नहीं हैं। पुराने जोङ्-पोन् का मकान बस्ती के एक

किनारे पर था। हम लोग उनके मकान में गये। सुमति-प्रज्ञ को देखते ही वह आगे बढ़कर पीठ से बोझा उतारने लगे। पीछे नौकरों ने आकर हमारा बोझा उतार कर अलग रखा। वहीं आँगन में कालीन बिछाया गया। झट चाय और तश्तरी मे सूखा मांस चाकू के साथ आ गया। मेरे बारे में उन्होंने पूछा—यह तो लदा-पा (=लदाख-वासी) हैं न ? अपने हाथ से सूखा मांस काट कर वे देने लगे। मैंने लेने से इनकार किया। सुमति-प्रज्ञ ने कहा—अभी नये देश से आये हैं; लदाख में बिना उबाला मांस नहीं खाते। चाय-पान के समाप्त होने पर नया ज़ोङ्-पोन् भी आ गया। उसके लिए चाँदी के प्याले में शराब लायी गयी। मेरे लिए भला किसको सन्देह हो सकता था कि यह उन्हीं भारतीयो मे है, जिसके अनेक बन्धुओ ने भोटियो के आतिथ्य का दुरुपयोग और उनके साथ विश्वास-घात कर अङ्गरेजो को भोट की राजनीतिक गुप्त स्थितियों का परिचय कराया; जिस कारण भोटियों को अब अपने सब से अधिक माननीय देश के आदमियों से ही सब से अधिक आशङ्कित रहना पड़ता है !

हमारे गृहपति बड़े रँगीले थे। सन्ध्या होते ही प्याले पर प्याला ढालने लगते थे। कहते हैं, इसी के कारण उन्हे नौकरी से अलग होना पड़ा। अँधेरा होते ही, वीणा बजाते पत्नी-सहित मित्रगोष्ठी की ओर चले। नौकरों को हमारे आसन और भोजन का प्रबन्ध करने के लिए आदेश दिया। हमारा आसन रसोई-घर में लगा। रसोई का काम एक अनी (=भिक्षुणी) के सुपुर्द था।

दम्पति

भोट में सभी भाइयों के बीच एक ही स्त्री होती है; इसीलिए सभी लड़कियों को पति नहीं मिल सकते और कितनी ही लड़कियाँ बाल कटा कर अनी बन या तो गुम्बा (=मठ) में चली जाती हैं या घर में ही रह जाती हैं। यह अनी तो साक्षात् महाकाली थी। काले काजल की इतनी मोटी तह शरीर पर जमी न मैंने पहले देखी थी, न उसके बाद ही देखी थी, उस काले मुखमण्डल पर आँखों की सफ़ेदी तथा आँख के कोरों की ललाई साफ़ दिखलाई देती थी। उसने थुक्पा बनाया। फिर कड़छी से हाथ पर चख कर नमक की परख की और हाथ को अपने चोंगे में पोंछ लिया। ख़ैरियत यही है कि तिब्बत में भोजन-सामग्री का उलटना-पलटना सब चम्मच और कड़छी के सहारे होता है। हाथ का सीधा छूना बहुत कम होता है। थुक्पा-चाय पीते नौ-दस बज गये। तब गृहपति वीणा बजाते लौटे। हम लोगों के खाने-पीने के बारे में पूछा। सुमति-प्रज्ञ ने ल्हासा चलने को कहा। उन्होंने कहा—क्या करें! चाम् (=चाम-कुशोक =उच्च श्रेणी की महिला) नहीं जाती है। मेरे ल्हासा में रहते वक़्त भोटिया नव-वर्ष के समय ये दम्पती ल्हासा पहुँचे थे। वहाँ पर मामूली कपड़ों में थे और मैं लाल रेशम को साट कर बनाये हुए पोस्तीन तथा बूट पहिने था। मैंने पहचान लिया और उन्होंने भी मुझे पहचान लिया। उस वक़्त फिर उन्होंने मुझे लदाखी कहा। मैंने तब सब बात कह दी और साथ ही उनके सद्-व्यवहार के लिए बड़ी कृतज्ञता प्रकट की। ल्हासा में बहुधा लोगों को अपनी

हैसियत से कम की वेश-भूषा में रहना होता है, जिसमें कहीं अधिकारियों की दृष्टि उनके धन पर न पड़े। तिङ्-री में इन्होंने अब कई खच्चर पाल लिये हैं और कुत्ती तथा ल्हासा के बीच व्यापार करते हैं।

दूसरे दिन हमने चलने के लिए कहा। गृहपति ने और दो-चार दिन रहने का आग्रह किया। लेकिन जब हम रुकने के लिए तैयार न हुए तो उन्होंने कुछ सूखा मांस चर्बी सत्तू और चाय रास्ते के लिए दी। सवेरे नाश्ता करके हम तिङ्-री से चले। यहाँ भी कोई आदमी बोझा ले जाने वाला न मिल सका। इस लिये मुझे अपना असबाब पीठ पर लादना पड़ा। रास्ता चढ़ाई का न था। हम फुङ् नदी के दाहिने किनारे पूर्व की ओर चल रहे थे। यहाँ आस-पास के पहाड़ बहुत छोटे छोटे हैं। घण्टो चलने के बाद हमें नदी की बाईं ओर शिब्-री का पहाड़ दिखाई पड़ा। जहाँ तिब्बत के और पहाड़ अधिकतर मिट्टी से ढँके रहते हैं वहाँ इस पहाड़ में पत्थर ही पत्थर मिलता है। इस विशेषता के कारण कहावत है कि यह पहाड़ भोट का नहीं है, ग्य-गर (=भारत) का है। यह भोट देश में बहुत ही पवित्र माना जाता है। आजकल इसकी परिक्रमा का समय था। इसकी परिक्रमा में चित्रकूट की परिक्रमा की भाँति जगह जगह अनेक मन्दिर हैं। कितने ही लोग साष्टाङ्ग दण्डवत् करते हुए परिक्रमा करते हैं। आठ बजे से चलते-चलते दोपहर के बाद हमें गाँव मिला। वहाँ हम चाय पीने लगे। थक तो मैं ऐसे ही गया था; चाय पीते और गप

करते देर हो गयी। यह भी मालूम हुआ कि अगला गाँव बहुत दूर है, इस लिए हम वहीं रह गये। सन्ध्या समय गृह-स्वामी ने कहा—यहाँ जगह नहीं है। गाँव के मध्य में एक खाली घर है, आप वहाँ जायँ। इस पर हम लोग वहाँ चले गये। मकान में दो कोठरियाँ थीं। एक में कोई बीमार भिखमङ्गा था, एक में हम ने आसन लगाया। अँधेरा होते होते सुमति-प्रज्ञ ने कहा—हमारा यहाँ रहना अच्छा नहीं। गाँव में बहुत चोर हैं। धन के लोभ से रात को हम पर हमला होगा। क्या जाने इसी ख्याल से उसने अपने घर से सूने घर में भेजा है। मैंने उनके वचन का विरोध नहीं किया। उन्होंने जाकर एक बुढ़िया के घर में रहने का प्रबन्ध किया और हम अपना आसन वहाँ उठा ले गये। बुढ़िया के घर में दो और मेहमान ठहरे हुये थे। वे लोग शिव्-री की परिक्रमा कर के आये थे। उन्होंने अबकी साल बहुत भीड़ बतलाई। सुमति-प्रज्ञ का मन परिक्रमा करने के लिये ललचाने लगा। मैंने कहा—अबकी बार ल्हासा चलें, अगले साल हम दोनों आयेंगे। उस वक्त कोई चिन्ता भी यात्रा करने में न होगी। मैंने वहीं कुछ पैसे उनमें से एक को दिये कि वह इन्हें हमारी ओर से शिव्-री-रेन्-पो-छे को चढ़ा दें। इसी गाँव में हमने एक बहुत सुन्दर वज्र-योगिनी को पीतल की मूर्ति देखी। मालूम हुआ कि अङ्ग्रेजों के साथ जो लड़ाई हुई थी उसमें जब लोग इधर उधर भाग रहे थे, तो इस गाँव के किसी सिपाही ने इसे अपने कब्जे में

में किया था। उस युद्ध में तो वस्तुतः अङ्ग्रेजी सेना की अपेक्षा भोटिया सेना ने ही अधिक लूट की थी।

प्रातः काल हमने प्रस्थान किया। दस बजे हमें अगला गाँव मिला। यहाँ सुमति-प्रज्ञ का परिचित पुरुष था। हम पहले एक घर में गये, किन्तु सुमति-प्रज्ञ को वह घर पसन्द न आया। गाँव मे बड़े बड़े कुत्ते थे और उस बड़े घर में एक विशाल काला कुत्ता दर्वाजे पर ही बँधा था। हम एक लड़के को लेकर उधर चले लड़का आगे आगे था, बीच में सुमति-प्रज्ञ और मैं सब से पीछे। कुत्ता देखते ही भूँकने लगा। पास जाते ही जञ्जीर पर जोर मारने लगा और पास पहुँचते पहुँचते वह जञ्जीर तुड़ा कर हमारे ऊपर टूट पड़ा। सुमति-प्रज्ञ तो आगे बढ़ कर कोठे की सीढ़ी पर पहुँच गये। लड़का बाहर भाग गया, उस के साथ ही मैं भी बाहर भाग गया। सुमति-प्रज्ञ के पास कुत्ता पहुँच गया लेकिन तब तक घर के आदमी आ गये। पीछे मुझे भी लोग ले गये। सुमति-प्रज्ञ बहुत नाराज़ हुए और यह वाजिब भी था; लेकिन वे यह भूलते थे कि चौदह वर्ष भोट मे रह कर उन्होंने यह निर्भयता पायी है। वह बराबर हमें समझाते थे कि कुत्ते का जितना बड़ा शरीर होता है, उसके अनुसार उसका दिल नहीं होता।

चाय और भोजन के बाद हम चलने के लिए तयार हुए। गृह-स्वामी तो नहीं था, लेकिन गृह-स्वामिनी ने तीन-चार सेर सत्तू देना चाहा। सुमति-प्रज्ञ का बोझा भारी था, उन्होंने मुझे उसे बाँध लेने

रामोदार और सुमतिप्रज्ञ

के लिए कहा। बेचारे समझते थे कि मुझे भी अपने डील-डौल के मुताबिक बोझा ले चलना चाहिए। उन्हे क्या पता था कि इतने ही बोझे से मुझ पर कैसी बीत रही है। सत्तू आखिर वहीं छोड़ना पड़ा जिसके लिये वे बहुत ही कुपित हुए। वहाँ से चल कर हम चा-कोर के पास पहुँचे। चा-कोर के पास के पहाड़ पर अब भी पुराने राज्य-प्रासाद की दीवारे हैं। इसके ऊपरी भाग पर पत्थर जोड़ कर किला भी बना था। देखने से मालूम होता है चा-कोर का राज-वंश किसी समय बड़ा प्रभावशाली रहा होगा। किले के पहले ही हमें कुछ टूटी फूटी मिट्टी की दीवारे मिलीं। मालूम हुआ पहले यहाँ चीनी फौज रहा करती थी। यहाँ बड़ा कड़ा पहरा रहता था। बिना आज्ञा पत्र के कोई पार नहीं हो सकता था। चा-कोर गाँव की कुछ इमारतें भी बतलाती हैं कि यह दिन पर दिन अवनति को प्राप्त होता गया है। यहाँ सुमति-प्रज्ञ का परिचित पुरुष तो घर पर नहीं मिला, किन्तु किसी प्रकार बहुत कहने-सुनने पर हमे रहने की जगह मिली। सन्ध्या के पहले कुछ छोटे छोटे ओले पड़े और फिर खूब वर्षा भी हुई। बाहर के आँगन मे पानी भर गया और मिट्टी की छत भी जहाँ तहाँ टपकने लगी। शाम को घर की बुढ़िया भी आ गयी। वह सुमति-प्रज्ञ को जानती थी। सुमति-प्रज्ञ मुझसे बहुत चिढ़े थे, इसलिये बुढ़िया से मेरी निन्दा भी करते रहे। मैंने उस का ख्याल भी न किया। मैं इतना अच्छी तरह जानता था कि वह दिल के अच्छे आदमी हैं।

ग्यारह जून को सबेरे ही हम चले। थोड़ी दूर पूर्व ओर चल

कर हमने कुछ् नदी पार की। धार काफ़ी चौड़ी तथा जाँघ भर गहरी थी। मालूम होता था, पानी की ठण्डक में जाँघ कट कर गिर जायगी। बड़ी तकलीफ के साथ धार पार की। धार पार कर भेड़ों के चरवाहो के पास जाकर चाय पी और फिर आगे बढ़े। इधर मुझे बोझा लेकर चलना पड़ रहा था। सत्तू से मुझे स्वभावतः रुचि नहीं है। दूसरी चीज़ पेट भर खाने के लिए प्राप्त नहीं हो रही थी, इसलिये शरीर कमज़ोर हो गया था। रास्ते मे एक जगह और हमने चाय पी। उस समय लङ्-कोर के कुछ आदमी शे-कर्-जोङ्को जा रहे थे। हम भी उनके साथ हो लिये। मै इस वक्त हिम्मत पर ही चल रहा था। रास्ते मे दो छोटी छोटी जोतें (=ला) मिली। दूसरी जोत को पार करते करते मैं चलने मे असमर्थ हो गया। आखिर लङ्-कोर वाले एक आदमी ने मेरा बोझा लिया। खाली चलने मे मुझे कोई कठिनाई न थी। पहाड़ से उतर कर हमने एक छोटी सी धार पार की। मालूम हुआ, अगले पतले पहाड़ की आड मे शे-कर्-जोङ् है। थोड़ी दूर एक जगह विश्राम कर हम फिर चले, और तीन-चार बजे के करीब शे-कर् पहुँच गये।

§ ७. शे-कर् गुम्बा

शे-कर् मे जहाँ लङ्-कोर वाले लोग उतरे, वहीं हम भी उतर गये। यह एक भूतपूर्व भोटिया फ़ौज के सिपाही का घर था। सुमति-प्रज्ञ का परिचित भिक्षु भी शेकर्-गुम्बा में था, लेकिन वे

वहाँ नहीं गये। इस समय मेरा पैर भी फूट गया था। आगे बोझा ढोकर चलने की हिम्मत भी न थी। यहाँ से टशी-ल्हुन्पो तक का घोड़ा किराये पर लेने की बात की। उसी की इन्तजार में ग्यारह से चौदह जून के दोपहर तक यहाँ पड़े रहे, लेकिन कुछ न हो सका। आने के दिन ही हम शे-कर् मठ के अवतारी लामा का निवास देखने गये। मन्दिर बहुत सुन्दर मूर्तियों और चित्रपटों से सज्जित है। लामा इस समय यहाँ नहीं है। उनका निवास राज-प्रासाद की तरह सजा हुआ है। सामने सफेदा का एक छोटा बाग भी लगा है। गमलों में भी कितने ही फूल लगाये हुए हैं। तेरह जून को हम शे-कर्-गुम्बा देखने गये। गुम्बा बहुत भारी है। यहाँ पाँच-छः सौ भिक्षु रहते हैं। गुम्बा एक पहाड़ के नीचे से शिखर तक चला गया है। मन्दिर भी बड़े बड़े सोने-चाँदी के दीपकों से प्रकाशित हो रहा था। सुमति-प्रज्ञ की यद्यपि इच्छा न था, तो भी हम यहाँ के कु-शोक् खेम्बो (= प्रधान पण्डित) को देखने गये। कुछ बौद्ध दर्शन सम्बन्धी बात हुई। पीछे तन्त्र और विनय पर बात चली। मैंने कहा—जहाँ विनय मद्य-पान, जीव-हिंसा, स्त्री-संसर्ग आदि को वर्जित करता है, वहाँ तन्त्र (=वज्रयान) में इनके बिना सिद्धि ही नहीं हो सकती। यह दोनों साथ साथ कैसे चल सकते हैं? उन्होंने कहा—यह भिन्न भिन्न अवस्था के लोगों के लिए हैं। जैसे रोगी के लिए वैद्य कितने खाद्यों को अ-खाद्य बतलाता है, लेकिन उसी पुरुष के नीरोग हो जाने पर उसके लिए वही भोजन-पदार्थ खाद्य हो जाते हैं, ऐसे ही

विनय साधारण जनों के लिए है और वज्रयान पहुँचे हुए लोगों के लिए। ये प्रधान पण्डित ल्हासा की सेरा गुम्बा के शिक्षित हैं तथा इनका जन्मस्थान चीन-सीमा के पास खाम् प्रदेश में है। उन्होंने ल्हासा जाने वाले व्यापारी से हम लोगो को अपने साथ ले जाने की सिफ़ारिश की, और तैयार होकर गुम्बा में आने के लिए कहा। दूसरे दिन हम अपना सामान लेकर गुम्बा में आये, लेकिन मालूम हुआ कि सौदागर चला गया है। वहाँ से हम खच्चरवाला के पास गये; वहाँ भी कोई प्रबन्ध न देखा। अन्त में सुमति-प्रज्ञ ने लङ्-कोर के एक ढाबा (=भिक्षु) को मुफ़्त में ल्हासा का तीर्थ कराने का लालच दिया। वह साथ चलने के लिए तैयार हो गया।

१४ जून को दोपहर के बाद लङ्-कार के आदमी को अपना बोझा दे हम रवाना हुए। नदी पार कर हमारा रास्ता नदी के बाये बायें नीचे की ओर चला, फिर दूसरी आने वाली धार के दायें किनारे से ऊपर की ओर। यह दून भी काफ़ी चौड़ी थी। आगे नदी के किनारे कुछ छोटे छोटे वृक्ष भी दिखाई पड़े। खेतों में जौ-गेहूँ एक बालिश्त उग आये थे और उन्हें नहर के पानी से सींचा जा रहा था। चार बजे के क़रीब हम ये-रा में पहुँचे। यहाँ एक धनाढ्य गृहस्थ सुमति-प्रज्ञ का परिचित था। उसका घर गाँव से अलग है। मकान के चारों कोनों पर जञ्जीर में चार महाकाय काले कुत्ते बँधे हुए थे। दूर से आवाज़ देने पर एक आदमी आया। वह द्वार वाले कुत्ते को अपने कपड़े से छिपा कर बैठ गया, फिर हम भीतर गये। वहाँ पहुँचते ही लङ्-कोर वाला आदमी रोने

लगा—अपनी माता का मै अकेला पुत्र हूँ, वह मर जायगी; ये भयङ्कर कुत्ते मुझे काट खायँगे! मैंने बहुत समझाया। असाध्य देख कर मैंने जाने देने के लिए कहा। सुमति-प्रज्ञ उसे धमका रहे थे। अन्त मे मैंने उसे जाने देने के लिए जोर दिया। दिन थोड़ा था, इसलिये जल्दी में वह अपनी चीज़ो के साथ सुमति-प्रज्ञ की छः-सात सेर सत्तू की थैली भी लेता गया। हम दोनो को गृह-स्वामी घर के भीतरी भाग मे ले गया। वहाँ चाय पीते वक्त सत्तू निकालने लगे तो थैली ग़ायब थी। सुमति-प्रज्ञ वापिस जाने की तैयारी करने लगे। मैंने कहा—जाने दो, गया सो गया। सुमति-प्रज्ञ बोले—तुमने उस दिन का सत्तू भी नहीं लेने दिया, आज इस सत्तू के बारे मे भी ऐसा ही कह रहे हो। मैंने कहा—उसको गये घण्टा भर हो गया है, उससे भेट शे-कर् मे ही हो सकेगी और वहाँ पहुँचने मे पहले ही रात हो जायगी। हमारी बात सुन कर गृह-स्वामी ने पाँच-छः सेर सत्तू लाकर हमारे सामने रख दिया। मैंने कहा—लो, जितना गया उतना मिल गया। तब वह कुछ शान्त हुए। उस समय एक दर्जी उस घर मे कपड़ा सी रहा था। पूछने पर मालूम हुआ, वह उसी गाँव का है जिस गाँव के मुखिया के नाम शे-कर् के खेम्बो ने घोड़े का प्रबन्ध कर देने के लिए चिट्ठी दी थी। घर के मालिक से मालूम हुआ कि यहाँ आदमी या घोड़ा नहीं मिल सकता। आखिर हमने उसी दिन उस दर्जी के साथ उस गाँव मे जाने का निश्चय किया। सूर्यास्त के समय हम उस घर से निकले। उस आदमी ने मेरा सामान

आग्रह-पूर्वक स्वय उठा लिया। कुछ रात जाते जाते हम उस गाँव में पहुँच गये और उसने हमे मुखिया के घर पहुँचा दिया। मुखिया को हमने चिट्ठी दी। उसने पढ़ कर कहा—घोड़ा तो इस समय नही है। मै कल आदमी से आपको लो-लो पहुँचवा दूँगा और वहाँ से घोड़ा मिल जायगा।

दूसरे दिन बड़े सबेरे ही आदमी पर सामान रख कर हम चल पड़े। आठ बजे के करीब हम लो-लो पहुँच गये। गाँव तो बीस-पचीस घरों का मालूम होता है किन्तु लकड़ी के अभाव से मकान सभी छोटे छोटे हैं। आदमी ने हमें ले जाकर एक छोटे से घर में पहुँचा दिया और घर वाले को मुखिया का सन्देश कह सुनाया। चाय-पानी हो जाने पर उसने कहा कि घोड़ा मिल जायगा। ल्हर्से-जोङ् तक के लिए अठारह टङ्का लगेगा। यद्यपि वहाँ के हिसाब से यह अधिक था, तो भी मैंने स्वीकार कर लिया। वह घोड़ा लाने के लिए चरागाह की ओर गया और तीन बजे तक लौट आया। आने पर उसने कहा कि ल्हर्से मे बहुत गर्मी है, घोड़ा वहाँ तक नहीं जा सकता। घोड़े का मालिक कहता है कि हम "चासा ला" पार करा एक दिन के रास्ते मे इधर ही छोड़ देंगे। मैंने उसका पहला दाम एक ही बार में स्वीकार कर लिया था, पर अब इस तरह की बात देख कर अस्वीकार कर दिया। हमारा गृह-स्वामी पहले सैनिक रह चुका था। तिब्बत में छोटे भाई अलग शादी नहीं करते, लेकिन उसने अपनी अलग शादी कर ली थी, जिससे भाइयों ने उसे घर से निकाल दिया था। अभी एक छोटा सा नया घर बना

कर वह अपनी स्त्री सहित रह रहा था। मैंने उसकी दौड़-धूप के लिये कुछ पैसे दिये, जिस पर वह सन्तुष्ट हो गया। उस समय शे-कर् जोङ् से ल्हर्से-जोङ् को जाने वाले कुछ गदहे वहाँ आ पहुँचे। सुमति-प्रज्ञ ने जाकर गदहे वालों से बात-चीत की। उन्होंने पाँच टङ्का (=प्रायः आठ आने) में ल्हर्से-जोङ् तक हम दोनो का सामान ले जाना स्वीकार कर लिया। उन्होंने सवारी के लिए एक बडा गदहा भी देना चाहा, किन्तु खाली हाथ पैदल चलने से तो मै हिचकने वाला न था। रात को ही हम दोनो अपना सामान ले गदहे वालो के पास पहुँच गये।

§ ८. गदहों के साथ

१६ जून को कुछ रात रहते ही हमारे गदहे चल पड़े। गदहों पर नेपाली चावल लद कर ल्हासा जा रहा था। साथ मे चावल के सौदागर का आदमी भी दो हाथ लम्बी तलवार बाँधे जा रहा था। हम ऊपर की ओर जा रहे थे। दस बजे खाने-पीने के लिए मण्डली बैठ गयी। गदहों को चरने के लिये छोड़ दिया गया। कण्डा जमाकर धौंकनी से आग धौंकी जाने लगी। हमारे चारो ओर की भूमि मे सैकड़ों बर्फानी चूहों के बिल थे। हम लोगों के वहाँ रहते भी वह दौड़ दौड़ कर एक बिल से दूसरे बिल मे घुस जाते थे। इनका आकार हमारे खेत के चूहों के बराबर ही था, लेकिन इनकी नर्म रोओं से भरी खाल बहुत ही मुलायम थी तथा पूँछ बिलकुल ही न थी। नाश्ते के बाद आदमियों ने गदहों को

भिगोया हुआ दला मटर दिया और वहाँ से प्रस्थान किया। अब तो मैं खाली हाथ था, इसलिये पन्द्रह सोलह हजार फ़ीट की ऊँचाई पर भी चलने में मुझे कोई तकलीफ न थी। मैं आगे बढ़ता जोत पर पहुँच गया। वस्तुतः यह जोत नहीं है, क्योंकि पहले वाली नदी के किनारे ही हमें आगे भी जाना था। सिर्फ़ एक ऊँचे पहाड़ की बाहीं को पार करना पड़ा, जिसको नदी भी काटती है, किन्तु नदी के किनारे किनारे रास्ता नहीं है। जोत के बाद फिर कुछ उतराई पड़ी। यहाँ जगह जगह चमरियों का झुण्ड चर रहा था। बीच में एक जगह थोड़ा ठहर कर हम आगे बढ़े। आगे चल कर हम नदी के पाट में से चलने लगे। नदी के दूसरी ओर कुछ हिरन पानी पी रहे थे, हमें देखते ही वे पहाड़ के ऊपर भाग गये। और आगे चलने पर स्लेट का पहाड़ मिला, जिसके नीचे की नम ज़मीन में मिट्टी के तेल का सन्देह हो रहा था। चार बजे के क़रीब हम बकूचा ग्राम में पहुँचे। गाँव में सात आठ घर हैं। मकान क्या हैं, पत्थरों के ढेर हैं। आस-पास कहीं खेत नहीं हैं। यहाँ इस ऊँचाई पर खेती हो भी नहीं सकती। इस गाँव की जीविका भेड़ बकरी और चमरी हैं। सुमति-प्रज्ञ के पास थोड़ी चाय थी। एक घर में जाकर हमने चाय बनवा कर पी, और साथियों के लिए भी हमने चाय तयार करायी। थोड़ी देर में गदहे भी पहुँच गये।

१७ जून को कुछ रात रहते ही हम बकूचा से चले। गदहों का सर्दार घण्टा बजाते आगे चल रहा था, उसके पीछे दूसरे चल

रहे थे। ऊपर पहाड़ छोटे और दून चौड़ी होती जाती थी। रास्ते के आस-पास कहीं कहीं बर्फ की शिला भी पड़ी थी। कहीं कहीं चमरियो और भेड़ों के गोठ भी थे, जिनके काले तम्बुओं के बीच से धुआँ निकल रहा था। दस बजे के करीब हम छोटे छोटे पर्वतों से घिरी विस्तृत दून मे पहुँचे। इसमे कितनी ही जगह चरवाहो के काले तम्बू दिखाई पड़ रहे थे। बाईं ओर रास्ते से थोड़ी दूर पर लोहे के पत्थरों का पहाड़ था। हम लोग चाय पीने के लिए बैठ गये। सब ने अपने अपने प्याले मे मक्खन डाल कर चाय पी और सत्तू खाया। व्यापारी ने फटे चमड़े के थैलों पर गीली मिट्टी लगाई। अब हम दोनों फिर आगे आगे चले। दून को समाप्त कर अब पहाड़ की चढ़ाई शुरू हुई। सुमति-प्रज्ञ पिछड़ गये; मैं आगे बढ़ता गया। यद्यपि चासा-ला अठारह हज़ार फीट से थोड़ा ही कम ऊँचा है, तो भी मुझे जोत पर पहुँचने मे कोई तकलीफ न हुई। ला से नीचे उतर कर मैं थोड़ा लेट गया। बड़ी देर बाद सुमति-प्रज्ञ आये। गदहे वाले अब भी पीछे थे। थोड़ी देर विश्राम कर हम लोग उतरने लगे। चासा-ला की उतराई बहुत ज्यादा और कई मील की है। इस पार कहीं कहीं पहाड़ों के अधोभाग मे बर्फ थी। आस-पास में चमरियाँ हरी घास चर रही थीं। हम लोग दो बजे के करीब ज़िग्-चेब् गाँव में पहुँचे। दो-ढाई घण्टे बाद गदहे वाले भी पहुँचे। आने जाने वालों को टिकाना गाँव वालों का प्रधान व्यवसाय है; इसके अतिरिक्त ये लोग कुछ पशु-पालन भी करते हैं। रात को यहीं पड़ाव पड़ा।

१८ जून को फिर रात रहते ही हम चल पड़े। रास्ता कड़ी उतराई का था। जैसे जैसे हम नीचे जा रहे थे, वैसे वैसे स्थान गर्म भी मालूम होता था! प्रभात होते समय हमारे आस-पास जङ्गली गुलाब के छोटे छोटे झुर्मुट भी दिखाई देने लगे। सात बजे चाय पीने के लिए बैठ गये। एक घण्टा और चलने पर ब्रह्मपुत्र का कछार दिखायी देने लगा। यहाँ जगह जगह बड़े बड़े वृक्षों के बाग लगे हुए थे। दस बजे के करीब हम कछार में आ गये। इस वक्त काफी गर्मी मालूम हो रही थी। ब्रह्मपुत्र का कछार बहुत चौड़ा है और प्रायः हर जगह खेती तथा मकान के काम लायक वृक्षों का बाग लगाया जा सकता है, लेकिन भूमि बहुत सी परती पड़ी हुई है। एक बजे के करीब हम गदहों के साथ ख-चौङ् गाँव मे पहुँचे। यह गदहे वालो का गाँव था। आज उन्होंने यहीं रहने का निश्चय किया।

सुमति-प्रज्ञ और हमने एक बुढ़िया के घर मे अपना डेरा डाला। चाय-पानी के बाद सुमति-प्रज्ञ गाँव मे घूमने के लिए निकले। अभी वे हाते के दर्वाजे से जरा ही आगे बढ़े थे कि चार बड़े बड़े कुत्ते उन पर टूट पड़े। उनके हाथ मे छाता था। आवाज़ सुनते ही मैंने चहारदीवारी के पास आकर देखा तो सुमति-प्रज्ञ कुत्तों के मुँह मे थे। मैंने पत्थर मारना शुरू किया। कुत्ते लुढ़कते पत्थर के पीछे क्रोध से भरे दौड़ दौड़ कर मुँह लगाने लगे। इस प्रकार सुमति-प्रज्ञ को घर में लौट आने का मौक़ा लगा। उस गाँव में उन्होंने फिर घर से बाहर जाने का नाम नहीं लिया।

१९ जून को सामान बाँध गदहे वालो के हवाले कर हम ल्हर्से-ज़ोङ् को चल पड़े। इस कछार मे गाँवों की कमी नहीं है। जगह जगह सींचने के लिए चौड़ी-चौड़ी नहरें भी हैं। हम एक बड़ी नहर पार कर एक छोटी नदी के किनारे पहुँचे। सुमति-प्रज्ञ ने बतलाया कि यह नदी स-क्या गुम्बा से आ रही है। नौ-दस बजे के करीब हम ल्हर्से पहुँच गये। पहले हम गुम्बा (=मठ) में गये। रास्ते मे लोगों के आम तौर पर मुझे लदाखी कहने से, मै अब अपने को लदाखी ही कहता था। गुम्बा मे चाय पी कर मैंने कहा कि नदी के किनारे चलना चाहिए, वहाँ गदहे आयेंगे। लेकिन सुमति-प्रज्ञ ने कहा—अभी ठहरे, फिर चल कर सामान ले आयेंगे। उनका कुछ इरादा यहाँ रहने का था और मेरा जल्दी जाने का। पूछने से मालूम हुआ कि का (=चमड़े की नाव) शीगर्ची चली गई है; दो-एक दिन मे आयेगी। मेरे बहुत ज़ोर देने पर सुमति-प्रज्ञ घाट पर गये। वहाँ दो और सौदागर अपना माल लिये का का इन्तज़ार कर रहे थे। उन्होंने बतलाया का दो-तीन दिन मे आयेगी। गुम्बा मे जगह जगह खुले हुए कुत्ते थे, इसलिए मैं वहाँ नहीं रहना चाहता था, किन्तु सुमति-प्रज्ञ का वहीं रहने का आग्रह था। अन्त मे मै सौदागरों के साथ ब्रह्मपुत्र के किनारे ही रह गया और सुमति-प्रज्ञ गुम्बा में चले गये।

चौथी मंजिल

ब्रह्मपुत्र की गोद में

§ १. नदी के किनारे

ल्हसें-जोङ् से शी-गर्चे तक ब्रह्मपुत्र में चमड़े की नाव चलती है। यह नाव याक के चमड़े के कई टुकडों को जोड़ कर लकड़ी के ढाँचे में कस कर बनाई जाती है। चमड़े की होने से इसे क्वा कहते है। एक नाव मे तीस-चालीस मन माल आ जाता है। हमारे साथी तीन सौदागर थे। उनमें से एक टशी-ल्हुन्पो का ढाबा (=साधु) था, एक सेरा मठ (ल्हासा) का ढाबा, और तीसरा ल्हासा का गृहस्थ था। भोट मे साधु दो भागों मे विभक्त हैं—एक तो मठों में रह कर पढ़ते-लिखते या पूजा-पाठ करते हैं, दूसरे व्यापार तथा अन्य व्यवसाय करते हैं। यह कोई कड़ा विभाग नहीं है। सौदागर ढाबों का कपड़ा गृहस्थों सा होता है, सिर्फ सिर पर बाल नहीं होता। एक श्रेणी का आदमी जब और जितने

दिन के लिए चाहे दूसरी श्रेणी में जा सकता है। सौदागर ढाबा खुले तौर से शराब पीते हैं, औरत रखते है, और जानवर भी कभी कभी मारते हैं। मेरे साथियों मे दोनों ढाबा तो खम्-पा (=खाम् देश-निवासी) और गृहस्थ ल्हासा-पा (ल्हासा-निवासी) था। सेरा का ढाबा वही था, जिसके साथ हमे भेजने के लिए शे-कर् मठ के खेम्बो ने प्रबन्ध किया था। टशी-ल्हुन्पो का ढाबा आयु मे बड़ा था, इसलिए वही उनका नेता था। अठारह-बीस नाव भर का माल उनके पास था। माल मे चावल के अतिरिक्त लोहा, पीतल के बर्त्तन, तथा प्याला बनाने की लकड़ी अधिक थी। सभी माल का ढेर कर दीवार बना दी गई। बीच में आग जलाने तथा सोने की जगह थी। ऊपर से चमरी के बालो की छोलदारी लगा दी गई थी। गाँव से बाहर नदी के तीर पर इस तरह माल लेकर ठहरना खतरनाक है, लेकिन भोटिया चोर भी ढाबों से डरते हैं। उनके पास भी लम्बी सीधी भोटिया तलवारें तथा भोटिया कृपाण था। दिन मे तो सब लोग टूटे-फूटे सामान की मरम्मत करते थे, और कभी नाव पाटने के लिए जङ्गल से लकड़ी काटने भी चले जाते थे। यहाँ ब्रह्मपुत्र के किनारे कहीं कहीं छोटे छोटे काँटेदार दरख्तों का जङ्गल है। रात को नेता तो सदा सोने के लिए गाँव मे चला जाता था, कभी कभी उन दोनों में से किसी को साथ ले जाता था। इस प्रकार मैं और उनमे से एक आदमी और रखवाली के लिए रह जाते थे। भोट में लज्जा बहुत कम है। इसी लिए स्त्री-पुरुषों के अनुचित सम्बन्ध अधिक प्रकट हैं। रास्ते चलते

चलते भी आदमी पड़ाव पर स्त्रियों को पा सकता है। कुमारियाँ और बाल कटा कर घर में बैठी अनी बहुत स्वतन्त्र हैं। यह मेरा मतलब नहीं है कि भोट मे दूसरे देशों से व्यभिचार अधिक है। मेरी तो यह धारणा है कि यदि सभी गुप्त और प्रकट व्यभिचारो का जोड़ लगाया जाय तो सभी देशो में बहुत ही कम अन्तर पड़ेगा। जो व्यापारी किसी रास्ते से बराबर आया-जाया करते हैं, उनको तो हर पड़ाव पर परिचित स्त्रियाँ हो गई रहती हैं। हमारे नेता ढाबा का तो इस रास्ते से बहुत व्यापार होता था। इसी लिए वह बराबर रात को गाँव में चला जाया करता था। दिन मे रोज़ मटके मे छड् (=कच्ची शराब) भर कर चली आती थी और लोग पानी की जगह उसी को पीते रहते थे। ये लोग नदी मे बंसी भी फेंकते, लेकिन किसी दिन कोई मछली नहीं फँसी।

उन्नीस से चौबीस जून तक मै नदी के किनारे ही रहा। नाव दो ही तीन दिन मे लौटने वाली थी, लेकिन धीरे धीरे इतनी देर लग गई। नौका जाने मे तो दो दिन मे ही शी-गर्ची पहुँच जाती है, क्योंकि उसे वेगवती ब्रह्मपुत्र की धार के रुख जाना पड़ता है। लेकिन आने मे, चमड़े और लकड़ी को अलग गदहो पर लाना होता है, जिसमे चार-पाँच दिन लग जाते है। उस समय ब्रह्मपुत्र के तट पर बैठे हुए घण्टो साथियो के साथ भोट, खाम्, अम्-धू (=मङ्गोलिया के दक्षिणी चीनी प्रान्त के दक्षिण का प्रदेश) आदि की बात सुनता था। वह लामाओं के नाना चमत्कारों की

बात सुनाते थे। तब भी दिन बहुत लम्बा मालूम होता था। मैंने समय काटने का एक तरीका निकाला। तिब्बत में नर-नारी, सभी के हाथ में प्रायः माला देखी जाती है। उन में से अधिकांश चलते फिरते बैठते उसे फेरते रहते हैं। अधिक श्रद्धालु तो एक हाथ में माला और दूसरे मे माणी घुमाते है। इस माणी मे ताँबे या चाँदी के चोंगे मे एक लाख से अधिक मन्त्र कागज़ पर लिख कर मोड़ कर रखते है जिसके भीतर कील रहती है। कील के एक सिरे में हत्था लगा रहता है। चोंगे मे ताँबे या पीतल की एक भारी सी घुण्डी जञ्जीर से बँधी रहती है। हाथ से घुमाने मे यह बहुत जल्दी जल्दी घूमने लगता है। एक बार घूमने से भीतर लिखे सभी मन्त्रों के उच्चारण का फल होता है। यह तो हाथ की माणी हुई; तिब्बत में बहुत बड़ी बड़ी माणियाँ होती हैं, जो हाथ से चलाई जाती है, और कहीं कहीं गिरते पानी के ज़ोर से पन-चक्की की तरह चलाई जाती हैं, अब कहीं कहीं कन्दील के भीतर चिराग़ रख कर ऊपर मन्त्र लिखा कागज़ या कपड़े का छाता लटका देते है। इस छाते मे पङ्खा होता है, जो गर्म होकर ऊपर उठती हवा के बल से चलने लगता है। यदि तिब्बत मे बिजली चल जाय, तो इसमें शक नहीं कि बहुत-सी बिजली की भी माणियाँ लग जायँगी। हमारे यहाँ जीभ हिला कर मन्त्र-पाठ होता है, कोई कोई मन्त्रों को पुण्य-सञ्चय के लिए कागज़ पर भी लिख लेते हैं। एकाध जगह हज़ारों राम-नाम की छपी पुस्तकें भी वितरित होने लगी हैं; तो भी हमारी पुण्य-सञ्चय की गति बहुत मन्द है। शायद सैकड़ों

वर्षों मे भी इस विषय मे हम तिब्बती लोगो का मुकाबला न कर सकेंगे।

अस्तु, मेरे पास माणी तो थी नही, लेकिन मैंने नेपाल मे एक माला ले ली थी। नेपाल मे और रास्ते मे भी खाली वक्त मे कभी कभी जप करता था; लेकिन यहाँ तो इसका खास मौका था। तिब्बती लोग प्रायः अवलोकितेश्वर के मन्त्र (ओं मणि पद्मे हुं) या वज्रसत्त्व के मन्त्र (ओं वज्रसत्त्व हुं, ओं वज्र-गुरु पद्मसिद्धि हुं, ओं आः हुं) का जप करते हैं। मैंने इनकी जगह पर "नमो बुद्धाय" रखा। भोटिया माला मे एक सौ आठ मनके होते हैं और एक सुमेरु। इसके अतिरिक्त चाँदी या दूसरी धातु के दस दस मनकों के तीन लच्छे भी माला के सूत के साथ लटकते हैं। एक बार माला फेर लेने पर पहले लच्छे का एक मनका ऊपर खिसका दिया जाता है। लच्छा बकरी या हरिन के मुलायम चमड़े मे कसके पिरोया रहता है, इसलिये मनका चढ़ा देने पर वहीं ठहरा रहता है। पहले लच्छे के सभी मनकों के ऊपर चढ़ जाने पर दस मालाएँ खतम हो जाती है, प्रत्येक माला के आठ मनको को भूले-भटके मे डाल देने से पहले लच्छे की समाप्ति एक सहस्र जप बतलाती है। पहले लच्छे की समाप्ति पर दूसरे लच्छे का एक मनका ऊपर चढ़ा दिया जाता है, और पहले लच्छे के सभी मनके गिरा दिये जाते हैं। इस प्रकार पहिले लच्छे की समाप्ति कर दूसरे लच्छे का एक एक मनका ऊपर चढ़ा दिया जाता है। दूसरे लच्छे के प्रत्येक मनके का मूल्य

एक हजार जप है। तीसरे लच्छे के प्रत्येक मनके का मूल्य दस हजार जप है, अर्थात् तीसरा लच्छा समाप्त हो जाने पर एक लाख जप समाप्त हो जाता है। यहाँ रहते रहते मैंने कई लाख जप किये। खाली बैठे रहने से कुछ पुण्य कमाना अच्छा था।

यह कह ही चुका हूँ कि ब्रह्मपुत्र का यह कछार बहुत विस्तृत है। हमारे सामने दो धार हो गई है। दोनों ही धारों पर रस्सी से झूले का पुल बना हुआ है। आदमी इससे पार उतरते है। जानवरों के उतरने के लिए थोड़ा और नीचे जाकर लकड़ी की नाव का घाट है। घाट से कुछ हट कर गाँव के छोर पर एक पहाड़ की अकेली टेकरी पर जोङ् (=कलक्टरी) है। आज कल उसमें कुछ नये मकान बन रहे थे। भोट में सर्कारी मकान प्रायः बेगार से बनते हैं। प्रत्येक घर से एक एक आदमी को कुछ कुछ समय के लिए काम करना पड़ता है। जो लोग धनी है वे अपनी तरफ से किसी को मजदूरी देकर भी रख सकते है। इस वक्त झुण्ड के झुण्ड स्त्री-पुरुष (जिनमें स्त्रियाँ ही अधिक थीं) चमरी के बाल के थैलों में नदी के कछार से पत्थर चुन चुन कर गीत गाते जोङ् में ले जाते थे। पत्थर के ले आने पर घण्टों खेल-कूद और हँसी-मजाक किया करते थे। स्त्रियों तक को नङ्गा कर देना उनके मजाक में शामिल था। नदी में स्त्रियों के सामने तो नङ्गे नहाते ही थे; एक दूसरे के ऊपर कीचड़ फेंकने के लिए भी देर तक पानी के बाहर नङ्गे दौड़ते रहते थे। यद्यपि गर्मी के दिन थे तो भी पानी ठण्ढा था। मैं नहाने के लिए कुछ

मिनटों से अधिक पानी में ठहर नही सकता था; किन्तु कोई कोई भोटिया लड़के देर तक तैरते रहते थे।

ल्हर्से गाँव मे कुछ घर भोटिया मुसलमानों के भी हैं। पहले पहल दिन मे एक बार मुझे अजाँ की आवाज़ सुनाई पड़ी। मैंने उसे भ्रम समझा, किन्तु पीछे मालूम हुआ कि कुछ मुसलमान है। ल्हर्से ल्हासा से लद्दाख जाने के रास्ते पर है; ये लोग लदाखी मुसलमानो की भोटिया स्त्रियो से उत्पन्न है। ये अन्य भोटियों की अपेक्षा मजहब के बड़े पक्के हैं।

बाइस जून को कुछ का आयीं। उन पर जाने का इन्तजाम हो सकता था किन्तु साथियों ने अपने साथ चलने के लिए ज़ोर दिया। तेईस जून को हमारे साथियो की भी का आ गई। दो दिन नाव मे जाना था, इसलिये कुछ पाथेय तैयार करना चाहा। उस दिन मैंने भेड का सूखा मांस मँगवाया। भोटिया लोग सूखे मांस को स्वयंपक्का मानते है। लेकिन मैं अभी वहाँ तक पहुँचा न था। इस लिये उसे पानी मे उबाला। साथी कहने लगे, इससे तो मांस का असल सार निकल जायगा। मांस तैयार हो जाने पर मैंने मांस के टुकड़ो को तो गठरी मे बाँध लिया और शोर्बा ढाबा को देना चाहा। उन्होंने नहीं लिया। उस समय मै उनके इन्कार करने का कोई अर्थ नही समझा। लेकिन दूसरो से मालूम हुआ कि मैंने जो मांस का टुकड़ा न दिया, उससे वे बहुत नाराज़ हो गये हैं। मैं उस वक्त मांस खाने वाला न था। मै समझता था कि रास्ते मे खाने

के समय इन्हें भी बाँटूँगा, इसी ख्याल से मैं समझ न सका कि मैं कोई बड़ी भूल कर रहा हूँ। खैर, वह भूल तो हो चुकी, अब उसके मिटाने का उपाय नहीं था। रास्ते में आने से नाव का चमड़ा सूख गया था। मल्लाहो ने पत्थर रख कर उसे पानी में भिगो दिया। दूसरे दिन सवेरे से लकड़ी के ढाँचे में चमड़ा कसा जाने लगा। कस जाने पर नाव पानी में डाल दी गयी; उसके नीचे हमारे साथियों की लायी लकड़ियाँ भी बिछा दी गयीं। उस पर फिर माल रखा जाने लगा। आज सवेरे ही प्रमुख ढाबा ने मुझसे कहा—नाव मे जगह नहीं है, आप न जा सकेंगे। मैं इसे हँसी समझता था। दोपहर तक नाव पर माल रख दिया गया। फिर उन्होने वही बात कही, किन्तु फिर भी मैं कुछ समझ न सका। फिर छङ् के मटके मँगाये गये और मल्लाहों का भोज शुरू हुआ। थोड़ी देर मे लाल-हरे-पीले कपड़ों के छोटे छोटे टुकड़ों की पताकायें नाव पर लगाने के लिए आ गईं। दो दो नावो को जोड़ कर अगली नाव के सामने झण्डी लगा दी गयी। इस बीच मे शीगर्ची जाने वाले कुछ मुसाफिर आ गये। उनके जाने का भी प्रबन्ध हो गया। सुमति-प्रज्ञ भी चलने के लिए आये पर उनका और मेरा कोई प्रबन्ध न हो सका। दूसरे सौदागरों ने मुझसे कहा कि हमारे मुखिया आप को ले चलना नहीं चाहते, इस लिये हम क्या करें। इस पर मैंने एक शब्द भी उनसे न कहा। चुपके से अपने सामान का कुछ भाग सुमति-प्रज्ञ को दिया और कुछ अपनी पीठ पर लाद हम गुम्बा मे चले आये।

§ २. शीगर्ची की यात्रा

गुम्बा में आकर मैं चाय पीने लगा और सुमति-प्रज्ञ को घोड़ा या खच्चर ढूँढ़ने के लिए भेजा। उनके जाने के थोड़ी देर बाद ल्हासावाले दोनों सौदागर मेरे पास आये। उन्होंने कहा—हमने कह सुन कर उन्हें मना लिया है, आप चलें। मैंने कहा—मेरा साथी भी मेरे साथ जायगा। उन्होंने कहा—साथी के लिए तो जगह नहीं है। इस पर मैंने कहा—मैं फिर तुमसे ल्हासा में मिलूँगा; मैं तुम से जरा भी नाराज नहीं हूँ; लेकिन इस समय मैं साथी को छोड़ कर जा नहीं सकता। उन्होंने बहुत कहा किन्तु मैंने स्वीकार न किया। वे चले गये। सुमति-प्रज्ञ ने थोड़ी देर में आकर कहा—ल्हासा के तीस-बत्तीस खच्चर आये हुए हैं, वे यहाँ से ल्हासा को लौटे जा रहे हैं; मैंने यहाँ से शीगर्ची तक के लिए दो खच्चरों का भाड़ा चार साङ् (=प्रायः ३ रुपया) दे दिया; वे लोग कल सवेरे यहाँ से चलेंगे।

२६ जून को सवेरे चाय पीकर जल्दी ही हम अपना सामान लेकर खच्चरवालों के पास आये। उन्होंने कहा—यहाँ के अफसर की कुछ चीज ले जानी है, इस लिये कल जाना होगा। हम लोग गुम्बा से चले आये थे। खच्चरों की जगह में ठहरने का कोई स्थान न मिला। इस पर सामान तो हमने उनके पास छोड़ दिया, और वहाँ से एक डेढ़ मील आगे रास्ते पर सुमति-प्रज्ञ के एक परिचित गृहस्थ के घर पर चले गये। चाय पीने के बाद

सुमति-प्रज्ञ तो चाङ्-बोमो विहार, जिसका महास्तूप वहाँ से दिखाई देता था, किसी से मिलने चले गये और मैं अकेला वहाँ रह गया। कुछ देर तो मैं घर की बहू की करघे की बिनाई देखता रहा। तिब्बत मे ऊन की कताई-बुनाई घर घर मे होती है। उनकी पट्टी का अर्ज़ एक बालिश्त ही होता है। आसानी मे वह अर्ज को बढ़ा सकते है लेकिन उनका ध्यान इस ओर नही है। बुनाई मे झाँप (पैडल) कई कई लगाते हैं, पट्टो बहुत सुन्दर और मजबूत बनाते है। यह घर ब्रह्मपुत्र के कछार मे न था, तो भी दून बहुत विस्तृत और समतल थी, लेकिन नदी का पानी न था। खेतों में छोटे छोटे पौधे उगे हुए थे। इनकी सिचाई वर्षा पर निर्भर थी। गाँवों में भी पानी पीने के लिए कुआँ खुदा हुआ था, जिसमे पानी बहुत नीचे न था। पानी चमड़े के डोलों से निकाला जाता था। अकेले ऊबकर मैं फिर छत पर चला गया। थोड़ी देर रहने पर घर की बुढ़िया ने नीचे उतर आने के लिए कहा। पीछे मालूम हुआ कि छत पर चढ़ना भी इस इलाके के लोग बुरा मानते हैं। शाम तक सुमति-प्रज्ञ लौट आये। रात को घरवालों ने थुक्-पा पका कर दिया। सुमति-प्रज्ञ ने घर भर के लिए बुद्ध गया का प्रसाद कह कर रास्ते मे लिये हुए कपड़े की चिट फाड़ कर दी।

दूसरे दिन चाय-पानी करके हम दो-तीन घण्टे तक इन्तजार करते रहे। खच्चर-वाले नहीं आये। सन्देह हुआ कि आज भी तो कहीं रुक नहीं रहे हैं। अब हम लोग फिर लौटकर खच्चरों के पास चले। गाँव के पास आने पर खच्चर आते मिल गये। एक

खच्चर पर मैं चढ़ा और एक पर सुमति-प्रज्ञ। हमारे खच्चरों के मुँह मे लगाम न थी, इसलिए हम खच्चरों के क़ाबू मे थे, खच्चर हमारे क़ाबू मे नही थे। हमारा रास्ता ब्रह्मपुत्र के कछार को छोड़ कर दाहिनी ओर से था। थोड़ा आगे चलने पर जहाँ तहाँ बालू भी दूर तक मिलने लगी। कहीं कहीं उसी में कुश की तरह घास उगी हुई थी। मामूली ढालू चढ़ाई चढ़ कर, दोपहर के पूर्व ही हम एक जोत को पार कर गये। उतराई भी हल्की थी। पहाड़ यहाँ भी सब नङ्गे थे। यहाँ दाहिने और बाये कुछ दूर पर्वत-शिखर पर दो गुम्बाओं का ध्वसावशेष देखा। कई हाथ ऊँची दीवारे अब भी खड़ी थीं। बाये ध्वंसावशेष के बहुत नीचे एक नयी गुम्बा दिखाई पड़ी। उसी पर्वत के अधोभाग मे कुछ विशाल हरे हरे वृक्ष भी दिखाई पड़े, वृक्ष अखरोट या बीरी के जान पड़ रहे थे।

उस दिन दो बजे तक हम चलते ही गये। उस वक्त हम कुछ चढ़ाई चढ़ कर एक गाँव मे पहुँचे। वहाँ खच्चरों के सामने भूसा डाल दिया गया और हम चाय पीने लगे। थोड़ी देर बाद फिर खच्चर कसे गये और रवाना हुए। गाँव से ही चढ़ाई थी। एक छोटी सी धार आ रही थी, जिससे खेतो की सिचाई हो रही थी। घण्टे भर की चढ़ाई के बाद हम जोत के ऊपर पहुँच गये। यह जोत चौरस नहीं है; रीढ़ की भाँति आड़े पत्थरों की है। उतराई मे हम कुछ दूर तक उतर कर पैदल चले। यहाँ एक प्रकार के काले रङ्ग के पत्थर बहुत देखने मे आये। इन पत्थरों के समीप

अकसर सेाने की खाने मिलती हैं। बहुत देर की उतराई के बाद हमे पत्थरों की मोटी दीवारो वाला एक छोटा सा किला मिला। इस किला न कह कर फौजी चौकी कहना चाहिए। आज कल उजाड़ है, किन्तु इमारत पुरानी नहीं मालूम होती। जोत की ओर मुँह करके छोटी तोपों के रखने के सूराख भी हैं। कुछ और उतरने पर पड़ाव करने के लिए हम जलधारा को छोड़ कर बायीं ओर की छोटी पहाड़ी पर चले और थोड़ा और आगे बढ़ कर एक नाले को पार हो च्वा-अड्-चारो गाँव मे पहुँचे। गाँव मे पाँच-छः घर है। एक अच्छा बड़ा किसी धनी का घर है और बाकी बहुत छोटे छोटे। सुमति-प्रज्ञ और मै एक बुढ़िया के घर मे चले गये, और खच्चर वालों ने खलियान में लोहे के खूँटे गाड़ उनमे बड़ी रस्सी बाँध कर, उसमें बँधी छोटी रस्सी से खच्चरो के पैर पाँती से बाँध दिये। खच्चरों का बोझ उतार लिया गया। थोड़ा भूसा खा लेने पर उनकी काठी भी हटा ली गयी। शाम को खोल कर और ले जा कर उन्हे पानी पिलाया; फिर दाने का तोबड़ा मुँह में बाँध दिया। दाना यहाँ अधिकतर दली हुई हरी मटर या बकले का देते हैं। हम लोगों को बुढ़िया ने बिछाने के लिए गद्दा दे दिया; रात को पीने के लिए थुक्-पा पका दिया।

सवेरे चलते समय हमने एक टङ्का ने-छड् (=वास करने का इनाम) दिया, और खच्चरों के पास चले आये। थोड़ी देर में खच्चर कस कर तैयार हो गये और हम रवाना हुए। उतराई बहुत दूर तक है। जगह जगह चमकते काले पत्थरों की भरमार थी।

अपने लोहे के घण्टो से दून को गुँजाते हुए हमारे खच्चर जल्दी जल्दी उतरने जा रहे थे। दस-ग्यारह बजे तक हम उतराई उतर चुके थे। दाहिनी ओर एक लाल रङ्ग की गुम्बा दिखलाई पड़ी। वहाँ उतरते ही एक नदी पड़ी। नदी पार हो, दहिने किनारे से हम नदी के ऊपर की ओर चले। अगले गाँव मे चाय-पानी के लिए उतर गये। वहाँ से फिर हमने इस नदी को छोड़ दिया, और बहुत मामूली चढ़ाई चढ़ कर दूर तक चौरस चले गये और ला पर चलने लगे। इसकी मिट्टी बड़ी चिकनी और पीलापन लिये हुए है। यदि पानी हो तो यहाँ खेती अच्छी हो सकती है। आगे चल कर कुछ खेत बोये हुए थे, किन्तु उन्हे वर्षा पर ही अवलम्बित होना होगा। बहुत दूर तक इस प्रकार चलते उतरते हम शब्-की नदी के किनारे के बड़े गाँव मे पहुँचे। गाँव मे कई अच्छे अच्छे घर तथा सफेदा और बारी के बाग थे। नहर के पानी की भी इफ़रात थी। यहाँ नदी पर बहुत भारी पत्थर का पुल है। पत्थर बिना चूने के जमाये गये हैं, बीच बीच मे कही कही लकडी इस्तेमाल हुई है। खम्भो की रक्षा के लिए धार वाला चबूतरा बना हुआ है। यह नदी ल्हासा के पास वाली नदी के बराबर है। इस नदी का कछार भी आगे बहुत चौड़ा है, किन्तु सभी नदी के पाट के सम-तल नहीं है। हम नदी को दाये रखते चले। थोड़ी देर मे नदी हमसे बहुत दूर हो गई। चार बजे के करीब हम ने-चोङ् गाँव मे पहुँचे। इन गाँवों मे खच्चरो और गदहों के ठहरने के लिए बाड़ बाने हुए हैं। भूसा बेचने तथा चाय आदि पकाने से घर वालों

टशी ल्हुन्पो

का पैसा मिलता है, इसलिए वे खच्चर वालों की आवभगत करते हैं। हम दोनों के लिए घर में एक कोठरी मिल गई। आज भी यात्रा बड़ी लम्बी हुई थी, खच्चर पर चढ़े चढ़े पैर दर्द कर रहा था। मैं तो जा कर बिछौना बिछा लेट रहा। सुमति-प्रज्ञ ने मुझे दो-चार बातें सुना चाय तैयार की। थुक्-पा पकाने में भी उन्होंने दो-चार बातें सुनायीं। उनमें यही तो एक दोष था, पर मैं चुप रहा।

२९ जून को आठ या नौ बजे हम ने-चोङ् से चले। रास्ता बराबर का था। दस बजे के करीब हम ला पर पहुँच गये। इसमें चढ़ाई कुछ भी नहीं है, इसलिए इस ट-ला को ला कहना ही अनुचित है। हाँ, चोर का भय इस ला पर रहता है। ला से उतरने पर मामूली सी उतराई थोड़ी दूर तक रही; फिर मामूली ढलुआँ ज़मीन और दून बहुत ही विस्तृत। बारह बजे के बाद हम नार्-थङ् पहुँचे। यहाँ कञ्जूर-तञ्जूर का विशाल छापाखाना है। इसका वर्णन मुझे आगे करना है, इसलिए यहाँ छोड़ता हूँ। नार्-थङ् में ज़रा सा उतर कर हमने चाय पी और फिर आगे चले। दो बजे के बाद हमने पहाड़ के चरण पर टशी-ल्हुन्पो का मठ देखा। यही टशी-लामा का मठ है।

§ ३. शीगर्ची

देखते ही सब लोग खच्चरों से उतर गये। दूर तक ऊपर नीचे बने हुए इन घरों की छतों के बीच में, मन्दिरों की सुनहली चीनी ढङ्ग की छत बहुत ही सुन्दर मालूम हो रही थी। मठ के

सब से नीचे भाग से लगा हुआ टशी-लामा का बगीचा है। इसी की चहार-दीवारी के किनारे से हम लोग टशी-ल्हुन्पो के दरवाज़े के सामने आये। यहाँ छोटी क्यारियों और गमलों में मूली तथा दूसरे प्रकार के साग लगे हुए थे। टशी-ल्हुन्पो मठ से शीगर्ची का कस्बा कुछ सौ गज़ पर है। सब से पहले पुराने चीनी किले की मिट्टी की नङ्गी दीवारें हैं, बग़ल में लम्बी मणियाँ हैं। पत्थरों पर मन्त्र तथा देवमूर्तियाँ खुदवा कर मोटी दीवारों पर रख देते हैं। इन्हें मणी कहा जाता है। अवलोकितेश्वर का सर्व-प्रधान मन्त्र ओं मणि पद्मे हुं है, इसी के मणि शब्द के कारण जप-यन्त्र और इस मन्त्र का नाम माणी पड़ गया है। माणी को दाहिने रख कर हम शीगर्ची में पहुँचे। खच्चर वालों ने पड़ाव पर जा कर हमारा सामान हमें दे दिया। स्थान ढूँढ़ने के लिए पहले सुमति-प्रज्ञ अपने एक परिचित के घर गये, किन्तु आवाज़ देने पर भी वहाँ से कोई न निकला। फिर कई जगह रहने के लिए स्थान माँगा, लेकिन भिखमङ्गों जैसी सूरत वालों को स्थान कौन दे? अन्त में हम एक सराय में गये। वहाँ बड़ी मुश्किल से आदमी पीछे एक टङ्का रोज़ाना भाड़े पर बरामदे में जगह मिली और रात को वहीं विश्राम किया।

इस रात को भी सुमति-प्रज्ञ ने खुल कर कुट्टक्तियों का प्रयोग किया। मैंने विचारा कि अब इनके साथ चलना मुश्किल है। आदत इनकी छूट नहीं सकती, मैं जवाब तो नहीं दे सकता, किन्तु अपनी आन्तरिक शान्ति को अटूट भी रख नहीं सकता।

सवेरा होते ही सामान वहीं रख दिया और मैं किसी नेपाली का घर ढूँढ़ने निकला। नेपाल मे ही एक सज्जन ने दो भाई नैपालियों की शीगर्ची की दूकान का पता बतलाया था। मुझे नाम तो याद नहीं था, किन्तु एक नेपाली सज्जन से मैंने दो भाई सौगादरों का पता पूछा। शीगर्ची में बीस-बाइस ही नेपाली दूकाने हैं, उनमे भी बड़ी कोठियाँ चार-पाँच ही हैं। मुझे उन्होंने नाम और स्थान बतला दिया। मै वहाँ पहुँचा। सात बजे दिन को भी साहु अभी सो रहे थे। निकल कर बातचीत की। उन्होंने बड़े प्रेम से स्वागत किया और अपने आदमी को मेरे साथ सामान लेने के लिए भेज दिया। मैंने आ कर सराय में दोनो आदमियो का भाड़ा दे दिया, और सुमति-प्रज्ञ के लिए अपना पता दे कर कोठी में चला आया। गर्म पानी और साबुन से मुँह-हाथ धोया। तब तक चाय मांस तैयार हो गया। सत्तू के साथ भोजन किया।

भोजनोपरान्त श्री आनन्द तथा कुछ दूसरे मित्रो को पत्र लिख कर भेजने के लिए उनके हाथ मे दिया। साहु जी से मैंने जल्दी अपने ल्हासा चलने की बात कही। उन्होंने आठ-दस दिन विश्राम करने को कहा। मैंने कहा—मुझे शीघ्र ल्हासा पहुँचना चाहिए; अभी मैं चोरी से जा रहा हूँ; ऐसा न हो कि किसी को मालूम हो जाय, और मुझे यहाँ से ही लौट जाना पड़े; ल्हासा जाकर मै दलाई-लामा को अपने आने की सूचना दे दूँ; पीछे फिर कभी निश्चिन्त हो कर आऊँगा। इस पर वे मुझे साथ ले खच्चरों के रहने की जगहो पर चले। इन जगहो में कोई ल्हासा जाने

वाला खच्चर न मिला। अन्त मे ल्हासे से आये खच्चर वालो के ही पास गये। वे लोग नही मिले, लेकिन घर वाले से उनको भेज देने के लिए कह कर हम लौट आये। शीगर्ची भोट देश मे ल्हासा के बाद दूसरी बड़ी बस्ती है। आबादी दस हजार से ऊपर होगी। कोई कोई मकान बहुत बड़े और सुन्दर हैं। यहाँ नेपाली व्यापारियों की बीस दूकाने हैं, इतनी ही मुसल्मानो की भी दूकाने है। दूकाने अधिकतर सड़क पर खुले मुँह न रख कर घरो मे रखी जाती है। बाहर की तरफ रुख होने से लूट-पाट का डर रहता है। हर एक नेपाली कोठी मे कई फायर की दो तीन पिस्तौले है। आत्म-रक्षा के लिए यह अनिवार्य हैं। मकान की छतो पर अक्सर बड़े कुत्ते रखे जाते है, जिसमे चोर छत के रास्ते न आ सके। सवेरे नौ बजे से ग्यारह बजे तक बड़ी माणी के पीछे हाट लगती है। इसमे साग, सब्जी, मक्खन, कपड़ा, बर्तन आदि सभी चीजे बिकती है। खरीदने वाले इन्ही दो घण्टो मे खरीद लेते हैं, नही तो फिर दूसरे दिन के लिए ठहरना होता है। हाट की जगह से पश्चिम तरफ पोतला[1] के आकार का बना हुआ "जोङ्" है। यहाँ की सभी स्त्रियों का शिरोभूषण धनुषाकार होता है। इसके दोनो छोरो पर नकली बालों की वेणी लटकती है। हैसियत के अनुसार इसमे मूँगे और मोती भी लगे रहते हैं। पहले पहल भोट में हमने यहाँ सूअरों की भरमार देखी।

---

१. [ल्हासा में दलाई लामा का महल।]

पहली जुलाई को रामपुर-बुशहर (शिमला-पहाड़) राज्य का एक तरुण मेरे पास आया। आयु तेइस-चौबिस वर्ष की है। उर्दू-हिन्दी खूब बोल लेता है। घर पर स्कूल मे अपर प्राइमरी तक इसने उर्दू पढ़ी थी। चार-पाँच वर्ष से यहीं आकर भोटिया पढ़ रहा है। कुत्ती छोड़ने पर यहीं आकर हिन्दी बोलने का मौका मिला। उससे यह भी मालूम हुआ कि मेरा एक लद्दाख का परिचित युवक, जो घर और अपनी मुहर्रिरी की अच्छी नौकरी छोड़ कर धर्म सीखने के लिए तिब्बत आया था, दो वर्ष मे धर्म सीख सिद्ध बन ल्हासा की एक तरुण योगिनी को ले कर इसी रास्ते से कुछ दिन पूर्व लौटा है। रघुवर ने (यही उस बुशहरी तरुण का नाम है) उसे खोपड़ी मे छङ् पीते और लोगो का दुःख-सुख देखते देखा था। उसी समय खच्चरवाले भी आ गये। शीगर्ची से ल्हासा का आठ साङ् (पाँच रुपये से कुछ अधिक) भाड़ा तै हुआ। उन्होंने ग्याञ्ची हो कर बारह दिन मे ल्हासा पहुँचा देने को कहा। सीधा जाने मे सात दिन मे ल्हासा पहुँचा जा सकता है। ग्याञ्ची में अंग्रेज वाणिज्य-दूत रहता है, इसलिए मै उधर से जाना खतरे से खाली नहीं समझता था, लेकिन जल्दी जाने का दूसरा कोई उपाय न था, और मुझे अपने वेष पर भी अब पूरा विश्वास हो गया था।

दो जुलाई को दोपहर बाद बस्ती के बाहर नदी किनारे नाच का जलसा था। सभी श्रेणी के लोग शराब और खाने-पीने की चीजें ले बन-ठन कर जा रहे थे। भोटिया लोग नाच-उत्सव के बड़े

प्रेमी हैं। उस वक्त वे सब भूल जाते हैं। नाच स्त्रियों का होता है, बाजा बजाने वाले पुरुष रहते हैं। यहाँ भी प्रायः सभी नेपालियों ने भोटिया स्त्रियाँ रख ली हैं। वे भी इस उत्सव में जा रही थीं। शाम तक यह तमाशा होता रहा। फिर लोग अपने अपने घर लौटने लगे। तिब्बत मे चावल नही होता। तो भी नेपाली सौदागर कम से कम रात को अवश्य चावल खाते हैं। मांस तो तीनों वक्त खाते है। रात को शराब पीना एक आम बात है।

तीन जुलाई को यहाँ से चलना निश्चय हुआ था। बड़े लड़के ही साहु के साथ मै टशी-ल्हुन्पो गुम्बा (=मठ) देखने गया। टशी-ल्हुन्पो मे वैसे तो बहुत देवालय हैं, लेकिन उनमे पाँच मुख्य हैं। इन पाँचो पर सुनहरी छतें भी हैं। पहले हम मैत्रेय के मन्दिर मे गये। मैत्रेय आने वाले बुद्ध हैं। मैत्रेय की प्रतिमा बड़ी विशाल है; कोठे पर से देखने से मुख अच्छी तरह दिखाई पड़ता है। मुख्य प्रतिमा मिट्टी की है, किन्तु ऊपर से सोने का पत्र चढ़ाया हुआ है। यह देखने मे बहुत शान्त और सुन्दर है। नाना वर्णों की रेशमी ध्वजाये बड़ी सुन्दरता से लटकायी हुई है। प्रतिमा के सामने विशाल सोने-चाँदी के घी के दीपक अखण्ड जल रहे है। मूर्ति के आस-पास और भी छोटी मूर्तियाँ हैं। इसी मन्दिर के बगल के कोठे मे कई सौ छोटी छोटी पीतल की सुन्दर मूर्तियाँ सजी देखीं। इन मूर्तियों मे भारत के बड़े बड़े बौद्ध आचार्य और सिद्ध भी हैं। अङ्गहीन को साधु बनाना विनय के नियम के

विरुद्ध है, तो भी यहाँ मैंने काने श्रामणेरों को देखा। एक जगह भोटिया भाषा में सूत्र गाये जा रहे थे। गाने की लय नेपाली लोगो के सूत्र-गायन से बहुत मिलती थी। दूसरे मन्दिर भी बहुत ही सुन्दर और सोना चाँदी औ लों से भरे हुए थे। आज जल्दी ही जाना था, और फिर एक बार मुझे टशील्हुन्पो आना ही था, इसलिए जल्दी जल्दी देख कर हम लौट आये। आने पर खच्चर वालो को रास्ते मे पाया।

§ ४. ग्यांची की यात्रा

भोजन तैयार था, किन्तु जल्दी में मैंने उसे भी न खाया। सामान लेकर खच्चरो के पास आया, और नौ बजे के करीब हम शीगर्ची से निकल पड़े। आज थोड़ी ही दूर जाना था। चारों ओर हरे हरे खेत थे जिनमें जगह जगह नहर का पानी बह रहा था। खेत चरने के डर से खच्चरों के मुँह में लकड़ी का जाला लगा दिया गया था। जौ-गेहूँ की कोई कोई बाल फूट रही थी। सरसों के फूलों से तो सारा खेत पीला हो रहा था। कहीं कहीं लाल फूलों वाले मटर के खेत भी थे। कृषक लोग कहीं खेत में पानी दे रहे थे और कहीं घास निकाल रहे थे। यह खेत हमारे चारों ओर लगातार मीलों तक दिखाई पड़ते थे। गावों के पास सफेद छाल तथा बड़े बड़े हरे पत्तों वाले सफेदे के दरख्तो के छोटे छोटे बाग दिखाई पड़ते थे। कटी बीरी के सिर पर पतले बेंत की तरह लम्बी डालियाँ, पतली-लम्बी हरी पत्तियों से ढँकी, किसी

पशाची के सिर के बाल सी दिखाई पड़ती थीं। उस वक्त मैं अपने को माघ मे युक्त-प्रान्त के किसी गाँव मे जाता हुआ समझ रहा था। घण्टे के भीतर ही हम तुरिङ् गाँव मे पहुँच गये। आज यहीं रहना था।

हमारे तीन खच्चर वालों मे एक सर्दार था। उसके पास खच्चर भी अधिक थे। वह थोड़ा लिखना-पढ़ना भी जानता था। अपने ऊँचे खान्दान को जतलाने के लिए उसने बाये कान मे फीरोजा-जटित दो-ढाई तोले सोने की बाली पहन ली थी; हाथ के बाये अँगूठे मे अङ्गुल भर चौड़ी हरे पत्थर की मुँदरी पहन रखी थी। बाकी दो के एक एक कान मे पाँच-पाँच छः-छः तोले चाँदी की फीरोजा-जटित अँगूठी-नुमा बालियाँ पड़ी थीं। सिर पर पुरानी फेल्ट की अङ्ग्रेजी टोपी तो तिब्बत मे आम चीज़ है ही। खच्चरो को उन्होंने दर्वाजे के बाहर आँगन मे बाँध दिया और चारा डाल देने के बाद, हम रईस के घर मे चले गये। उनके बाये कान मे फीरोजा और मूँगे मोती की नुकीली लम्बी सुनहली पेंसल सी लटक रही थी, जो बतला रही थी, कि वह भोट-सर्कार के कोई अधिकारी हैं। जाते ही साथियों ने जीभ निकाल दाहिने-हाथ में टोपी ले उसे दो-तीन बार नीचे ऊपर किया। इस प्रकार सलामी देने के बाद सब लोग बिछे गद्दे पर बैठ गये। यद्यपि मेरी पोशाक भिखमङ्गो की थी, तो भी नेपाली साहु का मेरे प्रति विशेष सम्मान देख कर खच्चरवाले कुछ लिहाज़ करते थे। मैं भी भिखमङ्गों का कपड़ा पहनने पर भी अनेक बार अपने को

भिखमङ्गा समझना भूल जाता था। मेरे लिए विशेष आसन दिया गया और चाय पीने के लिए चीनी मिट्टी का प्याला ला कर रखा गया। उन लोगों के लिए सूखा मांस और छङ् का बर्तन लाया गया। सर्दार छङ् नहीं पीता था, उसने तो चाय पी और बाकी दो छङ् पीने लगे। बीच बीच में वे खच्चरों को देख आते थे, नहीं तो रईस की नौकरानी ताँबे-पीतल के छङ्-दान में शराब उंडेलने के लिए खड़ी ही रहती थी। वे लोग पीते जाते थे और रईस साहब और उंडेलवाते जाते थे। शाम तक वे तंग आकर पीने ही रहे। आँखें उनकी लाल हो गयी थीं। पेट में जगह न थी इसलिए वे बार बार टोपी उतार और जीभ निकाल कर सलाम करते थे; लेकिन "और दो" लगा ही रहा। सूर्यास्त के साथ उनकी छङ् भी बन्द हुई।

भोटिया लोगों में कला की ओर रुचि सार्वजनीन है। इस घर में भी दीवार पर सुन्दर हाशिया, उसके ऊपर लाल-हरे रङ्ग में सुन्दर झालर बनी हुई थी। सत्तू रखने के लकड़ी के सत्तूदान भी बहुत सुन्दर बेल-बूटों से अलंकृत थे। चाय की चौकी की रँगाई, उसके पावों की जाली का काम रङ्ग के सम्मिश्रण में सुरुचि को प्रकट कर रहा था। बैठने का मोटा गद्दा घास या ऊन भर कर ऊपर से बहुत ही सुन्दरता के साथ रँगी ऊनी पट्टी से मढ़ा था, जिसके ऊपर चीनी छाप का सुन्दर कालीन बिछा हुआ था। शाम के वक्त वर्षा होने लगी, उस वक्त आँगन में काले हाशिये वाला सफेद जीन का चदवा तान दिया गया। खिड़कियों

पर कपड़े से मढ़े लकड़ी की जाली वाले पल्ले थे, जिनके बाहर की ओर सारी खिड़की को ढाँके काले हाशिये वाला सफेद जीन का पर्दा था, जिसे घुण्डी के सहारे इच्छित अंश में खोला या बन्द किया जा सकता था। हमारी बैठक के पास ही रईस के दोनो लड़कों को उनका शिक्षक पढ़ा रहा था। भोट मे सुलेख और शीघ्र-लेख की दो लिपियाँ हैं; जिन्हे क्रमशः ऊ-चेन् (डाँडी-वाली) और ऊ-मेद (=बे डाँडी-वाली) कहते हैं। सर्व साधारण को ऊ-मेद की ही अधिक जरूरत है, इसलिए भिक्षुओ को छोड़ कर बाकी लोग ऊ-मेद ही ज्यादा लिखते हैं। अध्यापक कागज़ पर अपने हाथ से सुन्दर अक्षर लिख देते हैं, लड़के पट्टी पर कलम से उसे बार बार लिखते-रटते रहते है। हमारे यहाँ के पुरानी चाल के गुरुओ की भाँति तिब्बत मे भी छड़ी को शिक्षा के लिए अनिवार्य तथा आवश्यक समझते हैं। कहीं भूल होने पर अध्यापक गाल फुलवा कर उस पर बाँस या बेत की चौड़ी कमाच से फट-कार कर मारते हैं।

घर के काम के लिए नौकर-नौकरानियाँ भी कितनी ही थीं, तो भी चाम्-कुशोक् (=भद्र-महिला) मूँगा-मोती की झालर लगे सींग जैसे धनुषाकार शिरोभूषण को शिर पर धारण किये बराबर रसोई के घर में, वहाँ से शराब-खाने मे, वहाँ से देव-घर मे दौड़ती ही रहती थीं। इसके कहने की आवश्यकता नहीं कि इनके हाथ-मुँह पर भी हल्की सी मैल की तह जमी हुई थी। सामने लटकता ऊनी हाथ-पोछना तो काला हो ही गया था।

शाम को मांस डाल कर थुक्पा तैयार किया गया। रईस साहेब देर तक "मेरे जन्म-स्थान" लदाख के बारे मे बहुत कुछ पूछते रहे, फिर कुछ धर्म-चर्चा भी हुई। बड़ी रात को मण्डली सोने के लिए बर्खास्त हुई। उस वक्त रईस के दोनो लड़के चुक्टू (थुलमे)[1] के बोरे मे पड़े खर्राटे ले रहे थे। भोट मे स्त्री-पुरुष सभी नङ्गे सोते हैं। यदि पति अकेला एक ही भाई है तो प्रायः चुक्-टू के बोरे मे दोनो साथ सोते हैं। इसमें वहाँ कोई सङ्कोच नही माना जाता। इस प्रकार सोते माता-पिता को लड़के-लड़की चाय आदि भी दे आते हैं। लड़के की यदि बहू हुई तो वह पति-पत्नी भी एक ओर उसी प्रकार बे-तकल्लुफी से सो रहते हैं। यदि पति कई भाई है, तो एक लिहाफ़ के अन्दर प्रायः सभी अपनी अकेली भार्या को बीच मे करके सो रहते हैं।

४ जुलाई को खा-पी कर दस बजे हम लोग तुरिङ् से रवाना हुए। खेतो के रास्ते से दो बजे के करीब हम जु-ग्या गॉव मे पहुँचे। जु-ग्या के बहुत पहले ही रास्ता एक गहरी पतली सी नहर मे से था। खच्चर कम-बख्त कभी ठीक मे चलना पसन्द नहीं करते। एक बुड्ढा खच्चर खेत की ऊँची मेंड के ऊपर चढ़ गया, पीछे मार के डर से नहर मे गड्ढे की जगह कूदा, और

---

१. [बालों वाले मुलायम कम्बल को कुमाऊँ-गढ़वाल मे थुलमा और काँगड़ा-कनौर में गुदमा कहते हैं।]

चावल के बोझ के साथ बैठ गया। पहली बार तो उसका मुँह भी नीचे को हो गया। मैंने तो समझा मरा, किन्तु खच्चरवालों ने झट उसका मुँह ऊपर कर चावल के थैले की रस्सी खोल दी। चावल भीग गया। ऐसे तो हर एक चावल के बोरे पर लाह की मुहर लगी रहती है। लेकिन यदि मुहर टूटने के डर से चावल खोल कर न सुखाया जाता, तो ल्हासा पहुँचते पहुँचते खाने लायक न रहता। जुन्ग्या मे उन्होंने चावल को निकाल कर कम्बल पर फैला दिया। मजदूरी में उन्होंने दो-तीन दिन के थुक्पा लायक चावल निकाल लिये। शीगर्ची से ही हम ब्रह्मपुत्र की दून छोड़ कर ग्याँची से आने वाली नदी की दून पकड़े ऊपर को जा रहे थे। शीगर्ची समुद्रतल से १२,८५० फ़ीट ऊपर है और ग्याँची १३,१२० फ़ीट। इसी से ग्याँची मे अपेक्षा से अधिक सर्दी मालूम होती है। अभी हम शीगर्ची से बहुत दूर नही आये थे, इसीलिए प्रदेश भी गर्म मालूम होता था। यहाँ के खेतों मे बथुआ का साग दिखाई पड़ता था। जुन्ग्या मे हमारे सरदार के पूर्वजो का घर है। एकाध ही पीढ़ी पूर्व वे ल्हासा के पास गन्दन मे जा कर बस गये हैं। खच्चरो को बगीचे मे बाँधा गया। वहीं नक्काशी और चित्र से रञ्जित काष्ठो से सु-सज्जित घर की दालान मे हम लोगो का आसन लगा। आजकल इन घरों मे भूसा भरा रहता है। खबर पाते ही सर्दार के जाति-भाई की स्त्रियाँ खाने पीने की चीजे लेकर पहुँचने लगीं। पहले खाने की चीजो में धान की खीलें, लाई, तेल के नमकीन सेव तथा नारगी-मिठाई आयी। मोट मे भरा थाल

भी मांस या ऐसी चीज़ आपके सामने रखने पर आप को दो-चार दाना ही मुँह में डाल लेना चाहिए, नहीं तो सभ्यता के खिलाफ समझा जायगा। मैंने भी सभ्यता रखनी चाही किन्तु सर्दार ने कहा—खूब खाइये। पीछे खूब मक्खन डाल कर बनी चाय भी घर-घर से आने लगी। सर्दार रात को अपने जाति-बन्धुओं के घर में भी मिलने गये।

पाँच जुलाई को प्रातःकाल ही जौ के आटे का उबाला फरा आया। उस पर डालने के लिए कड़कड़ाया कड़ुआ तेल आया, लेकिन मैंने उसे अस्वीकार कर दिया। दस बजे खच्चरों को दाना खिला कर वहाँ से रवाना हुए। आज यात्रा बहुत लम्बी न थी। गाँव से निकल कर पहले हम दक्खिन तरफ के पहाड़ की जड़ मे आये, फिर पहाड़ के किनारे किनारे खेतों से बाहर ही चले। यहाँ नहरों का अच्छा प्रबन्ध है। दो-ढाई मील इसी प्रकार जा कर हमे उत्तर तरफ मुड़ना पड़ा, और दोपहर को हम पा-चा गाँव मे पहुँच गये। खच्चरों को आराम करने का मौका पूरा नहीं मिला था। इसलिए खच्चर वालों को अपने सम्बन्धी के घर पर सस्ता भूसा खिलाते दो चार दिन विश्राम करना था, तथा वहाँ होने वाली नाटक-लीला को भी देखना था। पा-चा मे जिसकी गोशाला में हम उतरे, वह इस इलाके का बड़ा जागीरदार है। यद्यपि उसके मकान के भीतर मै नहीं गया, तो भी बाहर से देखने से बड़ा सुन्दर मालूम होता था।

§ ५. भोटिया नाटक

चाय पीने के बाद हम लीला देखने के लिए गये। यह गाँव से उत्तर-पच्छिम प्रायः एक मील पर नदी के कछार मे हो रही थी। इस लीला को यहाँ अ्चो-ल्हामो (स्त्री-देवी) की तमू (=लीला) कहते हैं। इसे भोटिया धार्मिक नाटक समझना चाहिए। हमारे साथ दो बड़े कुत्ते थे। उन्हे दर्वाज़े पर बाँध कर, तथा दर्वाज़े मे ताला लगा कर, हम तमाशा देखने को चले। लीला की जगह हरी घास पर थी। पास मे ही भोटिया-बबूल का जङ्गल था। लीला पा-न्चा के जागीरदार ही प्रतिवर्ष अपने ख़र्च से कराते हैं। इसमें नाटक-मण्डली के भिक्षु-पात्रो को ही खाना-पीना तथा पारितोषिक ही नहीं देना पड़ता, बल्कि आगन्तुक सम्भ्रान्त व्यक्तियो के लिए भी भोजन-छादन का इन्तज़ाम करना पड़ता है। नाटक के लिए अच्छा बड़ा चौकोर शामियाना खड़ा था। दूर दूर तक चारो ओर तरह-तरह के शामियाने खड़े थे, जिसमे दूर के तमाशा देखने वाले लोग ठहरे हुए थे। जगह जगह लोगों के सवारी के घोड़े भी बँधे हुए थे। रङ्ग-भूमि से दक्षिण छोटी छोटी सुन्दर छोलदारियों में सम्भ्रान्त स्त्री-पुरुष बैठे हुए थे। पूर्व दिशा मे भी धूप मे कुछ फ़र्श बिछे हुए थे। बाक़ी सब तरफ़ लोग अपना फ़र्श बिछा कर बैठे हुए थे। दर्शकों मे स्त्रियों की संख्या काफ़ी थी। पा-न्चा के जागीर-दार ने हमारे साथी को देखते ही, आदमी भिजवा कर, पूर्व-दिशा के फ़र्श पर बैठाया। तमाशा देखते हुए लोग चाय और छङ क

बाजा बजाने वाले

भी दान-आदान कर रहे थे। हम लोगो के लिए भी चाय आयी। मैंने अपने चोगे में से अपना लकड़ी का प्याला निकाला और थोड़ी चाय पी। दोपहर मे वहाँ बड़ी धूप लग रही थी; तो भी लोग डटे हुए थे। रङ्गमञ्च साधारण भूमि थी। भोटिया लोग नाटक मे पर्दे का व्यवहार नहीं करते। पात्रों के लिए बड़े बड़े छङ् के मटके भरे हुये थे, जिनके पास मे बाजा बजाने वाले थे। बाजो मे बड़े डण्डे के सिरे पर बड़ी छालनी की तरह का दोनो ओर चमड़े से मढ़ा एक बाजा था। इसके अतिरिक्त रोशन-चौकी, झाँझ और लम्बा बीन बाजा था। बाजा बजाने वाले तथा तमाशा करने वाले सभी पास की एक बड़ी गुम्बा के ढाबा थे। गाना नाचना और हँसी-मजाक तीनों ही था। नाटक की घटनाये बुद्ध के पूर्व जन्मों की जातक कथाएँ थीं। मुँह पर के चेहरे कागज और कपड़े दोनों ही के थे। वेष-भूषा का सभी सामान बहुत सुन्दर था। गाने को भी लोग बड़ी दाद देते थे; लेकिन गीतों का मतलब शायद दो-चार ही समझ सकते थे। गद्य और पद्य दोनो के ही उच्चारणों मे कृत्रिमता बहुत थी। सवाद को सुन कर तो रामलीला के अस्वाभाविक उच्चारण याद पड़ जाते थे। गद्य संवाद को लोग समझ सकते थे। दूसरी बारी मे चार स्त्रियो का भी पार्ट था। स्त्रियों के कपड़े आदि स्वाभाविक थे। भोट मे बिना नाटक के भी स्त्रियाँ कृत्रिम बाल बहुत लगाती हैं, इसलिए इनकी सभी चीजे स्त्रियों की थीं। कुती के बाद से खंबा-ला के पास तक का प्रदेश चाङ कहा जाता है। ल्हासा और उसके आस-पास का

प्रदेश उ कहा जाता है। चाङ् की स्त्रियाँ धनुषाकार शिरो-भूषण लगाती हैं; और ल्हासा की त्रिकोण। दोनो ही मे मोती-मूँगों की भरमार होती है। स्त्री-पात्रो मे दो चाङ के वेश मे थे, और दो ल्हासा के। ल्हासा के वेश मे एक पात्र तो ऐसा था, जिसे देख कर स्त्रियाँ तक भी उसक वस्तुन: स्त्री होने का सन्देह करने लगीं, यद्यपि सब जानते है कि इस लीला मे स्त्रियाँ पात्र नहीं बन सकतीं। नाच मे ताल स्वर के साथ हाथ को पतङ्ग लपेटने की तरह घुमाना, मन्द-गति से आगे-पीछे चलना, या चक्कर मे घूमना पड़ता था, जो कि देखने मे सुन्दर मालूम होता था। प्रहसनों मे एक प्रहसन वैद्य और एक मन्त्र-विशारद का था। कुछ अश्लील अंश तो था, किन्तु लोग देख कर हँस हँस कर लोट जाते थे। पात्र सभी प्राय: देवताओं के थे। उनके नाट्य में ही शराब का पीना भी आता था। चाँदी की शराब-दानियो में शराब लिये राज-परिचारक के वेश मे सुसज्जित स्त्री-पुरुष एक जगह खड़े थे। दो बजे के करीब प्रतिष्ठित व्यक्तियों मे खाना बाँटा जाने लगा। खाने मे मांस के साथ अण्डे की सेवइयाँ थीं। क्या मांस था सो निश्चय न होने से मैंने तो नहीं लिया। लकड़ी की चौकोर किश्तियो में चीनी प्यालो मे खाद्य, चीनी लोगो के खाने की लकड़ी[1] के साथ वितरण किया जाता था। चीनियों से बहुत घना सम्बन्ध रहने के कारण,

---

१. [यूरोपियन लोग जैसे छुरी-काँटे से खाते हैं, वैसे ही चीनी लोग लकड़ी की पेंसिलों से। हमारे आसाम में भी वही चीनी प्रथा है।]

टशी ल्हुन्‌पो और ल्हासा के नमूने

भोटिया लोगों ने खाने-पीने की कितनी ही रीतियाँ चीनियों से सीख ली हैं।

चार बजे हम तमाशा देखकर लौटे। यहाँ मुझे देख कर एक भोटिया को मैंने "भारतीय है" कहते सुना। इसलिए मैं कुछ शङ्कित सा हो गया, यद्यपि ऐसी शङ्का की आवश्यकता न थी। ग्याँची करीब होने से यहाँ कोई कोई भारतीय सिपाहियों को देखे हुए है, इसलिए वे सन्देह करते हैं; तो भी बुशहर-वासियों और भारतीयों की आकृति के सादृश्य से उस ख्याल को हटाया जा सकता है।

दोनों कुत्ते अब मेरे परिचित हो गये थे। बड़े बड़े कुत्तों को देख कर मैं समझता था, भोटिया लोग कुत्तों को खूब खिलाते होंगे। लेकिन मैंने देखा कि डेढ़-दो सेर गर्म पानी में सवेरे छटाँक डेढ़ छटाँक सत्तू डाल कर पिला देते थे, और उतना ही शाम को भी। यही बात सभी कुत्तों की है। तिस पर उन्हे दिन रात लोहे की जंजीर मे बाँध कर रखा जाता है। मैं दोबारा तमाशा देखने नहीं गया। दूसरे दिन मैं अकेला डेरे पर रह गया। मेरे पास सत्तू बहुत बँधा था, मैंने सत्तू गूँध कर उन्हे खिलाना शुरू किया। एक एक कुत्ते ने एक सेर से कम सत्तू न खाया होगा। मालूम होता है, प्रायः सभी भोटिया कुत्तों को ऐसे ही भूखा रहना पड़ता है। हमारे साथ के कुत्ते रास्ता चलते वक्त छोड़ दिये जाते थे, इसलिए रास्ते में उन्हें कभी कभी खरगोश या दूसरे छोटे जानवर का शिकार मिल जाता था। जिस जगह हम ठहरे थे वहाँ एक

असाधारण डील-डौल के कुत्ते की भुस-भरी खाल छत से लटक रही थी। कहीं कहीं याक (=चमरी) या भालू की भी ऐसी लटकती खाल मैंने देखी थी। लोग इसे भी यन्त्र-मन्त्र सा समझते है। भोटिया लोग अक्सर अपने घर की छत पर रात को खुला हुआ कुत्ता छोड़ रखते हैं। एक दिन मैं गलती से छत पर जा कर सो गया, उस वक्त मेरा एक साथी भी सो रहा था। सवेरे वह पहले ही उठ कर चला आया। सोते आदमी को न पहचानने से कुत्ता कुछ नहीं बोलता था, लेकिन मैं अच्छी तरह समझ रहा था कि उठते ही मुझे लड़ाई लेनी पड़ेगी। मै फिर कितनी ही देर लेटा रहा। जब साथियो मे से एक किसी काम के लिए ऊपर आया, तो उसके साथ नीचे उतरा।

सुमति-प्रज्ञ ने एक दिन कहा था कि भोटिया लोग जूँ भी खाते हैं। मैंने उसी समय इन्हीं खच्चर वालों से पूछा तो इनके सर्दार ने इन्कार कर दिया था। उस दिन सर्दार की रिश्ते-दार एक धनी तरुण स्त्री उनके डेरे पर आयी थी। भोटिया लोग नहाते नहीं है, इसलिए जूँ पड जाना स्वाभाविक है। स्त्रियो का छुपा (=लम्बा चोगा) ऊनी पट्टी का होता है और उसमे बाँह नहीं होती। उसके नीचे स्त्रियाँ लाल पीले या किसी और रङ्ग की लम्बी बाँह की जाकट पहनती हैं। यह जाकट अण्डी या सूती कपड़े की होती है। छुपा टखनो तक होता है, उसके भीतर कमर से ऊपर जाकट होती है, और नीचे टखनो तक सूती या अण्डी की घघरी होती है। भीतर के कपड़े चूँकि शरीर के पास होते हैं,

इसलिए जूँएँ इन्हीं में रहती हैं। उस दिन वह स्त्री अपनी जाकट निकाल कर उसमें से चुन चुन कर, मसूर के बराबर काली काली जूँओं को खाने लगी। आगे एक आदमी से पूछने पर पता लगा कि जूँएँ खाने में खट्टी लगती हैं और जूँ खाने का रिवाज भोट में आम है।

आठ जूलाई को सबेरे चाय-सत्तू खा कर हम लोग चले। गाँव से बाहर निकलते ही एक खच्चर का खच्चरों की पिछली टाँग पर बाँधने के डण्डे के चार बन्धनों में से एक टूट गया। खच्चर ने कूद कूद कर दूसरे बन्धन को भी तोड़ दिया और चावल का थैला लटक कर पेट पर आ गया। अब मालूम हुआ कि खच्चर वाले क्यों लकड़ी की दुम-ची लगाते हैं। गाँव से दक्खिन पहले हम खेतों से बाहर आये। फिर पूर्व की ओर मुड़े। यहाँ एक देवालय है। इसकी बगल से नहर के किनारे किनारे हमारा रास्ता था। आगे अब हम खेतों से बाहर बाहर पहाड़ के किनारे किनारे ऊपर की ओर चल रहे थे। चढ़ाई मालूम न होती थी। चार बजे के पूर्व ही हम स-चा गाँव में पहुँचे। गाँव के पास ही पहाड़ की जड़ में नेशा नामक एक छोटा सा मठ है। कई दिन साथ रहने से अब खच्चर वालों ने कुछ छेड़-छाड़ शुरू की। उत्तर देने की प्रवृत्ति को तो रोक लेता था, किन्तु मन पर उसका असर न होता हो ऐसी बात न थी। कहीं कहीं मैं उनके आशय को भी नहीं समझता था कि कैसे रहने से वे खुश रहेंगे, और कहीं वे मुझसे न होने लायक काम की आशा रखते थे। मैं समझता था कि यदि

मैं खच्चरों की पीठ पर माल रखने उठाने मे मदद देता, तो वे अवश्य खुश रहते, किन्तु मै उस समय उसके लायक अपने मे शक्ति न देखता था। यह दोष उन्हीं का नहीं था, किन्तु प्रायः सभी भोटिया ऐसे ही होते हैं। शाम को उन लोगो ने कहा, कल सवेरे ही चलेंगे, ग्याञ्ची मे चाय पी कर आगे चल कर ठहरेंगे, ग्याञ्ची में भूसा-चारा महँगा मिलता है।

नौ जूलाई को सूर्योदय के जरा ही बाद हम स-चा से रवाना हुए। नहरें यहाँ अधिक और काफी पानी बहाने वाली थीं। खेतों की हरियाली से आँख तृप्त हो रही थी। नदी की धार के पास भोटिया बबूल के जङ्गल थे। गाँवा के मकान अच्छे दो मजले थे। इनकी दीवारो पर की सफेद मिट्टी, छत पर लकड़ी या कण्डे का का काला हाशिया, लम्बी ध्वजाये, और सरल रेखा मे सभी दर्वाजे तथा खिड़कियाँ दूर से देखने मे बहुत सुन्दर मालूम होती थी। नहरे ऐसे तो मध्य-भोट-देश मे सभी जगह हैं, किन्तु इधर की अधिक बाकायदा मालूम होती हैं। नहरो के अन्त में सत्तू पीसने की पन-चक्की प्रायः सभी जगह देखने मे आती है। गाँव मे भी पनचक्की मिली। यहाँ कई अरब खरब मन्त्रो से भरी एक विशाल माणी पानी के जोर से चलती देखी। माणी के ऊपर बाहर की ओर निकली एक लम्बी लकड़ी थी जो हर चक्कर मे छत से लटकते घण्टे की जीभ पर टकराती थी और इस प्रकार हर चक्कर के समाप्त होने पर घण्टे की एक आवाज होती थी। मैं समझता हूँ, एक चक्कर में एक सेकण्ड भी न लगता था।

इस प्रकार एक सेकण्ड में एक खरब मन्त्रों का जप हो जाता था। ये साधारण मन्त्र नहीं थे। भारत के उत्तम से उत्तम मन्त्रो के भी करोड़ों जप उनके एक बार के उच्चारण की बराबरी नहीं कर सकते। फिर अवश्य ही इस पुण्य का, जो कि उस गाँव मे प्रति सेकण्ड उपार्जित किया जा रहा था, अङ्कगणित को बड़ा से बडी राशि मे बतलाना असम्भव है। मै सोच रहा था, यदि इस सारे पुण्य को माणी लगाने वाला व्यक्ति अपने ही लिए रखे, तो उसे एक सेकण्ड के पुण्य का ही भोगने के लिए असङ्ख्य कल्पो तक इन्द्र और ब्रह्मा के पद पर रहना होगा। फिर एक मास और दो मास के पुण्य की बात ही क्या? लेकिन यह सुन कर गणित के चक्कर में घूमते हुए मेरे दिमाग को शान्ति मिली कि तिब्बती लोग महायान के मानने वाले होते हैं, और अपने अर्जित सभी पुण्य को पूँजी वालो की तरह अपने लिए न रख कर प्राणिमात्र को प्रदान करते हैं। कौन कह सकता है कि घोर पाप-सङ्कट मे लिप्त भूमण्डल के मनुष्यो को समुद्र के गर्भ मे विलीन हो जाने तथा पृथ्वी के उदर मे समा जाने से बचा रखने में तिब्बत की यह हजारों माणियाँ कितना काम कर रही है? काश! यन्त्रवादी दुनिया भी इसके महत्त्व को समझती, और अल्लाह, क्राइष्ट, राम, कृष्ण के लाख दो लाख नाम मशीन के पहियों मे अङ्कित कर रखती! माहात्म्य-सहित श्रीमद्भगवद्गीता तो घड़ी के पहियो पर अङ्कित करायी जा सकती है। अस्तु।

दस बजे के करीब हम स्याङ्खी पहुँचे। काठमाण्डव (नेपाल)

के धर्मभान् साहु की अपार धर्म-श्रद्धा को तो मुझे एक लदाखी मित्र ने सिंहल में ही लिख भेजा था। शीगर्ची मे किसी ने मुझे बतलाया कि इस समय कुछ काल के लिए उनकी यहाँ की दूकान बन्द हो गई है। ग्याञ्ची मे उनकी दूकान का नाम ग्यां-लिङ्-छोक्-पा है। अभी ल्हासा आठ-दस दिन मे पहुँचना था, इसलिए मैंने खच्चर वालो से कहा—मै ग्यां-लिङ्-छोक्-पा मे दोपहर को ठहर कर कुछ खाने का सामान लेता हूँ, फिर चलेगे। तिब्बत के कस्बों और शहरो मे हर घर का अलग अलग नाम होता है; जो कि हमारे शहरो के घर के नम्बर तथा मुहल्ले की जगह काम आता है। ग्यां-लिङ्-छोक्-पा ऐसा ही नाम है। मेरे ठहर जाने पर थोड़ी देर मे खच्चर वालो ने आ कर कहा—आज हम लोग ग्याञ्ची मे ही ठहरेंगे, कल चलेंगे।

ग्याञ्ची ल्हासा और भारत के प्रधान रास्ते पर है, जो कि कलिम्‌पोङ् हो सिली-गोडी के स्टेशन पर ई० बी० रेलवे से आ मिलता है। यहाँ भारत सरकार का "बृटिश वाणिज्य-दूत" तथा नेपाल-सरकार का वकील (=राजदूत) के साथ सहायक वाणिज्य-दूत, डाक्टर, तथा एकाध और अँग्रेज अफसर रहते हैं। सौ के करीब हिन्दुस्तानी पल्टन भी रहती है। ग्याञ्ची के विषय मे मुझे आगे लिखना ही है, इसलिए इस वक्त इतने ही पर सन्तोष करता हूँ।

§ ६. ल्हासा को

रात को उस दिन कुछ वर्षा हुई, वह दूसरे दिन (१० जूलाई) दस बजे तक होती रही। ग्याञ्ची मे भी हाट सवेरे आठ से बारह

बजे तक लगती है। मैंने रास्ते के लिए हरी मूली चिउड़ा चीनी चावल चाय और मिठाई ले ली थी। कुछ मीठे पराठे तथा उबला माँस भी ले लिया था। पच्छिम की पर्वत-शृङ्खला की एक बाँही ग्याञ्ची मैदान के बीच में आ गई है, जिसके अन्तिम सिरे पर ग्याञ्ची का जोङ् (= दुर्ग) है। इस बाँही के तीन तरफ ग्याञ्ची का कस्बा बसा हुआ है। मुख्य बाजार बाँही के दक्खिन तरफ बसा हुआ है जो कि बाँही के घुमाव पर के पर्वत पर बनी गुम्बा के दर्वाजे पर लम्बा चला गया है। ग्या-लिङ्-छोक्-पा वाली सड़क पर माणी की लम्बी दीवार है। दोपहर के बाद हम लोग बाँही की ही छोटी रीढ़ पार हो दूसरी तरफ की बस्ती में आये। बस्ती से बाहर निकलने पर रास्ते में कहीं कहीं पानी बह रहा था। गेहूँ और जौ के पौधो की हरियाली पानी के धुल जाने से और भी निखर आई थी। रास्ते में चीनी सिपाहियों के रहने की कुछ टूटी-फूटी जगहे मिलीं। यहाँ मैदान बहुत लम्बा-चौड़ा था, जिसमें दूर तक हरियाली दिखाई पड़ती थी। रास्ते से पूर्व ओर बृटिश दूतावास की मटमैले रङ्ग की दूर तक चली गई इमारत देखी। थोड़ा और आगे बढ़ने पर तार के लकड़ी के खम्भे दिखाई पड़ने लगे। ग्याञ्ची तक अंग्रेजों का तार और डाकखाना है। यहाँ से आगे ल्हासा तक भोट-सर्कार का तार है। ऐसे तो भोट सर्कार का डाकखाना फरी-जोङ् से आगे तक है। ग्याञ्ची से एक मील दूर जाते ही हमने भोटिया डाक ले जाने वाले दो डाकियों को देखा। हाथ में घुँघरू-बँधा छोटा सा भाला था, पीठ पर पीले

ऊनी कपड़े में बँधी डाक थी। एक तो उनमे से ग्यारह बारह वर्ष का लड़का था। जहाँ ग्याञ्ची तक अँग्रेज़ी डाक के लिए दो घोड़े रखने पड़ते हैं, वहाँ इधर दो छोटी सी पोटली लिये हुए महज़ दो आदमी रहते हैं। इससे ही मालूम हो रहा था कि भोटिया डाक मे लोगो का कितना विश्वास है। अँग्रेज़ी डाक मे यद्यपि इधर बीमा नहीं लिया जाता, तो भी नेपाली सौदागर बड़े बड़े मूल्यवान् पदार्थ डाक से भेजते और मँगाते हैं, किन्तु भोटिया डाक में (बीमा होने पर भी) वे बहुत ही कम अपने पार्सलों को उनकी मार्फ़त ग्याञ्ची भेजते हैं।

घण्टे भर चलने के बाद फिर वर्षा शुरू हुई। उस समय मालूम हुआ कि हमारे साथ का एक कुत्ता ग्याञ्ची मे ही भूल गया। कुत्तेवाला उसे लाने के लिए ग्याञ्ची लौटा और हम आगे बढ़े। गाँव और खेत रास्ते के अगल-बगल कई जगह दिखाई पड़े। गाँवो के पास बीरी (=कश्मीरी बीरी) और सफ़ेदा के दरख़्त हर जगह ही थे। हमे रास्ते मे एक पहाड़ी बाँही मिली। इसमे कोई वैसी चढ़ाई न थी। लेकिन उसके पार वाला फ़ौजी मोर्चा बतला रहा था कि यह भी पहले सामरिक महत्त्व का स्थान रह चुका है। बाँही पार करने पर कच्चा किला सा मिला। अब इसकी कुछ हाथ ऊँची मिट्टी की दीवारें भर रह गई हैं। यहाँ से कुछ दूर हम पूर्व-उत्तर की ओर चले और थोड़ी ही देर मे दि-की-ठो-मो पहुँच गये। यहाँ एक धनी गृहस्थ का घर है। हमारे साथी माल ढोने के काम के साथ साथ चिट्ठी-पत्री ले जाने का काम भी

करते थे। डाक के न रहने के जमाने मे हमारे देश मे भी बनजारे व्यापारी ऐसा किया करते थे। घर के बाहर खलिहान का बड़ा अहाता था। हमारे स्वागत के लिए एक बड़ा काला कुत्ता आया। भोटिया लोग ऐसे कुत्तो की पर्वा नहीं किया करते। मैंने भी खच्चरों के रोकने और माल उतारने मे मदद दी। बूँदे पड़ रही थीं। इसलिए छोलदारी खड़ी की गई। खूँटों की रस्सी के सहारे खच्चरों को बाँध दिया गया और भूसा ला कर उनके सामने डाल दिया गया। खच्चरों से निवृत्त हो सर्दार के साथ मै रईस के घर में गया। एक भयङ्कर कुत्ता बड़े खूँटे में मोटी जञ्जीर के सहारे बँधा हुआ था। हमे देखते ही "हौ" "हौ" कर पिंजरे के शेर की तरह चक्कर काटने लगा। द्वार के भीतर सीढ़ी पर चढ़ने की जगह वैसा ही एक दूसरा कुत्ता बँधा हुआ था। ये दोनों ही कुत्ते डील-डौल में असाधारण थे। भेड़िया इनके सामने कुछ न था। मैंने समझा था, इनका मूल्य बहुत होगा, किन्तु पूछने पर मालूम हुआ, दस-पन्द्रह रुपये मे इनके बच्चो की जोड़ी मिल सकती है। घर का लड़का कुत्ते का दबा कर बैठ गया और हम कोठे पर गये। जा कर रसोई के घर मे गद्दे पर बैठे, सत्तू और चाय आई। मैंने थोड़ी छाछ भी पी। यहाँ भी गृहपति ने लदाख की बात-चीत पूछी। उस समय कुछ भिक्षु भी गृह-स्वामी के मङ्गलार्थ पूजा-पाठ करने के लिए आये हुए थे। उन्होंने भी "लदाखी भिक्षु" का हाल पूछा। वहाँ से फिर लौट कर मै डेरे मे आ गया। कुछ देर बाद हमारा साथी भी कुत्ता ले कर चला आया। घर से उत्तर तरफ़ लगी हुई

ही नदी की धार है; जिसके दूसरी तरफ खेती के लायक बहुत सी जमीन पड़ी हुई है। घर से दक्खिण-पश्चिम एक स्तूप है। सन्ध्या-काल में वृद्ध गृह-पति माला और माणी हाथ में लिए उस स्तूप की परिक्रमा करने लगे। धीरे धीरे सन्ध्या हो गई। मेरे साथी तो घर में चले गये, मैं अकेला डेरे में रह गया। उस समय आस्मान बादलों से घिरा था, बूँदे टप्-टप् पड़ रही थीं। रह रह कर बिजली चमक उठती थी। अकेले डेरे में बैठा मैं सोच रहा था—चलो ग्याञ्ची से भी पार हो गया; अब ल्हासा पहुँचने में सिर्फ कुछ दिनों की ही देरी है, यात्रा का विचार कर नेपाल तक जिसे लोग बड़ा भयावना बतलाते थे, मुझे तो उसमें वैसी कुछ भी कठिनाई न पड़ी; थोड़े ही दिनों मे रहस्यों से भरी ल्हासा नगरी मे भी मै इसी प्रकार पहुँच जाऊँगा और तब कहूँगा कि झूठ ही लोग इस यात्रा को इतना भयानक कहा करते हैं। समय बीत जाने पर मनुष्य ऐसा ही सोचा करता है। जब मैं इस प्रकार अपने विचारों मे तल्लीन था, उसी समय वह खुला कुत्ता मेरे पास आ कर भूँकने लगा। मेरी विचार-शृङ्खला टूट गई और मै डण्डा सँभाल कर बैठ गया। वह दूर से ही कुछ देर तक भूँकता रहा और फिर चला गया। कुछ रात और जाने पर मेरे साथी काफी छङ् पी कर लौट आये और रात को छोलदारी के नीचे सब लोग सो रहे।

पाँचवीं मंजिल

अतीत और वर्त्तमान तिब्बत की झाँकी

§ १. तिब्बत और भारत का सम्बन्ध

तिब्बत ऐसा अल्पज्ञात संसार मे कोई दूसरा देश नहीं। कहने को तो यह भारत की उत्तरी सीमा पर है, किन्तु लोगो को, साधारण नहीं शिक्षितों को भी, इसके विषय मे बहुत कम ज्ञान है। मैंने अपने एक मित्र को पुस्तक लिखने के लिए कुछ कागज डाक से भेजने के लिए लिखा था। उन्होंने पूछा कि डाक की अपेक्षा रेल से किफायत होगी, स्टेशन का पता दें[1]। तिब्बत की वास्तविक स्थिति की जानकारी का ऐसा ही हाल है। हमारे लोगों को यह मालूम नहीं कि हम हिमालय की तलौटी के अन्तिम रेलवे

---

१. [कम से कम इस उदाहरण में तो तिब्बत का दोष नहीं, लेखक के मित्र का है, या हमारे ऐंग्लो-इण्डियन शिक्षणालयों की शिक्षा का।]

स्टेशनों से चल कर बीस बीस हज़ार फ़ुट ऊँची जोतों को पार कर एक महीने मे ल्हासा पहुँच सकते हैं, यदि ब्रिटिश और भोट-सरकार की अनुमति हो। कलिम्पोङ से प्रायः दो तिहाई रास्ता खतम कर लेने पर ग्याञ्ची मिलता है। ब्रिटिश राज्य का प्रतिनिधि यहीं रहता है, और यहाँ अँगरेजी डाकखाना है, जिसका सम्बन्ध भारतीय डाक-विभाग से है, और जहाँ भारतीय डाक-दर पर चिट्ठी-पार्सल जा-आ सकते हैं। तार भी ल्हासा तक भारतीय ही दर पर पहुँच सकता है।

तिब्बत के सभ्य संसार से पूर्ण रूप से अपरिचित होने का एक कारण इसकी दुर्गमता भी है। दक्षिण और पश्चिम ओर वह हिमालय की पर्वतमाला से घिरा है। इसी प्रकार ल्हासा से सौ मील दूरी पर जो विशाल मरुभूमि फैली हुई है वह इसको उत्तर ओर से दुर्गम बनाये हुए है। संसार का यह सर्वोच्च पठार है। इसका अधिकांश समुद्र की सतह से १६,५०० फ़ुट ऊँचा है। यहाँ ८ महीने बर्फ़ जमीन पर जमी रहती है। भारत से आने वाले लोग दार्जिलिङ्ग या काश्मीर के मार्ग से यहाँ आते हैं। ल्हासा को दार्जिलिङ्ग से मार्ग गया है। वह वहाँ से ३६० मील दूर है।

तिब्बत बड़ा देश है। यह नाममात्र को चीन-साम्राज्य के अन्तर्गत है। यहाँ के निवासी बौद्ध-धर्मावलम्बी हैं। परन्तु सामाजिक आदि बातों मे एक प्रान्त के निवासी दूसरे प्रान्त के निवा-

सियों से मेल नहीं खाते हैं। तथापि यहाँ धर्म को बड़ी प्रधानता प्राप्त है। यहाँ के शासक दलाई लामा बुद्ध भगवान् के अवतार माने जाते हैं। लोगों का विश्वास है कि जब नया आदमी दलाई लामा की गद्दी पर बैठता है तब उसमें बुद्ध भगवान् की आत्मा का आविर्भाव होता है। फलतः सारे देश मे जगह जगह बौद्ध मठ पाये जाते है। ल्हासा मे तीन ऐसे मठ है जिनमे कोई चार-पाँच हजार भिक्षुक निवास करते होंगे। उनके सिवा और जो मठ है उनमे भी सैकड़ो की संख्या मे भिक्षुक रहते है।

देश की प्राकृतिक अवस्था के कारण तिब्बतियो का देश दूसरे देशों से अलग पड गया है। इस परिस्थिति का वहाँ के निवासियों पर जो प्रभाव पड़ा है; उससे वे स्वयं एकान्तप्रिय हो गये है। तिब्बती लोग शान्त और शिष्ट होते है। वे अपने रङ्ग मे रँगे रहते है। विदेशियो का सम्पर्क अच्छा नहीं समझते। अपने पुराने धर्म पर तो उनकी अगाध श्रद्धा है ही, साथ ही पुराने ढङ्ग से खेती-बारी तथा जरूरत भर का रोजी-धन्धा कर के वे सन्तोष के साथ जीवन बिता देना ही अपने जीवन का लक्ष्य समझते है। इस २० वीं सदी की सभ्यता से वे बहुत ही झिझकते हैं। यही कारण है कि वे विदेशियों को अपने देश मे घुसने नहीं देते हैं। तो भी अतिथि-सत्कार मे वे अद्वितीय हैं।

तिब्बती लोग चाय बहुत पीते हैं। नाचने-गाने का भी उन्हे बड़ा शौक होता है। पुरुष अधिक नाचते हैं, स्त्रियो में उसका

उतना प्रचार नहीं है। यहाँ की स्त्रियों में भारत की तरह पर्दे का रवाज नहीं है। वे रोजी-धन्धे करके धनोपार्जन भी करती हैं।

तिब्बत—विशेष कर ल्हासा की तरफ़ वाले प्रदेश—में पहुँचना कितना कठिन है, यह जिन्होंने तिब्बत-यात्रा-सम्बन्धी पुस्तकों को देखा है वे भली प्रकार जानते हैं। इसका अनुमान इसी से हो सकता है कि भारत-सीमा को फागुन सुदी ६ को छोड़ कर आषाढ़ सुदी त्रयोदशी को मैं ल्हासा पहुँच सका।

मेरी यह यात्रा भूगोल-सम्बन्धी अन्वेषण या मनोरञ्जन के लिए नहीं हुई है, बल्कि यह यहाँ के साहित्य के अच्छे प्रकार अध्ययन तथा उससे भारतीय एवं बौद्ध-धर्म-सम्बन्धी ऐतिहासिक तथा धार्मिक सामग्री एकत्र करने के लिए हुई है। इतिहास-प्रेमी जानते हैं कि सातवीं शताब्दी के नालन्दा के आचार्य शान्त-रक्षित से आरम्भ करके ग्यारहवीं शताब्दी के विक्रमशिला के आचार्य दीपङ्कर श्रीज्ञान के समय तक तिब्बत और भारत (उत्तरी भारत) का घनिष्ठ सम्बन्ध रहा है। तिब्बत को साहित्यिक भाषा अक्षर और धर्म देने वाले भारतीय हैं। उन्होंने यहाँ आ कर हज़ारों संस्कृत तथा कुछ हिन्दी के ग्रन्थों के भी भाषान्तर तिब्बती भाषा में किये। इन अनुवादों का अनुमान इसी से हो सकता है कि संस्कृत-ग्रन्थों के अनुवादों के कन्यूर और तंग्यूर के नाम से जो यहाँ दो संग्रह हैं उनका परिमाण अनुष्टुप् श्लोकों में करने पर २० लाख से कम नहीं हो सकता। कन्यूर में उन ग्रन्थों का संग्रह है

जिन्हें तिब्बती बौद्ध भगवान् बुद्ध का श्रीमुख-वचन मानते हैं। यह मुख्यतः सूत्र, विनय और तन्त्र तीन भागो में बाँटा जा सकता है। यह कंग्यूर १०० वेष्टनो मे बँधा है, इसी लिए कंग्यूर मे सौ पोथियाँ कही जाती है, यद्यपि ग्रन्थ अलग अलग गिनने पर उनकी सख्या सात सौ से ऊपर पहुँचती है। कंग्यूर में कुछ ग्रन्थ संस्कृत से चीनी मे हो कर भी भोटिया मे अनुवाद किये गये हैं। तग्यूर मे कंग्यूरस्थ कितने ही ग्रन्थों की टीकाओ के अतिरिक्त दर्शन, काव्य, व्याकरण, ज्योतिष, वैद्यक, तन्त्र-मन्त्र के कई सौ ग्रन्थ हैं। ये सभी सग्रह दो सौ पोथियों मे बँधे हैं। इसी सग्रह मे भारतीय-दर्शन-नभोमण्डल के प्रखर ज्योतिष्क आर्यदेव, दिङ्नाग, धर्मरक्षित, चन्द्रकीर्ति, शान्तरक्षित, कमलशील आदि के मूल-ग्रन्थ, जो सस्कृत मे सदा के लिए विनष्ट से चुके हैं। शुद्ध तिब्बती अनुवाद मे सुरक्षित है। आचार्य चन्द्रगोमी का चान्द्रव्याकरण सूत्र, धातु, उणादि-पाठ, वृत्ति, टीका, पंचिका आदि के साथ विद्यमान है। चन्द्रगोमी 'इन्द्रश्चन्द्रः काशकृत्स्नः' वाले श्लोक के अनुसार आठ महावैयाकरणो मे से एक महावैयाकरण ही नह थे, बल्कि वे कवि और दार्शनिक भी थे, यह उनकी तंग्यूर मे वर्तमान कृतियो—लोकानन्द-नाटक, वादन्यायटीका आदि—से मालूम होता है। अश्वघोष, मातिचित्र (मातृचेता), हरिभद्र, आर्यशूर आदि महाकवियों के कितने ही विनष्ट तथा कालिदास, दंडी, हर्षवर्द्धन, क्षेमेन्द्र आदि के कितने ही सस्कृत में सुलभ ग्रन्थ भी तंग्यूर मे हैं। इसी मे अष्टाङ्गहृदय, शालिहोत्र आदि कितने

ही वैद्यक-ग्रन्थ टीका-उपटीकाओं के साथ मौजूद हैं। इसी में मतिचित्र का पत्र महाराज कनिष्क को, योगीश्वर जगद्दल का महाराज चन्द्र को दीपङ्कर श्रीज्ञान का राजा नयपाल (पालवंशी) को तथा दूसरे भी कितने ही लेख (पत्र) हैं। इसी मे ग्यारहवी शताब्दी के आरम्भ के बौद्ध मस्ताना योगी सरह, अवधूती आदि के दोहा कोष आदि हिन्दी-ग्रन्थो के भाषान्तर है।

इन दोनो सग्रहो के अतिरिक्त भोट भाषा मे नागार्जुन, आर्य-देव, असङ्ग, वसुबन्धु, शान्तरक्षित, चन्द्रकीर्ति, धर्मकीर्ति, चन्द्र-गोमी, कमलशील, शील, दीपङ्कर श्रीज्ञान आदि अनेक भारतीय पण्डितों के जीवनचरित्र हैं। तारानाथ, बुतोन्, पद्मकरपो, बेंदु-रिया सेरपो, कुनग्यल् आदि के कितने ही छोजुङ् (धर्मेतिहास) हैं, जिनसे भारतीय इतिहास के कितने ही ग्रन्थो पर प्रकाश पड़ता है। इन नम्थर (जीवनी), छोजूङ् (धर्मेतिहास), कग्यूर तंग्यूर के अतिरिक्त दूसरे भी सैकड़ों ग्रन्थ है, जिनका यद्यपि भारतीय इतिहास से साक्षात् सम्बन्ध नही है, तो भी वे सहायता पहुँचा सकते है।

उक्त ग्रन्थ अधिकतर कैलाश-मानसरोवर के समीप वाले थोलिङ् गुम्बा (विहार), मध्य तिब्बत के सक्या, समये आदि विहारो मे अनूदित हुए थे। इन गुम्बाओ (विहारों) से हमारे मूल सस्कृत ग्रन्थ भी मिल जाते, यदि वे विदेशियो-द्वारा जलाये न गये होते। तो भी खोजने पर ग्यारहवीं शताब्दी से पूर्व के कुछ ग्रन्थ देखने को मिल सकते हैं।

६ २. आचार्य शान्तरक्षित

(लगभग ६५०—७५० ई०)

सिंहल में बौद्ध-धर्म की स्थापना जिस प्रकार सम्राट् अशोक के पुत्र ने की, उसी प्रकार भोट (तिब्बत) में बौद्ध धर्म की दृढ स्थापना करने वाले आचार्य शान्तरक्षित हैं। इसमें सन्देह नहीं कि शान्तरक्षित के आने में पहले भोट-सम्राट् स्रोङ्-चन-स्गेम-पो के ही समय (६१८—५० ई०) में, जिसने नेपाल-विजय कर अंशुवर्मा की राजकुमारी से विवाह किया तथा चीन के अनेक प्रान्तों का अपने साम्राज्य में मिला चीन-सम्राट् की कन्या का पाणिग्रहण किया, तिब्बत में बौद्ध धर्म प्रवेश कर चुका था। स्रोङ्-चन की ये दोनों रानियाँ बौद्ध थी और इन्हीं के साथ बौद्ध धर्म भी भोट में पहुँचा। इसी सम्राट् के बनवाये ल्हासा के सबसे पुराने दो मन्दिर रमाछे और चोरम्पाछे है। तो भी उस समय बौद्ध धर्म तिब्बत मे दृढ़ न हो पाया था। उस समय न कोई भिक्षु-विहार था, न कोई भिक्षु ही बना था। सारे भोट पर बौद्ध धर्म की पक्की छाप लगाने वाले आचार्य शान्तरक्षित ही थे। उन्ही आचार्य का संक्षिप्त जीवन-चरित भोटिया ग्रन्थों के आधार पर पाठकों के सम्मुख रखता हूँ।

मगध देश की पूर्व सीमा पर का प्रदेश (मुंगेर, भागलपुर के जिले) पाली और संस्कृत ग्रन्थों में अङ्ग के नाम से प्रसिद्ध था। इसी प्रदेश का पूर्वी भाग मध्य काल मे सहोर के नाम से प्रसिद्ध

था। भोटिया लोग सहोर को जहोर लिखते और बोलते हैं। सहोर[1] का दूसरा नाम भोटिया ग्रन्थों में भगल या भगल भी मिलता है। इस भगल नाम की छाया आज भी इस प्रदेश के प्रधान नगर भागलपुर में पाई जाती है। इसी प्रदेश में गङ्गा-तट की एक छोटी पहाड़ी के पास पालवंशीय राजा (देवपाल ८००—८३७ ई०) ने एक विहार बनवाया, जो पास की नगरी विक्रमपुरी के कारण विक्रमशिला[2] के नाम से प्रसिद्ध हुआ। यह विहार विक्रमपुरी के समीप उत्तर तरफ़ था। विक्रमपुरी के दूसरे नाम भागलपुर तथा विक्रमपुर भी भोटिया ग्रन्थों में मिलते हैं। विक्रमपुरी एक माण्डलिक राजवंश की राजधानी थी, जिसे भोटिया ग्रन्थकार लाखों घरों की बस्ती बतलाते हैं। अस्तु इसी राजवंश में जिसने भोट के दूसरे महान् धर्म-प्रचारक दीपंकर श्रीज्ञान या अतिशा (जन्म ९८२, मृत्यु १०५४ ई०) को जन्म दिया, सातवीं शताब्दी के मध्य में (अन्त सन् ६५० ई०) आचार्य शान्तरक्षित का जन्म हुआ था।

नालन्दा तथागत की चरणधूलि से अनेक बार पवित्र हो चुका था। भगवान् बुद्ध ने यहाँ एक वर्षा-काल भर वास भी

---

१. सहोर, बङ्गाल में नहीं बिहार में है। इस विषय पर सप्रमाण लेख मैं पटना के "युवक" को भेज चुका हूँ।

२. भागलपुर ज़िले का सुल्तानगञ्ज ही विक्रमशिला प्रतीत होता है।

किया था। इसी के अत्यन्त सन्निकट नालकग्राम था, जिस ने भगवान् के सर्वोपरि शिष्य धर्मसेनापति आर्य सारिपुत्र को जन्म दिया था। इस-से इस स्थान की पुनीतता अच्छी तरह समझ में आ सकती है। यहाँ बुद्ध-जीवन ही मे प्रावारक सेठ ने अपना प्रावारक आम्रवन प्रदान कर दिया था। इस प्रकार यहाँ पूर्व ही से एक बिहार चला आता था। सम्राट् अशोक के समय मे तृतीय धर्म-सङ्गीति (सभा) मे सर्वास्तिवाद आदि निकाय (संप्रदाय) स्थविरवाद से निकाल दिये गये थे। इस पर सर्वास्तिवादियो और दूसरो ने अपनी सभा नालन्दा[1] मे की। इसके बाद नालन्दा सर्वास्तिवादियो का केन्द्र बन गया। बौद्ध-धर्मानुयायी मौर्यों के राज्य को हटाकर बौद्ध-द्वेषी ब्राह्मण मतानुयायी शुंगो ने अपना राज्य (ई० पू० १८८) स्थापित किया। उस समय सभी बौद्ध निकायों ने विपरीत परिस्थिति के कारण मगध छोड़ अपने केन्द्र अन्य प्रदेशों मे स्थापित किये। सर्वास्तिवादियो ने मथुरा के पास के गोवर्धन पर्वत को अपना केन्द्र बनाया। इसी समय सर्वास्तिवाद ने अपने पिटक को संस्कृत का रूप दिया। इतिहास में यह सर्वास्तिवाद आर्य सर्वास्तिवाद के नाम से प्रसिद्ध है। पीछे कुषाणों के समय कुषाण राजाओ का यह बहुत ही श्रद्धाभाजन हो गया और इस प्रकार इसका केन्द्र मथुरा से हट कर कश्मीर-गन्धार में जा पहुँचा। कश्मीर-

---

१. पटना ज़िले का बड़गांव।

गन्धार का सर्वास्तिवाद मूलसर्वास्तिवाद कहलाता है। सम्राट् कनिष्क मूलसर्वास्तिवाद के लिए दूसरे अशोक थे; जिन्हो ने तक्षशिला के धर्मराजिका स्तूप को आचरियाण सब्बत्थिवदिन परिग्गहे [1] शब्दों के अङ्कित कर उत्सर्ग किया। कनिष्क की सरक्षता मे एक महती (चौथी) बौद्ध-धर्म-परिषद् हुई, जिस में मूल सर्वास्तिवाद के अनुसार त्रिपिटक की विस्तृत टीकाये बनी। इन टीकाओ का नाम विभाषा हुआ। इस प्रकार मूलसर्वास्तिवादियो का दूसरा नाम वैभाषिक पड़ा।

इसी मूलसर्वास्तिवाद से पीछे महायान की उत्पत्ति हुई, जिस ने वैपुल्य (पाली—वैतुल्ल), अवतसक आदि सूत्रों को अपना अपना सूत्रपिटक बनाया। किन्तु विनयपिटक मूल-सर्वास्तिवादियो वाला ही रक्खा [2] महायान से वज्रयान और भारत मे बौद्ध धर्म की नौका डूबने के वक्त (१२ वी शताब्दी) सहजयान (घोर वज्रयान) का उदय हो जाने पर भी नालन्दा उद्दन्तपुरी[3] और विक्रमशिला के महाविहारो मे मूलसर्वास्तिवाद

१. सर्वास्तिवादी आचार्यों के परिग्रह (trust) में।

२. त्रिपिटक मे तीन पिटक हैं—विनय पिटक, सुत्त पिटक और अभिधम्म पिटक।

३. पटना ज़िला के बिहार शरीफ़ कसबे के पास वाली पहाड़ी पर था, जहाँ पर आज-कल एक बड़ी दरगाह खड़ी है। [मुहम्मद बिन बख़्तियार ख़िलजी ने इसी को लूटा था।]

ही का विनयपिटक माना जाता था। भोटिया भिक्षु आज भी इसी को मानते है और बड़े अभिमान से कहते हैं कि हम विनय (मूलसर्वास्तिवाद विनय), बोधिसत्व (महायान) और वज्रयान तीनों के शील को धारण करते हैं, यद्यपि यह बात एक तटस्थ की समझ में नहीं आ सकती। शील तो मनुष्य हजारों धारण कर सकता है। अनुयोगी और प्रतियोगी प्रकाश और अन्धकार को एक स्थान मे जिस प्रकार रखना असम्भव है, वैसे ही परस्पर विरोधी दो शीलो का भी रखना सम्भव नही। इस के कहने की आवश्यकता नहीं कि विनय और वज्रयान के शील अधिकतर परस्पर विरोधी है। अस्तु।

शान्तरक्षित के समय नालन्दा की कीर्ति दिगन्तव्यापिनी थी। ह्वेन-चूवाङ् थोड़े ही दिनो पूर्व वहाँ से विद्या ग्रहण कर चला गया था। वहाँ वज्रयान या तन्त्रयान का अच्छा प्रचार था। शान्तरक्षित ने घर छोड़ वहीं आचार्य ज्ञानगर्भ के पास (अन्दाजन ६७१ ई० मे) मूलसर्वास्तिवाद-विनय के अनुसार प्रव्रज्या और उपसपदा ग्रहण की। इसी समय इन का नाम शान्तरक्षित पड़ा। नालन्दा मे अपने गुरु के पास ही शान्तरक्षित ने साङ्गोपांग त्रिपिटक का अध्ययन किया। त्रिपिटक की समाप्ति के बाद बोधिसत्व-मार्गीय (महायानिक) ग्रन्थ अभिसमयालङ्कार आदि के पढ़ने के लिए आचार्य विनयसेन के पास उपनीत हुए, जिन से उन्हों ने महायान-मार्गीय विस्तृत और गम्भीर दोनो क्रमो के अध्य-

यन के साथ आर्य नागार्जुन[1] के माध्यमिक सिद्धान्त का भी अध्ययन किया। पीछे इसी पर उन्होंने मध्यम कालङ्कार नामक अपना ग्रन्थ टीका सहित लिखा।

जिस समय आचार्य शान्तिरक्षित नालन्दा में थे, उसी समय चीनी भिक्षु ई-चिङ्[2] (६७१-९५ ई०) नालन्दा मे कई वर्ष रहे। किन्तु उन्हो ने अपने ग्रन्थ मे शान्तरक्षित के विषय मे कुछ नहीं लिखा, यद्यपि और कितने ही विद्वानों के विषय मे बहुत कुछ लिखा। इसका कारण उस समय शान्तरक्षित की प्रतिभा की अप्रसिद्ध ही हो सकती है। विद्या-समाप्ति के बाद शान्तरक्षित ने

---

१. [नागार्जुन दूसरी शताब्दी ई० के मध्य मे दक्षिण कोशल (छत्तीसगढ़) में हुए थे। वे बहुत बड़े दार्शनिक और वैज्ञानिक थे। भारतीय दर्शन, वैद्यक आदि में उन्होंने अनेक नये विचार चलाये। महायान के प्रवर्त्तक यही हैं। देखिए—भारतीय वाङ्मय के अमर रत्न, § पृ० २५. ३२-३३।]

२, कश्मीरी, पठान, नेपाली, तिब्बती, चीनी लोग च का एक दबा सा उच्चारण करते हैं—च और स के बीच का। इस ग्रन्थ के लेखक और सम्पादक उसे च के नीचे बिन्दु लगा कर प्रकट करते हैं, उसका टाइप अभी नहीं ढलने लगा। अँग्रेज़ी में उसके लिए ts संकेत है, जिसे न समझ कर हमारे बहुत से हिन्दी लेखक ई-चिङ को इत्सिंग्, त्वान् च्वाङ् को हुएन च्वसाँग और चाक्पो को त्साँगपो या सानपो लिखा करते हैं।

नालन्दा मे ही अध्यापन का कार्य शुरू किया। उनके शिष्यो में हरिभद्र और कमलशील थे, जो दोनों ही यशस्वी लेखक हुए हैं। इन दोनो के कितने ही ग्रन्थ संस्कृत मे नष्ट हो जाने पर भी तंग्यूर मे भोटिया अनुवाद के रूप मे मिलते हैं। आचार्य शान्तरक्षित ने अनेक ग्रन्थ बनाये, जिनमे दर्शन-सम्बन्धी निम्नलिखित ग्रन्थ तग्यूर मे अब भी मिलते है, यद्यपि तत्त्वसंग्रह के अतिरिक्त सभी मूल संस्कृत मे नष्ट हो चुके है।

१—सत्यद्वयविभंगपञ्जिका; अपने गुरु ज्ञानगर्भ के ग्रन्थ पर टीका।

२—मध्यमकालंकारकारिका; नागार्जुन के माध्यमिक सिद्धान्त पर।

३—मध्यमकालंकारवृत्ति; मध्यमकालंकारकारिका की टीका।

४—बोधिसत्त्वसंवरविंशिकावृत्ति; महावैयाकरण दार्शनिक महाकवि चन्द्रगोमी के ग्रन्थ पर टीका।

५—तत्त्वसंग्रहकारिका।

६—वादन्यायविपचितार्थ; बौद्ध महानैयायिक धर्मकीर्ति के वादन्याय पर टीका।

इनके अतिरिक्त आचार्य ने तन्त्र पर भी अनेक ग्रन्थ लिखे हैं। किन्तु आज कल मूल संस्कृत मे उनके दो ही ग्रन्थ उपलब्ध होते है; तत्त्वसंग्रहकारिका और ज्ञानसिद्धि। पहला अभी दो

वर्ष पूर्व गायकवाड प्राच्य ग्रन्थ माला [१] मे प्रकाशित हुआ है और दूसरा भी वहीं छप रहा है।

ये सब काम आचार्य शान्तरक्षित के भारत में रहने के वक्त के हैं। अब हम उनके जीवन के उस अंश को देखेंगे जो उन्होंने भोट में धर्म-प्रचार करते समय बिताया। भोट-सम्राट् स्रोङ्-चन्-स्गम-बो का पाँचवाँ उत्तराधिकारी खि-स्रोङ् ल्दे ब्चन (ठि-सोङ्-देचन्)[२] (७१९—८० ई०) हुआ। यह अभी बालक ही था, तभी उसका पिता खि-ल्दं-ग्चुग्-ब्र्तन् (७०५—१९ ई०) स्वर्ग-वासी हुआ और उसे अपने बाप का सिंहासन मिला। भोट-देश मे बौद्ध धर्म के लिए यही धर्माशोक हुआ। इसकी प्रवृत्ति स्वभा-वतः धर्म की ओर थी। उस समय भोट राजवंश का चीन राज-वंश से घनिष्ठ वैवाहिक सम्बन्ध था। ल्हासा[३] में उस समय बहुत से चीनी बौद्ध भिक्षु थे, किन्तु उसकी उनसे तृप्ति न हुई। उसने

---

१ गायकवाड ओरियंटल सीरीज़, बड़ोदा।

२ [खि स्रोङ् ल्दे ब्चन् नाम का मूल रूप है जैसा कि वह लिखा जाता है। उस रूप से मूल धातु प्रकट होते हैं। किन्तु उसके कई अक्षरों का अब उच्चारण नहीं होता। उच्चारित रूप कोष्ठ में है। आगे भी जहाँ एक शब्द के दो रूप दिये हों, वहाँ कोष्ठ के बाहर या अन्दर के रूपों में से एक को उच्चरित रूप समझना चाहिए।]

३. ल्हासा को राजधानी बनानेवाला स्रोङ्चन् है।

गुरु पद्मसम्भव

सम्राट् ख्रि स्रोङ ल्दे ब्चन

धर्मग्रन्थ और धर्म के जानकार किसी आचार्य को लाने के लिए भारत आदमी भेजे। पहले राजपुरुष वज्रासन (बुद्ध गया) गये, और वहाँ राजा की ओर से महाबोधि की पूजा की, फिर वहाँ से नालन्दा पहुँचे। उन्हे वहाँ पता लगा कि आचार्य इस समय नेपाल मे हैं। इस पर वे नेपाल पहुँचे और आचार्य के सामने भोट-राज की भेंट रख राजा की प्रार्थना कह सुनाई। आचार्य ने प्रार्थना स्वीकृत की। इस प्रकार आचार्य शान्तरक्षित बड़े सत्कार-पूर्वक नेपाल से ल्हासा (अन्दाजन ७२४ ई० मे) लाये गये। यहाँ आचार्य के उपदेशो का बड़ा अच्छा प्रभाव पड़ा, विशेष कर तरुण राजा तो बहुत प्रभावित हुआ। तो भी कितने ही दरबारी तथा दूसरे लोग इससे असन्तुष्ट थे। इसी समय देश मे कुछ बीमारियाँ तथा दूसरे उपद्रव हुए। विरोधियो ने यह कहना आरम्भ किया कि भोट के देवी-देवता और आचार्य उनकी शिक्षा से असन्तुष्ट है। इस पर आचार्य शान्तरक्षित नेपाल लौट गये।

उनके लौट जाने पर चीन के सड्-शी प्रदेश के कितने ही बौद्ध विद्वान् ल्हासा पहुँचे। कुछ दिनो तक उनका प्रभाव भी राजा पर अच्छा रहा। दरबार मे उनका बहुत सम्मान होने लगा। किन्तु कुछ ही दिनो बाद राजा को फिर वृद्ध भारतीय आचार्य को बुलाने की इच्छा हुई। इस प्रकार राज द्वारा निमन्त्रित हो आचार्य शान्तरक्षित दूसरी बार (अन्दाजन ७२६ ई०) ल्हासा पहुँचे। भोट ऐतिहासिक लिखते हैं कि आचार्य को फिर देवी-

देवताओं के प्रकोप का भय हुआ, उन्होंने राजा को उड़ीसा के राजवंशोत्पन्न आचार्य पद्मसभव [1] को बुलाने की राय दी। कहा जाता है कि पद्मसम्भव ने मन्त्र-बल से भोट के सभी देवी-देवता, डाकिनी, योगिनी, खसर्पिणी, यक्षिणी, भूत, प्रेत, वैताल आदि को परास्त कर उन्हें बौद्ध धर्म का सहायक होने के लिए प्रतिज्ञा बद्ध कराया।

आचार्य शान्तरक्षित ने राजा ख्रि-स्रोङ्-ल्दे ब्चन की सहायता से ल्हासा से दो दिन के रास्ते पर दक्षिण में, ब्रह्मपुत्र के तट पर ब्सम् यस् (सम-ये) का विहार अग्नि-स्त्री-शश वर्ष (प्रभव नाम सवत्सर=७२७ ई०) में बनवाना आरम्भ किया। १२ वर्ष के बाद भूमि-स्त्री-शश वर्ष (प्रमाथी सवत्सर, ७३८ ई०) मे वह बन कर तैयार हुआ। सम्-ये का विहार उदन्तपुरी के विहार के नमूने पर बना, और इसमे १२ खंड (आँगनवाले) थे। भोट-देश का यही सबसे पुराना विहार है। विहार की समाप्ति

---

१. पद्मसंभव की उत्पत्ति भी कबीर साहब की भाँति कमल से बतलाई जाती है; उड़ीसा का विख्यात वज्रयानी राजा इन्द्रभूति तो सिर्फ़ उसका पालन करने वाला था। यह धारणा, मालूम होती है, पद्मसंभव नाम के कारण हुई। कहते हैं, इसने सहोर-राजवंश में शादी की थी और शान्तरक्षित का बहनोई था। भोटिया लोग पद्मसंभव को गोरख और भर्थरी की तरह अमर मानते हैं।

कर, तथा बौद्ध धर्म का अच्छे प्रकार प्रचार कर लेने के बाद भोटवासी कैसे भिक्षु बनते हैं, इसके देखने के लिए उन्होंने १२ मूलसर्वास्तिवादियो को बुला कर जल-मेष वर्ष (सुभानु संवत्सर, ७४२ ई०) मे ये शेस् वङ्-पो (ज्ञानेन्द्र) आदि सात भोटियो को भिक्षु बनाया।

आचार्य शान्तरक्षित और उनके भोटिया शिष्यों ने कुछ सस्कृत ग्रंथों का भोटिया भाषा में अनुवाद भी किया था, किन्तु एकाध तन्त्र ग्रंथो को छोड़ दूसरो का पता नहीं मिलता। कहते है, अन्तिम समय आचार्य ने अपने शिष्य खि-स्रोङ् से कहा था—भोट मे तीर्थिको (अबौद्ध मतो) का प्रबल्य नहीं होगा, आपस ही मे विवाद शुरू होगा, उस समय तुम मेरे शिष्य कमलशील को बुलाना। वह सब शान्त कर देगा। आचार्य शान्तरक्षित की अवस्था उस समय सौ वर्ष के करीब थी। इसी समय (अन्दाजन ७५० ई० मे) किसी दुर्घटना से उन्होंने सम्-ये मे इस लोक की सुदीर्घ और यशस्विनी यात्रा को समाप्त किया। आचार्य शान्तरक्षित का पवित्र शरीरावशेष आज भी सम्-ये मे एक चैत्य मे वर्तमान है, जो पूर्वकाल के भारतीय वृद्धों के साहस का ज्वलन्त प्रमाण है। आचार्य शान्तरक्षित के दिवंगत होने पर भिक्षुओ (ह्व-शङ्) ने फिर विवाद आरम्भ किया, जिससे राजा ने आचार्य कमलशील को निमन्त्रित किया और उन्होंने ल्हासा मे शास्त्रार्थ कर विवाद का अन्त किया।

भोट-निवासी आचार्य शान्तरक्षित को भोट में बौद्ध धर्म का

संस्थापक मानते हुए भी उनकी स्मृति का वैसा उत्सव नहीं करते, जैसा कि सिंहल-निवासी महेन्द्र के लिए करते हैं। कारण ढूँढ़ने को दूर जाने की आवश्यकता नहीं। भोट में भगवान् बुद्ध के मधुर स्वाभाविकता-पूर्ण सीधे हृदय के अन्तस्तल तक पहुँच जाने वाले सूत्रों का उतना मान नहीं है, जितना भूत प्रेत जादू-टोने के मंत्रों का। यद्यपि आचार्य शान्तरक्षित तन्त्र-ग्रन्थों के भी लेखक हैं, तो भी वस्तुतः वे गम्भीर दार्शनिक थे। इसी लिए वे भोटवालों के जादू-टोने की भूख को शान्त न कर पाये। यह काम पद्मसम्भव और दूसरों ने, मालूम होता है, किया, और इसी लिए जहाँ कुछ एक बड़े गुम्बाओं (विहारों) के अतिरिक्त महापंडित बोधिसत्व (शान्तरक्षित) की मूर्ति या तसवीर देखने को नहीं मिल सकती, वहाँ गुरु रिम्पोछे या लोबन रिम्पोछे (पद्मसम्भव) की मूर्ति या चित्र से शायद ही भोट का कोई साधारण चित्त वाला घर भी वंचित हो।

बौद्ध धर्म में चार दार्शनिक वाद हैं—वैभाषिक, सौत्रान्तिक, योगाचार और माध्यमिक। क्षणिकवाद को मानते हुए भी पहले दो बाह्य पदार्थों की सत्ता उस क्षण में स्वीकार करते हैं, इसी लिए इन्हें बाह्यार्थवादी भी कहते हैं। ये दोनों वाद श्रावकयान या हीनयान में गिने जाते हैं। वैभाषिकों का मूल दार्शनिक ग्रन्थ कात्यायनीपुत्र का ज्ञानप्रस्थान शास्त्र, उसके छः अंग तथा वसुबन्धु के अभिधर्मकोश के उत्तर में लिखा गया संघभद्र का न्यायानुसार शास्त्र है। सौत्रान्तिकों का प्रधान ग्रन्थ आचार्य वसुबन्धु का अभि-

धर्मकोश है। वैभाषिक दर्शन चीनी भाषा (या लिपि) ही में मिलता है। वसुबन्धु का अभिधर्मकोश[1] कई टीकाओं तथा भाष्य-सहित भोटिया भाषा में भी मिलता है। योगाचार विज्ञानवादी है और माध्यमिक शून्यवादी। योगाचार के प्रधान आचार्य वसुबन्धु के ज्येष्ठ भाई पेशावर-नगरोत्पन्न असंग हैं और शून्यवाद के नागार्जुन। ये दोनों ही वाद महायान में गिने जाते हैं। चीन-जापान के बौद्धों का अधिक झुकाव विज्ञानवाद की ओर है, और भोट के बौद्धों का शून्यवाद की ओर। शून्यवाद वज्रयान का अधिक सहायक है, इसलिये भी ऐसा होना स्वाभाविक है। अस्तु।

आचार्य शान्तरक्षित ने यद्यपि माध्यमिक सिद्धान्त पर भी मध्यमकालंकार जैसा प्रौढ़ ग्रन्थ लिखा है, तो भी वे स्वयं विज्ञान-वादी थे, यह उनके तत्वसंग्रह से पता लगता है, आचार्य शान्तर-क्षित को भोटिया जीवनी लेखकों ने स्वपरतन्त्र-निष्णात लिखा है यह बात उनके तत्त्वसंग्रह से भी प्रकट होती है। यह अनमोल ग्रन्थ जिसमें ग्रन्थकर्ता ने अपने और अपने से पूर्व सभी दर्शनिकों

---

1. अभिधर्मकोश को बेलजियम के प्राच्य महापंडित डाक्टर वले दि ला यूसिन् के चीनी से फ्रेंच में किये गये अनुवाद तथा उद्धृत कारिकाओं के सहारे पर पूर्ण कर, एक सरल टीका तथा विस्तृत भूमिका के साथ संस्कृत में मैंने तैयार किया है, जो काशी विद्यापीठ की ओर से प्रकाशित हुआ है।

की गम्भीर आलोचना की है, शान्तरक्षित के अगाध पाण्डित्य का अच्छा परिचायक है। इसमे ३६४६ कारिकाये या श्लोक तथा २६ अध्याय है। इसके अध्याय 'परीक्षा' कहे गये हैं। इस पर आचार्य कमलशील की सविस्तर पञ्जिका है। परीक्षाये इस प्रकार है—

१—प्रकृति-परीक्षा (सांख्यमतखण्डन)।

२—ईश्वर-परीक्षा (नैयायिकमतखण्डन—आविद्धकर्ण, प्रशस्तमति, उद्योतकर के मतों का प्रत्याख्यान)।

३—(प्रकृति-ईश्वर) उभयपरीक्षा (योगमतखण्डन)।

४—स्वाभाविक जगद्वादपरीक्षा।

५—शब्दब्रह्मपरीक्षा (वैयाकरणमतख०)

६—पुरुषपरीक्षा (उपनिषद्-मतख०)

७—आत्मपरीक्षा (वैशेषिक-नैयायिकमतख० उद्योनकर शकरस्वामी आदि का प्रत्याख्यान)।

८—स्थिरभावपरीक्षा (अक्षणिकवादख०)

९—कर्मफलसम्बन्धपरीक्षा (कुमारिल आदि के मत का ख०)

१०—द्रव्यपदार्थपरीक्षा (वैशेषिकमतख०)

११—गुणपदार्थपरीक्षा ”

१२—कर्मपदार्थपरीक्षा ”

१३—सामान्यपरीक्षा ”

१४—विशेषपरीक्षा ”

१५—समवायपरीक्षा ”

१६—शब्दार्थ परीक्षा (भामह, कुमारिल, उद्योतकर का प्रत्या०)।

१७—प्रत्यक्षलक्षण परीक्षा (सुमति, कुमारिल का प्रत्या०)।

१८—अनुमानपरीक्षा (वैशेषिक, अविविक्त, उद्योतकर, आविद्धकर्ण का प्रत्या०)।

१९—प्रमाणान्तपरीक्षा ।

२०—स्याद्वादपरीक्षा (जैनमत खडन)।

२१—त्रैकाल्यपरीक्षा (बौद्ध आचार्य धर्मत्रात, घोषक, बुद्धदेव, वसुमित्र के मतो का खण्डन)।

२२—लोकायतपरीक्षा (चार्वाकमतखडन)।

२३—बहिरर्थपरीक्षा (वैभाषिक सौत्रान्तिकमतखंडन)

२४—श्रुतिपरीक्षा (मीमांसामत-खडन कुमारिलका- प्रत्या० ।

२५—स्वतः प्रामाण्यपरीक्षा ,, ,,

२६—अतीन्द्रियदर्शिपुरुष-परीक्षा ,, ,,

§ २. आचार्य दीपंकर श्रीज्ञान

भोट देश की विद्वन्मडली मे जिन दो भारतीय आचार्यों का अधिक सम्मान है वे शान्तरक्षित और दीपंकर श्रीज्ञान हैं। दीपंकर को तिब्बत मे अधिकतर अतिशा, जोवो (स्वामी) तथा जोवो-जे (स्वामी भट्टारक) कहते हैं। शान्तरक्षित और अतिशा दोनो ही सहोर प्रदेश के एक ही राजवंश में उत्पन्न हुए थे।

बङ्गदेशीय विद्वान् अतिशा को बङ्गवासी बतलाते हैं। 'बौद्ध गान औ दोहा' नामक पुस्तक की भूमिका मे महामहोपाध्याय हर-प्रसाद् शास्त्री ने बँगला साहित्य को सातवीं-आठवीं शताब्दी मे पहुँचाते हुए मूसुकु, जालंधरी, कान्ह, सरह आदि सभी कवियों को बङ्गाली कहा है। यह कोई नवीन बात नही है। विद्यापति भी बहुत दिनों तक बङ्गाली ही बने रहे। कान्ह, सरह आदि चौरासी सिद्ध हिन्दी के आदि-कवि है। जिस प्रकार गोरखनाथ आदि एक-आध को छोड़ कर उन चौरासियों के नाम भी हम नहीं मालूम हैं, उसी प्रकार हम उनकी कविता को भी भूल गये है। चौरासी सिद्धो की बात दूसरे वक्त के लिए छोड़ता हूँ[1]।

सहोर बङ्गाल मे नहीं बिहार में है। सहोर वहीं हैं, जहाँ विक्रमशिला है। अभी तक किसी ने विक्रमशिला को बङ्गाल मे ले जाने का साहस नही किया, फिर उसके दक्षिण 'नाति दूर' बसा नगर कैसे बङ्गाल मे जा सकता है? महामहोपाध्याय सतीशचन्द्र विद्याभूषण ने भागलपुर-ज़िले के सुल्तानगज को विक्रमशिला निश्चित किया है, जो मुझे भी ठीक जँचता है।

---

१. [लेखक का चौरासी सिद्धों विषयक तिब्बती वाङ्मय पर आश्रित अत्यन्त मौलिक लेख अब सुल्तानगंज, भागलपुर की 'गंगा' के पुरातत्त्वाङ्क में निकल चुका है, और उसका फ्रेंच अनुवाद भी यूर्नाल आज़ियातीक (Journal Asiatique) के लिए हो रहा है।]

मुसलमानों के आगमन से पूर्व विक्रमशिला वाला प्रदेश (भागलपुर जिले का दक्षिणी भाग) सहोर या भागल नाम से प्रसिद्ध था। सहोर मांडलिक राज्य था, जिसकी राजधानी वर्तमान कहल गाँव या इसके पास ही कहीं थी। दशवीं शताब्दी के उत्तरार्द्ध मे राजा कल्याणश्री इसके शासक थे। उस समय बिहार-बङ्गाल पर पालवंश की विजयध्वजा फहरा रही थी। राजा कल्याणश्री भी उन्ही के अधीन थे। राजधानी विक्रमपुरी (भगलपुरी या भागलपुर) के 'कांचनध्वज' राजप्रासाद में रानी श्रीप्रभावती ने भोटिया जल-पुरुष-अश्व वर्ष (चित्रभानु संवत्सर, ९८२ ईसवी) मे एक पुत्र-रत्न को जन्म दिया, जो आगे चल कर अपने ऐतिहासिक दीपंकर श्रीज्ञान नाम से प्रसिद्ध हुआ। राजा कल्याणश्री के तीन लड़को में यह मँझला था। राजा ने लड़कों के नाम क्रमशः पद्मगर्भ, चन्द्रगर्भ और श्रीगर्भ रक्खे थे। थोड़े दिन बाद चन्द्रगर्भ को रथ मे बैठा पाँच सौ रथों के साथ माता-पिता उन्हें 'उत्तर तरफ़' 'नातिदूर' विक्रमशिला-विहार मे ले गये। लक्षणज्ञों ने बालक को देख कर अनेक प्रकार की भविष्यद्वाणियाँ कीं। तीन वर्ष की आयु में राजकुमार पढ़ने के लिए बैठाये गये; ग्यारह वर्ष की आयु में उन्होंने लेख व्याकरण और गणित भली भाँति पढ़ लिया।

आरम्भिक अध्ययन समाप्त कर लेने पर कुमार चन्द्रगर्भ ने भिक्षु बन कर निश्चिन्तता-पूर्वक विद्या पढ़ने का संकल्प किया। वे एक दिन घूमते हुए जङ्गल मे एक पहाड़ के पास जा निकले।

वहाँ उन्होंने सुना कि यहाँ एक कुटिया में महावैयाकरण महापण्डित जेतारि रहते हैं। राजकुमार उनके पास गये। उन्हें देख कर जेतारि ने पूछा—तुम कौन हो? उन्होंने उत्तर दिया—मैं इस देश के स्वामी का पुत्र हूँ। जेतारि को इस कथन में अभिमान-सा प्रतीत हुआ, और उन्होंने कहा—हमारा स्वामी नहीं, दास नहीं, रक्षक नहीं; तू धरणीपति है, तो चला जा। महावैरागी जेतारि के विषय में राजकुमार पहले ही सुन चुके थे, इसलिए उन्होंने बड़े विनयपूर्वक अपना अभिप्राय उन्हें बतलाया और गृहत्यागी होने की इच्छा प्रकट की। इस पर जेतारि ने उन्हें नालन्दा जाने का परामर्श दिया।

बौद्ध धर्म में माता-पिता की आज्ञा के बिना कोई व्यक्ति साधु (श्रामणेर या भिक्षु) नहीं बन सकता। चन्द्रगर्भ को इस आज्ञा की प्राप्ति में कम कठिनाई नहीं हुई। आज्ञा मिल जाने पर वे अपने कुछ अनुचरों के साथ नालन्दा को गये। नालन्दा पहुँचने से पूर्व वे नालन्दा के राजा के पास (बिहार शरीफ, पटना-ज़िला) गये। राजा ने सहोर के राजकुमार की बड़ी ख़ातिर की और पूछा—विक्रमशिला-विहार पास में छोड़ कर, यहाँ क्यों आये? कुमार ने इस पर नालन्दा की प्राचीनता और विशेषतायें बतलाईं। राजा ने नालन्दा-विहार में कुमार के रहने के लिए सुन्दर आवास का प्रबन्ध करा दिया। वहाँ से राजकुमार नालन्दा के स्थविर बोधिभद्र के पास पहुँचे। अभी वे बारह वर्ष से भी कम उम्र के थे। बौद्ध-नियमानुसार वे श्रामणेर ही बन सकते थे, भिक्षु होने

के लिए २० वर्ष से ऊपर का होना अनिवार्य था। आचार्य बोधिभद्र ने कुमार को श्रामणेर-दीक्षा दी, और पीले कपड़ों के साथ उनका नाम दीपंकर श्रीज्ञान पड़ा।

उस समय आचार्य बोधिभद्र के गुरु अवधूतीपाद (दूसरे नाम अद्वयवज्र, अवधूतीपा, मैत्रीगुप्त और मैत्रीपा) राजगृह में कालशिला के दक्षिण ओर एकान्त वास करते थे। वे एक बड़े पण्डित तथा सिद्ध थे। बोधिभद्र दीपंकर को आचार्य अवधूतीपा के पास ले गये, और उनकी स्वीकृति से उन्हें पढ़ने के लिए वहीं छोड़ आये। १२ से १८ वर्ष की अवस्था तक दीपङ्कर राजगृह में अवधूतीपाद के पास पढ़ते रहे। इस समय उन्होंने शास्त्रों का अच्छा अध्ययन किया।

१८ वर्ष की अवस्था हो जाने पर दीपङ्कर मन्त्र शास्त्र के विशेष अध्ययन के लिए अपने समय के बड़े तान्त्रिक, चौरासी सिद्धों में एक सिद्ध, विक्रमशिला के उत्तर-द्वार के द्वार-पण्डित नारोपा (नाडपाद) के पास पहुँचे। तब से २९ वर्ष तक उन्हीं के पास पढ़ते रहे। दीपङ्कर के अतिरिक्त प्रज्ञारक्षित, कनकश्री तथा मनकश्री (माणिक्य) भी नारोपा के प्रधान शिष्य थे। तिब्बत के महासिद्ध महाकवि जेचुन् मिला-रे-पा के गुरु मर-वा लोचवा भी नारोपा के ही शिष्य थे।

उस समय बुद्धगया महाविहार के प्रधान एक बड़े विद्वान् भिक्षु थे। इनका नाम तो और था, किन्तु वज्रासन (बुद्धगया)

में वास के कारण ये वज्रासनीय (दोर्जे-दन्-पा) के नाम से प्रसिद्ध थे। नारोपा के पास अध्ययन समाप्त कर दीपङ्कर वज्रासन के 'मतिविहार'-निवासी महास्थविर महाविनयधर शीलरक्षित के समीप पहुँचे और उनको गुरु बना उपसम्पदा (=भिक्षु-दीक्षा) प्राप्त की।

३१ वर्ष की आयु मे दीपङ्कर तीनों पिटकों तथा तन्त्र के पण्डित हो चुके थे, तो भी उनकी ज्ञानपिपासा शान्त न हुई थी। उन्होंने सुवर्णद्वीप (सुमात्रा) के आचार्य धर्मपाल की प्रसिद्धि सुनी थी। महापंडित रत्नाकर-शांति (शांतिपा, चौरासी सिद्धों मे एक) ज्ञानश्रीमित्र, रत्नकीर्ति आदि उनके शिष्यो से वे मिले थे। अब उन्होने स्वर्णद्वीपीय आचार्य के पास जा कर पढ़ने का निश्चय किया। तदनुसार बुद्धगया से विदा हो वे समुद्रतट पर पहुँचे और जहाज पर चढ़ अनेक विघ्न-बाधाओं के बाद १४ मास मे सुवर्ण-द्वीप पहुँचे।

सुवर्णद्वीप के आचार्य के पास किसी का शीघ्र पहुँच जाना सहज बात नहीं थी, इसलिए दीपङ्कर एक वर्ष तक एकांत जगह में वास करते रहे। बीच बीच मे कोई कोई भिक्षु उनके पास आया-जाया करते थे। इस प्रकार धीरे धीरे उनकी विद्वत्ता का पता लोगों को लग गया; और अंत मे बिना किसी रुकावट के वे सुवर्णद्वीपीय आचार्य के शिष्यों में दाखिल हो गये। आचार्य धर्मपाल के पास उन्होंने १२ वर्ष तक विद्याध्ययन किया। यहाँ

आचार्य सुवर्णद्वीपीय धर्मपाल

विशेष करके उन्होंने दर्शन-ग्रंथ पढ़े। 'अभिसमयालङ्कार' बोधिचर्य्यावतार को समाप्त कर उन्होंने दूसरे गम्भीर ग्रंथ पढ़े।

अध्ययन-समाप्ति पर रत्नद्वीप तथा दूसरे पास के देशों को देखते हुए दीपङ्कर फिर भारत लौट आये और विक्रमशिला-विहार में रहने लगे। विशेष योग्यता के कारण वे वहाँ ५१ पंडितों के ऊपर १०८ देवालयों के तत्त्वावधायक बना दिये गये। उनके आचार्यों में तन्त्र रहस्य बतलाने वाले सिद्ध डोम्बी भी थे। भूति-कोटिपाद, प्रज्ञाभद्र तथा रत्नाकरशांति (शांतिपा) से भी उन्होंने पढ़ा था। उनके गुरु अवधूतिपा सिद्धाचार्य डमरूपा के शिष्य थे, जो महान् सिद्ध तथा महाकवि कण्हपा (कृष्णाचार्यपाद, सिद्धा-चार्य जलंधरीपा के शिष्य) के शिष्य थे। कण्हपा तथा उनके गुरु जलंधरीपा ८४ सिद्धों में अपना खास स्थान रखते हैं। कण्हपा अपने समय के हिन्दी के एक उच्च कोटि के छायावादी (संध्यावादी) कवि थे।

गुप्त सम्राटों में जो स्थान समुद्रगुप्त का है, पाल राजाओं में वही स्थान धर्मपाल का है। गंगातट पर एक छोटी सी सुन्दर पहाड़ी को देख कर महाराज धर्मपाल ने उस पर विक्रमशिला-विहार स्थापित किया। इतने बड़े राजा की सहायता होने से यह विहार एक दम विशाल रूप में लोगों के सामने आया। नालन्दा की भाँति इसे धीरे धीरे उन्नति करने की जरूरत नहीं हुई। विक्रमशिला में आठ महापण्डित तथा १०८ पण्डित रहते थे।

इनके अतिरिक्त बहुत से देशी-विदेशी विद्यार्थी विद्याभ्यास के लिए आ कर निवास करते थे। दीपङ्कर के समय वहाँ के संघ-स्थविर रत्नाकर थे। शांतिभद्र, रत्नाकरशांति, मैत्रीपा (अवधूतीपा) डाम्बीपा, स्थविरभद्र, स्मृत्याकर सिद्ध (कश्मीरी) तथा अतिशा आदि आठ महापण्डित थे। विहार के मध्य में अवलोकितेश्वर (बोधि-सत्त्व) का मंदिर था। परिक्रमा मे छोटे-बड़े ५३ तांत्रिक देवालय थे। यद्यपि राज्य में नालन्दा, उडन्तपुरी (उडन्त = उडती) और वज्रासन (बोधगया) तीन और महाविहार थे, तथापि विक्रमशिला पालवंशियों का विशेष कृपा-भाजन था। उस घोर तांत्रिक युग में यह मन्त्र-तन्त्र का गढ़ था। चौरासी सिद्धों मे प्रायः सभी पालो के ही राज्यकाल मे हुए है, उनमें अधिकांश का सम्बन्ध इसी विहार से था। अपने मन्त्र-तन्त्र, बलिप्रदान आदि हाथियारों से इसने आक्रमणकारी 'तुरुष्कों' (तुर्कों) के साथ भी अच्छा लोहा लिया था। तिब्बती लेखकों के अनुसार यहाँ के सिद्धों ने अपने देवताओं और यक्षों की सहायता से उन्हें अनेक बार मार भगाया था।

तिब्बत-सम्राट् स्रोङ्-चन्-गम्बो और ठि-स्रोङ्-दे-चन् तथा उनके वंशजों ने तिब्बत में बौद्ध धर्म फैलाने के लिए बहुत प्रयत्न किया था। अनुकूल परिस्थिति के न होने के कारण पीछे उन्हीं के वंशज ठि-क्यि-दे-ञीमा-गोन् ल्हासा छोड़ कर ङरी प्रदेश (मान-सरोवर से लद्दाख की सीमा तक) मे चले गये। वहाँ उन्होंने अपना राज्य स्थापित किया। इन्हीं का पौत्र राजा ल्ह-ल्दग्-खोरे

हुआ, जो अपने भतीजे ल्ह-लामा येशे-ओ को राज्यभार सौंप अपने दोनों पुत्रों—देवराज तथा नागराज—के साथ भिक्षु हो गया (दशम शताब्दी ई०)।

राजा येशे-ओ (ज्ञानप्रभ) ने देखा कि तिब्बत में बौद्ध धर्म शिथिल होता जा रहा है, लोग धर्मतत्व को भूलते जा रहे हैं। इन्होंने अनुभव किया कि अगर कोई सुधार न किया गया तो पूर्वजों द्वारा प्रज्वलित यह सुखद प्रदीप बुझ जायगा। यह सोच रत्नभद्र (रिन्-छेन् सङ्-पो, पीछे लो-छेन-रिम्पो-छे) प्रभृति २१ होनहार भोटिया बालकों को दस वर्ष तक देश में अच्छी शिक्षा दिला कर विद्याध्ययन के लिए कश्मीर भेज दिया। वहाँ पहुँच कर वे सब पंडित रत्नवज्र के पास पढ़ते रहे। किन्तु जब उन २१ में से सिर्फ दो—रत्नभद्र तथा सुप्रज्ञ (लेग्-प-शे-रब्) जीते लौट कर आये तब राजा को बड़ा खेद और निराशा हुई। फिर भी राजा ने हिम्मत न हारी। उन्होंने सोचा, भारत जैसे गर्म देश में ठंढे देश के आदमियों का जीना मुश्किल है, इस लिए किसी अच्छे पंडित को ही भारत से यहाँ बुलाना चाहिए। उस वक्त उन्हें यह भी मालूम हुआ कि इस समय विक्रमशिला-महाविहार में दीपंकर श्रीज्ञान नामक एक महापंडित हैं, यदि वे भोट-देश में आ जायँ तो सुधार हो सकता है। इस पर बहुत सा सोना दे कर कुछ आदमियों को विक्रमशिला भेजा। वे लोग वहाँ पहुँच कर दीपंकर की सेवा में उपस्थित हुए, किन्तु उन्होंने भोट जाना अस्वीकार कर दिया।

भोट-राज येशे-ओ फिर भी हताश न हुए। उन्होंने अब की बार बहुत सा सोना जमा कर किसी पंडित को भारत से लाने के लिए आदमियों को फिर भेजने का निश्चय किया। उस समय उनके खजाने में पर्याप्त सोना न था, इसलिए सोना एकत्र करने के लिए वे आदमियों-सहित सीमान्त-स्थान में गये। वहाँ उनके पड़ोसी गरलोग् देश के राजा ने उन्हें पकड़ लिया।

पिता के पकड़े जाने का समाचार पा ल्हा-लामा चङ्-छुप्-ओ (बोधि-प्रभ) उनको छुड़ाने के लिए गर-लोग् गये। कहते हैं, गर-लोग् के राजा ने राजा को छोड़ने के लिए बहुत परिमाण में सोना माँगा। चङ्-छुप्-ओ ने जो सोना जमा किया वह अपेक्षित परिमाण से थोड़ा कम निकला। इस पर और सोना ले आने से पूर्व वे कारागार में अपने पिता से मिलने गये और उनसे सारी कथा कह सुनाई। राजा येशे-ओ ने उन्हें सोना देने से मना किया। कहा—तुम जानते हो, मैं बूढ़ा हूँ; यदि तत्काल न मरा तो भी दश वर्ष से अधिक जीना मेरे लिए असम्भव है; सोना दे देने पर हम भारत से पंडित न बुला सकेंगे और न धर्म के सुधार का काम कर सकेंगे; कितना अच्छा है, यदि धर्म के लिए मेरा अन्त यहीं हो, और तुम सारा सोना भारत भेज कर पंडित बुलाओ; राजा का भी क्या विश्वास है कि वह सोना पा कर मुझे छोड़ ही देगा? अतः पुत्र, मेरी चिन्ता छोड़ो और सोना दे कर आदमियों को भारत में अतिशा के पास भेजो; भोट में धर्म-चिरस्थिति तथा मेरी क़ैद से, आशा है, वे महापंडित हमारे देश पर कृपा करेंगे;

यदि वे किसी प्रकार न आ सकें तो उनके नीचे के किसी दूसरे पंडित को ही बुलाना। यह कह धर्मवीर येशे-ओ ने पुत्र के सिर पर हाथ फेर आशीर्वाद दिया। पुत्र ने भी उस महापुरुष से अन्तिम विदाई ली।

ल्हा-लामा चङ्-छुप्-ओ ने राज्य-भार सँभालने के साथ ही भारत भेजने को आदमी ठीक किये। उपासक गुङ्-थङ्-पा भारत में पहले भी दो वर्ष रह आये थे, उन्हीं को राजा ने यह भार सौंपा। गङ्-थङ्-पा ने नग्र-छो निवासी भिक्षु छुल्-ठिम्-ग्यल्-वा (शीलविजय) को कुछ दूसरे अनुयायियों के साथ अपना सह-यात्री बनाया। ये दस आदमी नेपाल के रास्ते से सीधा विक्रम-शिला पहुँचे। (डाम-तोन्-रचित गुरु-गुण धर्माकर, पृष्ठ ७७)। जिस समय वे गंगा के घाट पर पहुँचे, सूर्यास्त हो चुका था। मल्लाह फिर आने की बात कह भरी नाव को दूसरे पार उतारने गया। यात्री गंगा पार विक्रमशिला के ऊँचे 'गंधोला' को देख कर अपने मार्ग-कष्ट को भूल गये थे। परन्तु देर होने से उन्हें सन्देह होने लगा कि मल्लाह नहीं लौटेगा। सुनसान नदी-तट पर बहुत सा सोना लिये उन्हें भय मालूम होने लगा। उन्होंने सोने को बालू में दबा दिया, और रात वहीं बिताने का प्रबन्ध करना शुरू कर दिया। थोड़ी देर में मल्लाह आ गया। यात्रियों ने कहा—हम तो तुम्हारी देरी से समझने लगे थे कि अब नहीं आओगे। मल्लाह ने कहा—तुम्हें घाट पर पड़ा छोड़ मैं कैसे राज-नियमों का उल्लंघन कर सकता हूँ। नाव आगे बढ़ाते हुए मल्लाह ने उन्हें

बतलाया कि इस वक्त फाटक बन्द हो गये हैं, आप लोग पश्चिम फाटक के बाहर की धर्मशाला में विश्राम करें, सवेरे द्वार खुलने पर विहार में जायँ।

यात्री आखिर पश्चिमी धर्मशाला में पहुँच गये। वे वहाँ अपने रात्रिवास का प्रबन्ध कर रहे थे कि उसी समय फाटक के ऊपरवाले कोठे से भिक्षु ग्य-चोन्-सेङ् ने उनकी बात-चीत सुनी। अपना स्वदेशी जान उसने उनसे बात-चीत करते हुए पूछा कि आप लोग किस अभिप्राय से यहाँ आये हैं। उन्होंने कहा—अतिशा को ले जाने के लिए आये हैं। ग्य-चोन ने उन्हें सलाह देते हुए कहा—आप लोग कहें कि पढ़ने के लिए आये हैं; नहीं तो यह बात और लोगों को मालूम हो जाने पर अतिशा को ले जाना कठिन हो जायगा; मौका पाकर मैं आप लोगों को अतिशा के पास ले जाऊँगा; फिर जैसी उनकी सम्मति हो, वैसा करना।

आने के कुछ दिनों के बाद पंडितों की सभा होने वाली थी। ग्य-चोन् सब को पंडितों का दर्शन कराने के लिए ले गया। वहाँ उन्होंने विक्रमशिला के महापंडितों तथा अतिशा के नीचे के रत्नकीर्ति, तथागतरक्षित, सुमतिकीर्ति, वैरोचनरक्षित, कनकश्री आदि पंडितों को देखा। उसी समय उन्हें यह भी मालूम हो गया कि यहाँ की पंडितमंडली में अतिशा का कितना सम्मान है।

इसके कुछ दिन बाद एकान्त पा ग्य-चोन् उन्हें अतिशा के निवास पर ले गया। उन्होंने अतिशा को प्रणाम कर सारा सुवर्ण रख दिया, और भोट-राज ये-शे-ओ के बन्दी होने की बात तथा

उनकी अन्तिम कामना कह सुनाई। दीपंकर इससे बहुत ही प्रभावित हुए। उन्होंने कहा—निस्संदेह भोट-राज येशे-ओ बोधि-सत्व थे; मैं उनकी कामना भंग नहीं कर सकता, किन्तु तुम जानते हो मेरे ऊपर १०८ देवालयों के प्रबन्ध का भार तथा दूसरे बहुत से काम हैं; इनसे छुट्टी लेने मे १८ मास लगेंगे, फिर मै चल सकूँगा; अभी यह सोना अपने पास ही रक्खें।

इसके बाद भोट-यात्री पढ़ने का बहाना करके वहीं रहने लगे। आचार्य दीपंकर भी अपने प्रबन्ध मे लगे। समय पा उन्होने संघस्थविर रत्नाकरपाद से सब बाते कहीं। रत्नाकर इसके लिए सहमत होने को तैयार न हो सकते थे। उन्होंने एक दिन भोट-सज्जनों से भी कहा—भोट आयुष्मन्, आप लोग अपने को पढ़ने के लिए आया कहते हैं; क्या आप लोग अतिशा को ले जाने को तो नही आये हैं? इस समय अतिशा 'भारतीयों की आँख' हैं; देख नहीं रहे हो, पश्चिम-दिशा मे 'तुरुष्कों' का उपद्रव हो रहा है[1]; यदि इस समय अतिशा चले गये तो भगवान् का धर्मसूर्य भी यहीं से अस्त हो जायगा।

बहुत कठिनताई से संघस्थविर से जाने की अनुमति मिली। अतिशा ने सोना मँगाया। उसमे से एक चौथाई पण्डितों के लिए, दूसरी चौथाई वज्रासन (बुद्धगया) में पूजा के लिए, तीसरी

---

१. [तब महमूद गज़नवी की मृत्यु हुए कुछ ही बरस बीते थे; मध्य एशिया में भी इस्लाम और बौद्ध-धर्म का मुकाबला जारी था।]

रत्नाकरपाद के हाथ में बिक्रमशिला-संघ के लिए और शेष चौथाई राजा को दूसरे धार्मिक कृत्यों के लिए बाँट दिया। फिर अपने आदमियों को कुछ भोट-जनों के साथ ही पुस्तकें तथा दूसरी आवश्यक चीजें दे नेपाल की ओर भेज दिया। और आप अपने तथा लोचवा[1] के आदमियों के साथ—कुल बारह जन बुद्धगया की ओर चले।

वज्रासन तथा दूसरे तीर्थस्थानो का दर्शन कर पंडित क्षिति-गर्भ आदि के साथ बीस आदमियों की मण्डली ले आचार्य दीपंकर भारत-सीमा के पास एक छोटे से विहार में पहुँचे। दीपंकर का शिष्य डोम्-तोन् अपने ग्रन्थ गुरु-गुणधर्माकर मे लिखता है—स्वामी के भोट-प्रस्थान के समय भारत का (बुद्ध) शासन अस्त होने वाला सा था। भारत की सीमा के पास अतिशा को किसी कुतिया के तीन अनाथ छोटे छोटे बच्चे पड़े दिखाई दिये। साठ वर्ष के बूढ़े संन्यासी ने किन्हीं अनिर्वचनीय भावो से प्रेरित हो मातृभूमि के अन्तिम चिह्न-स्वरूप इन्हे अपने चीवर (भिक्षु-परिधानवस्त्र) मे उठा लिया। कहते हैं, आज भी उन कुत्तों की जाति डाङ् प्रदेश मे वर्तमान है।

भारत-सीमा पार हो अतिशा की मंडली नेपाल राज्य में प्रविष्ट हुई। धीरे धीरे वह राजधानी मे पहुँची। राजा ने बहुत

---

१. [भारतीय पंडित के सहायक तिब्बती दुभाषिये लोचवा कहलाते थे।]

सम्मान के साथ उसको अपना अतिथि बनाया। उसने अपने देश मे रहने के लिए बहुत आग्रह किया। इसी आग्रह में अतिशा को एक वर्ष नेपाल मे रह जाना पड़ा। उस वक्त और धार्मिक कार्यों के अतिरिक्त उन्होंने एक राजकुमार को भिक्षु बनाया, तथा वहीं से गौडेश्वर महाराज नेपाल को एक पत्र लिखा, जिसका अनुवाद आज भी तंज्यूर मे वर्तमान है।

नेपाल से प्रस्थान कर जिस वक्त दीपंकर अपने अनुचरों सहित थुङ्-विहार में पहुँचे, भिक्षु ग्य-चोन्-सेङ् की बीमारी से उन्हें वहाँ ठहरना पड़ा। बहुत उपाय करने पर भी ग्य-चोन् न बच सके। ग्य-चोन् जैसे विद्वान् बहुश्रुत दुभाषिया प्रिय शिष्य की मृत्यु से आचार्य को अपार दुःख हुआ। निराश हो कर उन्होंने कहा—अब मेरा भोट जाना निष्फल है; बिना लोचवा के मैं वहाँ जा कर क्या करूँगा। इस पर शीलविजय आदि दूसरे लोचवों ने उन्हें बहुत समझाया।

मार्ग मे कष्ट न होने देने के लिए राजा चङ्-छुप्-ओ ने अपने राज्य मे सब जगह प्रबन्ध कर दिया था। भोट-निवासी साधारण गृहस्थ भी इस भारतीय महापंडित के दर्शन के लिए लालायित थे। इस प्रकार भोट-जनों को धर्म-मार्ग बतलाते हुए आचार्य दीपंकर श्रीज्ञान जल-पुरुष-अश्व वर्ष (चित्रभानु संवत्सर, १०४२ ई०) मे ६१ वर्ष की अवस्था में ङरी (=पश्चिमी तिब्बत) मे पहुँचे। राजधानी थोलिङ् मे पहुँचने से पूर्व ही राजा अगवानी के लिए आया। बड़ी स्तुति और सत्कार के साथ उन्हें वह थोलिङ्-विहार

में ले गया। इसके बाद आचार्य दीपंकर ९ मास इसी विहार में रहे। इस वक्त उन्होंने धर्मोपदेश के अतिरिक्त कई ग्रन्थों के अनुवाद तथा रचना का काम किया। यहीं उन्होंने अपना प्रसिद्ध ग्रन्थ बोधिपथ-प्रदीप लिखा था।

ङरी प्रदेश के तीन वर्ष के निवास-काल मे दीपंकर ने कितने ही अन्य ग्रन्थ लिखे और अनुवाद किये। द्रुम-पुरुष-वानर वर्ष (हेमलम्ब, १०४४ ई०) में वे पुरङ् पहुँचे। यहीं अतिशा का प्रिय गृहस्थ शिष्य डोम्-तोन् उनके पास पहुँचा। तब से मरणपर्यन्त छाया की भाँति वह अपने गुरु के साथ रहा, और मरने के बाद गुरु-गुण-धर्माकर नामक अतिशा की जीवनी लिखी। भोट में बीच बीच में ठहरते हुए भी आचार्य बराबर विचरते ही रहे। उनका ग्रन्थ-प्रणयन तथा अनुवाद का काम बराबर जारी रहा। अग्नि-पुरुष-शूकर वर्ष (सर्वजित, १०४७ ई०) में सम्-ये तथा लोह-पुरुष-व्याघ्र वर्ष (विकृत, १०५० ई०) में वे यर्-वा गये। अपने चौदह वर्ष के भोट-निवास में प्रथम यात्रा के अतिरिक्त वे तीन वर्ष ङरी-प्रदेश में चार वर्ष उइ और चाङ् प्रदेश मे, एवं ६ वर्ष ञेथङ् में रहे। द्रुम-पुरुष-अश्व वर्ष (जय, १०५४ ई०) के भोटिया नवं मास की अठारहवीं तिथि (कार्तिक-अगहन-कृष्ण ३, ४) को ञेथङ् के तारा-मन्दिर में ७३ वर्ष की अवस्था में इन महापुरुष ने अपना नश्वर शरीर छोड़ा। डोम्-तोन् इस समय इनके पास था। ल्हासा से लौटते वक्त २५ अप्रेल १९३० को मैं इस पवित्र स्थान पर गया। अतिशा के समय से अब तक बहुत ही कम इस

दीपंकर श्रीज्ञान (अतिशा)

डोम् तोन्-पा

मन्दिर मे परिवर्तन हुआ है। इस बात का साक्ष्य उसके जर्जर विशाल रक्त चन्दन-स्तम्भ ही दे रहे हैं। अब भी वहाँ दीपंकर का भिक्षापात्र, धर्मकारक (कमण्डलु) तथा खदिरदंड, राजमुद्रालाँछित एक पिंजड़े मे सुरक्षित रक्खे हैं और बतला रहे हैं कि अभी कल तक भारत की बूढ़ी हड्डियों में कितना साहस था।

भोट देश के वर्तमान चारो बौद्ध सम्प्रदाय आचार्य दीपंकर को एक सा पूजनीय मानते हैं। उनकी डोम्-तोन्-द्वारा चली हुई तान्त्रिक परम्परा मे ही चोङ्-ख-पा शिष्य हुए थे। ये वही चोङ्-खा-पा हैं जिनके अनुयायी पीली टोपीवाले लामा भोट-देश मे धर्म और राज्य दोनो के प्रधान हैं। ये लोग अपने को अतिशा का अनुयायी मानते हैं और अतिशा की शिष्य-परम्परा का-दम्-पा लोगो का उत्तराधिकारी अपने को नवीन का-दम्-पा बतलाते हैं।

आचार्य दीपंकर की कृतियाँ मूल संस्कृत तथा मातृ-भाषा मे लुप्त हो चुकी है, यद्यपि उनके अनुवाद अब भी तिब्बती तंज्यूर संग्रह में सुरक्षित हैं। धर्म तथा दर्शन पर उन्होंने ३५ से ऊपर ग्रन्थ लिखे है। उनके तान्त्रिक ग्रन्थो की संख्या सत्तर से अधिक है, यद्यपि इनमे देवता-साधन के कितने ही बहुत छोटे छोटे निबन्ध हैं। बहुत से ग्रन्थों को तिब्बती भाषा में उन्होंने अनुदित भी किया है। कंज्यूर संग्रह में ही भिन्न भिन्न लोचवों (दुभाषियों) की सहायता से उनके ९ ग्रन्थ अनुदित हैं। तंज्यूर के सूत्र-विभाग मे उनके अनुवाद किये हुए २१ ग्रन्थ हैं, और तन्त्र-विभाग मे इनकी संख्या ३० से ऊपर है।

§ ४. तिब्बत में शिक्षा

गृहस्थ और भिक्षु दोनों श्रेणियों के अनुसार तिब्बत में शिक्षा का क्रम भी विभाजित है! भिक्षुओं की शिक्षा के लिए हज़ारों छोटे-बड़े मठ या विद्यालय है। कहीं, कहीं गृहस्थ विद्यार्थी भी व्याकरण, साहित्य, वैद्यक और ज्योतिष की शिक्षा पाते हैं, लेकिन ऐसा प्रबन्ध कुछ धनी और प्रतिष्ठित वंशों तक ही परिमित है। हाँ, कितनी ही बार पढ़-लिख कर भिक्षु भी गृहस्थ हो जाते हैं और इस प्रकार गृहस्थ श्रेणी उनकी शिक्षा से लाभ उठाती है। मठों के पढ़े हुए भिक्षु गृहस्थों के बालकों के शिक्षक का काम भी करते है। किन्तु नियमानुसार धनी या गरीब गृहस्थ जन इन मठों में, जिनमें कितने ही बड़े बड़े विश्वविद्यालय है प्रवेश नहीं पाते।

भिक्षुओं की शिक्षा।

तिब्बत भिक्षुओं का देश है। यही नहीं कि इसका शासन भिक्षु-संघ के प्रधान और बड़े मठाचार्यों द्वारा होता है, बल्कि प्रायः जन सख्या का पंचमांश गृह-त्यागी भिक्षुओं के रूप में है। शायद ही ऐसा कोई गाँव हो, जहाँ एक दो भिक्षु और पर्वत की बाँही पर टँगा एक छोटा मठ न हो। आठ से बारह बरस की अवस्था में भिक्षु बनने वाले बालक मठों में चले जाते हैं। अवतारी लामा तो—जो कि किसी प्रसिद्ध महात्मा या बोधिसत्व के अवतार समझे जाते हैं—और भी पहले ही अपने मठ में चले जाते हैं। छोटे मठों में वे अपने गुरु के पास पढ़ते हैं।

आरम्भ ही से उनको सुन्दर अक्षर लिखने की शिक्षा विशेष तौर से दी जाती है। वे डाँड़ी और बे डाँड़ी वाले (ऊचन, ऊमे) दोनों ही प्रकार के अक्षरों का अभ्यास करते हैं। लिखने में वे बहुत अधिक समय देते हैं, इसीलिये तिब्बती लोगों में सुलेखक बहुत मिलेंगे। पढ़ने के लिए दूसरी बात है श्लोकों का रटना; व्याकरण, काव्य, तर्क, धर्मशास्त्र सभी चीजें तिब्बती भाषा में उनके लिए श्लोकबद्ध हैं। इससे उन्हें याद करने में बहुत आसानी होती है। मामूली गिनती के अतिरिक्त गणित की शिक्षा नहीं दी है। जो लोग ज्योतिषी या सरकारी दफ्तरों के अधिकारी बनना चाहते हैं वही विशेष तौर से गणित सीखते हैं। विद्या सीखने में छड़ी वहाँ बहुत सहायक समझी जाती है। कुलाये गालों और सिर को प्रहार के लिये उपयुक्त स्थान माना जाता है। अवतारी लामों को छोड़ सभी विद्यार्थियों को अपने अध्यापक की कोई न कोई सेवा अवश्य करनी होती है। बहुधा अध्यापक अपने विद्यार्थी के भरण पोषण का भी प्रबन्ध करता है।

लिखने पढ़ने और कुछ धार्मिक पुस्तिकायें याद करने के प्रारम्भिक अध्ययन के बाद व्याकरण नीति पद तथा धार्मिक श्लोकों को पढ़ते हैं। चार पाँच वर्ष इसी में लग जाते हैं। इसके बाद वे उच्च शिक्षा की ओर कदम बढ़ाते हैं। यदि उनका मठ छोटा है और वहाँ उपयुक्त अध्यापक सुलभ नहीं हैं, तो विद्यार्थी बड़े मठों में भेजे जाते हैं। जो विद्यार्थी किसी मठीय विश्वविद्यालय में प्रवेश करना चाहते हैं उन्हें पहले

किसी ऐसे ही मध्यम श्रेणी के मठ या योग्य अध्यापक के पास विशेष शिक्षा लेना पड़ती है। इस शिक्षा को हम लोग अपने यहाँ की माध्यमिक शिक्षा कह सकते हैं। इस समय वे तर्क बौद्ध-दर्शन और काव्य के प्रारम्भिक ग्रन्थों को पढ़ते हैं। पुस्तकों का स्मरण खास कसौटी है। यद्यपि विद्यार्थी अक्सर श्रेणियों में विभक्त होकर पढ़ते हैं लेकिन छमाही नौमाही परीक्षाओं की प्रथा नहीं है। इसकी जगह अक्सर गुट्ट बाँध कर विद्यार्थी अपने अपने विषय पर शास्त्रार्थ करते हैं। समय समय पर अध्यापक पठित विषय में विद्यार्थी से कोई प्रश्न पूछ लेता है। उत्तर असंतोष-जनक होने पर वह उसे दण्ड देता है और नया पाठ नहीं पढ़ाता। पुस्तक समाप्त हो जाने पर विद्यार्थी उस विषय के उच्चतर ग्रन्थ को लेता है। इस समय यदि विद्यार्थी की रुचि चित्रण, मूर्त्ति-निर्माण या काष्ठ-तक्षण कला की ओर होती है तो वह इनमें भी अपना समय देता है। इन विषयों के सीखने का प्रबन्ध सभी मठों में होता है।

और भी ऊँची शिक्षा पाने के इच्छुक विद्यार्थी किसी मठीय विश्वविद्यालय में चले जाते हैं जिनकी संख्या चार है—(१) गन्-दन (ल्हासा से दो दिन के रास्ते पर), (२) डे-पुङ् (ल्हासा के पास, १४१६ ई० में स्थापित), (३) से-र (ल्हासा के पास, १४१९ ई० में स्थापित), (४) ट-शि-ल्हुन-पो (चङ्प्रदेश में १४४७ ई० में स्थापित)। ये चारों विश्वविद्यालय मध्य तिब्बत में हैं। सम्-ये का मठ तिब्बत में सब से पुराना है। यह ल्हासा से

तीन दिन के रास्ते पर अवस्थित है। इसकी स्थापना ७७१ ई० में नालन्दा के महान् दर्शनिक आचार्य शान्तरक्षित द्वारा हुई थी। शताब्दियों तक यह तिब्बत की नालन्दा रही। लेकिन अब उसका वह स्थान नहीं रहा। उक्त चार विश्वविद्यालयों के अतिरिक्त पूर्वी तिब्बत मे तेर्‌गो (१५४८ ई० में स्थापित) और चीनी सीमा के पास अम्-दो प्रदेश में स्कू-बुम् (१५७८ ई० में स्थापित) दो और विद्या-केन्द्र है। तिब्बत के इन विश्वविद्यालयों मे बड़ी बड़ी जागीरें लगी हुई हैं और यात्री लोग भी छोटा मोटा दान देना अपना धर्म समझते है। कुछ हद तक ये अपने विद्यार्थियो को भी आर्थिक सहायता देते है। प्रतिभाशाली विद्यार्थियों के लिये बहुत गुन्जाइश है, क्योकि अध्यापक और म्खन्-पो (प्रमुख अध्यापक, डीन) अपने ऐसे विद्यार्थियो से बहुत प्रेम रखते हैं; और उन्हे आगे बढ़ाने मे अपना और अपनी संस्था का गौरव समझते हैं। कम प्रतिभाशाली विद्यार्थियो को अपने परिवार या गुरू के मठ की सहायता पर निर्भर रहना पड़ता है।

तिब्बत के ये मठीय विश्वविद्यालय विशाल शिक्षण-सस्थायें हैं, जिनमे हजारो विद्यार्थी दूर दूर से आ कर पढ़ते है। डे-पुङ् सब से बड़ा है, जिसमे सात हजार सात सौ से ऊपर विद्यार्थी रहते हैं। से-रा विश्वविद्यालय मे इनकी संख्या साढ़े पाँच हजार से ऊपर है। गन्-दन् और ट-शि-ल्हुन्-पा विश्वविद्यालयो में से प्रत्येक में तीन हजार तीन सौ से अधिक विद्यार्थी वास करते हैं। ट-शि-लामा के चले जाने के कारण ट-शि-ल्हुन्-पो के छात्रों की संख्या

कुछ कम हो गई है। इनके महाविद्यालयों और छात्रावासो के विषय मे मैंने अन्यत्र लिखा है, इसलिए उसे यहाँ दोहराने की आवश्यकता नहीं। इनमे उत्तर मे साइबेरिया, पश्चिम मे अस्त्राखान (दक्षिणी रूस) और चीन के जेहोल प्रान्त तक के विद्यार्थी देखने मे आते हैं। महाविद्यालयों की तरह इनके छात्रावासों मे भी छोटी मोटी जागीरे लगी हुई हैं और उनके अलग पुस्तकालय और देवालय है। अपने अपने छात्रावासों का प्रबन्ध वहाँ के रहने वाले विद्यार्थी और अध्यापक करते हैं। छोटे से छोटे छात्रावास में भी कुछ सामूहिक सम्पत्ति जरूर रहती है।

ऊपरी श्रेणियों मे अध्ययन अधिक गम्भीर है। ग्रन्थों के रटने की यहाँ भी वैसी ही परिपाटी है। विद्यार्थियों के न्याय और दर्शन सम्बन्धी शास्त्रार्थों मे लोग वैसी ही दिलचस्पी लेते है जैसे हमारे यहाँ क्रिकेट और फुटबालो के खेलो मे। यद्यपि ड-सङ्-या महाविद्यालयों के मुखन-पा सदा ही उच्च कोटि के विद्वानो मे से चुने जाते है, तो भी वे अध्यापन का काम बहुत कम करते हैं। अध्यापन का कार्य गेर्-गेन् (लेक्चरर) और गे-शे (प्रोफेसर) करते हैं। अध्ययन समाप्त हो जाने पर विद्वन्मंडली की शिफारिश पर योग्य व्यक्ति को लह-रम्-पा या डाक्टर की उपाधि मिलती है। फिर छात्र अपने मठो को लौटते है। जिन्हे पढ़ने–पढ़ाने का अधिक शौक होता है वे अपने विश्वविद्यालय ही मे गे-शे या गेर्-गेन होकर रह जाते है।

तिब्बत में भिक्षुणियों के भी सैकड़ों मठ हैं जहाँ पर भिक्षुणी विद्यार्थिनियों के पढ़ने का प्रबन्ध है। ये भिक्षुणी-मठ भिक्षु-मठों से सर्वथा स्वतंत्र और दूरी पर अवस्थित हैं। साधारण शिक्षा का यद्यपि इनमें भी प्रबन्ध है तो भी भिक्षु-विश्वविद्यालयों जैसा न इनमें उच्च शिक्षा का प्रबन्ध है, और न भिक्षुणियाँ भिक्षु-विश्वविद्यालयों में जाकर पढ़ सकती हैं। उनकी शिक्षा अधिकतर साहित्य धर्म और पूजा-पाठ के विषय की होती है।

भिक्षुणियों की शिक्षा

यद्यपि जैसा कि ऊपर कहा, गृहस्थ छात्र मठीय विश्वविद्यालयों में दाखिल नहीं हो सकते तो भी मठों के पढ़े छात्र घरों में जाकर अध्यापन का कार्य कर सकते हैं। कोई भी गृहस्थ-छात्र इन विश्वविद्यालयों में पुस्तक तो पढ़ सकता है किन्तु नियमानुसार छात्रावासों में रहने के लिये स्थान नहीं पा सकता। इसलिए वे उनसे फायदा नहीं उठा सकते। बहुत ही कम ऐसा देखने में आता है कि कोई कोई उत्कृष्ट विद्वान भिक्षु-आश्रम छोड़ कर गृहस्थ होजाता हो क्योंकि विश्वविद्यालयों और सरकारी नौकरियों में (जिनमें भिक्षुओं के लिए आधे स्थान सुरक्षित हैं) इनकी बड़ी माँग है। तिब्बत में जिला मजिस्ट्रेट से लेकर सभी ऊँचे सरकारी पदों पर जोड़ अफसर होते हैं, जिनमें एक अवश्य भिक्षु होता है। उदाहरणार्थ ल्हासा नगर के तारघर को ले लीजिए, जिसके दो अफसरों में एक मेरे मित्र कुशो-तन्-दर् भिक्षु है। धनी

गृहस्थों की शिक्षा

खानदानों के बालक बालिका अपने घर के लामा से लिखना पढ़ना सीखते हैं। बालिकाओं को इस आरम्भिक शिक्षा पर ही संतोष करना पड़ता है। हाँ भिक्षुणी होने की इच्छा होने पर कुछ और भी पढ़ती हैं। साधारण श्रेणी की स्त्रियों में लिखने पढ़ने का अभाव सा है। धनी लोग अपने लड़कों को पढ़ाने के लिए खास अध्यापक रखते हैं, लेकिन गरीबों के लड़के या तो अपने बड़ों से लिखना-पढ़ना सीखते हैं अथवा गाँव के मठ के भिक्षु से। ल्हासा और शी-ग-चें जैसे कुछ नगरों में अध्यापकों ने अपने निजी विद्यालय खोल रखे हैं। इनमें लड़कों को कुछ शुल्क देना पड़ता है। यहाँ भी पढ़ने का क्रम भिक्षुओं जैसा ही है। हाँ यहाँ दर्शन और न्याय का बिल्कुल अभाव रहता है। ल्हासा में अफसरों की शिक्षा के लिए ची-खन् नामक एक विद्यालय है, जिसमें हिसाब-किताब और बही-खाता का ढंग सिखलाया जाता है। इन्हीं विद्यालयों में से सरकार अपने अफसर चुनती है। कई वर्ष पहले सरकार ने ग्यान्-चीं में एक अंग्रेजी स्कूल खोला था और उसमें बहुत से सरदारों ने अपने लड़के पढ़ने के लिए भेजे थे, किन्तु आरम्भ ही में मोटी-मोटी तनख्वाह के अंग्रेज तथा दूसरे अध्यापक नियुक्त किये गए, जिसके कारण सरकार उसे आगे न चला सकी। दो चार विद्यार्थी विद्याध्ययन के लिए सरकार की ओर से इङ्गलैण्ड भी भेजे गए। किन्तु उनकी शिक्षा आशानुरूप न हुई, इसलिए सरकार ने इस क्रम को भी बन्द कर दिया।

संक्षेप में तिब्बत में शिक्षा की अवस्था यह है। और बातों की

तरह शिक्षा के विषय में भी बाहरी दुनियाँ का तिब्बत में बहुत कम असर पड़ा है। इसमें शक नहीं कि तिब्बत में वह सब मशीन मौजूद है जिसमें नई जान डाल कर तिब्बत को बहुत थोड़े समय में नये ढंग से शिक्षित किया जा सके।

९५. तिब्बती खानपान, वेषभूषा

पूर्व में चीन की सीमा से पश्चिम में लद्दाख तक फैला हुआ तिब्बत देश है। यह चारों ओर पहाड़ों से घिरा और समुद्र तल से औसतन बारह हजार फुट से अधिक ऊँचा है। इसी से यहाँ सर्दी बहुत पड़ती है। इस सर्दी की अधिकता तथा अधिक ऊँचाई में वायु के पतला होने के कारण यहाँ वनस्पतियों की दरिद्रता है। सर्दी का कुछ अनुमान तो इससे ही हो जायगा कि मई और जून के गर्म महीनों में भी ल्हासा को घेरने वाले पर्वतों पर अकसर बर्फ पड़ जाती है; जाड़े का तो कहना ही क्या? हिमालय की विशाल दीवार मार्ग में अवरोधक होने से भारतीय समुद्र से चली हुई मेघमाला स्वच्छन्दतापूर्वक यहाँ नहीं पहुँच सकती; यही कारण है जो यहाँ वृष्टि अधिक नहीं होती है, बर्फ ही ज्यादा पड़ती है। सर्दी हड्डी को छेद कर पार हो जाने वाली है।

ऋतु की इतनी कठोरता के कारण मनुष्यों को अधिक परिश्रमी और साहसी होना आवश्यक ही ठहरा। सिंहल की भाँति एक सारोंग (तहमत, लुङ्गी) में तो यहाँ काम नहीं चल सकता, यहाँ तो बारहों मास मोटी ऊनी पोशाक चाहिए। जाड़े में तो

इससे भी काम नहीं चलने का। उस समय तो पोस्तीन आवश्यक होती है। साधारण लोग भेड़ की खाल की पोस्तीन बाल नीचे और चमड़ा ऊपर करके पहिनते हैं। धनी लोग जंगली भेड़ियों, लोमड़ी, नेवले तथा और जन्तुओं की खाल पहिनते हैं, जिसकी कीमत भी बहुत अधिक होती है। संक्षेपतः तिब्बती लोग मामूली कपड़ों में गुजर नहीं कर सकते। पैर में घुटनों तक का चमड़े और ऊन का बना बूट होता है, जिसे शोम्पा कहते हैं। उसके ऊपर पायजामा फिर लम्बा कोट (छुपा) और शिर पर फेल्ट का हैट। साधारण भोटिया की यही पोशाक है। हैट का रिवाज पिछले पन्द्रह-सोलह वर्षों से ही है, किन्तु अब सार्वदेशिक है। बच्चा-बूढ़ा-जवान, धनी, गरीब, किसान चरवाहा सभी बिना संकोच हैट लगाते हैं। यह फेल्ट हैट यहाँ कलकत्ते से आती है। फ्रांस, बेल्जियम आदि यूरोपीय देशों से लाखों पुरानी हैट धुल-धुलाकर कलकत्ता पहुँचती है और वहाँ से सस्ते दामों पर यहाँ पहुँच जाती हैं।

स्त्रियाँ भी शोम्पा पहिनती हैं। इनका छुपा बिना बाँह का होता है, जिसके नीचे चौड़ी बाहों वाली सूती या आसामी अरंडी की कमीज होती है। कमर से नीचे सामने की ओर एक चौकोर कपड़ा लटकता है जो झाड़न का काम देता है। शिर को बहुत प्रयत्न से भूषित किया जाता है। यदि यह कहा जाय की भोटिया गृहस्थ की सम्पत्ति का अधिक भाग उसकी स्त्री के शिर में होता है, तो कोई अत्युक्ति नहीं होगी। शिर की पोशाक से यह भी

केशों का शृंगार

आसानी से मालूम हो जा सकता है वह स्त्री तिब्बत के किस भाग की है। टशी लामा के प्रदेश की (जिसे चाङ कहते हैं) स्त्रियों के शिर का आभूषण धनुषाकार होता है। यह लकड़ी को नवा कर उस पर कपड़े लपेट कर बनाया जाता है। इसके ऊपर मूँगे और फिरोज़ों की कतार होती है। धनी स्त्रियाँ सच्चे मोतियों की लड़ियों से इसके निचले भाग को घेर देती हैं। जेवरों में फिरोज़ा और मूँगा सबसे अधिक व्यवहार किया जाता है। ल्हासा की स्त्रियों का शिरोभूषण त्रिकोण होता है। इस पर मूँगों और फीरोज़ों की घनी कतार होती है और उसके ऊपर सच्चे मोतियों की पंक्तियाँ। इस त्रिकोण के नीचे बनावटी बाल खुले हुए, कानों के ऊपर से पीठ के ऊपर लटकते रहते हैं। ये बाल चीन से आते हैं। इन पर पचास पचास सौ सौ रुपये खर्च किये जाते हैं। ल्हासा और उसके आसपास वाले अधिक सभ्य प्रदेश की स्त्रियाँ ही इस अधिक महत्त्वपूर्ण अलंकार से अपने को अलकृत करती हैं। बालों से फिरोज़े का कर्ण-भूषण लटकता रहता है। गले में फीरोज़ों से जड़ा हुआ चौकोर ताबिज़दान होता है, जिसमें भूत-प्रेत से बचने के लिए यन्त्र रहता है। इस ताबीज के पास बाँई ओर कमर तक लटकती मोतियों की लड़ी होती है। मुसलमानों को छोड़कर सभी भोटिया दाहिने हाथ में शंख पहनते हैं। शंख में हाथ जाने लायक रास्ता बना दिया जाता है। तो भी उसे शंख की चूड़ी नहीं कह सकते।

तिब्बत की विशेष पैदावार ऊन है। ऊन, कस्तूरी, फर

(समूरी खाल) यहाँ से विदेशों को जाती हैं। ये चीजें विशेष कर भारत ही के रास्ते जाती हैं। गेहूँ बिना छिलके का, जौ, मटर, बकला, जई तथा सरसों भी काम लायक हो जाते हैं। फसल साल भर में एक ही होती है, जो भिन्न भिन्न ऊँचाई के अनुसार भिन्न भिन्न समय में बोई जाती है। सितम्बर तक सभी जगह फसल कट जाती है। अक्तूबर में वृक्षों की पत्तियाँ पीली पड़ कर गिरने लगती हैं, जो शरद ऋतु के आगमन की सूचना है।

गेहूँ काफी पैदा होने पर भी भोटिया लोग रोटी नहीं खाते। ये लोग गेहूँ, जौ, भून कर पीस लेते हैं। इसे चम्बा कहते हैं। राजा से लेकर भिखारी तक का यही प्रधान खाद्य है। नमक मक्खन, मिश्री, गर्म चाय को प्याले में डाल कर, उसमें चम्बा रख हाथ में मिला कर ये लोग खाते हैं। घर के हर एक आदमी का प्याला अलग अलग होता है। जो प्रायः लकड़ी का होता है। यह छोटा प्याला इनकी तश्तरी थाली गिलास सब कुछ है। खाने के बाद जीभ से इस प्याले को साफ कर छाती पर चोगे में डाल लेते हैं; हाथ, मुँह, देह, धोना कभी ही कभी होता है। विहारों के भिक्षुओं तक के हाथ-मुँह पर मैल की मोटी तह जमी रहती है। तिब्बत में ऐसे आदमी आसानी से मिल सकते हैं, जिन्होंने जिन्दगी भर अपने शरीर पर पानी नहीं डाला। चाय और चम्बा के अतिरिक्त इनका प्रधान खाद्य माँस है। माँस तिब्बतियों का प्रधान

खच्चरों पर ऊन ढोयी जा रही है

खाद्य है। अधिकतर सूखा और कच्चा ही खाते हैं। मसाला डालना शहर के अमीरों का काम है; जिन पर चीनी और नेपाली अफसरों और सौदागरों का प्रभाव पड़ा है। ये लोग चीन वालों की भाँति दो लकड़ियों को खाते वक्त चम्मच की भाँति इस्तेमाल करते हैं। चीनियों से दो एक तरह की आटे की चीज खाने के लिये भी इन लोगों ने सीखा है। चाय का खर्च सबसे अधिक है। यह चीन से आती है, और जमा कर ईंट की शकल की बनी रहती है। यद्यपि भारत और लंका की चाय आसानी से जल्दी पहुँच सकती है, तो भी तीन महीने चलकर चीनी चाय सस्ती पड़ती है। तिब्बती लोग दूध और चीनी डालकर चाय नहीं बनाते। चाय को सोडा और नमक के साथ पहले पानी में खूब खौलने दिया जाता है, फिर उसे काठ के लम्बे ऊखल में डाल कर मक्खन डाल खूब मथा जाता है। इसके बाद मक्खन मिल जाने पर चाय का रंग दूध वाली चाय सा हो जाता है। फिर इसे मिट्टी की चायदानिया में डाल कर अँगीठी पर रख देते हैं। दूकानदार, अफसर, भिक्षु, सबके यहाँ चायदान में चाय बराबर तैय्यार रहती है। सूखा माँस, चाय या कच्ची शराब (छङ्) यही आगन्तुक के लिए पहली खातिर होती है। जौ को सड़ाकर घर घर में छङ् बनती है। छोटे छोटे बच्चे तक भी दिन में कई बार छङ् पीते हैं। यद्यपि एक आध हजार को छोड़ कर सभी भोटिये बौद्ध हैं, तो भी थोड़े से पीली टोपी वाले गेलुक्-पा भिक्षुओं को छोड़ कर सभी भोटिया शराब पीने वाले हैं। इनकी पूजा शराब के बिना नहीं

हो सकती, उपोसथ, पञ्च-शील,[1] अष्ट-शील जानते ही नहीं; गेलुक्-पा भिक्षु भी पूजा के समय देवता का प्रसाद समझ कर अँगूठे की जड़ के गड्ढे भर छङ् न पीने से देवता के क्रोधित होने का भय समझते हैं। दुनिया मे बहुत ही कम जातियाँ ऐसी शराब की आदी होगी।

तिब्बत के ऊनी कपड़े मोटे मजबूत और सुन्दर भी होते हैं। पुरानी चाल के अनुसार अभी तक ये लोग पतली पट्टियाँ ही बनाते हैं, चौड़े अर्ज के कपड़े नहीं बनाते। बिना कुछ किये स्वभावतः ही यहाँ की ऊन बहुत नर्म होती है। यद्यपि हिन्दुस्तानी मिलों के लिए हर साल लाखो रुपये की ऊन भेजी जाने से कपड़ो की दर अधिक हो गयी है, तो भी अभी सस्तापन है। मोजे, दस्ताने बनियानो के बनाने का रवाज उतना नहीं है, यद्यपि नेपाली सौदागरो के संसर्ग मे ल्हासा मे कुछ भद्दे भद्दे ये भी बनने लगे हैं। भोटिया लोग शिक्षा और अन्य बातो मे चाहे कितने ही पिछड़े हो, कला प्रेमी है। ल्हासा के परले प्रदेश मे अखरोट के पेड़ होते है। इनकी लकड़ी बहुत ही दृढ़ और साफ होती है। विहारों और मकानो में इस पर की गई बारीक तथा सुन्दर कारीगरी को देख कर इनकी कला-विज्ञता का पता लगता है। सम्पूर्ण त्रिपिटक और अट्ठकथा से भी बड़े सग्रह अखरोट की तख्तियों पर खोद कर छापे

1 [उपोसथ = व्रत; पंच शील हमारे पाँच नियमों की तरह हैं, अष्ट-शील श्रामणेरों (तरुण भिक्षुओं) के लिये होते हैं।]

जाते हैं। यहाँ की चित्रकला सेगिरिया[1] तथा अजिंठा की शुद्ध आर्य चित्रकला से अविच्छिन्नतया सम्बद्ध है। रंगों का समावेश तथा समिश्रण बहुत सुन्दर रीति से होता है। विदेशी रंगो के प्रचाराधिक्य से अब वे उतने चिरस्थायी नहीं हो सकते। यह चित्रकला बौद्ध धर्म के साथ साथ भारत के नालन्दा और विक्रमशिला विश्वविद्यालयों से यहाँ आयी है। इस कला मे भी रूढ़ि और नियमो के आधिक्य से अब यद्यपि उतनी सजीवता नहीं है, और न भोटिया चित्रकार दृश्यों के प्रति-चित्र तथा स्वच्छन्द कल्पित प्रतिभा सम्पन्न चित्र ही बना सकते हैं, तो भी भारत और सिंहल की आधुनिक सामान्य चित्रकला से तुलना करने पर यह निःसंकोच कहा जा सकता है कि ये लोग ऊपर हैं। सब से बड़ी विशेषता यहाँ की चित्रकला की सार्वजनीनता है। धातु तथा मिट्टी की मूर्त्तियाँ अगानुकूल सुन्दर बनती हैं। इन कलाओं को सीखने के लिए प्राचीन समय की भाँति ही शिष्य शिल्पाचार्यों के पास वर्षों सेवा सुश्रूषा करके सीखते हैं। यद्यपि यहाँ की चित्रकला का स्रोत उतना स्वच्छन्द और उन्मुक्त नही है, तो भी भारतवासी यदि अपनी राष्ट्रीय कला को पुनरुज्जीवित करना चाहते हैं तो उन्हें यहाँ से बड़ी सहायता मिल सकती है।

घरों, मनुष्यों, कपड़ों के अत्यन्त मैले होने पर भी घरों और

[१. प्राचीन भारत की अजिंठा की गुहाओं की तरह सिंहल में सेगिरिया में पुराने चित्र हैं।]

घर की वस्तुओं को सजाने में उनकी रुचि भद्दी नहीं कही जा सकती। कपड़ों की झालरों में रंगों का उचित समावेश, छतों और खिड़कियों पर फूलों के गमलों की सुन्दर कतारें, खिड़कियों के कपड़े या कागज़ से ढके जालीदार सुन्दर पल्ले, भीतरी दीवारों की रंग बिरंगी रेखाएँ, फूल-पत्तियाँ, कपड़ों की छतें, चाय रखने की चौकियों की रँगाई और सुन्दर बनावट, चम्बा (सत्तू) दाना की रंगबिरंगी बनावट इत्यादि इनके कला प्रेम को बतलाती हैं।

खाने में मांस, मक्खन तथा पहिनने के ऊनी कपड़े ही भोटिया लोगों के लिए अधिक आवश्यक वस्तुएँ हैं। इसीलिए तिब्बती जीवन में खेती से अधिक उपयोगी और आवश्यक पशु-पालन है। भेड़, बकरियाँ और चमरी (याक) ही यहां का सर्वस्व है। भेड़ से इन्हें मांस कपड़ा और पोस्तीन मिलती है। बकरी से मांस और चमड़ा। भेड़ बकरियाँ इसके अतिरिक्त बोझा ढोने का भी काम देती हैं; खास कर दुर्गम स्थलों में। चमरी से मांस, मक्खन, दूध मिलता है। इसके बड़े बड़े काले बालों से खेमा और रस्सी बनायी जाती है। जूता, थैला आदि घर की सैकड़ों चीजों के लिए इसके चमड़े की आवश्यकता है। चमरी ठंडी जगहों में ही रहना पसन्द करती है। मई जून जुलाई अगस्त के महीने में चरवाहे चमरियों को लेकर पहाड़ों के ऊपरी भाग में चले जाते हैं। चमरी बोझा ढोने का भी काम देती है। अठारह बीस हजार फुट की ऊँचाई पर, जहाँ हवा के पतली होने से घोड़ों, और खच्चरों का बोझा लेकर चलना बहुत मुश्किल होता

है, चमरी भारी बोझा लिये बिना प्रयास अपनी जातीय मन्द गति से चढ़ जाती है। दुर्गम पहाड़ों पर छिपकली की भाँति इन्हें चढ़ते देख कर आश्चर्य्य होता है। तिब्बत में भेड़ों के बाद अत्यावश्यक चीज़ चमरी है। खच्चर घोड़े और गदहे भी यहाँ बहुत हैं। रेल, मोटर, बैलगाड़ियाँ तो यहाँ हैं नहीं इसलिए सभी चीजों को एक जगह से दूसरी जगह ले जाने के लिए इनकी बड़ी आवश्यकता है। घोड़े यद्यपि ठिगने होते हैं, पर पहाड़ी यात्रा के लिए ये अत्युपयोगी तथा देखने में तेज़ और सुन्दर होते हैं। खच्चर मंगो-लिया और चीन के सीलिङ्ग प्रान्त से भी आती हैं। घरेलू जन्तुओं में कुत्तों का महत्त्व कम नहीं है। भेड़ बकरी वालों के लिए तो इसकी अनिवार्य आवश्यकता है। बड़ी जाति के भोटिया कुत्ते अधिकांश काले होते हैं। आँखें इनकी नीली और भयङ्कर होती हैं। शरीर पर रीछ की तरह लम्बे लम्बे बाल, जिन की जड़ में जाड़े में पशम जम आती है। यह भेड़ियों से लम्बे-चौड़े होते है, अनभ्यस्त यात्री के लिए ये सब से डर की बात है। ये कुत्ते बडे ही खूंखार होते हैं। एक ही कुत्ते के होने पर आदमी आनन्द से बेफिक्र सो सकता है। मजाल नहीं कि चोर या अपरिचित आदमी उधर कदम बढ़ा सके। तिब्बत में आने वाले को पहिला सबक कुत्तों से सावधानी का पढ़ना पड़ता है। भोटिया लोग हड्डी तक को कूट कर यागू बना डालते हैं, फिर कुत्तों को मांस कहाँ से मिल सकता है? सवेरे शाम थोड़ा सा चम्पा (सत्तू) गर्म पानी में घोल कर पिला देते हैं। बस इसी पर ये स्वामि भक्त कुत्ते लोहे की जंजीर

में बंधे पड़े रहते हैं। पिंजड़े से बाहर जंजीर में बँधे बाघ के समीप जाना जैसा मुश्किल मालूम होता है, वैसे ही यहाँ के कुत्तों के समीप जाना। इन बड़ी जाति के कुत्तों के अतिरिक्त छोटी जाति के भी दो तरह के कुत्ते हैं। इनमें ल्हासा के मुँह पर बाल और बे बाल वाले छोटे कुत्ते बहुत ही सुन्दर और समझदार होते हैं। यहाँ दो तीन रुपये में मिलने वाले कुत्ते दार्जिलिङ्ग में ६०, ७० रुपये तक बिक जाते हैं। ये छोटे कुत्ते अमीरों के ही पास अधिक रहते हैं, इसलिए इनकी आव भगत अधिक होती है।

§ ६. तिब्बत में नेपाली

नेपाल और तिब्बत का सम्बन्ध बहुत पुराना है। ईसा की सातवीं शताब्दी से एक प्रकार से तिब्बत का ऐतिहासिक काल शुरू होता है। उस समय भी नेपाल और तिब्बत का सम्बन्ध बहुत पक्का दिखाई पड़ता है। यही समय तिब्बत के उत्कर्ष का है। इस समय तिब्बत के सम्राट् स्रोङ्-चन-गम्बो ने जहाँ एक तरफ नेपाल पर अपनी विजय-वैजयन्ती फैला वहाँ की राज-कुमारी से ब्याह किया, वहाँ दूसरी ओर चीन के कितने ही सूबों को तिब्बत-साम्राज्य में मिला चीन सम्राट् को अपनी लड़की देने पर मजबूर किया। इससे पूर्व, कहते हैं, भोट में लेखन-कला न थी। स्रोङ्-चन ने सम्भोटा को अक्षर सीखने के लिए नेपाल भेजा, जहाँ से वह अक्षर सीख कर पीछे तिब्बती अक्षर निर्माण करने में समर्थ हुआ। नेपाल राजकुमारी के साथ ही तिब्बत में बौद्ध

धर्म ने प्रवेश किया, और राजनीतिक विजेता का धार्मिक पराजय हो गया। आज भी नेपाल की वह राजकुमारी तारा देवी अवतार की तरह तिब्बत मे पूजी जाती है। तिब्बत को सभ्यता मे दीक्षित करने मे नेपाल प्रधान है।

इसके अलावा नेपाल उपत्यका के पुराने निवासी नेवारों की भाषा तिब्बती भाषा के बहुत सन्निकट है। भाषा तत्वज्ञों ने नेवारी भाषा को तिब्बत-बर्मी शाखा की भाषाओं मे से माना है। तिब्बती मे सिउ मा रो (कोई नहीं है) कहेगे तो नेवारी मे सु मारो। नेपाल और तिब्बत का सम्बन्ध प्रागैतिहासिक है, इसमे सन्देह नहीं। सम्राट् स्रोङ्-चैन ने ही ल्हासा को राजधानी बनाई। उसके १०० वर्ष बाद आठवी शताब्दी के मध्य मे भोट राज स्रोङ्-दे-चन ने नालन्दा के आचार्य शान्त रक्षित को धर्म प्रचार के लिए बुलाया, और इस प्रकार भारतीय धर्म प्रचारकों के लिए जो द्वार खुला वह बारहवीं शताब्दी मे भारत के मुसलमानो द्वारा विजित होने तथा नालन्दा, विक्रमशिला आदि विश्वविद्यालयो के नष्ट होने तक बन्द न हुआ। इन शताब्दियो में आजकल का दार्जिलिंग-ल्हासा वाला छोटा रास्ता मालूम न था। भोट से भारत के लिए तीर्थ-यात्रा करने वाले तथा भारत से भोट मे प्रचार करने के लिए जाने वाले सभी को नेपाल के मार्ग हो जाना पड़ता था। धर्म के सम्बन्ध मे जैसा नेपाल मध्य स्थान रखता था, वैसा ही व्यापार के सम्बन्ध मे भी। भोट की चीजो को भारत और भारत

की चीजों को भोट भेजने का काम नेपाल सहस्र शताब्दियों से कर रहा है।

यद्यपि बौद्ध ग्रंथों को संस्कृत से भोट भाषा में अनुवाद करने में नेपाल के पंडितों का हाथ, भारतीय तथा काश्मीरी पंडितों के समान नहीं रहा, तो भी इस अंश में भी उन्होंने कुछ काम न किया हो ऐसा नहीं। शान्ति भग, अनन्त श्री, जेतकर्ण, देव पुण्यमति, सुमति कीर्ति, शांतिश्री आदि नेपाली बौद्ध पंडितों ने भी नवीं दसवीं शताब्दियों में कितने ही ग्रंथों का, विशेष कर तंत्र-ग्रंथों का संस्कृत से भोटिया अनुवाद किया। अनुवाद में नेपालियों का कम हाथ होने का कारण, मालूम होता है, भारत से बड़े बड़े पंडितों का आसानी से मिल जाना था। इसमें सन्देह नहीं कि नेपाली व्यापारी ल्हासा के राजधानी होने के साथ ही आये, तो भी तिब्बत के इतिहास की सामग्री जिन ग्रंथों से मिलती है, वे धार्मिक हैं, या धार्मिक दृष्टि से लिखे गये हैं, इसी लिए उनमें व्यापार की विशेष चर्चा न होना स्वाभाविक है। रोमन के कैथो-लिकों के कपुचिन सम्प्रदाय के पादरियों के वृत्तान्त में तो ल्हासा में नेपाली व्यापारियों का रहना स्पष्ट लिखा है। सन् १६६१ से १७४७ तक कपुचिन-पादरी ल्हासा में रहे। इन्होंने अपने विवरण में कुछ नेपालियों के ईसाई होने की बात भी लिखी है। उनके समय के गिर्जे का एक घंटा १९०४ में बृटिश मिशन के ल्हासा पहुँचने पर मिला था। कपुचिन पादरियों के ल्हासा लौटने के

नेपाली सौदागर

४५ वर्ष बाद १७९० में व्यापारियों की शिकायत से ही तो तिब्बत पर नेपाल को चढ़ाई करनी पड़ी थी।

आज कल तिब्बत में व्यापार करने वाले नेपाली व्यापारियों के विशेष अधिकार हैं। ये अधिकार १७९० और १८५६ की दो लड़ाइयों के बाद मिले हैं। पहली लड़ाई में नेपाली सेना सभी घाटों को पार करती ल्हासा से सात दिन के रास्ते पर शिगर्चे (टशोल्हुन्पो) पहुँच गई थी, और यदि चीन से बहुत भारी सेना न आती तो इसमें शक नहीं कि वह ल्हासा भी ले लेती। चीनी सेना नेपालियों को हराते हराते नेपाल राजधानी काठमाण्डू के समीप पहुँच गई, जिस पर नेपाल ने चीन की अधीनता स्वीकार की, और नेपाल और तिब्बत दोनों चीन साम्राज्य के अन्तर्गत मान जाकर आपस में सुलह हो गयी। इस युद्ध के विजय के उपलक्ष्य में चीन सम्राट् का लिखवाया लेख आज भी ल्हासा में पोतला के सामने मौजूद है। दूसरी लड़ाई वर्तमान नेपाल के महामंत्रि वंश के संस्थापक महाराजा जंगबहादुर के समय १८५६ में हुई थी। इस लड़ाई में नेपाल को घाटों से आगे बढ़ने का मौका न मिला, और चीन के बीच में पड़ जाने से सुलह हो गई। सुलहनामे के अनुसार भारत सरकार को प्रतिवर्ष प्रायः १० हजार रुपया वार्षिक नेपाल को देना पड़ता है। इसके अतिरिक्त दूसरी शर्तें ये हैं (१) संकट पड़ने पर एक दूसरे की सहायता करना, (२) एक दूसरे देश के व्यापारियों पर जकात न लगाना, (३) ल्हासा में नेपाली राजदूत रखना, (४) नेपाली प्रजा के मुकदमे नेपाली

न्यायाधीश द्वारा निर्णय किया जाना, इत्यादि। इस प्रकार इस सुलहनामे के द्वारा नेपाल को उसी प्रकार का बाहर्देशीय प्रभुत्व (Extra territorial right) मिल गया, जैसा यूरोपियन जातियों ने चीन में लिया था, और जिसके छुड़ाने के लिए चीन प्रयत्न कर रहा है।

द्वितीय युद्ध के पूर्व ल्हासा के नेपाली व्यापारी प्रायः १० गिरोहों में बँटे थे। हर एक गिरोह अपना सरदार चुनता, जिसको ठाकुली कहते हैं। ये ठाकुली आज भी हैं, यद्यपि संख्या अब सात ही रह गई है, उनका पहला वाला अधिकार भी नहीं रहा। हर एक गिरोह की एक बैठक की जगह है, जिसको पाला कहते हैं। ल्हासा में व्यापार करनेवाले नेपाली व्यापारी प्रायः सभी बौद्ध हैं। नेपाली बौद्ध तांत्रिक हैं, इस प्रकार ये पाले उनके तांत्रिक पूजा तथा दूसरे काम के लिए भी व्यवहृत होते हैं। इन पालों में सौ सौ वर्ष पुरानी ल्हासा में लिखी गई कुछ संस्कृत पुस्तकें भी हैं।

आजकल नेपाल की ओर से ल्हासा में एक वकील (राजदूत), एक डीठा (मुन्सिफ) तथा कुछ सिपाही रहते हैं। ल्हासा के अतिरिक्त ग्यांची, शीगर्ची, नेनयू (कुती) केरङ में भी मुकदमा देखने तथा नेपाली प्रजा के हकों की रक्षा के लिए एक एक डीठा रहते हैं। नेपाली प्रजा में सिर्फ नेपाल में उत्पन्न व्यापारी ही नहीं बल्कि उनकी भोटिया रखेलियों से होने वाले सभी बालक भी होते हैं। इस प्रकार यद्यपि ल्हासा में नेपालियों की संख्या दो सौ से अधिक शायद ही होगी, तो भी नेपाली प्रजा वहाँ कई हजार है। भोटिया

स्त्री से पैदा हुई नेपाली सन्तान को परा खचरा कहा जाता है। लड़का पैदा होते ही नेपाल का हक हो जाता है। किन्तु ऐसे लड़के या स्त्री का जायदाद मे कोई हक नहीं। नेपाली सौदागर खुशी से जो दे, बस वही उसका हक है। अकसर लड़का पैदा होने पर, इन्कार करके स्त्री को घर से निकाल दिये जाते देखा गया है। चूँकि नेपाली राजनियम के अनुसार कोई नेपाली अपनी स्त्री को तिब्बत मे ला नहीं सकता, इसलिए भोटिया रखेली रखना नेपालियो के लिए आम बात है। तिब्बत मे बहुपतिक विवाह तो नियम के तौर से है ही, इसलिए किसी भोटिया पुरुष से भाइचारा करके किसी नेपाली को उसकी स्त्री से सम्बन्ध करते देखा जाता है।

यह पहले कह आये है, कि नेपाल को भोट मे व्यापार करते शताब्दी नही सहस्राब्दी बीत चुकी। नेपाली व्यापारी तथा भोटिया लोगों का धर्म एक ही तान्त्रिक बौद्ध धर्म है। कुछ राष्ट्रीय बातो को छोड़ देने पर बहुत सी बाते मिलती जुलती है। जहाँ नेपाल मे इतना छुआछूत का विचार है, वहाँ भोट मे आने पर नेपाली सौदागर छुआछूत का कोई विचार नही करता। शराब पीने मे दोनो एक से है। यहाँ रहनेवाले बहुत से नेपाली याक (चमरी) को गाय मे शुमार नही करते, और उसका मांस खाने में कोई विचार नही रखते हाला कि नेपाल मे हरगिज ऐसा नहीं हो सकता। रसोई बनाने वाले तो आमतौर से भोटिया हैं, लेकिन मुसलमान के हाथ से रोटी खाने में कोई विचार नही। स्मरण

रहना चाहिए कि नेपाल मे ये सभी बाते भयानक अपराध गिनी जाती हैं। एक बार भोट की तरफ आने पर नेपाली सौदागर को ३,४ वर्ष से पहले देश लौटने का नहीं मिलता। लौटने पर प्रायश्चित्त के लिए कुछ नियमित रुपया देना पड़ता है।

नेपाली (नेपार) लोग बड़े ही व्यापार कुशल हैं। अँगरेज़ी शिक्षा का अभाव होने से यद्यपि उनके व्यापार का ढग बहुत कुछ पुराना सा ही है, तो भी उसका प्रबन्ध एक ऐसे देश मे, जहाँ रेल मोटर की बात कौन कहे, कोई पहले वाली चीज भी नहीं, बहुत सुन्दरता से कर रहे हैं। आधुनिक ज्ञान के अभाव से यद्यपि जितना मौका उनको अपने व्यापार के बढ़ाने का है उतना नहीं कर सकते, तथापि अधिकांश ल्हासा की नेपाली कोठियाँ अपनी एक शाखा कलकत्ता मे रखती हैं। कुछ की शाखाये शीगर्चो, ग्यांची, फरीजोङ्, कुती आदि मे भी हैं। व्यापार मे 'फर' कस्तूरी ऊन बाहर भेजते है और मूँगा, मोती, फिरोजा बनारस चीन के रेशमी कपड़े विलायती जापानी सूती कपड़े, शीशे की चीज़े, खिलौने आदि बाहर से मँगाते हैं। चीजों के असली उत्पत्ति-स्थान और खपत-स्थान के साथ व्यापार का ढग न जानने से उनको अपना सब काम कलकत्ता से करना पड़ता है। ऐसा होने का कारण आधुनिक व्यापारिक शिक्षा का अभाव है। नेपाली व्यापारियों मे अब भी वह शिक्षा प्रवेश नही कर रही है, इसलिए उनके व्यापार के ढंग मे कब परिवर्तन होगा, नही कहा जा सकता। सौभाग्य से व्यापारिक क्षेत्र मे उनका कोई उतना जबर्दस्त प्रतिद्वन्दी नहीं है। मुस-

लमान व्यापारियो का ढंग इनसे कोई अच्छा नहीं है। चीन के प्रभुत्व के हटने के साथ साथ चीन व्यापारियों का भी कुछ नहीं रहा। हिन्दुस्तानी व्यापारियों को मैदान में आना ही निषिद्ध सा है। ऐसी अवस्था मे कितने ही वर्षों तक तिब्बत के व्यापार पर नेपालियों का एकाधिपत्य रहेगा। नेपाली व्यापारियो के पास कुछ ऐसे साधन भी हैं जिनसे थोड़े से परिश्रम से वे इस व्यापार को बड़ा रूप दे सकते है। उदाहरणार्थ धममान साहु की कोठी को ले लीजिए। इनकी ल्हासा में अपनी कोठी खोले करीब डेढ़ सौ वर्ष हो गया। इसकी शाखायें ग्यांची, फरी, कलकत्ता, काठमांडू और लदाख मे है। मूँगा, मोती, रेशम, कई लाख का हर साल मँगाते है, और यहाँ की चीजे बाहर भी भेजते हैं। पूँजी भी काफी है। चीन, जापान, सिंहल, मगोलिया, चीनी तुर्किस्तान से ये बडी आसानी से अपना सम्बन्ध जोड़ सकते हैं। किन्तु नहीं जोड़ते। कारण है आवश्यक शिक्षा का अभाव। व्यापार में नेपाली लोग बड़े सच्चे हैं। उनका बर्ताव मीठा होता है। धर्म एक होने से यहाँ के पुरोहितों का भी वे पूरा सम्मान करते तथा मन्दिरों और पूजाओ के लिए काफी भेंट चढ़ाते हैं। इन्ही बातों को लेकर यहाँ नेपालियो का वही स्थान है जो भारत मे मारवाड़ियों का तथा सिंहल मे गुजराती मुसलमानों का। नेपाली लोग जैसा देश वैसा भेस के सिद्धान्त को बहुत आसानी से जीवन मे धारण कर सकते है। यद्यपि नेपाल मे इनका प्रधान खाद्य चावल है, तो भी यहाँ वे सत्तू को उसी आनन्द से खाते है जैसे भोटिया। हाँ रात के वक्त

अवश्य डेढ़-दो महीने के रास्ते से लाये गये चावल को खाते हैं। आजकल के नौजवान सौदागर तो कोट, पैजामा, टोपी, बूट नेपाल का सा पहनते हैं, तो भी पहले के लोग लम्बी बाँहवाला चोगा, बालवाली एक तरह की टोपी अब भी पहिनते हैं। पहले तो ये लोग भोटियों की भाँति लम्बी चोटी, तथा वैसा ही हगा (भोटिया जूता) भी लगाते थे। आजकल जाड़े के दिनों में तो नौजवानों को भी लम्बा ऊनी पोस्तीन का चोगा पहनना पड़ता है।

७. तिब्बत में भूटानी

आजकल १९०४ ई० के अँग्रेजी मिशन के बाद से तिब्बत का प्रधान व्यापार-मार्ग कलिम्पोङ (दार्जिलिंग के पास) से ल्हासा है। यह मार्ग ग्यांची तक तो अँग्रेजी संरक्षता में है। ग्यांची तक अंग्रेजी तार घर और डाकखाना भी है। ग्यांची से ल्हासा तक भोटिया सरकार का तार टेलीफोन और डाकखाना है। अधिकांश व्यापार आयात निर्यात दोनों ही का इसी रास्ते से होता है। सिर्फ चाय और कुछ चीनी रेशमी कपड़ों का व्यापार पूर्व के रास्ते से होता है। इसी कलिम्पोङ-ल्हासा-मार्ग के एक तरफ थोड़ा हटकर नेपाल है, और दूसरी (पूर्व) तरफ भूटान। ल्हासा में दो ही वकील रहते हैं, एक नेपाल का, दूसरा भूटान का। तिब्बती और भोटिया में बहुत अन्तर नहीं है। इनकी भाषाओं में अत्यन्त थोड़ा अन्तर है। धर्म, धर्मपुस्तक, धर्माचरण एक है। भूटान से ल्हासा

नेपाल की अपेक्षा बहुत समीप है; और उक्त प्रधान व्यापारिक मार्ग से भी नेपाल के व्यापारिक केन्द्र की अपेक्षा भूटान बहुत समीप है। भूटान को भी व्यापारिक सुविधायें वही हैं, जो नेपाल को, तो भी भूटानी लोग यदि उतना लाभ न उठा सके, तो कारण उनमें व्यापारिक बुद्धि का अभाव है।

भूटानी लोगो का भी व्यापार तिब्बत के साथ है, किन्तु नेपालियो और लदाखी मुसलमानो की भाँति उनकी उतनी दूकाने नहीं है। वे अपनी चीजें ले आते हैं, और बेचकर दूसरी आवश्यक चीजें लेकर अपने देश का रास्ता लेते हैं। भूटानी लोग अधिकतर अंडी और रेशम आसाम और स्वयं भूटान से भी लाते है, और अधिकतर ऊनी कपड़े यहां से अपने देश को ले जाते हैं।

ल्हासा के बाजारो मे जाड़े के दिनो मे आपको देश विदेश के लोग दिखलाई पड़ेगे। उत्तर मे साइबेरिया और मंगोलिया तक के यात्री पूर्व में चीन के कुछ प्रदेशो के, तथा पश्चिम से लदाखी लोग भी इसी समय पहुँचते हैं। स्वयं तिब्बत के भी कोने कोने के आदमी दिखाई पड़ते है। भूटानी लोग भी इस समय काफी आते हैं। उनके विशाल काय, स्त्री पुरुष दोनो के मुंडे शिर, घुटनो से ऊपर चोगा, तथा प्रायः नङ्गे पैर (जाड़े मे नही) दूर ही से बतला देगे ये भूटानी है। धार्मिक बाते एक सी होने पर भी भूटानी घोर तान्त्रिक है। भूटानी को भोटिया बोली मे ब्रुग-युल बोलते है, और देशवासियो को ब्रुग्-पा (उच्चारण डुग्-पा)। तिब्बती बौद्ध धर्म मे डुग्पा एक सम्प्रदाय ही है। ल्हासा मे भूटानी दूतागार है,

और भूटानी वकील कुछ सिपाहियों के साथ रहता है; भूटानी प्रजा की संख्या तथा स्वार्थ उतना न होने से नेपाली दूतागार का सा उसका कार्य नहीं है।

§ ८. तिब्बत और नेपाल पर युद्ध के बादल

नेपाल और तिब्बत पडोसी देश हैं। इनका आपस का सम्बन्ध भी पुराना है। तिब्बत के प्रथम ऐतिहासिक सम्राट् स्रोङ् चन-गोम्बो ने सातवीं सदी में नेपाल के राजा अंशुवर्मा की लड़की से शादी की थी। इसके बाद तिब्बत का भारत से वाणिज्य याता-यात सभी नेपाल द्वारा ही होने लगा और आज तक वैसा ही है। नेपाली सौदागर तिब्बत के मारवाड़ी हैं। १८ वीं और १९ वीं शताब्दियों में नेपाल ने तिब्बत से युद्ध किया, जिसके फलस्वरूप कुछ हजार वार्षिक भेंट के अतिरिक्त नेपाली प्रजा को तिब्बत के कुछ स्थानों में वे हक प्राप्त हुए जो योरपीय राष्ट्रों का चीन में मिले हैं। ल्हासा, ग्यांची, फ-री, शीगर्ची, नेनम् (कुती), केरोङ् आदि स्थानों में नेपाली बिना किसी रुकावट के व्यापार कर सकते हैं। तिब्बत की सीमा के भीतर रहने पर भी वहाँ के नेपाली अपने अफसर और नेपाली कानून द्वारा शासित होते हैं।

सिपाही-विद्रोह के समय से कुछ पूर्व महाराज जंगबहादुर ने तिब्बत से लड़ाई छेड़ी थी। नेपाल ने पहले बहुत सफलता प्राप्त की, किन्तु चीन के बीच में पड़ जाने पर सुलह करनी पड़ी। तब से उपर्युक्त अधिकारों के अतिरिक्त तिब्बत को प्रतिवर्ष प्रायः

४० हज़ार रुपया नेपाल के पास नजर भेजनी पडती है। उक्त लड़ाई के बाद फिर नेपाल और तिब्बत मे कोई युद्ध नहीं हुआ। दोनों देशो के सम्बन्ध मैत्री-पूर्ण रहने आये, किन्तु इधर दानों में कुछ मनमुटाव फिर हो गया था, यहाँ तक कि १९२९ के जाडो मे तिब्बत और नेपाल का युद्ध ९९ फी सदी निश्चित हो गया था। नेपाली लोगों का कहना था कि (१ भोटिया अफसर और सैनिक खामखाह हमे छेडते हैं। इसके उदाहरण में वे कहते थे कि नेपाल के पूर्वी भाग मे धनकुटा नाम का एक स्थान है। अफसरों के अत्याचार से पीडित होकर कुछ भोटिया प्रजाजन अपना गाँव छोड़कर धनकुटा के उत्तर नेपाल के एक गाँव में जाकर बस गये। इस पर भोटिया सैनिक बिना सूचित किये नेपाल की सीमा के भीतर घुस आये, और उन्होंने उस गाँव को लूट लिया, और पुराने और नये दोनो प्रकार के निवासियो पर अत्याचार किये। (२) ग्यांचो में नेपाली दूतावास के सिपाही को किसी तिब्बती प्रजा ने मार डाला, लेकिन कई बार ध्यान दिलाने पर भी भोट-सरकार ने उस पर कोई ठीक कारवाई न की। (३) तिब्बत मे जानेवाले प्राय: सभी नेपाली भोटिया स्त्रियाँ रखते है, और अपनी हैसियत के अनुसार उन्हें अच्छी प्रकार रखते हैं। ल्हासा के अफसरों ने नेपालियो को खास तौर से तंग करने के लिए उनकी भोटिया स्त्रियो को पकड़वा कर, सरकारी मकान बनवाने के लिए उनसे बेगार मे पत्थर ढुलवाये। (४) नेपाल के उत्तरी भागों मे बहुत-सी भोट-भाषाभाषी प्रजा बसती है; उनमें

से कुछ व्यापार के लिए तिब्बत के नगरों में भी बसे हुए हैं। बाह्यदैशिक अधिकार से उन्हें वंचित रखने के लिए कितनी ही बार तिब्बती अक्सर उन्हें भोट प्रजा कहने लगते हैं। इसका ताज़ा उदाहरण ल्हासा का शर्बा ग्येलसी व्यापारी था। ल्हासा के नेपाली कहते थे कि शर्बा नेपाली प्रजा है। वह धनी और सफल व्यापारी था, किन्तु अपने को नेपाली प्रजा समझने से वह भोट के बड़े बड़े अधिकारियों पर भी टीका टिप्पणी किया करता था। भोटिया अधिकारी इससे जलते थे, और मौके की ताक में रहते थे। कुछ दिनों के बाद उन्होंने भोट-शासक दलाई लामा के पास एक शिकायत पहुँचाई, और कहा कि शर्बा सरकार के सम्बन्ध में भी खरी-खोटी बातें कहता रहता है। इधर उन्होंने शर्बा के जन्म-प्रदेशवासी कुछ शत्रुओं को फुसला कर यह भी कहलवा दिया कि शर्बा वस्तुतः नेपाली प्रजा नहीं है, बल्कि भोट प्रजा है। फिर क्या था? शर्बा पकड़कर भोटिया हवालात में डाल दिया गया। ल्हासा-स्थित नेपाली राजदूत ने इस पर भोट-सरकार को समझाया। उसकी बात न मानने पर नेपाल-सरकार ने स्वयं तहक़ीक़ात करके लिखा कि शर्बा नेपाली प्रजा है। लेकिन तिब्बत-सरकार का कहना था कि वह भोट प्रजा है, इसलिए नेपाल-सरकार को बीच में दखल देने का कोई अधिकार नहीं है। नेपाल-सरकार ने फिर भोट-सरकार को अपने आदमी भेज कर शर्बा के गाँव में तहक़ीक़ात करने के लिए कहा, किन्तु भोट-सरकार टालती रही। इस प्रकार शर्बा प्रायः दो साल तक जेल में पड़ा रहा।

शात्री ग्यॅल्पो

जुलाई (१९२९ ई०) के तीसरे सप्ताह में मैं ल्हासा पहुँचा था, उस समय शर्बा ग्यंल्पो जेल या हवालात में था। अगस्त के दूसरे सप्ताह में सिपाहियों की असावधानी से शर्बा भाग कर नेपाली दूतावास में चला गया। १४ अगस्त को मैं नेपाली राजदूत से भेंट करने गया तब एक गोरे घुटे सिर वाले बड़े लम्बे-चौड़े अधेड़ पुरुष को आँगन में टहलते देखा। यही शर्बा ग्यंल्पो था। शर्बा के भागने से बड़ी सनसनी फैल गई। जिन अफसरों को शर्बा की स्वतंत्र प्रकृति और खरी बातें पसन्द नहीं थीं उन्होंने इसमें बड़ी लज्जा का अनुभव किया। जिन अफसरों के अधिकार में शर्बा रक्खा गया था उन्हें दंड दिया गया। महागुरु के पास शिकायतों के ढेर लगने लगे। भोट-सरकार ने नेपाल के राजदूत को कहा कि वे शर्बा को हमारे हवाले कर दें। यह बात राजदूत के वश के बाहर थी। ल्हासा में नेपाली सौदागरों की छोटी-बड़ी सब मिलाकर सौ से ऊपर दूकानें हैं। इस घटना के बाद अब नेपाली अधिक शङ्कित हो उठे। वे कहते थे, राजदूत शर्बा को हवाले नहीं करेंगे, भोट-सरकार के जबर्दस्ती करने पर यदि जरा भी छेड़-छाड़ हुई तो दूतावास के लोगों को पकड़ने और मारने में तो देर भी लगेगी, किन्तु नेपाली प्रजा का जान-माल तो कुछ घंटों में ही नष्ट कर दिया जायगा। २३ अगस्त को परेड करते वक्त भोटिया सैनिक आपस में लड़ पड़े। शहर में हल्ला हो गया कि सैनिक नेपाल-दूतावास में शर्बा को पकड़ने पहुँच गये। फिर क्या था? कुछ ही मिनटों में सारी नेपाली दूकानें बन्द हो गईं। लोग

अपनी दूकानों के ऊपर जाकर प्रतीक्षा करने लगे कि अब लूट मडली आना ही चाहती है। उस समय की बात कुछ न पूछिए। लोग महाप्रलय के दिन को मिनटों मे आया गिन रहे थे। मैं भी नेपाली लोगों के साथ रहता था और अधिकांश जन मुझे भी नेपाली ही समझते थे। इसलिए मैं भी उसी नैया का यात्री था। दो बजे दिन दूकाने बन्द हुईं। रात को किस वक्त तक वह दशा रही इसे मैं नहीं कह सकता। रात को कोई दुर्घटना नहीं हुई, इसलिए सवेरे फिर सभी दूकानें खुल गईं। एक दिन और इसी प्रकार दूकाने बन्द हो गईं। २७ अगस्त के बारह बजे मैं छु-शिङ्-शर (जिस व्यापारी कोठी मे मैं रहता था) के कोठे पर बैठा था। मैंने देखा, दक्षिण से दूकान बन्द होती आ रही हैं, सड़क पर अपनी दूकाने लगा कर बैठे नरनारी अपनी विक्रेय वस्तुओं को जल्दी जल्दी समेट कर गिरते-पड़ते घरों के भीतर भाग रहे हैं। कोई किसी को कुछ कह भी नहीं रहा था, जो एक को करता देखता है, उसी की नकल वह भी करता था। जरा सी देर मे किसी सरकारी आदमी से मालूम हुआ कि पल्टन शर्वा को पकड़ने नेपाली दूतावास मे गई है। नेपाली कहने लगे, अब लूट शुरू होगी। भोटवासियों की भाँति नेपाली सौदागर भी बौद्ध हैं,[1] और एक ही तरह की तांत्रिक पूजा पर विश्वास रखते हैं। लामों

1. [वे सब गोरखे नहीं हैं, नेपाल के पुराने निवासी नेवार हैं जिनकी भाषा आदि का सम्बन्ध भोट से ही अधिक है।]

और मठों पर भी वैसी ही श्रद्धा रखते हैं। इसी प्रकार हर एक नेपाली के अनेक भोटिया घनिष्ठ मित्र हैं, और उनसे भय नहीं सहायता की ही सम्भावना है। लेकिन लूट के वक्त वे भलेमानुस तो स्वयं अपनी आग को देखेंगे, लूटनेवाले तो दूसरे ही आवारे गुण्डे होंगे।

उस दिन हमें सारी रात फिक्र में बिताने की आवश्यकता नहीं हुई। शाम से पूर्व ही सूचना मिली, और इस सूचना के फैलाने में राज-कर्मचारियों ने भी सहायता की कि शर्बा पकड़ लिया गया है, राजदूत ने अपने आप ही उसे सरकार के हवाले कर दिया; सौदागरों को डरना नहीं चाहिए; कोई लूट-पाट नहीं होने पायेगी। दूसरे दिन दूकानों के खुलने पर सभी के मुँह में नेपाली राजदूत के लिए प्रशंसा के ही शब्द थे। मालूम हुआ, राजदूत ने शर्बा को हवाले ही नहीं किया, साथ ही सशस्त्र रुकावट भी नहीं डाली। इसमें शक नहीं कि यदि राजदूत डट जाता तो शर्बा को ले जाना उतना आसान नहीं था। दूतावास में केवल २५, ३० सैनिकों के होने पर भी बन्दूक और गोला-बारूद इतना था कि वे दो-तीन सौ नेपाली प्रजाजनों को मुकाबले के लिए तैयार कर सकते थे। दूतावास भी शहर के भीतर था, जिस पर प्रहार करने के लिए पास-पड़ोस को भी नुकसान पहुँचाना पड़ता। नेपाली सैनिक हिम्मत निशानेबाजी आदि में भी भोट सैनिकों से बहुत बढ़े हुए हैं। लेकिन राजदूत के सामने तो सवाल था कि वह एक शर्बा को कुछ समय के लिए बचा रक्खे या हजारों नेपाली प्रजा

के जान-माल को बात की बात मे बरबाद होने से बचावे। राजदूत का वह निर्णय यथार्थ मे बहुत प्रशंसनीय था। जरा-सी भूल में हजारों प्राणों का बुरी तरह से खात्मा था।

इधर कई बार बाजार के बन्द हो जाने से सिर्फ ल्हासा मे ही तहलका नहीं मच गया था, बल्कि यह खबर उड़ उड़ कर दूर तक फैल रही थी। सब जगह पुलिस और पल्टन का प्रबन्ध तो है नहीं, इसलिए लोगो मे व्यवस्था के प्रति सन्देह उत्पन्न हो सकता था, और तब उपद्रव रोकना मुश्किल होता। २९ जुलाई को नगर के अधिकारी ने भोट और नेपाल दोनो की प्रजा को जमाकर एक लेक्चर दिया, कहा—कोई झगड़ा नहीं होगा; सरकार इसके लिए तैयार है; यदि फिर दूकानें बन्द की गईं तो बन्द करने वालो और अफवाह फैलाने वालों को कड़ी सजा दी दी जायगी। इस धमकी के कारण या क्या, उसके बाद सचमुच ही बाजार नहीं बन्द हुआ। शर्बा के बारे मे मालूम हुआ कि उस पर बेतों की मार पड़ी। कहते हैं, उसे दो सौ बेत लगाये गये। जब तक वह होश मे था, एक बार भी उसके मुँह से दीनता के शब्द नहीं निकले। बेत की चोट से मांस तक उड़ गया, और प्रधान नाड़ियों मे से कुछ कट गईं। इन्हीं घावों के मारे १७ सितम्बर को शर्बा मर गया।

ऊपर कहे कारणों से नेपाल और भोट मे पहले से ही कुछ सैनिक तैयारियाँ हो रही थीं। शर्बा का दूतावास से जबर्दस्ती

पकड़ कर ले जाने पर तो अब युद्ध सामने खड़ा दिखाई देने लगा। तिब्बत में न प्रेस है, और न अखबार। वहाँ अखबारों का काम उड़ती खबरें देती हैं। इङ्गलैंड के अखबारों के अनुभव से मैं कह सकता हूँ कि विलायती अखबारों की अफवाहों की अपेक्षा ये ल्हासा की अफवाहें अधिक विश्वसनीय थीं। ३१ अगस्त को खबर उड़ी कि नेपाल और तिब्बत में सुलह कराने के लिए शिकिम से ब्रिटिश रेजीडेंट आ रहे हैं। दूसरे दिन खबर उड़ी कि दलाई लामा ने उन्हें आने की इजाजत नहीं दी। नेपाल में कैसी तैयारी हो रही थी, इसके बारे में ठीक तो नहीं कहा जा सकता, किन्तु २ नवम्बर को दर्जी की तलाश करते वक्त हमें पता लगा कि ल्हासा में उपलभ्य सभी जीन कपड़ों को सरकार ने खरीद लिया है और ल्हासा के दर्जी तम्बू बनाने में लगे हुए हैं। यह भी अफवाह उड़ी कि तिब्बत की सहायता के लिए चीन और रूस से भारी मदद आने वाली है। नेपाल के बारे में मालूम हुआ कि धनकुटा, कुर्ती, केरङ् आदि जिन चार रास्तों से तिब्बत में प्रवेश किया जाता है, नेपाल-सरकार ने उनको सैनिक काम के लिए दुरुस्त ही नहीं कर लिया है, बल्कि सैनिकों के खाने के लिए पाँच लाख का गेहूँ भी भारत से खरीदा जा चुका है, चारों रास्तों पर चढ़ाई करने के साथ तार लगा देने के लिए खम्भे और तार भी तैयार कर लिये गये हैं; सीमा के पास कुछ पल्टनें भी तैनात कर दी गई हैं। ल्हासा के बारे में मत पूछिए। रोज दस बजे पल्टन शहर की सड़क से मार्च करती हुई निकलती थी। सिपाहियों के

युद्ध-कौशल के बारे में मालूम हुआ कि यद्यपि योरपीय युद्ध में अंगरेजी सेना की निकाली हुई बन्दूकें उन्हें मिली हैं, तो भी बन्दूक दागते वक्त वे मुँह दूसरी ओर कर लेते हैं। हाँ, सैनिक सरगर्मी का प्रभाव जहाँ एक ओर छोटे-छोटे बच्चों पर पड़ा था, और वे सड़कों पर 'राइट-लेफ्ट' करते फिरते थे, वहाँ शहर में इक्के-दुक्के निकलते सैनिक भी बे मौके ही राइट-लेफ्ट कर रहे थे। भोट के सैनिकों में राइट-लेफ्ट के प्रचार का कारण यह था कि उनके प्रोफेसरों ने ग्यांची में दो-एक मास रहकर वहाँ के अंगरेजी पल्टन के हवल्दारों से सारे युद्धशास्त्र को सीख डाला था।

अब कलकत्ते और नेपाल से आनेवाले तारों और चिट्ठियों में नेपाली सौदागरों को छोड़ कर चले आने की बातें आने लगीं। २० सितम्बर को ल्हुशिङ्-शर के स्वामी के बड़े लड़के साहु त्रिरत्न-मान ल्हासा छोड़ कर चल दिये। उन्होंने अपने छोटे भाई और दूसरे आदमियों को कह दिया कि अमुक संकेत का तार मिलते ही दूकान छोड़कर चले आना। दूकान के भीतर के लाखों के माल की परवा मत करना। हाँ, यह कहना भूल गया कि ल्हासा में भोट-सरकार ने तार लगवाया है। जाड़ों में तिब्बत और मगोलिय के बीच के प्रदेश कङ्-शू के मुसलमान व्यापारी खच्चर और दूसरा माल बेचने आते हैं। २४ सितम्बर को पता लगा कि उनके लाये सैकड़ों खच्चरों को कोई दूसरा आदमी खरीद नहीं पाया, सभी सरकार ने खरीद लिये। ३ अक्टूबर को सुना कि फ़ौज में भर्ती के खयाल से ल्हासा के निवासियों की गणना हो रही है।

अब दोनों सरकारों मे तार द्वारा बातचीत शुरू हुई। ६ अक्टूबर को साहु त्रिरत्नमान को कलकत्ते से अपने भाई का तार आया कि छोड़ कर चले आओ। यद्यपि ज्ञानमान साहु जाने के लिये तैयार नहीं हुए, तो भी स्थिति की भीषणता स्पष्ट हो रही थी। कुछ पल्टनें नेपाल-सीमा की ओर भेज भी दी गई थीं। जागीरदार अपनी अपनी जागीरो के अनुसार रंगरूट भेजते जा रहे थे। यहाँ यह जान लेना चाहिए कि तिब्बत की प्रायः सभी कृषि-योग्य भूमि छोटे-बड़े जागीरदारों मे बँटी हुई है (इन जागीरदारो में कितने ही बड़े बड़े मठ भी शामिल है); लड़ाई के वक्त ये अपनी हैसियत के अनुसार सिपाही देते हैं। १९०४ की अंगरेजों के साथ की लड़ाई के वक्त तक तो हथियार और गोला-बारूद भी यही देते थे, किन्तु अब यह बात समझ में आ गई है कि इन हथियारों से लड़ाई नहीं लड़ी जा सकती। अस्तु, इन रंगरूटो को ही नहीं, बल्कि पल्टन के बहुत से जवानों को देख कर पुराण-वर्णित महादेव बाबा की पल्टन याद आती है, कहीं एक ६० वर्ष का बूढ़ा कन्धे पर बन्दूक रखकर चल रहा है तो कहीं १५ वर्ष का कच्चा छोकड़ा। वर्दी के लिये कोई अपना सफेद लम्बा चोगा और घरू जूता पहने था तो कोई फटे चोगे के साथ ल्हासा के किसी मुसलमान गुदड़ीवाले के यहाँ से चौगुने दाम पर खरीदे पुराने अँगरेजी फौजी जूते को ऊपर से डटाये था। किसी ने तो ल्हासा के उस कठोर जाड़े के दिनो मे कालिम्पोङ् या ल्हासा के किसी कबाड़िये के यहाँ से खरीदी पुरानी अंगरेजी खाकी सूती

वर्दी लगाई थी। सारांश यह कि—

> जस दूलह तस बनी बराना;
> कौतुक होहिं बहुत मग जाता।

४ नवम्बर को मालूम हुआ, कई पल्टनें सीमा पर भेज दी गई हैं। दस-दस सिपाहियों के लिए एक एक तम्बू और चाय पकाने का ताँबे का एक बड़ा बर्तन खरीदा जा चुका है। एक भोटिया अफसर ने बातचीत के वक्त कहा—ल्हासा में सैनिकों की बाढ़ सी आ गई है; वे उकता रहे है, कह रहे हैं कि हम क्यों नहीं मैदान में भेज दिये जाते। मैंने कहा—इनकी वीरता प्रशंसनीय है, मौत इनके लिये नववधू है। कहने लगे—खाक है; वे युद्ध के लिए थोड़े ही उतावले है? यहाँ बेचारों को खाने-पीने, रहने आदि सभी की तकलीफ है; कुछ तो सोचते हैं, वहाँ जाने पर रसद तो अधिक हो जायगी; दूसरे सोच रहे हैं ल्हासा से चार दिन दूर जा कर बन्दूक-गोली गट्ठा लेकर नौ-दो-ग्यारह होने की; भाग जाने पर कौन किसको पकड़ सकता है? न पुलिस का इन्तिजाम है न नाव-गाँव हुलिया आदि का कोई रजिस्टर है, पकड़ने की बात तो तब आयगी जब वे अपने घर पर जायँ; अन्यथा पूर्वीय तिब्बत का सैनिक पश्चिम में भाग जाय तो कौन पहचान सकता है?

मैं बेतहाशा हँस पड़ा, जब २० नवम्बर को भदन्त आनन्द की सिंहल से भेजी चिट्ठी में पढ़ा कि तिब्बत की परिस्थिति को

राजकर्मचारी

भोटिया सौदागर

सुन कर मेरे श्रद्धेय उपाध्याय श्रीधर्मानन्द महास्थविर उनसे पूछ रहे थे कि क्या तिब्बत से मेरे लाने के लिए हवाई जहाज भेजा जा सकता है ! मैंने अपने मित्रों से कहा, होगा तो अच्छा, यदि ल्हासा में हवाई जहाज़ आ जाय। जिन लोगों को रेल समझाने के लिए दौड़ता हुआ मकान बतलाना पड़ता है, उनके लिए हवाई जहाज़ तो जादू की बात ही मालूम होगी।

भोट-सरकार अपनी तारलाइन की मरम्मत आदि के लिए भारत-सरकार के डाक-विभाग के अफ़सर को ले लिया करती है। इसी काम के लिए उक्त विभाग के एक ऐंग्लो-इंडियन अफ़सर श्री राजमेयर उस समय ल्हासा में आये हुए थे। वे दो बार मुझसे मिलने आये; उन्होंने कहा, अंगरेज़ी सरकार अपने दोनों मित्रों में लड़ाई नहीं होने देगी। बात तो युक्तियुक्त सी मालूम होती थी, किन्तु घटनायें विरुद्ध घट रही थीं। नेपाल-सरकार अपने प्रति किये गये बर्ताव पर जी-जान से असन्तुष्ट थी, और भोट-सरकार के अधिकारी चीन और रूस की मदद का स्वप्न देख रहे थे। एक अफ़सर ने जब रूस से सहायता पहुँचने की बात कही तब मैंने कहा कि रूस से तो आप लोगों का डाक और तार का सम्बन्ध भी नहीं है, जितने महीनों में आपकी चिट्ठी मास्को पहुँचेगी, उतने में तो नेपाल सारे तिब्बत में दौड़ जायगा।

यद्यपि घटनायें, तैयारी सभी किसी दूसरी ही बात की खबर दे रही थीं, तो भी 'सन्धि हो गई' की खबरें हर सप्ताह उड़ जाया

करती थीं। मालूम होता है, जब किसी का मन चारों ओर निराशा से घिर जाता था तब 'स्वान्तः सुखाय' ये खबरें स्वयं अन्तःकरण में उत्पन्न हो जाती थीं। २१ नवम्बर के नेपाल (बीरगञ्ज) से भेजे एक तार में था—नेपाल का सम्बन्ध सुन्दर है; डरना नहीं चाहिए; पूर्ववत् काम करो। बात की बात में इस तार की बात सारे नेपाली मण्डल में फैल गई, डूबतों को तिनके का सहारा मिला। दस दिन तक लोग अब दूसरे भाव में हो गये। किन्तु पहली दिसम्बर को फिर हवा का रुख पलटा। वस्तुतः उस समय सवत्सरों की रुद्रबीसी विष्णुबीसी की तरह सप्ताही चल रही थी। एक सप्ताह 'सन्धि हो गई' की चर्चा रहती थी, फिर दूसरे सप्ताह 'लड़ाई नहीं टलेगी' का तूमार बँधता था।

इसी बीच में नेपाल के महामंत्री महाराज चन्द्रशम्सेर का २५ नवम्बर को स्वर्गवास हो गया। ल्हासा के नेपालियों को इसकी खबर एक सप्ताह बाद २ दिसम्बर को मिली। भोट-सरकार जहाँ नेपाली सेना से लड़ने के लिए अपनी सेना तैयार कर रही थी, वहाँ भोट के मन्त्र-तन्त्रवेत्ता चुप बैठने वाले नहीं थे। उनके पुरश्चरण पर पुरश्चरण हो रहे थे। नेपाल के महामन्त्री की मृत्यु सुनकर हल्ला हो गया—देखा, लामों का मन्त्रबल! महासमर के दिनों में जैसे भारतीय स्टेशनों पर खोंचेवालों के सामान सैनिक लूट लेते थे, वैसी ही बातें यहाँ भी शुरू हुईं। २५ दिसम्बर को एक सैनिक ल्हासा के एक भोजनालय में भोजन करके निकलने लगा तब मालिक ने पैसा माँगने की ढिठाई की। फिर क्या था?

जिसने राष्ट्र के ऊपर अपनी जान को न्योछावर कर दिया है वह ऐसी गुस्ताखी को बर्दाश्त कर सकता है ? वही उसने माँगनेवाले के पेट में छुरा भोंक दी।

१८ जनवरी १९३० को सुना कि चीन के राष्ट्रपति का पत्र ले कर कोई दूत आया है, जिसका स्वागत भोट-सरकार ने ५०० सैनिक तथा बालनृत्य के साथ वैसे ही किया, जैसे किसी वक्त चीन-सम्राट् के पत्र का हुआ करता था। यह भी सुनने में आया कि पत्र में चीन और भोट के हजार वर्ष के पुराने सम्बन्ध को दिखलाते हुए फिर से पूर्ववत् सम्बन्ध स्थापित करने के लिए कहा गया है, और इस मतलब के लिए कुछ प्रतिनिधि नानकिन को बुलाये गये हैं।

एक हफ्ते बाद एक भोटिया कुमारी चीन से सहायता का सन्देश लेकर पहुँची। यह युवती स्वयं तिब्बती थी, पर शायद चीन के कुओमिटाग (प्रजातन्त्र) दल की सदस्या थी। अपनी मोहनिद्रा को छोड़ देने पर तिब्बती भी क्या कुछ बन सकते हैं, इसका वह नमूना थी।

चीन की इस सतर्कता के कारण अब ब्रिटिश सरकार के लिए भी शीघ्र कुछ करना जरूरी हो गया। बाहरी दुनिया को पता लगे बिना यदि नेपाल तिब्बत को धर दबाता तो दूसरी बात थी; पर अब चीन और दूसरे राष्ट्र नेपाल को अंगरेजों का हथियार कह कर दखल देते तो अवस्था जटिल हो जाती। अब ढोल

का काम न था। ७ फरवरी को मालूम हुआ कि दोनों सरकारों में सुलह कराने के लिए ब्रिटिश सरकार की ओर से सरदार-बहादुर ले-दन-ला[1] आ रहे हैं। ५ महीने तक लगातार लड़ाई और सुलह के बारी बारी से दौर चल रहे थे। ल्हासा के नेपालियों को सुलह का सबसे पक्का प्रमाण तब मिल गया जब ११ फरवरी को उन्होंने देखा कि ल्हासा से बाहर जाने के सभी रास्तों पर सैनिक पहरा लगा दिया गया है, और सख्त हुक्म हो गया है कि कोई नेपाली प्रजा बाहर न जाने पाय। अब तक जो सुलह की अफवाह उड़ाने में आगे रहा करते थे, वे सिर पर हाथ रख कर अफसोस करने लगे। अब तो 'भइ गति साँप छँछूदर केरी'। जो तारों और चिट्ठियों से लगातार बुलावे की बात सुन कर यह कहते आ रहे थे कि जल्दी की ज़रूरत नहीं, वह वक्त आयेगा तब चल देंगे, उन्होंने देखा कि अब वे ल्हासा में कैद हैं। पीछे मालूम हुआ कि ग्यांची, शीगर्ची के नेपालियों के साथ भी वैसा ही किया गया है। पहले सैनिक बन्दूक लिये शहर के भीतर से कूच करते थे, आज वे तोप ले कर निकले, यह सुलह का दूसरा पक्का प्रमाण मिला! भोट-अफसर कहते थे, अब तो चीन का दूत आ गया; अब भोट अकेला थोड़े ही है? आज ही यह भी सुना गया कि

१. [लेदन्-ला दार्जिलिंग ज़िले में उत्पन्न सिक्मी भोटिया हैं, इसलिए वे ब्रिटिश प्रजा हैं। वे बङ्गाल पुलिस में नौकर थे—पहले-पहल सारन में दारोगा हुए थे।]

सरदार-बहादुर लेदनला ल्हासा से दो दिन के रास्ते पर छुशुर मे पहुँच गये है। लेकिन अब सन्धि की आशा लोगो के मन में बहुत क्षीण हो गई थी। कोई कोई तो कह रहे थे कि श्री ले-दनला से महागुरु पहले से ही नाराज हैं, अब तो निश्चय ही सन्धि की आशा बहुत दूर है। कोई कोई कह रहे थे, महागुरु ने सरदार बहादुर से मिलने से इन्कार कर दिया, वे छुशुर से लौट गये।

१६ फरवरी को सरदार बहादुर ल्हासा पहुँच गये। उनके पहुँचने से किसी के हृदय मे आशा की एक हल्की सी किरण भी नहीं संचरित हुई। नेपाली प्रजा सभी कुछ भाग्य पर छोड़ कर बैठ गई थी। सुनाई दिया कि नये महाराज भीम शम्सेर जङ्गबहादुर राणा ने फाल्गुन पूर्णिमा तक का अल्टिमेटम दे दिया है। शाम को मालूम हुआ कि सरदार-बहादुर ने पूरे तीन घटे भोटराज दलाई लामा से एकान्त मे बात की है, फिर इसके बाद मन्त्रियो से। इसके बाद कितनी ही बार महागुरु और सरदार-बहादुर के वार्तालाप की खबर उड़ती रही, किन्तु सन्धि की संभावना नहीं थी। १ मार्च या माघ प्रतिपद् को उस साल भोट-नव वर्ष आरम्भ हुआ, किन्तु चारों ओर निराशा ही निराशा छाई हुई थी। ११ मार्च को सुना कि सरदार-बहादुर सफल-प्रयत्न हुए। भोट-सरकार ने सधि-प्रस्ताव स्वीकार कर लिया और सन्धिपत्र नेपाल सरकार के पास भेजा गया है। किन्तु १६ मार्च को खबर मिली कि सरदार-बहादुर हताश हो कर लौट रहे है! वस्तुत: वह समय ऐसा ही था, जिसमे नहीं और हाँ मे बहुत कम

अन्तर था। १७ मार्च को सरदार-बहादुर के लौटने की बात का खंडन हुआ। १८ मार्च को मैंने अपनी डायरी में लिखा—युद्ध की संभावना ही अधिक है, किन्तु प्रामाणिकों का विश्वास है कि संधि हो जायगी। १९ मार्च को एक नेपाली व्यापारी को कलकत्ता से चिट्ठी मिली कि सब कुछ छोड़ कर चले आओ। २२ मार्च के मध्याह्न को सरकारी सूचना मिली कि सुलह हो गई, उस समय नेपाली प्रजा की ख़ुशी की बात न पूछो। जैसे उन हजारों प्राणियों ने नया जन्म पाया हो। रास्ता ३० मार्च को खुला।

तिब्बत में जो सात मास तक युद्ध के बादल छाये हुए थे और युद्ध का होना निश्चित सा था उनके शांत करने का श्रेय एकमात्र सरदार-बहादुर ले-दन्-ला को है। वस्तुतः जब वे ल्हासा पहुँचे तब बीमारी अधिकार से बाहर हो चुकी थी, त्रिदोष लग चुका था। किसी को आशा न थी कि सरदार-बहादुर सफल होंगे, किन्तु सरदार-बहादुर कई कारणों से शांतिदूत होने के योग्य थे। एक तो वे स्वयं भोट जाति और धर्म के थे, दूसरे भोट की राजनीति का उन्हें रत्ती रत्ती ज्ञान था, तीसरे बहुत ही व्यवहार-कुशल और पैनी समझ रखते थे, चौथे उनमें अद्भुत धैर्य था। यदि वे न गये होते तो पीछे चाहे जो होता, भोट-सरकार ल्हासा की जनता में खड़ी हो कर माफ़ी माँगना तथा अपराधी अफ़सरों को दण्ड देना आदि नेपाल की शर्तों को न मानती। सरदार-बहादुर ने धैर्यपूर्वक समझाते-बुझाते दो प्रभावशाली पुरुषों को छोड़

बाकी सभी को अपनी ओर कर लिया। पाठकों को मेरे इस वर्णन से यह न समझना चाहिए कि मैं इन खबरों के जमा करने के पीछे विशेष प्रयत्नशील था। औरों की भाँति मैं भी प्राणों की बाजी लगा चुका था, इसलिए उस सम्बन्ध में आस-पास जो बातें होती रहती थीं उनको कान के भीतर न आने देना मेरे लिए वैसे भी सम्भव न था, लेकिन वहाँ तो अन्धों में काने राजा की मसल के अनुसार लोग मेरी राय पूछने आया करते थे। निस्सन्देह सरदार-बहादुर के प्रयत्न से हज़ारों नेपाली प्रजाजनों की जानें बचीं। कौन जानता है, यदि नेपाल का तिब्बत से लड़ाई होती तो संसार की अन्य बड़ी शक्तियाँ नेपाल को ब्रिटिश-सरकार का हथियार न समझतीं, और चीन के बाद किसी और के भी आ धमकने का अवसर न मिलता? सरदार-बहादुर ने जो काम किया वही यदि किसी अँगरेज़ अफसर ने किया होता तो उसे सर का ख़िताब तो उसी वक्त मिल जाता, अन्य पारितोषिक आगे-पीछे मिलता ही। किन्तु सरदार-बहादुर के काम की जितनी क़द्र होनी चाहिए, उतनी नहीं हुई।

छठीं मंजिल

ल्हासा में

§ १. भोटिया साहित्य का अध्ययन

१७ जुलाई १९२९ को मैं ल्हासा पहुँचा था, और २४ अप्रैल १९३० ई० को ल्हासा से बिदा हुआ। इसमें दो प्रधान घटनाओं—(१) ल्हासा का पहुँचना, और (२) तिब्बत में युद्ध के बादल—के बारे में मैं लिख चुका हूँ। इस रहस्यमयी नगरी के इतने दिनों के निवास पर कई अध्याय लिखे जा सकते हैं किन्तु मैं पाठकों और अपनी लेखनी दोनों को अधिक कष्ट नहीं देना चाहता; इसलिए अपनी डायरी से संक्षेप में ही कुछ लिखूँगा।

जब महागुरु दलाई लामा से ल्हासा में रहने की मुझे आज्ञा मिल गई, तब मैं अपने पढ़ने लिखने के काम में लग गया। उस वक्त, जैसा कि मैं पहले लिख चुका हूँ मेरा प्रोग्राम लम्बा

चौड़ा था। मैं तिब्बत में ३ वर्ष रह कर वहाँ से चीन और जापान की ओर जाने का इरादा रखता था। तिब्बत मे प्रवेश से पूर्व मैंने पुस्तक से थोड़ी सी तिब्बती या भोट भाषा पढ़ी थी, रास्ते में सिर्फ भोट-भाषा द्वारा ही मैं अपने भावों को प्रकट करने के लिए बाध्य था, इससे मुझे बोल चाल की भाषा सीखने में सहायता मिली लेकिन मेरा अधिक काम तो साहित्यिक भाषा से था जिसमे अनुवादित प्राचीन भारतीय साहित्य के अनेक अनमोल रत्न सुरक्षित है। मैंने निश्चय किया कि पहले स्वयं ही इन ग्रन्थों को देखूँ जो संस्कृत और भोट भाषा दोनो मे मौजूद हैं मेरे पास बोधिचर्यावतार की संस्कृत प्रति मौजूद थी। मै एक दिन बाजार में गया। देखा एक जगह कितने ही आदमी पन्ने की पुस्तकों की ढेर लिये बैठे हैं। ये पर-वा या छापेवाले थे। छापे का आविष्कार पहले पहल चीन मे हुआ। वह मुहरों को नकल पर था। किसी नाम को उलटे अक्षरों में खोदने की जगह उन्होंने उसी तरह पुस्तक की पुस्तक लकड़ी के फलकों पर खोदनी शुरू की। सातवीं सदी से ही, जब कि भोट-सम्राट् स्रोङ्-चन्-गम्-पो ने चीन-राजकुमारी से ब्याह किया, चीन और तिब्बत का घनिष्ठ सम्बन्ध शुरू हुआ; और वह अब तक है। भोट ने वेष-भूषा, खान-पान, आदि की बहुत सी चीज़े चीन से सीखीं। वस्तुत: तिब्बत आधिभौतिक बातों में चीन का उतना ही ऋणी है, जितनो आध्यात्मिक बातो मे भारत का। भोट में छापने की विद्या चीन से कब आई, यह निश्चय से तो नहीं कहा जा सकता। हाँ, प्राय: बीस लाख

श्लोकों या १६, १७ महाभारतों के बराबर के कन-जुर (=ब्कड्-ग्युर=बुद्ध-वचन-अनुवाद) और तन-जुर (=स्तन्-ग्युर=शास्त्र-अनुवाद) नामक दो महान् संग्रह (जिनमे हजार दो हजार श्लोको के बराबर के ग्रन्थों को छोड़ बाकी सभी भारतीय साहित्य के अनुवाद हैं) पाँचवें दलाई लामा सुमतिसागर (१६१६-१६८१ ई०) के समय में काष्ठ-फलकों पर खोदे गये। सम्भव है, उससे पूर्व भी छोटी बड़ी कितनी ही पुस्तकों का मुद्रण-फलक बनाया गया हो। आजकल तो प्रायः सभी मठों में ऐसे मुद्रण फलक रहते हैं। ल्हासा के उक्त पर-वा (=छापने वाले) अपना कागज-स्याही ले जाकर वहाँ से छाप लेते हैं। उन्हे इसके लिए मठ को कुछ नाम मात्र का शुल्क देना पड़ता है। छापने वाले ही पुस्तक-विक्रेता भी हैं। जो-खङ् (=ल्हासा के प्राचीनतम और प्रधान मन्दिर) के उत्तरी फाटक के बाहर आये बीसो पुस्तक विक्रेता पुस्तकें लिये बैठे दिखेंगे।

बोधिचर्यावतार की भोटिया प्रति के खरीद लाने से पूर्व ही मुझे यह ख्याल हो गया था कि पढ़ते वक्त संस्कृत भोट शब्दों का संग्रह करता चलूँ; आगे चलकर भोट-संस्कृत-कोष बनाने मे इससे सहायता मिलेगी। १३ अगस्त से मैंने यह काम शुरू किया। कई महीनों के परिश्रम से मैंने बोधिचर्यावतार, स्रग्धरास्तोत्र, ललितविस्तार, सद्धर्मपुंडरीक, करुणा पुंडरीक, अमरकोष, व्युत्पत्ति अष्टसाहस्रिका, प्रज्ञापारमिता ग्रंथो को देख डाला। इनमें से कुछ पुस्तके मेरे पास पहुँच गई थीं, और कुछ की हस्तलिखित संस्कृत

प्रतियाँ छु-शिङ्-शाके मंदिर से मिलीं। अभी मुझे सूत्र, विनय, तंत्र, न्याय, व्याकरण, कोष, वैद्यक, ज्योतिष, काव्य के पचास के करीब ग्रंथों और सैकड़ों छोटे निबंधों को देखना था। मैं अपने कोश के लिए कम से कम ५० हजार शब्दों को जमा करना चाहता था, लेकिन पीछे मुझे अपना मत परिवर्तन कर समय से पूर्व ही भारत लौटने का निश्चय करना पड़ा। उस समय मैंने उन शब्दों को भोट-अकारादि क्रम से जमा करा लिया। इसमें सब मिलाकर १५ हजार शब्द हैं। आज तक के छपे तिब्बती—अंग्रेजी कोशों में किसी में इतने शब्द नहीं आये हैं।

जब मैं ल्हासा पहुँचा था, तो १३० रुपये के करीब मेरे पास रह गये थे। यद्यपि छु-शिङ्-शा-कोठी में रहते, ८, १० रुपये मासिक शारीरिक निर्वाह के लिए काफ़ी थे, तो भी वहाँ एक तो मुझे पुस्तकों की ज़रूरत थी, दूसरे मैं शीघ्र दूसरे एकान्त स्थान में जाना चाहता था, जहाँ खर्च भी बढ़ जाता। मेरे मित्रों ने विशेष कर भिक्षु आनन्द कौसल्यायन और आचार्य नरेन्द्रदेव ने, नवंबर के आरम्भ तक २६४) भेज दिये थे, तो भी स्थायी प्रबन्ध तब तक न हुआ, जब तक पुस्तकें लेकर लौट आने की बात पर लंका से रुपये नहीं आ गये।

शब्दों के जमा करने के साथ मैंने कं-ग्युर तन्-ग्युर की छान बीन भी करनी शुरू की। ल्हासा नगर के भीतर मुरुमठ अपनी कर्मनिष्ठता के लिए बहुत प्रसिद्ध है। यह चोङ्-ख-पा की गद्दी पर बैठने वाले ठि-रिन्पोछे के आधीन है। वहाँ हस्तलिखित तन्-

ग्युर ग्रंथ है। मैंने उसके देखने के लिए कहा। इजाज़त मिल गई। मैं दो तीन दिन वहाँ गया भी, किन्तु एक तो भीतर शाला में बहुत अंधेरा था, दूसरे आधा अक्टूबर जाते जाते सर्दी खासी होने लगी थी मैंने पुस्तकों को अपने स्थान पर ले जाने को कहा, उसकी भी अनुमति मिल गई। यह संग्रह तीन चार सौ वर्ष पहले लिखा गया था। मालूम होता है इधर चालीस पचास वर्ष से किसी ने इसे देखा भी नहीं, क्योंकि पुस्तकों के वेष्ठनों पर एक एक अंगुल मोटी धूल की तह जमी हुई थी। मैंने पहले चाहा कि कंग्युर की भाँति इसे भी क्रम से देखूँ। लेकिन इसके २२५ वेष्ठनों में कोई कहीं पड़ा था, कोई कहीं। नीचे ढेर लगाकर सब को क्रम से लगाने का स्थान भी ठीक न था; इसलिए मैं एक ओर से ही १५, २० पोथियाँ मंगाने लगा। अब मैंने अपनी बैठक साहु की बैठक से पच्छिम वाले कोठे में कर ली थी। यहाँ सबेरे ही धूप आजाती थी, इसलिए मकान कुछ गर्म भी था। सर्दी की रफ़तार देख मैं एक दिन ल्हासा के गुदड़ीबजार में गया; वहाँ ३० साङ् में या २० में एक मंगोल काटका पोस्तीन का लम्बा चोगा मिल गया। पुराना होने पर भी अभी फटा नहीं था। भीतर बकरी के बच्चों को मुलायम बाल वाली खाल थी, और बाहर मोटा लाल शुद्ध चीनी रेशम। जाड़े के अनुभव ने मुझे बतला दिया कि यहाँ पोस्तीन ही से गुजारा हो सकता है कई तह मोटे ऊनी लबादे को तो जाड़ा हँसी में उड़ा देता था। नई कोठरी में आने से पूर्व मैं अभी मेहमानी में ही खाता था; किन्तु अब मुझे चिरकाल तक रहना

लेखक ल्हासा के जाड़े में

था, इसलिये मैंने नहीं चाहा कि मेरा बोझ साहु पर पड़े। यद्यपि यह मैंने अज्ञान से किया, और संकोच में पड़कर उन्होंने मेरी बात मंजूर कर ली; अन्यथा साहु धर्ममान का परिवार (जिनकी यह ल्हासा वाली दूकान पूरे डेढ़ सौ वर्ष पहले स्थापित हुई थी) बड़ा ही साधु-सेवी है। एक कमरा तो उन्होंने आने जाने वाले साधुओं के लिए ही सुरक्षित कर रक्खा है। सिर पर ऊनी कन-टोप, देह पर पोस्तीन का चोगा, ऊपर से कालीन की तरह एक और मुलायम लम्बे बालों वाला चुकट्टु (थुलमा) यद्यपि अब सर्दी से रक्षा कर रहे थे, तो भी अक्टूबर ही मे देखा कि हाथ में जहाँ तहाँ खून निकलने लगा। इसके लिए मैंने मगोली ऊँटो के ऊन के दस्ताने बनवाये। सर्दी बराबर बढ़ती गई, तो भी मुझे उतना कष्ट नहीं था। यद्यपि मेरा जन्म तो गर्म देश में और सो भी गर्म मौसम मे हुआ है तो भी सर्द से सर्द मुल्क की सर्दी को मैं बहुत कुछ वहाँ के लोगो की तरह बर्दाश्त कर सकता हूँ। लेकिन धूप और गर्मी से मैं बहुत घबराता हूँ, उस साल सर्दी भी सम्भवतः कम पड़ी थी। दोपहर के समय १५ दिसम्बर को तापमान ४० डिग्री (फार्नेहाइट) था, १२ जनवरी को २० डिग्री। मध्यान्ह में ही जब इतना था, तो रात के पिछले पहर और नीचे जाता होगा, इसमें सन्देह ही क्या? अक्तूबर के आरम्भ ही मे वृक्षों ने पत्ते गिराने शुरू कर दिये थे। महीने भर बाद तो वे सूखे से जान पड़ते थे। हरियाली का कहीं नामोनिशान न था। लोग फूलो के गमलो को दिन मे धूप में रख देते थे, और

शाम होते ही फिर उन्हें घर के भीतर रख लेते थे। सर्दी के मारे पानी घर के भीतर भी जम जाया करता था। एक दिन मैं लिख रहा था, देखा स्याही बार बार कर लिखने पर भी कलम बार बार लिखने से रुक जाती है। मै अपने लेख मे इतना तन्मय था कि मुझे यह ख्याल ही न रहा कि स्याही कलम की नोक पर जम रही है। मैं कलम की नोक पर स्याही की जमी बूँद को कुछ दूसरा ही समझकर झटक रहा था। कुछ देर बाद मुझे अपनी गल्ती मालूम हुई; फिर मैंने फौंटेन-पेन इस्तेमाल करना शुरू किया, तब फिर कोई दिक्कत नही आई।

§ २. तिब्बत का राजनैतिक अखाड़ा

ल्हासा पहुँचने पर जब मैंने अपने को भारतीय प्रकट कर दिया, तो भला इसकी खबर अंग्रेजी गुप्तचरों को क्यों न मिलती? मेरा पत्र-व्यवहार तो खुल्लम्-खुल्ला हो रहा था। मैंने देखा मेरे सभी पत्र डाकखाने से देर करके आते हैं। मेरे मित्रों ने कुछ आदमियों के नाम भी बतलाये जो अंग्रेजी गुप्तचर का काम करते है। एक रायसाहब तो—नाम याद नहीं—खास इसी लिए खुले तौर से ल्हासा मे रहा करते थे। अपने स्वतन्त्र विचार रखते हुए भी वहाँ किसी राजनीतिक कार्रवाई में दखल देना मैं अपने लिए अनाधिकार चेष्टा समझता था, मेरा काम तो शुद्ध सांस्कृतिक था। लेकिन सरकार भला कब भूलने वाली थी? २७ अक्तूबर

को गेजमेयर साहेब मिलने के लिए आये। ये गन्तोक्-ग्यांची लाइन के तार विभाग के निरीक्षक हैं। उस साल भोट सर्कार को भी अपनी ग्यांची-ल्हासा की तार लाइन के खम्भों को बदलवाना था, इसलिये इन्हें बृटिश सर्कार से कुछ दिन के लिए उधार लिया था। मैंने ल्हासा आते वक्त नगाचे के पास इन्हें घोड़े पर जाते देखा था, लेकिन उस वक्त मुझे विशेष ख्याल न आया। मै तो आते ही समझ गया कि मुलाकात मे ज़रूर कुछ और भी बात है। तो भी यह मैं कहूँगा कि गेज़मेयर महाशय मुझे बड़े ही सज्जन प्रतीत हुए। उन्होंने 'क्या काम कर रहे हैं' आदि पूछकर फिर दूसरी बात शुरू की। उनसे सबसे बड़ा फायदा मुझे यह हुआ कि उन्होंने अभी हाल में छपी, मिस्टर पर्सिवल लेण्डन् की नेपाल नामक पुस्तक के दोनों भाग मेरे पास भेज दिये। मैंने उन्हें बड़े चाव से पढ़ा। यह पुस्तक नेपाल पर बहुत कुछ प्रमाणिक तो है ही, साथ ही उसमे नेपाल और तिब्बत के सम्बन्ध पर भी काफी रोशनी डाली है, जिसकी उस वक्त मुझे बड़ी आवश्यकता थी। ल्हासा छोड़ने के पहले गेज़्मेयर महाशय एक बार (१७ नवंबर को) और मेरे पास आये। नेपाल-तिब्बत युद्ध के बारे मे उन्होने कहा, ये दोनों ही देश अंग्रेज़ सर्कार के मित्र हैं, वह इनमें भला कैसे युद्ध होने देगी। यह बात कितने ही अंश मे ठीक थी। लेकिन तिब्बत की राजधानी ल्हासा वह अखाड़ा है, जहाँ पर अंग्रेजी, चीनी, और रूसी राजनीतियाँ एक दूसरे से मिलती हैं। ल्हासा के से-रा, डे-पुङ् आदि मठों में रूसी इलाके के

सैकड़ों मंगोल वैसे ही रहते हैं, जैसे दार्जिलिङ् आदि अंग्रेजी इलाकों के सैकड़ो आदमी। मै यह नहीं कहता कि ये सब लोग वहाँ राजनीतिक कार्य के लिए रहते हैं; तो भी इस तरह उन सर्कारो को अपने आदमियो को छिपे तौर पर रखने का पूरा मौका मिल जाता है। मेरे समय मे एक रूसी इलाके का मंगोल बड़े ठाट बाट से रहा करता था। उसके बारे मे मालूम हुआ कि वह लाल (बोलशेविक) नहीं सफेद है, और उसका सम्बन्ध चीन से है।

जिस समय महासमर के आरम्भ होने से पूर्व भोट ने चीन को अपने यहाँ से निकाल भगाया, उस समय अंग्रेजो का तिब्बत पर बहुत प्रभाव था। दलाई लामा उससे पहले भागकर भारत आये थे, और अंग्रेजी सर्कार ने उनकी बड़ी सहायता की थी; जिसके लिए वे बड़े ही कृतज्ञ थे। तब से प्रायः १९२४ ई० तक तिब्बत अंग्रेजी प्रभाव में रहा। चीन को निकाल देने पर भी भोट सर्कार और उनके मित्र जानते थे कि यह भागना सदा के लिए नहीं है। चीन जिस वक्त भी इधर ध्यान देगा, उसे रोकने के लिए भोट सर्कार के पास ताकत नही है। इसके लिए पुलीस और फौज को मजबूत करने की स्कीम बनाई गई। सर्दार-बहादुर ले-दन्-ला, जो उस समय दार्जिलिङ् मे पुलीस के अफ़सर थे, खास तौर पर पुलिस के प्रबन्ध के लिए भेजे गये। चीनी अम्बान् के रहने के स्थान या-मी मे उनका डेरा पड़ा। उससे पहले ल्हासा

तिब्बती जागीरदार

में पुलीस का कोई खास प्रबन्ध न था, सर्दार बहादुर ने वर्दी कवायद सब का सूत्रपात किया। इन्होंने शहर के कुछ स्थानों पर पहरा देनेवाले पुलीस के सिपाहियों के खड़े होने के लकड़ी के वैसे ही बक्स भी बनवाये जैसे भारत के शहरों में मिलेंगे। मेरे ल्हासा में रहते वक्त भी कुछ बक्स मौजूद थे। पुलीस के लिये तो कोई दिक्कत नहीं पड़ी। लेकिन पलटन का सवाल दूसरा ही था। तिब्बत के इतने बड़े मुल्क के लिए जिसकी सीमा एक ओर चीन से मिलती है, तो दूसरी ओर काश्मीर से, एक ओर चीनी तुर्किस्तान और मंगोलिया से, तो दूसरी ओर बर्मा और नेपाल से, ३०, ४० हज़ार पलटन तो ज़रूर चाहिए। तिब्बत के पुराने तरीके के मुताबिक पल्टन के सिपाहियो के एकत्रित करने का काम जागीरदारो का था। ऐसी मेले की जमात से भला चीन की शिक्षित सेना का मुकाबला किया जा सकता है? लेकिन सेना को सुशिक्षित और सुसगठित करने के लिए रुपये की आवश्यकता है। प्रश्न उठा रुपया कहाँ से आवे? सारा मुल्क तो छोटी बड़ी जागीरो मे बँटा हुआ है, जिनमें अधिक भाग वहाँ के बड़े बड़े मठो के हाथ में है। मठों से रुपया मांगा गया, तो उन्होंने अपना खर्च पेशकर कहा, हमे तो अपने धार्मिक पर्व त्योहार और भिक्षुओं के खर्च के लिए ही यह काफी नहीं है। जब कुछ और जोर दिया गया तो उन्होंने समझा कि यह सब कुछ अंग्रेज राजदूत करवा रहा है। फिर क्या था पलड़ा पलट गया। अंगरेजी प्रभाव उलटा पड़ने लगा। सर चार्ल्स बेल को साफ मरे

ल्हासा में रह कर निराश लौटना पड़ा। उस सारे प्रयत्न का फल इतना रहा कि कुछ सिपाहियों ने राइट-लेफ्ट करना सीख लिया। बृटिश सरकार से भोट-सेना को कितने ही हजार लड़ाई के वक्त की निकाली बन्दूकें मिलीं जिनका दाम अभी तक शायद चुकाया नहीं जा चुका है। टशील्हुन्पो के मठ पर जब सर्कार की ओर से रुपयों का तकाजा हुआ, तो टशी लामा (=पण्-छेन्-रिन्पो छे) ने उचित तौर से अपनी परिस्थिति को समझाया, जिसका परिणाम हुआ भोट-सरकार और टशीलामा में मनमुटाव का बढ़ना, और अन्त में टशीलामा को भोट छोड़ चीन भागना पड़ा; जहाँ से अब भी वे तिब्बत लौट नहीं सके।

सेना-सुधार की स्कीम तो इस तरह असफल ही नहीं हुई, बल्कि उसके कारण अंगरेजी सरकार के प्रति भोट देश में प्रतिक्रिया शुरू हो गई। सर्दार-बहादुर के पुलीस के सुधार में कम दिक्कत हुई। लेकिन जब दूसरी ओर प्रतिक्रिया शुरू हुई तो उसका असर उनके विभाग पर भी पड़ा। उन्होंने सफाई और फुर्ती का ख्याल करके पुलीस के बाल कटवा दिये थे। ल्हासा में अखबार तो है नहीं, जिनके द्वारा जनता अपने भावों को प्रकट कर सके। किन्तु कोई गुम नाम व्यक्ति उठकर उन भावों को छन्दोबद्ध कर देता है। चन्द ही दिनों में एक दूसरे को सुनकर सारा शहर उस गीत को गाने लगता है, और लड़के तो इसमें खास हिस्सा लेते हैं, और कुछ मासों में वह तिब्बत के एक छोर से दूसरे छोर तक फैल जाता है। वहाँ यह गीत महीनों तक

टशी लामा

गाया जाता है। ल्हासा मे शो-गङ् वंश बहुत ही धनी और प्रतिष्ठित है। वर्तमान गृहपति ल्हासा सर्कार का एक दे-पोन् (=जेनरल) था। घर में सुन्दरी स्त्री और लड़कों के रहते भी उसने एक रंडी रख ली। स्त्री कहाँ सहन कर सकती थी? उसने दे-पोन् को घर और घर की मि... यत से अलग कर दिया। अदालत से उन्हे सत्तू-मक्खन और थोड़े से रुपये गुजारे के लिए मंजूर हुए। इतना होने पर भी शो-गङ् दे-पोन ने रंडी को न छोड़ा। कहाँ पहले वह राजसी ठाट मे ल्हासा के बीचों बीच एक बड़े महल में रहता था, और कहाँ अब उसे एक छोटे मकान में गरीबी से गुजारा करना पड़ता था! यह घटना किसी को बड़ी ही आकर्षक मालूम हुई। उसने तुकबन्दी करके बाजार मे फेंक दी। दो-तीन दिन में ल्हासा के सारे लड़के शो-गङ् (सुर-खङ्) दे-पोन् की क्लु (=गीत) को बड़े राग से गाने लगे। दे-पोन् को कितने ही दिनो तक घर से बाहर निकलने की हिम्मत न पड़ी। जब मैं ल्हासा पहुँचा—यह गीत पुरानी हो चुकी था; तो भी अभी कितने ही लड़कों को याद थी। सर्दार-बहादुर ले-दन्-ला की पुलीस के बाल कटवाने पर भी किसी ने गीत बना डाला। मुझे इसके तीन ही पद याद हैं—

ले-दन् लामा म-रे। पु-लिसु डाबा म-रे।
या-मी गोम्बा म-रे। ट-शार..............।

लेद्न्[1] लामा नहीं हैं। पुलिस भिक्षु नहीं है।
यामी (पुलीस का हेडक्वार्टर) मठ नहीं है।

बाल क्यों कटवाये।

तिब्बत में भिक्षु ही सिर मुँड़ाते हैं। बाकी लोग मध्यकालीन युरोप की भाँति लम्बी चोटी रखते हैं।

§ ३. तिब्बती विद्यापीठ

ल्हासा में डाकखाना और तारघर दोनों हैं। दोनों एक ही मकान में है। जहाँ यह मकान है, वहाँ कुछ ही वर्ष पूर्व एक भारी मठ था। यह स्तन-दूगे-ग्लिङ् का मठ ल्हासा के उन चार (बाकी तीन, कुन्-ल्दे-ग्लिङ्, छे-मो-ग्लिङ, छे-म्छोग्-ग्लिङ्) मठों मे से था, जिनके महन्त दलाईलामा की नाबालिगी के वक्त भोट देश का शासन करते हैं। जब चीन और तिब्बत की लड़ाई हुई थी, उस समय यहाँ के महन्त का चीनियों के साथ सम्बन्ध पाया गया था; इसी पर इस मठ को ईंट से ईंट बजवा दी गई। सारे मठ का अब नाम, व पता नहीं है। उसके महन्त को भी मृत्यु दण्ड मिला था। एक दिन तार घर की ओर गये। पता लगा, पास राजकीय वैद्य रहते हैं। जाकर वैद्यजी को देखा। ये भी भिक्षु हैं। वैद्यक के अतिरिक्त ज्योतिष भी जानते हैं, और प्रति वर्ष भोट भाषा में एक पंचांग निकालते हैं। अब भी

[१. ■■■ नाम लेद्न् है; जा माने साहेब।]

नये वर्ष के पंचांग को वे लकड़ी की पट्टियों पर खुदवा रहे थे। उन्होंने वैद्यक के अतिरिक्त सारस्वत भी पढ़ा था। अब भी प्रायः सारे सूत्र उनको कंठस्थ थे। लेकिन संस्कृत भाषा का ज्ञान बिल्कुल नहीं था। ऐसे एक आदमी को और भी मैंने देखा था, जिसको चान्द्र व्याकरण के सूत्र कंठाग्र थे। सन्धि नियमों को तो वह दनादन पट्टी पर लिख और मिटा कर दिखा देता था; किन्तु भाषा का ज्ञान नहीं। यही वैद्यराज ल्हासा के आयुर्वेदिक विद्यालय के भी अध्यक्ष हैं। यह विद्यालय ल्हासा शहर की सबसे ऊँची पहाड़ी पर बना हुआ है।

१५ सितम्बर को मालूम हुआ, आज से महीने भर के लिये पतंगबाजी का समय है। हमारे भारत की तरह यहाँ भी खेलों के अलग अलग समय नियत हैं। नेपाली लोग इसमें बहुत दिलचस्पी लेते हैं। सम्भवतः इस खेल को भी नेपाली ही लाये हैं। ३० सितम्बर को पतंग के सूत्र के पीछे एक ढाबा (=साधु) और पुलीस में झगड़ा हो गया। पुलीस के सिपाही ने एक पत्थर उठा कर मारा, और वह ढाबा वहीं ढेर हो गया।

डे-पुङ् मठ को हम पहले ही देख आये थे, १२ अक्तूबर को सेरा जाने का निश्चय हुआ। एक मंगोल विद्वान् गे-शे रतन्-दर् साथ थे। से-रा ल्हासा से उत्तर तरफ़ प्रायः तीन मील पर है। शहर से बाहर हो, थोड़े से खेत पड़ते हैं, फिर सफ़ाचट ऊँचा-नीचा मैदान। खेतों की फसल कट चुकी थी। खलिहानों का

काम अब भी जारी था। आग की अँगीठियों पर मक्खन वाला चाय तैय्यार थी। याक या चँवरी बैलों के द्वारा दाँव चलाने का काम लिया जाता था। भोट देशवासी बड़े ही जिन्दादिल होते हैं। चाहे बेगार का पत्थर ढोना हो, चाहे खेतो का काम हो, चाहे पहाड़ों के डाँड़ों मे भेड़े चराना हो, सभी जगह उनकी तान आपको सुनाई पड़ेगी।

खेतो का सिलसिला अभी समाप्त नहीं हुआ था कि एक बड़े हाते मे कुल मकान दिखाई पड़े। मालूम हुआ चीनी अधिकारियों के रहते वक्त यह मकान बड़ा आबाद था, यहाँ पर चीनी बौद्ध भिक्षुक रहा करते थे। आजकल कोई यहाँ नही रहता। सूखे रेतीले मैदान को पार कर इस पहाड़ की जड़ मे पहुँचे। सामने से-रा का विहार था। डे-पुङ् की तरह यह भो ५, ६ हजार की बस्ती का एक शहर सा है। डे-पुङ् को महान् चोङ्-ख-पा के शिष्य जम्-यङ् ने १४१५ ई० मे बनाया था। चोंङ्-ख-पाके दूसरे शिष्य शाक्य-ये शे ने १४१८ ई० मे से-रा को स्थापित किया। टशी-ल्हुन्पो मठ को भी उनके तीसरे शिष्य और प्रथम दलाई-लामा गे-दुन-ग्यं-छो ने १४४६ ई० मे बनाया। छात्र-संख्या मे से-रा डे-पुङ् से दूसरे नबर पर है। साधुओ की संख्या साढ़े पाँच हजार से ज़्यादा है। तिब्बत के इन सभी प्रधान मठों मे कानून कायदे एक से ही है। विद्यार्थी भी अपने अपने देश के छात्रावास मे रहते हैं। यहाँ पाँच अध्यक्ष (=ख्लन्-पो) हैं, किन्तु ड-छङ् (=भ्रुक्-छङ्=विद्यालय-खंड) तीन ही हैं, जिनके नाम (=ग्य-

ब्येस्-स्पुस्-मङ्) और ग्ये (=स्मद्-थोस्-ब्सम्-ग्लिङ्) और डग्-पा है। ङग्-पा मे विशेष कर तन्त्र की पढ़ाई होती है। से-रा मे ३४ खम्-सन् है। इन खम्-सनो को हम आक्सफोर्ड और कैम्ब्रिज के कालेजो से तुलना कर सकते हैं। ग्ये मे खम्-सनो की संख्या २२ है, और म्ये मे १२। ङ्-ग्-पा की शाला बहुत विशाल है, किन्तु इसमे कोई खम्-सन् नही है।

ग्ये ड-छङ्-के खम्स्-छन

१—होर-ग्दोङ्।

मंगोल छात्रो के लिए।

२—ह्सम्-ब्लो (=सम्-लो,

बुर्यत् मगोल छात्रों के लिए

३—ब्य-त्रल् (=ज-डल्)

४—क्रो-बो (=टो बो)

५—त्रम्-ब्जि (=डग्-ब्जि)

६—छु-त्रा-बो

मगोल छात्रो के लिए।

७—ल्हो-पा

८—स्गोम्-स्दे

९—ला

१०—ल्दन्-मा

११—गुगे (म्ङ-री) गुगे अर्थात ङ री प्रान्त के, मान-सरोवर-पार्श्ववर्ती प्रदेश के छात्रों के लिये।

१२—स्पे-थुब (म्डारी)

लदाखवाले छात्रो के लिए

१३—सङ्-स्-दु कर् (म्डारी)

जङ्-स-कर (कश्मीर राज्य) वालो के लिए।

१४—स्तग्-मा (म्डारी)

१५—स्पि-ति-मि-म्छन्-ग्चङ्-पा

१६—ग्यल् ब्येद् (=ग्यल-चे)

१७—ए-पा

१८—ग्यल्-पा

१९—ठ्रुग्स्-पा

२०—चेंस-थङ्(=चे-थङ्)

२१—स्पोम-ऽब्रार्

२२—गुङ्-रू

म्ये ड-छङ्-मे निम्न बारह खम्स-छन् हैं—

१—अम्-दो-ग्शुङ्-पा	७—मेर-स्युङ्
२—स्पोम्-ऽब्योर्	८—अम्दो-ब्र-र
३—राङ्-पो	९—थोबो
४—ज्ञ-थोर्	१०—तें-ओन्
५—छ-वा	११—मि-अग्
६—काङ्-पो	१२—स्पो-गुङ्

डे-पुङ् (=ऽब्रस्-स्पुङ्स्=धान्यकटक) में ३९ खम्स्-छन् हैं, जो स्गो-मङ् और ब्लो-ग्सल्-ग्लिङ् दो ड-छङ मे इस प्रकार बँटे हैं—

स्गो-मङ् (=गोमा)—

१—होर्-ग्दोङ्	८—छल-पा
२—ब्सम्-ब्लो-ख्ग्-ऽबुम	९—तें-ओन्
३—ब्या-ब्रल्	१०—स्तग्-मा (—म्ङ् री)
४—ब्रग्-ब्यि (=डग्-ब्यि)	११—रि-चा
५—सुङ् स-छु	१२—छु-ब्सङ्
६—ब्यो-पो	१३—गुङ्-रू

१४—रिप-ति

ब्लो-ग्सल्-ग्लिङ् (=लो-स-लिङ) में—

१—कोङ्-पो	१४—ब्रग्-री
२—फो-खङ्	१५—ल्हो-पा (=दाक्षिणात्य)
३—छु-वाबो	१६—स्पे-थुब् (ङ-री)
४—क्रो-पा	१७—ग्यल्-पा
५—स्पोम्-ऽबोर्	१८—ब्रङ्-पो
६—मि-ञग्	१९—फर्-वा
७—ल्दन्-मा	२०—स्दिङ्-खा
८—ग्लिङ्-पा	२१—छुल्-खङ्
९—ग्चङ् -पा	२२—चें-थङ्
१०—द्बु-स्-स्तोद्	२३—म्ङऽ-रिस् (=ङरी)
११—रोङ्-पो-शर् (पूर्वी रोङ्-पो)	२४—गूगे
१२—रोङ्-पा-नुब् (पश्चिमी रोङ्-पो)	२५—ग्यै
१३—गो-पा	

खन्-छन् में छात्र रहते भी हैं, और वहीं पढ़ते भी हैं; इस प्रकार ये कालेज और बोर्डिङ् दोनो हैं। निम्न श्रेणी के अध्यापकों को गे-ग्यंन् (=लेक्चरर्) और ऊँची श्रेणी के अध्यापकों को गे-शे (=प्रोफ़ेसर) कहते हैं वहीं कहीं चारदीवारी से घिरे छोटे छोटे बीरी के बाग हैं, जिनमें छात्र पाठ को रटते तथा समय समय पर धर्मकीर्ति के प्रमाणवार्तिक और न्यायबिन्दु कीपंक्तियों पर शास्त्रार्थ भी करते हैं। स्मरण रखना चाहिये; कि यद्यपि ये विहार नालंदा

और विक्रमशिला के उजाड़ होने के दो सौ वर्ष बाद बने हैं, तो भी इनकी बनावट उन्ही के ढाँचे पर है। विक्रमशिला महाविहार में पढ़ने के लिए भोट के छात्र कई शताब्दियों तक आते रहे। सम्-ये का विहार स्वयं उडन्तपुरी विहार के नमूने पर बना था। इस प्रकार उक्त विहार नालन्दा-विक्रमशिला के कड़ बातों में जीवित नमूने हैं। आज भी अध्यापक पढ़ते वक्त वसुबन्धु, दिङ्-नाग और धर्मकीर्ति-सम्बन्धी अनेक कथाओं को कहते हैं, जिन्हें उन्होंने भारतीय विश्वविद्यालयों की परम्परा से पाया है। अफ-सोस यही है कि अब छात्रों में आधी संख्या निकम्मे लोगों की है, जो किसी प्रकार दिन काटते हैं। बाकी की भी पढ़ाई अपनी मौज पर है। छात्र को दाखिल होते ही ड-छङ् में अपना नाम लिखाना तो पड़ता है, और नियत समय उसके सम्मेलनों में सम्मिलित हो चायपानी आदि भी करना पड़ता है, तो भी अध्ययन की ओर ध्यान नहीं दिया जाता। इसमें शक नहीं कि कुछ अध्या-पक तथा छात्र उत्साही हैं, किन्तु वे अपवाद हैं। ड-छङ् का अध्यक्ष खन्-पो होता है। पहले खन्-पो अपनी योग्यता के कारण चुने जाते थे, किन्तु इधर कुछ वर्षों में इसका ख्याल नहीं रक्खा जाता। मैं जिस वक्त ल्हासा में था, उस वक्त से-रा के एक खन्-पो की जगह खाली थी। कितने ही लोग उम्मेदवार थे। सेरा का सबसे बड़ा विद्वान् न्यायशास्त्र में से-रा डे-पुङ् ही नहीं बल्कि सारे तिब्बत और मंगोलिया में अपना सानी नहीं रखता। एक मंगोल गे-शे. को उसके छात्रों ने उम्मेदवार होने के लिए कहा। उम्मेद-

वारों को एक दूसरे के साथ शास्त्रार्थ करना होता है। शास्त्रार्थ में वही विजयी रहा। लेकिन अन्तिम निर्णय दलाईलामा के हाथ में है। वहाँ महागुरु के मुसाहिबों की सिफारिश चाहिए जिसके लिए रुपयो की आवश्यकता होती है। उस विद्वान् ने अपने छात्रों को कह दिया, जहाँ तक उचित था उतना मैंने कर दिया, मैं रिश्वत देकर खन्-पो नहीं बनूँगा। यद्यपि अन्तिम परिणाम मेरे सामने नहीं प्रकट हुआ था, तो भी लोगो के कहने से मालूम होता था कि खन्-पो कोई दूसरा ही पैसा खर्च करने वाला बनेगा। मैं स्वयं ल्नद् ङ-छङ् के खन्-पो के पास एक दिन गया था; उनको देखने से भी मालूम होता था कि खन्-पो के चुनाव में योग्यता का ख्याल नहीं रक्खा जा रहा है।

सारा ढाँचा सुन्दर सुदीर्घ इतिहास और कितनी ही सजीवता की बाते इन विहारो मे अब भी मौजूद है। यदि इनकी त्रुटियों को दूर कर दिया जाय और अध्ययन अध्यापन को नियमित तथा विस्तृत कर दिया जाय, तो निश्चय ही ये राष्ट्र की सेवा आधुनिक विश्वविद्यालयों से कम न करेंगे। यहाँ के हर एक ङ-छङ् और खम्-छन् तक में बड़ी बड़ी जागीरे लगी हुई हैं। आज कल के अधिकांश खन्-पो व्यापार कर के रुपया कमाना अपना कर्तव्य समझते हैं। राजनीति मे भी इन मठों का बड़ा हाथ है, इसलिये राजनीतिक मामलों मे परामर्श आदि के लिये भी इनकी बड़ी पूछ है। डे-पुङ् की भाँति से-रा मे भी बड़े बड़े देवालय हैं जिनमें सोने चाँदी के मनो भारी दीपक अखंड जला करते हैं। देवताओं के आभूषणों

और सोने चाँदी के स्तूपों में आगे मोती, मूंगा, फ़ीरोज़ा, मणि आदि जड़े हुए हैं। यहाँ पढ़ाये जाने वाले पाँच मूल ग्रन्थों—(१) विनयकारिका, (२) अभिसमयालंकार, (३) अभिधर्मकोश, (४) माध्यमिककारिका और (५) प्रमाणवार्तिका—पर बनी टीकाओं का छापाखाना भी है।

१३ अक्टूबर को जब मैं अभी से रा में ही था मुझे मालूम हुआ कि रे-डिङ् मठ का अवतारी लामा आजकल यहीं पढ़ रहा है। रे-डिङ् वह मठ है जिसे अतिशा के प्रमुख शिष्य डोम्-तोन-पा ने अपने गुरु के मरने के बाद सन् १०५७ ई० में स्थापित किया था। पहले मुझ से लोगों ने कहा था कि वहाँ भारत से लाई संस्कृत पुस्तकों का बड़ा भंडार है; किन्तु अधिक पूछ ताछ करने पर पता लगा कि पास के पहाड़ों के कुछ विशेष आकार को देख कर लोगों ने उसे पथराई पुस्तक राशि समझी थी। खैर मैं रेडिङ् के लामा के पास गया। तिब्बत में अवतारी लामों की शिक्षा-दीक्षा भारतीय राजाओं के कुमारों के ही ढंग पर शक्ति के अनुसार बड़े ठाट बाट से होती है। उनके साथ नौकर चाकर रहते हैं। अपने अध्यापकों के साथ भी वे राजकुमारों की तरह ही बर्ताव करते हैं। और इसी लिए बहुत कम उनमें विद्वान् हो पाते हैं। लामा की आयु १८, १९ वर्ष की थी। बातचीत में समझदार मालूम होता था। पुस्तकों के बारे में पूछने पर उसने कहा, अधिक पुस्तकें तो नहीं हैं, किन्तु (हाथ से बता कर) एक हाथ लम्बा और एक बालिश्त मोटा ताड़पत्र की पुस्तकों का एक बस्ता है, जो अतिशा के हाथ

गंगा मठ

की चीज़ है, और डोम्-तोन्-पा के साथ रे-डिङ् पहुँचा है; मैं डेढ़ वर्ष बाद अपनी पढ़ाई समाप्त कर अपने मठ को लौटूँगा, उस समय यदि आप मेरे साथ चलें तो मैं दिखलाऊँगा। यह बात अधिक प्रामाणिक मालूम हुई। मेरा इरादा जाने का था, किन्तु डेढ़ वर्ष से पूर्व ही मुझे लौट आना पड़ा। यदि यह वही बस्ता है, तो निस्सन्देह इसमें अतिशा के बोधगया, सम्-ये आदि में बनाये कुछ हिन्दी के गीत भी होंगे।

❀ ❀ ❀

२४ नवम्बर को भोटिया दसवें मास की नवमी तिथि थी। आज ही के दिन से-रा के संस्थापक जम्-यङ् की मृत्यु हुई थी। आज सारे शहर मे तथा आस पास की पहाड़ी कुटीरो मे हज़ारो दीपक जल रहे थे। दूसरे दिन स्वय महान् चोङ्-ख-पा का मृत्यु दिवस था। आज तो सचमुच दीवाली थी। शहर की दीपमालिका की छटा सुन्दर तो थी ही; किन्तु पास की पहाड़ियो पर के छोटे बड़े मठो की दीपशोभा तो अद्भुत थी। महान् सुधारक का यह सन्मान योग्य ही है। आज दीपशोभा देखने के लिये सड़क पर भीड़ थी। राजमन्त्री लोग भी देखने के लिए आये थे। यह सब होते हुए भी एक बात खटकती थी, वह यह कि रात को अकेली दुकेली स्त्रियों की सुरक्षा न थी। सम्भव है, लड़ाई के कारण जमा हुए हज़ारो सैनिकों के कारण यह दुरवस्था हो।

दिसम्बर के मध्य मे बदल कर एक नये नेपाली डीठा (=द्रष्टा न्यायाधीश) आये। यह अंग्रेजी भी जानते थे। [illegible] दिन मिलने

के लिये आये, और कहा मेरे लड़के को संस्कृत पढ़ा दीजिये। मैंने सप्ताह मे दो दिन का समय दिया। लड़का होशियार था। पुस्तक तो हमारे पास थी नहीं। पाठ लिखकर पढ़ाया करते थे। इसी वक्त एक और विद्यार्थी मिला। यह चीनी था। शुद्ध चीनी अब ल्हासा मे कहाँ है ? इसके पिता चीनी हैं। अपने यहाँ दूसरे अर्ध चीनी लड़कों को पढ़ाते हैं, तथा चीनी भाषा का यदि कोई पत्र सर्कार के पास आता है तो उसका अनुवाद कर दिया करते हैं। ये लोग भोटिया लोगों से अलग समझे जाते हैं। वे मुझे चीनी भाषा पढ़ाते थे, और मैं उन्हे अंग्रेजी पढ़ाया करता था।

तिब्बत के लोगो को अख़बार पढ़ने को नही मिलते, किन्तु ज़बानी अख़बार हर सप्ताह ही किसी न किसी ऐसी घटना की खबर फैलाते हैं, जिसमे लोग बड़ी दिलचस्पी लेते हैं। १९ जनवरी को मालूम हुआ कि एक चिदुङ् (=भिक्षु अफसर) और उसकी रखैल कं-छी-लम्मर पकड़ कर लाई गई हैं। कायदा यह है कि जब कोई दलाईलामा मरता है, तो पोतला में एक मकान मे उसके लिए एक बड़ा चाँदी सोने का स्तूप बनाया जाता है जिसमें उसको जिन्दगी भर मे जितनी मणि-मुक्ता की भेंट चढ़ी होती है, उसे गाड़ देते हैं, और उसके बहुमूल्य प्याले आदि भी उसी में रख दिये जाते हैं। हर तीसरे वर्ष भिक्षु अफ़सरो[1] मे से एक इस स्तूप-

[१ तिब्बत में हर सर्कारी पद के लिए दो अफसर होते हैं, एक भिक्षु और दूसरा गृहस्थ।]

गृह का अध्यक्ष बनाया जाता है। उक्त चि-दुङ् तीन वर्ष पूर्व सातवें दलाईलामा के स्तूपगार का अध्यक्ष बनाया गया था। पाँचवें दलाईलामा सुमतिसागर (१६१६—८१ ई०) को १६४१ ई० में भोट का राज्य मिला था। तब से वर्तमान तेरहवें दलाईलामा मुनिशासनसागर (=थुब-ब्स्तन्-ग्यं-म्छो, जन्म १८७४ ई०) तक आठ और दलाईलामा हुये; किन्तु इनमे सप्तम दलाईलामा भद्र-कल्पसागर (स्कल्-ब्सङ्-ग्यं-म्छो, जन्म १७०८ ई०) ही पूर्णरूपेण विरक्त साधु हुआ। इसके चित्र में भी हाथ मे शासन का चिन्ह चक्र न देकर पुस्तक दी गई है। चीन और तिब्बत दोनों ही मे इसका बहुत सन्मान किया जाता था। प्रासाद को छोड़ कर वह पर्वतों पर, और वहाँ भी राजसेवकों के बिना रहा करता था। जीवन भर मे जितनी भेंट इसे चढ़ी थी, और जिसमे बहुत सी बहुमूल्य चीजें थीं, वह सब इसके स्तूप-गृह में रक्खी गई थीं। पिछले तीन वर्षों मे उक्त चि-दुङ् अध्यक्ष धीरे धीरे उन चीज़ों को बेंचता रहा। ल्हासा मे दार्जिलिंग की चार पाँच सुन्दरी भोटिया लड़कियाँ गई हैं। ये एक तरह की वेश्यायें हैं। ल्हासा वालों ने इनके नाम के साथ लम्मर (=नम्बर) का खिताब जोड़ दिया है। इस चिदुङ् की रखैल कं-छी (नेपाली भाषा में कांछी=छोटी) लम्मर भी उनमे से एक थी। इन दोनो का सम्बन्ध लोगों को मालूम था। लोगो ने कंछी-लम्मर को पचीस हज़ार का मोतियो का शिरोभूषण भी पहनते देखा, तो भी चिदुङ् पर ऊपर के अधिकारियो का ध्यान नहीं गया। कुछ सप्ताह पूर्व जब चिदुङ्

को बदली का समय नज़दीक आने वाला था, उसे जान बचाने की पड़ी। वह और कं-छी लम्मर घोड़े पर चढ़ ल्हासा से भाग निकले। वैसे यदि वे अकल से काम लेते, और चीन की ओर के रास्ते पर जाने की जगह दार्जिलिंग का रास्ता पकड़ते, तो दस ही दिन में तिब्बत की सीमा के बाहर चले गये होते। ल्हासा में उनकी खोज भी तीन सप्ताह बाद हुई। लेकिन मूर्खों ने चीन का रास्ता लिया। सो भी सप्ताह दो सप्ताह ल्हासा और दूसरी जगह के प्याले वाले यारों की मेहमानी करते रहे। जब खबर मिली कि सर्कार खोज कर रही है, तो ल्हासा से पूर्व ओर २, ३ दिन की दूरी पर किसी निर्जन पर्वत में घुस गये। दो एक दिन तो किसी तरह बिताया; जब भूख के मारे रहा न गया, तो गाँव में आये और वहीं पकड़ लिये गये। ल्हासा आने पर स्त्री-पुरुष दोनों पर बिना गिने पहले तो बेंतों की मार पड़ी। अब उन्होंने नाम बतलाने शुरू किये! बहुत सा माल तो उनके दोस्त दो एक नेपाली सौदागरों के हाथ लगा, और वह कभी कलकत्ता पहुँच कर शायद समुद्र पार पेरिस भी पहुँच चुका था। एक बड़े बड़े मोतियों की माला की बड़ी तारीफ़ हो रही थी। उक्त सौदागर पहले ही ल्हासा छोड़ कर नेपाल चले गये थे। कुछ छोटी छोटी चीजें उसने कुछ भोट-निवासी दोस्तों को भी दी थीं। वे बिचारे पिस गये। पचास रुपये के माल के लिये उनकी सारी सम्पत्ति पर मुहर लग गई। चि-टुङ् और कंछी-लम्मर भी ऐसी वैसी मिट्टी के नहीं बने थे। उन्होंने अपने नज़दीकी दोस्तों को बहुत बचाना चाहा। किन्तु मार के

सामने भूत भी भागता है। यह मार और पूँछ ताछ बराबर जारी रही। अप्रैल के आरम्भ में जो नाम बतलाये, उनमें एक बेचारे मोतीरत्न का भी था। ४ अप्रैल को ३ बजे शाम को हम छु-शिङ्-शा के कोठे पर बैठे थे, देखा 'हटो' 'हटो' के घोष मे घोड़ों पर चढ़े कुछ अफसर आ रहे हैं। इनमे महागुरु के सर्वोच्च अफसर दो-निर्-छेन्पो और ता-लामा के अतिरिक्त नेपाल के राजदूत भी थे। सवारी मोतीरत्न के दूकान पर खड़ी हुई। चि-तुङ् ने यहाँ एक बहुमूल्य प्याला देने की बात कही थी। उसने स्वयं रखने की जगह दिखलाई। तलाशी मे प्याला मिल गया। मालूम हुआ भागने ५. वे दोनों एक दो रात यहाँ ही एक बड़े सन्दूक के भीतर रहे थे। मोतीरत्न पकड़ कर नेपाली हवालात मे गये। इनकी और ल्हासा के प्रधान थाने के पुलिस-अफसर की एक ही स्त्री थी। परिणाम यह हुआ कि वह अफसर और उसकी स्त्री भी पकड़ कर जेल पहुँचाई गई। मेरे रहते रहते अभी इस मामले की तहकीक़ात भी पूरी नहीं हुई थी।

§ मेरी आर्थिक समस्या

दिसम्बर के अन्त तक मैं अपने रहने या जाने के बारे मे कुछ निश्चय न कर सका था। उससे पहले भी लंका से चिट्ठी आ चुकी थी कि पुस्तकों के लिए रुपया भेजते हैं, पुस्तकें ख़रीद कर इधर चले आओ। पहले तो मैंने स्वीकार न किया था, किन्तु जब चार महीनों मे भी किसी बिहार में रहने का इन्तजाम न हो

सका, नेपाल-तिब्बत युद्ध की आशंका बढ़ती ही जा रही थी, और उधर रहने के लिये व्यय का भी कोई प्रबन्ध न हो सका, तब मैंने पुस्तक ख़रीद कर लंका चले आने की स्वीकृति दे दी। समय भी अजब है। जब निराशा की ओर ढुलकता है, तो निराशा ही निराशा; जब आशा की ओर तो उधर भी उतनी ही मात्रा में। स्वीकृति-पत्र के भेजने के कुछ दिनों बाद महन्त आनन्द ने लिखा कि आप का पहला लेख[1] लङ्का में सिंहल भाषा के प्रसिद्ध दैनिक पत्र दिन-मिन[2] ने छाप दिया; वह अभी आप को प्रति लेख १५) देगा, पीछे और बढ़ा देगा। मैं अब आसानी से प्रति सप्ताह एक लेख लिख सकता था, और यों आर्थिक कठिनाई का प्रश्न हल हो जाता था। सप्ताह ही बाद लंका से चिट्ठी आई, हम रुपया शीघ्र भेज रहे हैं। अब तो अपने लिखे अनुसार मुझे लौटने के लिए तैयार होना जरूरी ठहरा। १९ फरवरी को आचार्य नरेन्द्रदेव ने लिखा—काशी-विद्यापीठ ने आप के खर्च के लिये ५०) मासिक तथा पुस्तकों के खरीदने के लिये १५००) मंजूर किया है; आप वहाँ रहकर अपना काम करते जाँय। मेरी इच्छा ल्हासा में रहने की बहुत थी, और उसके लिए दो दो प्रबन्ध हो गये थे। काश! कि ये बातें तीन सप्ताह पूर्व हुई होतीं। फिर तो मैं तीन वर्ष से पूर्व कहाँ लौटने वाला था? किन्तु अब तो लिख चुका था। अभी

---

१. यह लेख अब इसी ग्रंथ में अन्यत्र छपा है।

२. शब्दार्थ—दिनमणि- सूर्य।

मैं इस श्रेय और प्रेय के झगड़े मे पड़ा ही था कि चार दिन बाद २३ फरवरी को लङ्का से तार आया कि २०००) तार से छुशिङ्-शाकी कलकत्ता शाखा को भेज दिये।

लंका को पत्र लिख दिया कि अब पुस्तकों की खरीद शुरू कर दी है। जैसे ही काम के ग्रंथ जमा हो जायेंगे, यहाँ से चल दूँगा। तिब्बती टंके का दाम गिरता जा रहा था। इससे मुझे चीजें सस्ती पड़ रही थीं। नई-पुरानी छपी-लिखी सभी तरह की पुस्तकें मैं ले रहा था। धीरे धीरे पुस्तक खरीदने की बात और जगहों तक फैलने लगी। फिर दिन पर दिन अधिक पुस्तकें आने लगीं। उनके साथ कुछ चित्रपट भी आये। मेरे मन में चित्रपट खरीदने की इच्छा न थी, न मैं उनकी जानकारी ही रखता था, किन्तु दो एक सुन्दर चित्रों को लेकर जब अंगुली, केश, वस्त्रों के मोड़ आदि को गौर से देखने लगा, तो उन्होंने मुझे आकृष्ट करना शुरू किया। इस प्रकार मैंने चित्रपटों का संग्रह भी शुरू किया। अब चित्रों और पुस्तकों का और और जगहों से पता आने लगा। एक दिन मुझे तेरह चित्रपटों का पता लगा। मैंने जाकर देखा। मुझे वे सुन्दर मालूम हुये। मालिक ने एक एक दोर्जे (=२५)) दाम कहा। मुझे तो दाम ज्यादा नहीं मालूम हुआ। तो भी मैंने अपने नेपाली दोस्तों से पूछा। उन्होंने कहा दाम ज्यादा है ठहरिये, कम हो जायगा। मुझे डर लगा कोई दूसरा न ले जाय। इसलिये तीन चार दिन ही बाद मै जाकर उन चित्रपटों को ले आया। ये चित्र-पट एक अवतारी लामा को अपने पुराने मठ से मिले थे। औरत

रख लेने पर उसे मठ से निकाल दिया गया। अब वह ल्हासा मे रहने लगा था, और खर्च के लिये चीजे बेच रहा था। उस समय न मुझे उन चित्रपटो का समय मालूम था, न उनका वास्तविक मूल्य। इन तेरह चित्रपटों मे एक ही अनैतिहासिक है, जो कि अवलोकितेश्वर बोधिसत्व का है। लन्दन और पेरिस मे कलाज्ञों ने उसके सौन्दर्य की बड़ी तारीफ की है। बाकी बारह सभी ऐतिहासिक पुरुषों के हैं, जिनमें ल्हासा मन्दिर के साथ प्रथम सम्राट् स्रोङ्-च्चन-साम-बो (६१८—९८ ई०) टिस्रोङ् ल्दे-च्चन (८०२—४५ ई०) डोम्-तोन्-पा (१००३—६४ ई० अतिशा का शिष्य), पोतोपा (१०२७—११०४ ई०) चोङ्-ख-पा (१३५६—१४१८ ई०) गे-दुन्-डुब् प्रथम दलाईलामा (—१४७३ ई०), गे-दुन्-ग्य-छो द्वितीय दलाईलामा (१४७४—१५४१ ई०), सो-नम् ग्य-छो तृतीय दलाईलामा (१५४२—८७ ई०), योन-तन-ग्यं-छो, चतुर्थ दलाईलामा (१५८८—१६१५ ई०), लोब्-सङ्-ग्यं-छो, पञ्चम दलाईलामा (१६१६—८१ ई०), छङ्-यङ्-ग्यं-छो, षष्ठ दलाईलामा (१६८२—१७०४ ई०), और कल्-सङ्-ग्यं-छो, सप्तम दलाईलामा (जन्म १७०७ ई०) के चित्र हैं। एक चित्र-पट की पीठ पर कुछ लेख है, जिससे ज्ञात होता है कि ये चित्र-पट सातवे दलाईलामा के वक्त में बने थे। चित्रों के नीचे १८ वीं सदी का रूसी मखमली कम्-खाब लगा है। पाँच ही छः दिन बाद उन कम्-खाब के टुकड़ों ही के लिए कुल का तीन चौथाई दाम देने के लिये एक नेपाली सौदागर तैयार थे! लन्दन और पेरिस

मे तो मालूम हुआ कि इन तेरह चित्रों का दाम पचीसों हजार रुपये होंगे। विलायत मे मोल लेने के लिए लोगों ने पूछ ताछ की, किन्तु मैंने कह दिया कि ये बेंचने के लिये नहीं है! मैंने डेढ़ सौ के करीब चित्रपट संग्रह किये थे, जिनमे तीन या चार तो अपने मित्र प्रोफ़ेसर ओतो[1] के मारबुर्ग-धार्मिक संग्रहालय के लिये दे दिए, दो-तीन और दूसरे मित्रों को, जिनसे मैंने पहले ही वादा कर लिया था। बाकी प्रायः १४० चित्रपट पटना म्युजियम् को दे दिये, जहाँ वे सुरक्षित हैं। किताबों में मैंने खम् (पूर्वी तिब्बत) मंगोलिया, और साइबीरिया तक मे छपी और लिखी पुस्तकों का संग्रह किया। कुछ मूर्तियाँ और पूजाभांड भी लिये। ल्हासा मे स्तन-ग्युर तो नहीं मिल सका। किन्तु कंग्युर की दो-तीन छपी प्रतियाँ थीं। एक को मैंने पसन्द किया। दाम उन्होंने साढ़े सत्रह दोर्जे कहा। दाम तो अधिक न था, किन्तु मैं हस्तलिखित या खम् के देर्गी मठ के छापे के सुन्दर कंग्युर की खोज मे था। दो सप्ताह बाद सम्-ये से लौट कर मैंने उतने ही दोर्जे मे उसे खरीदा, किन्तु अब तिब्बती टके का दाम और गिर गया था, इससे मुझे प्रति रुपये प्रायः सवा दो टके का नफ़ा रहा।

फर्वरी मार्च में कभी कभी थोड़ी थोड़ी बर्फ भी पड़ी, किन्तु वह कुछ ही घंटो में गल गई। हाँ सर्दी अधिक होती जाती थी।

---

१. रुडोल्फ़ ओतो, मारबुर्ग विद्यापीठ जर्मनी में संस्कृत के अध्यापक।

सातवीं मंज़िल

नव वर्ष-उत्सव

§ १. चौबीस दिन का राज-परिवर्तन

पाँचवे दलाईलामा को १६४१ ई० के करीब तिब्बत का राज्य मंगोल-राज गुशी खान् से मिला था। उससे पूर्व पंचम दलाई-लामा डेपुङ् विहार के एक ङ-छङ् के खन्-पो (=अध्यक्ष पंडित) थे। पाँचवे दलाई लामा ने अपने मठ की प्रतिष्ठा बढ़ाने के लिए प्रतिवर्ष नव वर्ष आरम्भ होने के साथ २४ दिन ल्हासा में डे-पुङ् के भिक्षुओं का राज्य होने का नियम किया। तबसे आज तक वह क्रम जारी है। शासन के लिए दो अध्यक्ष, एक व्याख्याता तथा अन्य आदमी चुने जाते हैं। २४ दिन के लिए सर्कारी पुलीस, अदालत आदि सभी अधिकार ल्हासा से उठ जाता है। नेपाली दूकानदारों को छोड़ बाकी सब को कुछ पैसे देकर दूकान का लाइसेंन्स लेना पड़ता है। ज़रा भी भूल होने पर मार पड़ती है, और

जुर्माना होता है। लोगों ने कहा कि लामा राज्य में जेल इसलिए नहीं होती कि उससे उनको फायदा नहीं। अधिकारियों का पद भी तो बड़ी बड़ी भेंटों के बाद मिलता है।

अधिमास एक ही समय न पड़ने से भोट का चान्द्र वर्ष और भारत का चान्द्र वर्ष एक ही साथ आरम्भ नहीं होता; इस साल वर्षारम्भ एक मार्च को था। इस वर्ष ९वाँ (या शूकर) मास दो था। डे-पुङ् मठ जिनको शासक चुनता है, वे पहले दलाई लामा के पास जाते हैं, वहाँ से उन्हें चौबीस दिन ल्हासा पर शासन करने का हुकुम मिलता है। २ मार्च को देखा सारी सड़कें खूब साफ़ ही नहीं हैं बल्कि अपने अपने मकानों के सामने लोगों ने सफ़ेद मिट्टी से धारियाँ या चौकें पूर रक्खे हैं। उसी दिन घोड़ों पर सवार ल्हासा के दोनों अस्थायी शासक दलबल के साथ पहुँच गये। हमारे रहने की जगह से थोड़ा सा पूरब हटकर ल्हासा के नागरिक बुलाये गये थे। वहीं शासकों ने २४ दिन के नये शासन की घोषणा की। फिर जो-खङ् (ल्हासा के मध्य में अति पुरातन बुद्धमन्दिर) में चले गये। अधिकारी चुनते वक्त कद का ख्याल किया जाता है क्या? दोनों ही शासक बड़े लम्बे चौड़े थे। ऊपर से उन्हें और लम्बा चौड़ा ज़ाहिर करने के लिए पोशाक के नीचे कन्धे पर दो इंच मोटी कपड़ों की तह रक्खी हुई थी। साथ उनके दो शरीर-रक्षक या प्यादे एक हाथ में साढ़े चार हाथ लम्बी लाठी और दूसरे हाथ में ढाई हाथ लम्बा डंडा लिये चल रहे थे। लाठी डंडे को

मामूली लाठी डंडे मत समझिये। बीरी या सफ़ेदे की प्राय: ३।। इंच व्यास की एक मोटी शाखा ही को डंडे लाठी के रूप में परिणत कर दिया गया था। शासकों के आगे आगे कुछ आदमी फा क्यु क्ये ! पी क्ये मा शमो (परे हटो रे ! टोपी उतार रक्खो रे !) कहते चिल्लाते जा रहे थे। जरा भी किसी से भूल हुई कि उसकी पीठ और सिर पर दोनों बाप-बेटे दुखभंजन बेतहासा पड़ने लगे।

आज दलाई लामा के प्रासाद पोतला में तमाशा भी था। हम लोग भी गये। देखा बड़ी भीड़ है। चाय-रोटी तथा दूसरी चीज़ों की पचासों दूकानें भी लगी हैं। समतल भूमि तो है नहीं कि दर्शक सम भूमि पर बैठें; कोई गलियों में बैठा था, कोई सीढ़ी की भाँति ऊपर नीचे बनी मकानों की छतों पर बैठा था। स्वयं महागुरु भी दूरबीन लिये अपनी बैठक की खिड़की पर बैठे थे। पहले एक आदमी पोतला के शिखर से नीचे की सड़क तक ताने गये हज़ारों फ़ीट लम्बे रस्से पर उतरता था। अब कुछ वर्षों से उस तमाशे को छोड़ दिया गया है। उसकी जगह पर अब एक २०, २५ हाथ लम्बा खम्भा गाड़ा जाता है, और एक आदमी उसी के ऊपर चढ़कर, कलाबाजो करता है।

लौटते वक्त देखा डे-पुङ् मठ के हज़ारों भिक्षु चींटी की पाँती की तरह एक के पीछे एक अपना कुल सामान पीठ पर लादे चले आ रहे हैं। डे-पुङ् से ल्हासा आने का रास्ता पोतला के सामने ही से गुज़रता है। मालूम हुआ, अब ये लोग चौबीस दिन तक

पोतला राजप्रासाद

ल्हासा ही मे मुकाम करेंगे। ल्हासा मे सफ़ाई के अतिरिक्त एक और इन्तिजाम किया गया था। चूँकि नव वर्ष के कारण ४०, ५० हज़ार नये आदमी आ जाते हैं, और इस प्रकार ल्हासा की जनसंख्या दूनी हो जाती है, इतने आदमियों को पानी की कमी न हो, इसलिए नहर का पानी शहर के सभी गड्ढो मे डाल दिया जाता है। इस प्रकार पास के गढ़ों मे पानी भरा रहने से कुँओं का पानी सूखता नहीं। ल्हासा के कुएँ क्या हैं; पाँच छः हाथ गहरे चौकोर हौज़ हैं, जिनसे हाथ से ही पानी निकाला जा सकता है। वैसे इन कुओं का पानी अच्छा होता है। किन्तु नहर का पानी तो उन गड्ढों मे डाला जाता है जो साल भर तक पेशाब-खानो और पायखानों का काम देते रहे, और जिनमे अब भी कहीं कहीं कुत्तों गदहों और बिल्लियों की अधसड़ी लाशें पड़ी होती हैं। पिछली सुधार की आँधी मे पुलीस की तरह नगर की सफ़ाई पर भी ध्यान दिया गया था, और अब भी तब के बने पाखाने मौजूद है, किन्तु कभी न साफ़ होनेवाले और न मरम्मत किये जानेवाले इन पाखानो मे किसकी हिम्मत है जो जाय? अस्तु, जहाँ इन गढ़ो में भरे पानी के कारण यह फायदा है कि ल्हासा मे पानी की कमी नहीं रहती, वहाँ इनके द्वारा सारे शहर की जमी गन्दगी का माजून बनकर भी कुओं मे उतर आता है। और इसका फल जुकाम और सिर दर्द के रूप मे अक्सर देखने में आता है। इस समय ल्हासा में डे-पुङ्, से-रा, गन-दन्, टशी-ल्हुन्पो और भोट देश के दूसरे मठों से २० हज़ार के करीब तो भिक्षु ही जमा हो

जाते हैं। इनके लिए दिन मे तीन बार चाय बाँटी जाती है। उत्सव के समय हर कुएँ से पानी भरनेवाले टैक्स के रूप में एक चौथाई पानी जो-खङ् मे भेजते हैं। जहाँ विशालकाय देगों मे चाय उबलती रहती है। लोग मुँह बाँधे (जिसमें मुँह की भाप चाय मे न चली जाय) चाँदी या पीतल के हत्थे लगे बड़े बर्तनों मे मक्खन वाली चाय लिये तैय्यार रहते हैं। समय आते ही भिक्षु-संघ को चाय परसने लग जाते हैं।

§ २. तेरह सौ वर्ष का पुराना मन्दिर

पहली मार्च को मैं जो-खङ् मे गया। जो-खङ का शब्दार्थ है स्वामि-घर। स्वामी से मतलब चन्दन की उस पुरातन बुद्ध मूर्ति से है, जो भारत से मध्य एशिया होते चीन पहुँची थी, और जब ल्हासा के संस्थापक सम्राट् स्रोङ्-च्चेन-स्गम्-पो ने चीन पर विजय प्राप्त कर ६४१ ई० मे चीन राजकुमारी से व्याह किया, तो राजकुमारी ने पिता से दहेज के रूप मे इसे पाया, और इस प्रकार यह मूर्ति ल्हासा पहुँची। इस मूर्ति के प्रवेश के साथ तिब्बत मे बौद्धधर्म का प्रवेश हुआ। सम्राट् ने ल्हासा नगर के केन्द्र मे एक जलाशय को पटवा कर, वहीं अपने महल और राजकीय कार्यालय के साथ एक मन्दिर बनवाया; उसी मे यह मूर्ति स्थापित है। १३ सौ वर्ष का पुराना मन्दिर और मूर्ति लोगों के ऊपर कितना प्रभाव रखती है, इसे आप इतने ही से जान सकते हैं कि आधुनिक दुष्प्रभाव से प्रभावित ल्हासा के

व्यापारी या दूसरे लोग बात बात में चाहे त्रि-रत्न (=कोन्-म्छोग्-ग्सुम्) की कसम खा लेंगे, किन्तु जो-वो की कसम नहीं खायेंगे। खाने पर उसे जरूर पूरा करेंगे। जो-खङ् के उत्तरी फाटक के बाहर एक सूखा सा अति पुरातन बीरी का वृक्ष है। लोग कहते हैं, यह मन्दिर के बनने के समय का है। इसी फाटक पर एक दीवार पर जो-खङ् के भीतर के सभी छोटे बड़े मन्दिरों की सूची सुन्दर अक्षरों में लिख कर रक्खी हुई है। तिब्बत के कितने ही पुराने और प्रतिष्ठित मठ-मन्दिरों में आपको ऐसी सूचियाँ फाटकों पर मिलेंगी। भारत के भी तीर्थों में यदि ऐसी सूचियाँ लिखकर या छपकर टँगी रहतीं, तो यात्रियों को कितना फ़ायदा होता? परिक्रमा और मन्दिरों की दीवारों पर अनेक प्रकार के सुन्दर चित्र बने हुए हैं। कहीं ब्सम्-ये या दूसरे पुराने मठों के चित्र हैं। कहीं सुवर्ण वर्णाङ्कित बुद्ध अपने पूर्व जन्म में सैकड़ों प्रकार के महान् त्यागों को कह रहे हैं। कहीं भगवान् बुद्ध के अन्तिम जीवन की घटनाएँ अंकित हैं। कहीं भारत और तिब्बत के अशोक स्रोङ्-ब्चन्-साम्-बी आदि की किसी घटना को अंकित किया गया है। सभी दृश्य बड़े ही सुन्दर हैं। भीतर यद्यपि मूर्तियों के बहुत पुरानी होने से, उन पर प्लस्तर की एक खुदरी सी मटमैले रंग की मोटी तह जमी हुई है, तो भी उनके अंग-प्रत्यङ्ग का मान, उनकी मुख-मुद्रा, रेखाओं की लचक सभी बड़ी सुन्दर हैं। बड़े बड़े सोने चाँदी के दीपक मक्खन से भरे अखंड जल रहे थे पहले सबसे बड़ा चार सौ तोले का चाँदी का दीपक एक नेपाली व्यापारी

का दिया था। गत वर्ष भूटान के राजा ने आठ सौ तोलों का दीपक चढ़ाया है। बहुमूल्य पत्थर और धातुएँ जहाँ तहाँ जड़ी हुई हैं। भगवान् बुद्ध की प्रधान मूर्ति के अतिरिक्त और भी चन्दन या काष्ठ की मूर्तियाँ पास के छोटे देवालयों में रक्खी हैं। कई पुराने भोट-सम्राटों की मूर्तियाँ भी हैं। प्रधान मन्दिर के सामने की ओर दूसरे तल पर अपनी दोनों रानियों (चीन और नेपाल की राजकुमारियों) के साथ सम्राट् स्रोङ्-ब्चन-साम्-बो की मूर्ति है। मन्दिर के पत्थर पत्थर, दरो-दीवार से ही नहीं, बल्कि वायु से भी १३०० वर्ष के इतिहास की गंध आती है।

बाहर निकल कर देखा, एक महन्तीशाला में ऊँचे ऊनी आसनों पर बैठे तीन चार सौ भिक्षु स्वर-स्वर से सूत्रपाठ कर रहे हैं। उनके वस्त्र बहुत मैले और पुराने हैं। हर एक के सामने लोहे का भिक्षापात्र रक्खा हुआ है। मालूम हुआ, ये ल्हासा के सबसे कर्मनिष्ठ भिक्षु हैं, जो म्युरू और र-मो-छे के विहारों में रहते हैं।

चार मार्च को फो-रका लामा का म्यु-रु (मु-रु) मठ में धर्मोपदेश होनेवाला था। लोग जौक-दर-जौक जा रहे थे। फो-रं-का लामा विद्वान् भी है, और सारे तिब्बत में धर्म का अति सुन्दर व्याख्याता है। लोग कह रहे थे, यथार्थ में थम्स्-चद्-म्ख्येन्-पा (=सर्वज्ञ) तो यह है। एक ओर कहाँ फो-रं-का लामा का मनोहर शिक्षाप्रद उपदेश, और दूसरी ओर नव वर्ष के सर्कारी उपदेशक को भी उपदेश करते देखा। बेचारे ने भेंट-घाँट के भरोसे पर तो २४ दिन के लिए इस पद को पाया था। देखा, धर्मासन

की ओर जाते वक्त दस पाँच स्त्री-पुरुष, हाथ रखने के लिए अपना शिर उनके सामने कर देते हैं। व्यासगद्दी पर बैठ जाने पर २०, २५ आदमी खड़े हो जाते हैं। धर्मकथिक जी, व्याख्यान देते रहते हैं, और लोग आते जाते रहते हैं। एक दिन शाम को जब उनका उपदेश हो रहा था, तो हम भी कौतूहल-वश उधर चले गये। सुना तो हजरत फ़र्मा रहे हैं—डाकिनी माई अद्भुत शक्ति वाली है, उनको हाथ जोड़ना चाहिए, और पूजा करनी चाहिए; वज्रयोगिनी माई बड़ी प्रभावशालिनी हैं, उनकी पूजा और नमस्कार करना चाहिए। बस यही धर्मोपदेश था।

§ ३. महागुरु दलाई लामा के दर्शन

२ मार्च को तो सारा बाजार बन्द था। ३ मार्च को नेपाली दूकानें खुल गईं। दूसरों को अभी पैसा देकर नये शासकों से लाइसेन्स लेना था। ५ मार्च को शहर में बड़ी तैयारी हो रही थी। लोग सड़कों को खूब साफ कर रहे थे, और सजा रहे थे। मालूम हुआ, कल महागुरु की सवारी आयगी। सवारी सात बजे सबेरे ही आनेवाली थी। लोग पहले ही से जा जाकर सड़क के दोनों ओर खड़े हो गये थे। हम भी सवारी देखने गये। सड़क पर बड़ा पहरा था। सड़क के इस पार वाले लोग उस पार जाने नहीं पाते थे। पहले घोड़ों पर सवार हो मन्त्रियों के नौकर लाल छत्राकार टोपी लगाये निकले। फिर मंत्री लोग। फिर चि-ढुङ् (=भिक्षु अफसर), फिर ढुङ्-ढा (=गृहस्थ-अफसर) फिर सेनापति नाग-

रिक के वेष मे। फिर छ्-रूँ मन्त्री सेनापति के वेष मे। फिर दो फौजी जर्नैल (=स्दे-द्पान्) ; फिर सरदार बहादुर ले-दन्-ला सैनिक अफसर के वेष में। फिर महागुरु दलाई लामा चारो ओर से रेशमी पर्दों से ढकी एक अर्गाकार पालकी में पधारे! साथ में बहुत से सैनिक थे, जिनमे कुछ नेपाली सिपाहियों के वेष मे थे, कुछ मंगोल सैनिकों के वेष मे; और कुछ चीनी वेष मे। यह कहने की आवश्यकता नही की कि प्रायः सभी लोग घोड़ो पर सवार थे।

* * * *

अब तो मैंने लङ्का का लौटना निश्चय कर लिया था। पुस्तकें बराबर जमा कर रहा था। किन्तु अभी तक रास्तो पर सैनिकों का पहरा था। कोई नेपाली लौट नहीं सकता था। मै भी तो वहाँ नेपाली समझा जाता था। बीच बीच मे खबर उड़ती कि सर्दार बहादुर नेपाल और भोट मे सुलह कराने में सफल नहीं हुए। वे निराश हो लौटना चाहते है। ७ मार्च को मैं ङ-री-रिन्पो-छे के पास गया। उनसे चार बातों के लिए दलाई लामा से निवेदन करने के लिये कहा—(१) सम्-ये जाने की छुट्टी; (२) पोतला मे जिन पुस्तको की छपाई महागुरु की आज्ञा के बिना नहीं हो सकती, उनकी आज्ञा[१]; (३) ग्नेर्-गोके छापे का एक स्कन्-ग्युर्

[१] उस समय महाविद्वान् बु-स्तोन की २८ वेष्टनोंवाली ग्रन्थावली को नहीं प्राप्त कर सका था, किन्तु पीछे लिखने पर महागुरु के प्राइवेट

तिब्बत में घरों की छतें समतल बनाई जाती हैं

और स्तन्-ऽग्युर् प्रदान करना, (४) भारत लौटने के लिए एक अनुज्ञापत्र प्रदान करना। उन्होंने कहा, पहली दोनों बातें आसान मालूम होती हैं; लेकिन पिछली दोनों बातों को मैं अभी सम्भव नहीं समझता।

९ मार्च को प्रातः तीन अंगुल बर्फ पड़ी हुई थी। १० तारीख को सवेरे तो पर्वत मैदान सड़क आँगन मकानों की छत सभी पर बर्फ की सफेद चादर बिछी हुई थी। सवेरे ही लोग छतों पर से बर्फ को हटाने लगे। दो अँगुल मोटी मिट्टी की छत, बर्फ के गले पानी को कैसे थाम सकती है? नव वर्ष के शासकों के डर से लोग और भी परेशान थे। सड़क पर भी बर्फ पड़ी रहने पर दंड होता था, दस बजे तक सभी बर्फ हटाकर कहीं अलग कोने आदि में डाल दी गई। ल्हासा में बर्फ पड़ती ही कम है, जो पड़ती भी है, वह दोपहर से पहले ही गल जाती है। हाँ पास वाले पर्वतों पर की कई दिन तक रहती है। नव वर्ष शासन और साधारण शासन में कितना फर्क होता है, इसकी मिसाल लीजिये। शासन समाप्त होने पर २५ मार्च को दोपहर तक रुई के फाहे जैसी हिम-वर्षा होती रही। १६ अँगुल बर्फ पड़ गई। लोग कह रहे थे, खैरियत हुई जो शासन बदल गया, नहीं तो आज सारी बर्फ को

सेक्रेटरी और तिब्बत में महागुरु के बाद सबसे अधिक प्रभावशाली व्यक्ति कुशो कुम्-भे-ला ने पुस्तकों को सुन्दर कागज़ पर छपवा [illegible] पीले कपड़े में बँधवाकर कम्-ग्याब की सूची के साथ प्रदान किया।

हटाने में जान निकल जाती। उस दिन लोगो ने सिर्फ छतों पर की बर्फ को सड़कों और गलियो मे गिरा दिया।

§ ४. भोटिया शास्त्रार्थ

नव वर्ष के समय शास्त्रार्थ भी होता रहता है। १० मार्च को जो-खङ् मे शास्त्रार्थ देखने गये। छत पर से हम देख रहे थे, नीचे आँगन मे पण्डित और उनकी शिष्य-मण्डली बैठी हुई थी। दो वृद्ध मध्यस्थ ऊँचे आसन पर बैठे थे। प्रश्नकर्त्ता अपने आसन से उठा। पहले उसने दोनों वृद्धो की बन्दना कर उनसे प्रश्न करने की आज्ञा ली। फिर उसने धर्मकीर्ति के प्रमाणवार्तिक के सम्बन्ध मे प्रश्न करना शुरू किये। प्रश्न का ढँग विचित्र था; कभी वह आगे बढ़ता था, कभी पीछे हटता था। एक एक प्रश्नकोटि पर एक हाथ की हथेली को दूसरे हाथ की हथेली पर पटकता था। माला को दोनो हाथों मे लेकर धनुष से बाण छोड़ने का नाट्य करता था। उसके पक्षवाले विद्यार्थी और पण्डित बड़े प्रसन्न मन से उसकी सारी दलीलें सुन रहे थे। इस सारे समय मे उत्तर पक्षी छात्र छात्रों की विचित्र टोपी लगाये अपने आसन पर शान्त स्तब्ध बैठा रहा। फिर उसने उसी तरह मध्यस्थो को प्रणाम कर उत्तर देना शुरू किया। उसने पूर्व पक्षी के प्रश्नों की धज्जियाँ उड़ा दी। फिर उसने पूर्व पक्षी के पक्ष पर अपने प्रतिद्वन्द्वी की भाँति ही आक्रमण शुरू किया। शास्त्रार्थ मे काशी के कई पण्डितो की शिष्यमण्डली की सी उद्दण्डता नाम को भी न होती थी। जब मैंने अपने एक मित्र

नैयायिक से पूछा, क्यों जी, यह हाथ पीटना और माला को धनुष से बाण छोड़ने की तरह करना क्यों, तो उत्तर मिला—यह भोट की चीज़ थोड़े ही है, यह तो नालन्दा और विक्रमशिला से आई है; आप ही लोग इसके जिम्मेवार हैं। मैंने कहा, नालन्दा विक्रमशिला मे इस नाट्यमुद्रा से शास्त्रार्थ तभी हो सकता था, यदि उस समय भारत मे सर्वत्र इस तरह शास्त्रार्थ की प्रणाली होती, और ऐसी प्रणाली होती, तो उसका कुछ अवशेष काशी और मिथिला की पण्डित-मण्डली मे आज भी ज़रूर पाया जाता; लेकिन वहाँ तो यह ढंग नहीं है। फिर एक दूसरे मित्र ने कहा शायद जे-रिन्पो-छे (=चोङ्-ख-पा) ने चलाया हो।

१२ मार्च को लोग ल्हासा की पंचक्रोशी कर रहे थे। हमने भी कहा, देखना चाहिये। इस पंचक्रोशी मे नगर के अतिरिक्त पोतला प्रासाद, महागुरु का उद्यान-गृह नोर्बु लिङ्-का तथा और भी कितनी ही इमारतें और बाग आ जाते है। सारी परिक्रमा प्रायः पाँच मील की होगी। सवेरे ही निकले। सर्दी थी, किन्तु मै तो सर्दी-प्रूफ़ हो चुका था। देखा बहुत से लोग परिक्रमा कर रहे हैं। कुछ लोग दडवत् से भूमि को नापते हुए परिक्रमा कर रहे हैं; इनमे एक नेपाली व्यापारी भी थे। इतनी परिक्रमा क्या चीज़ है? हमने तो ल्हासा से २॥ मास के रास्ते पर उत्तर तरफ अम्-दू प्रदेश से आये एक भिक्षु को देखा, जो दंडवत् करते हुए तीन वर्ष में ल्हासा पहुँचा था!

उस दिन परिक्रमा समाप्त कर मैं र-मो-छे-के मन्दिर में गया।

यह भी जो-खङ् के साथ ही बना था। यहाँ पत्थर पर भी कुछ कारीगरी की हुई है। आमतौर से तिब्बत की सभी मूर्तियाँ मिट्टी और प्लस्तर की ही बनती हैं। बुद्ध की प्रतिमा को मुकुट पहनाया गया है। लोगो ने बतलाया बुद्ध की मूर्ति को मुकुट पहनाने का सुधार या कुधार, महान् सुधारक चोङ्-ख-पा ने किया था। दूसरे सम्प्रदायवाले कभी बुद्धप्रतिमा को मुकुट नहीं पहनाते। उस समय भी उन्होने विरोध किया था। वस्तुतः यह सुधार तो चोंङ्-ख-पा की गल्ती थी। बुद्ध भिक्षु थे, और वे भिक्षुओं के सारे नियमों को पालन करते थे, उन्होने भिक्षुओं के लिए आभूषण धारण आदि को मना किया है, किन्तु यह रिवाज भी भारत-नेपाल मे शताब्दियो पूर्व चल चुका था।

§ ५. मक्खन की मूर्त्तियाँ

१४ मार्च को सवेरे ही से नई तैयारी दिखाई पड़ने लगी। चारो ओर परिक्रमा की सड़क मे खम्भे गाड़े जा रहे थे; फिर दीपकों को रखने के लिए आड़ी लकड़ियाँ रक्खी जा रही थीं। पर्दों से घेर कर लोग स्तम्भों को सजाने मे लगे हुए थे। दिन भर क्या होता रहा, इसका पता सूर्यास्त से थोड़ा पूर्व मालूम हुआ, जब कि पर्दे उठा दिये गये। देखा, स्तम्भो पर सुन्दर विमान बना हुआ है। रंग बिरंगे कपड़े पत्तियो से सुसज्जित दो-महले मकान से बने है, जिनके गवाक्षों और खिड़कियों पर मक्खन की बनी सुन्दर मूर्तियाँ रक्खी हुई हैं। सारी परिक्रमा की सड़क इन्ह

झाँकियों से सजी है। तिब्बत में कला जितनी सार्वजनीन है, और उसका औसत मान जितना ऊँचा है, उतना जब युरोप में भी नहीं है, तो भारत का क्या कहना? हाँ, उसके देखने से अनुमान हो सकता है कि किसी समय भारत में इससे भी अच्छा कला का प्रचार रहा होगा; किन्तु बुरा हो ख्याली ईश्वर की उस भक्ति का जिसने उसे कला के उस शिखर से ज़मीन पर दे पटका। ये झाँकियाँ डे-पुङ् से-रा आदि मठों, स्वयं महागुरु, उनके मंत्रियों और प्रधान कर्मचारियों और धनियों की ओर से बनाई जाती हैं। बड़ी नोक झोंक रहती है, यद्यपि कोई पारितोषिक नहीं है। थे-मुन् मंत्री की झाँकियाँ हमारे सामने थीं। वैसे महागुरु भी आया करते थे, किन्तु अब की बार वे नहीं आये। रात को सैकड़ों चिराग जला दिये गये। सैनिक एक बार मार्च करके लौट गये। फिर क्षणिक शासक मशालों की रोशनी में आकर अपनी झाँकी के सामने खड़े हुए। थे-मुन् मंत्री के मस्तिष्क में उस वक्त कुछ विकार हो गया था, किन्तु दूसरे दो गृहस्थ और एक भिक्षु मंत्री आये। र-मो-छे विहार के लामों की झाँकी इस साल सर्वोत्तम थी। लोग सब जाकर उसकी तारीफ़ कर रहे थे। सड़क आदमियों से ठसाठस भरी थी। क्षणिक सर्कार के सिपाही (डे-पुङ् के भिक्षु) बेत मार मार कर लोगों को हटा रहे थे। लोग तिनके का मसाल जलाए चल रहे थे। कहते हैं, पंचम दलाई लामा—जिन्हें पहले पहल भोट का राज्य मिला—का यह स्वप्न है। बारह बजे रात तक खूब भीड़ रही। फिर अंधेरे तक लोग

नाचते गाते रहे। इस उत्सव को पंचदशी तिथि की पूजा कहते हैं। मक्खन की मूर्तियों के बारे में कहावत मशहूर है—

ञ्चो-ल्ङ मछोद्-प शद्-पो योंद्-न्। ञि-मस् गङ्-ल दोन् शोग्स्।

[ऐ पंचदशी की मूर्तियो, यदि हिम्मत है, तो मध्यान्ह को निकलो।]

बेचारी मक्खन की मूर्तियों के लिये मध्यान्ह में निकलना खतरे की बात जरूर है; तो भी ये मूर्तियाँ बहुत सुन्दर बनती हैं। भोट में कला का काम बड़ी ही सुव्यवस्थित रीति से होता है। एक पीतल की मूर्ति के लिये ही, एक साँचा बनाने वाला, दूसरा ढालने वाला, और तीसरा खरादने पालिश करने वाला, तीन तीन कारीगरों की आवश्यकता होती है। वहाँ हर एक कारीगर सर्वज्ञ बनना नहीं चाहते। मक्खन; सत्तू आदि की मूर्तियों के ढालने के लिए लोग अच्छे कारीगर से पीतल के साँचे बनवा कर रखते हैं। रंगों के संमिश्रण आदि की परख उन्हें बहुत अच्छी है।

§ ६. भोटिया नाच और चित्रणकला

दूसरे दिन १५ मार्च को असली नव वर्ष था। लोग एक दूसरे को भेंट भेज रहे थे। और

"ब्क-शिस् ब्दे-लेग्स् फुन्-सुम् छोग्स्। ब्तेन-दु ब्दे-बर थोब्-पर् शो ग्स"

आदि मंगल गाथाओं से एक दूसरे के लिये मंगल कामना कर रहे थे। दोपहर के बाद न पूछो। पीना और पिलाना,

नाचना और गाना—बस यही चारों ओर। किन्तु यह सब होते हुए भी आज संयम था। आज हमारे सत्तर वर्ष के बूढ़े अखू (चचा) भी छोकरियों के बीच में कृष्ण-कन्हैया की तरह रास कर रहे थे। एक ओर से हाथ पकड़े पाँच सात स्त्रियाँ, दूसरी ओर उसी तरह पुरुष, होते थे। दोनों पातियों के एक एक सिरे पर के दो व्यक्ति हाथ मिलाये रहते थे, किन्तु दूसरा सिरा खुला रहता था। गाने के साथ पैरों से ताल देते, अपने चन्द्राकार घेरे को घटाते बढ़ाते, मंडली एक दूसरे की ओर बढ़ती, कभी पास आ जाती थी, और कभी पीछे हटती दूर हो जाती थी। नेपाली सौदागरों ने आज भोटवासी इष्ट मित्रों के पास मिठाइयाँ भेजीं।

इधर युद्ध की आशका चरम सीमा पर पहुँच चुकी थी। १९ मार्च को कलकत्ते से चिट्ठी आई, जिसमे किसी नेपाली सौदागर के संबंधी ने लिखा कि माल-असबाब छोड़कर जल्दी चले आओ। लेकिन जाने के लिए रास्ता खुला हो तब न? मुझे कुछ ऐतिहासिक व्यक्तियों और सिद्धों के सादे चित्र बनवाने थे। पता लगा, एक तरुण राज-चित्रकार पास मे ही रहता है। गये। देखा हाथ उसका बहुत अच्छा है। किन्तु भोट की चित्रकला विधि विधानों की जकड़न के कारण सजीव नहीं है। प्रतिभा को स्वच्छन्द रीति से विकसित होने का मौका नही मिलता। तरुण की उम्र २२, २३ वर्ष से ज्यादा न होगी, और इतनी ही आयु मे वह राजकीय पांच प्रधान चित्रकारों मे गिना जाता है। शहर मे और भी बहुत से चित्रकार हैं। उन्हें टैक्स के रूप मे रंग कपड़ा और चित्रण की और

सामग्री राजकीय चित्रकारों को देनी पड़ती है। पांच राजकीय चित्रकारों में दो बूढ़े तो तत्त्वावधान (निरीक्षण) का ही काम करते हैं। बाकी तीन में हर एक की तीसरे वर्ष बारी आती है, और उक्त सामग्री में उन्हें हर साल चौबीस चित्र महागुरु को देने पड़ते हैं। इनको सरकार की ओर से जागीरें मिली हुई हैं। भिक्षु चित्रकारों को यह परतन्त्रता नहीं है।

२३ मार्च को सत्रहवीं शताब्दी की सेना का प्रदर्शन हुआ। सड़क के रास्ते से जिरह बख्तर पहने, पर लगी टोपियाँ दिये, तथा धनुष और बाणों का तर्कस पीठ पर बांधे, पहले घुड़सवार निकले। फिर पैदल सिपाही विचित्र पोशाक में। इनके पास पुरानी पलीते वाली बन्दूकें थीं, जिनसे वे थोड़े थोड़े समय पर खाली फायर करते जाते। देशी बारूद के धुएँ से सारा शहर महक उठा था। धनुर्धर, और खड्गधारी सिपाहियों के बाद कुछ लोग राजा की पोशाक में निकले। कहते हैं, भोट के छोटे छोटे राजाओं को परास्त कर आज ही के दिन १६४१ ई० में मंगोल सर्दार गु-शी-ख्वान ने भोट का राज्य पंचम दलाई लामा को प्रदान किया था।

२४ मार्च त्सोग्चग शासन का अन्तिम दिन था। आज बड़े भोर सड़क से मैत्रेय की रथ यात्रा निकली। आगे आगे शंख-झाँझ लिये, और छात्रों की टोपी दिये भिक्षु चल रहे थे। फिर पीले वस्त्र पहने ढोल आदि बजाने वाले, फिर चार पहिये के रथ

कुश्ती

पर आरूढ़ मैत्रेय की सुन्दर प्रतिमा। पीछे पीछे दो हाथी चल रहे थे। ये हाथी बचपन ही में भारत से लाये गये थे। इतनी सर्द जगह में रहना उनके लिए मुश्किल जरूर है, तो भी उनकी अच्छी देखभाल रक्खी जाती है। आज कुश्ती का तमाशा भी था। यद्यपि महागुरु जलूस के साथ आकर उसी दिन लौट गये थे, किन्तु यह लौटना निजी था। आज उनका सार्वजनिक तौर से लौटना हुआ।

इस प्रकार नव वर्ष का उत्सव समाप्त हुआ।

आठवीं मंजिल

ब्सम्-यस् (=सम्-ये) की यात्रा

§ १. मंगोल भिक्षु के साथ

यद्यपि २२ मार्च को ही नेपाल और तिब्बत में सुलह हो जाने की खबर आ गई थी, और इस प्रकार नव वर्षोत्सव के समाप्त होने से पूर्व ही लोगों के दिल से युद्ध का भय चला गया था, तो भी रास्ता ३० मार्च को खुला। सुलह की खबर आने पर विश्वास था ही कि अब रास्ता खुल जायेगा। इसलिए मैं अपनी पुस्तकों को जमा करने में लग गया। मंगोल भिक्षु धर्मकीर्ति हमारे काम में बड़ी मदद कर रहे थे। वे अक्सर मेरे ही पास रहते थे। ६-७ वर्ष से से-रा में न्याय पढ़ रहे थे। शरीर से बहुत ही मजबूत थे, जैसे कि आम तौर से मंगोल देखे जाते हैं। पढ़ने में भी होशियार थे, उन्होंने मेरे साथ लंका जाने के लिए कहा

था। मैंने स्वीकार कर लिया था। सलाह ठहरी कि रास्ता खुलते ही सम्-ये के लिए चल पड़े। २ अप्रैल को धर्मकीर्ति के साथ जाकर मैं उन बहुमूल्य तेरह चित्रपटों को ले आया, जिनके बारे मे अन्यत्र लिख चुका हूँ।

आचार्य शान्तरक्षित के प्रसंग में लिख चुका हूँ, कि सम्-ये ही प्रथम बौद्ध विहार था, जिसकी नींव सम्राट् ठि-स्रोङ्-दे-चन की सहायता से उक्त आचार्य ने ८२३ ई० (जल-शश) वर्ष में डाली थी। इसके दर्शन की उत्कंठा स्वाभाविक ही थी। ल्हासा से सम्-ये जाने के दो रास्ते है, एक तो ल्हासा वाली नदी (द्बुस्-छु = उइछु)[1] द्वारा चमड़े की नाव पर चाङ्-छु (चाङ्स्-पो = ब्रह्मपुत्र) तक, फिर उसके द्वारा सम्-ये से ३, ४ मील के फासिले तक; और फिर पैदल। दूसरा रास्ता स्थल का था जिससे चार दिन की जगह दो ढाई दिन मे ही जाया जा सकता था। धर्मकीर्ति और हमारी सलाह ठहरी कि जाया जाय जल मार्ग से और लौटा जाय स्थल मार्ग से।

नदी की धार में

ल्हासा से रोज रोज तो क्वा (= चमेड़ी की नाव) जाती नहीं। पता लगा ५ अप्रैल को एक नाव जा रही है। बुलाया तो सवेरे ही, किन्तु हम दोनों नौ बजे नाव के घाट पर पहुँचे। यह देखकर चित्त प्रसन्न हुआ कि चमड़ा लकड़ी के ढाँचे पर तान ही

---

१. उ इ माने मध्यदेश, छु माने पानी,—मध्य देश का पानी।

नहीं दिया गया है, बल्कि नाव पानी पर तैयार रक्खी हुई है। सामान थोड़ा सा तो साथ में था ही। जाकर घाट पर बैठे। ल्हासा या तिब्बत ठंडा जरूर है, लेकिन बदरफट धूप वहाँ की भी उतनी ही असह्य होती है, जितनी अपने यहाँ की। का एक ही नहीं थी, वहाँ तो सात आठ का खड़ी थीं, जिनमे ५, ६ तो माल के लिये थी। यद्यपि हमारी नाव की सवारी पूरी थी, उसमे दो हम और एक वृद्धा स्त्री और एक तेइस-साला युवक कुल चार जीवो की पूरी सवारी थी, तो भी मल्लाह अकेला थोड़ा ही जाने वाला था। धीरे धीरे १० बजा, ग्यारह बजा बारह बजा। छाया भी न थी। बड़ी परेशानी मालूम होती थी। अन्त मे किसी प्रकार दो बजे के करीब का राम राम कर के रवाना हुई। चढ़ाव की ओर तो तिब्बत मे नाव चलाई नही जाती। वहाँ तो मल्लाह सुखा कर नाव के चमड़े और लकड़ी के ढाँचे के अलग दो गट्ठे बाँध देते है, फिर गदहे पर रख देते हैं; दो तीन दिन ऊपर की ओर चल कर नाव को फिर तय्यार कर लेते है और पानी के सहारे नीचे जा कर फिर वैसा ही करते है। कोई कोई ढाँचे को सुखा कर वैसे ही शिर पर रख कर ले चलते है; और साथ ही भेड़ पर रसद रख लेते हैं।

बैठते ही एक दिक्कत यह मालूम हुई कि, हमारी सहयात्रिणी बुढ़िया के (जो पचास वर्ष से कम की न होगी) सारे शरीर मे फुंसियाँ ही फुंसियाँ थीं। खैर एक ओर बैठ गए। धूप से बचने के लिये कम्बल ऊपर ले लिया। पहले

दिन तो हमने समझा कि वह युवक बुढ़िया का पुत्र होगा। सौभाग्य से मैंने वैसा कुछ कहा नहीं। दूसरे दिन मैं भिक्षु धर्मकीर्ति से यह कह ही रहा था कि उन्होंने मना करते हुए चुपके से कहा, भोट देश मे पैसे वाली विधवायें अक्सर गभरू जवानों से शादी करती हैं; और कभी पति के छोटे भाई भी तो होते हैं। खैर, हमारी नाव बहाव के साथ नीचे की ओर जा रही थी। कहीं कहीं पत्थर नाव के पेंदे से टकराते भी थे। चमड़े की नाव बनाने मे हल्का होने के अतिरिक्त पत्थरों से बचाव भी कारण होगा। एक नाव का घाट पार कर १॥, २ घंटे बाद हम उस मोड़ पर पहुँच गये जहाँ के बाद पोतला का दर्शन फिर नहीं होता। हमारी साथ वाली नाव मे लदाख के शकर मठ के भिक्षु थुब्-तन्-छे-रिङ्ग थे। लदाख मे मेरे जाने को वे जानते थे, और ल्हासा मे भी मेरे पास मिलने आये थे। चार बजे मे हवा तेज़ हो गई। नदी के तट कुछ ऊँचे थे, इसलिए उतनी मालूम नहीं होती थी। रात को हम मन्-डो गाँव में पहुँचे। हवा की तेज़ी का कुछ न पूछिये। उसके कारण सर्दी भी बढ़ गई थी। चार पाँच घरो का गाँव था। लोगो ने मालिकों को बुलाया। रहने के लिए एक छोटी सी जगह मिल गई। हमारा तो हिलने डोलने की इच्छा न थी, किसी दाता ने ला कर दो प्याले सादी चाय दे दिये। किसी तरह रात गुजर गई।

दूसरे दिन सूर्योदय से पहले नाव चल पड़ी। नदी का वेग वैसे ही काफी था। मल्लाह को सिर्फ़ बहुत उथली जगह से नाव

को बचाना पड़ता था। अब इधर वृक्षों पर नये पत्ते आते भी देखे। ल्हासा में अभी पत्ते नहीं निकले थे। ब्रह्मपुत्र की भाँति इस नदी की उपत्यका भी काफ़ी चौड़ी है। शाम को हमारी नाव छु-शर के पास पहुँची। आज भी लद्दाखी नौकारोही साथ रहे। रोटी और कुछ और खाने की चीजें हम अपने साथ लाये थे, सिर्फ़ चाय की ज़रूरत होती थी, जो कि साथियों के चूल्हे पर बन जाती थी। आज हवा न थी। गाँव से दूर नदी के किनारे ही सोना हुआ। सवेरे फिर तड़के उठे। और थोड़ी देर में ब्रह्मपुत्र में पहुँच गये। चाय पीने की सलाह कुङ्-गा-जोङ् में ठहरी। नदी की दाहिनी तरफ़ तट के पास ही एक छोटी टेकरीय पर यह एक मठ है। पहले जब तिब्बत छोटे छोटे राज्यों में बँटा हुआ था, तो यहाँ भी एक राजा रहता था। अब सिर्फ एक छोटा सा गाँव था। अब की हमने साथ में फोटो कैमरा लिया था। अभी बिल्कुल नौसिखिये थे। दस बारह फिल्म खराब किये। कुछ का तो कोई फोटो आया ही नहीं। कुङ्-गा-जोङ् का फोटो कुछ ठीक उतरा था। अस्तु चाय पीकर हम फिर रवाना हुए। मध्यान्ह में क-ने-नुम्‌चा गाँव में पहुँचे। यह ब्रह्मपुत्र के बायें किनारे पर पास ही है। गाँव में ब्रह्मपुत्र की सैकड़ों मछलियाँ सूख रही थी। हमारे साथी की सलाह हुई, देखा जाय कैसी लगती हैं। ऐसे मछलियाँ हाथ भर बड़ी थीं, और वज़न में सेर सेर दो दो सेर की थीं। देखने में रोहू मछली की तरह जान पड़ती थीं। लेकिन जब उबाल कर आईं, देखा तो काँटा ही काँटा! बड़े काँटे तो किसी तरह अलग किये जा सकते

चेंवरियाँ नदी पार कर रही हैं

ल्हासा उपत्यका

हैं, किन्तु वहाँ तो अनगिनत बाल जैसे पतले किन्तु बहुत ही तेज काँटे थे। शायद यहाँ सर्द मुल्क की नदियों में ये काँटे मछलियों के लिए उपयोगी होंगे। यह आशा कर बैठे थे कि थोड़ी देर में यहाँ से आगे चलेंगे; किन्तु मालूम हुआ कि बुढ़िया के खाविन्द पर देवता आता है। उसकी इधर काफी यजमानी है। दोनों पति-पत्नी तो नाव के आते ही गाँव मे चले गये थे, रह गये थे हम दोनों वहाँ नाव की रखवाली के लिए। रात के वक्त हम भी गाँव मे सोने गये। कुत्तों की कुछ न पूछिये। दूसरे दिन हम नाव पर आये। प्रतीक्षा कर रहे थे कि अब नाव चलनी है, किन्तु सारे गाँव के भूतों की वहाँ खबरदारी करनी थी। छुट्टी मिले तब तो। बारह बजे दोनों स्त्री पुरुष गाँव के पन्द्रह बीस स्त्री पुरुषों के आगे नाव पर आये। साथ मे बहुत चढ़ावा था, जिस मे खाने-पीने की चीजों से लेकर रस्सी और जूते के तल्ले तक थे। तिब्बत में जो देवताओं की बात बतलाते, वही देवता की भाँति पूजा जाता है।

नाव दोपहर को चली। अब की हमारे साथ एक और नाव भी थी। उस पर कोई सौदागर साधु अपना माल लेकर जा रहा था। तीसरे पहर हम नदी की बाईं ओर दोर्ज-डक् मठ के नीचे पहुँचे। यह तिब्बत के सब से प्राचीन सम्प्रदाय निंग्-मा-पा का मठ है। और मठों की तरह एक टेकरी पर बनाया गया है। एक सौ के करीब साधु रहते हैं। इनका रहन-सहन अयोध्या हनुमानगढ़ी के नागों जैसा है। निंग्-मा-पा सम्प्रदाय में मिन्-डो-लिङ् मठ के बाद यह दूसरे नम्बर का प्रभावशाली मठ है।

४ ३ भोट में भारत का पहाड़

पाँच बजे हम फिर रवाना हुए। ब्रह्मपुत्र की धार उतनी तेज नहीं है। उपत्यका भी बहुत चौड़ी है। जहाँ तहाँ गाँव और बगीचे भी दिखाई देते थे। शाम को हम एक ऐसे पहाड़ के पास पहुँचे, जो पथरीला था। लोगों ने बड़ी संजीदगी से बतलाया कि यह तिब्बत का पहाड़ नहीं है, इसे पवित्र समझ कर भारत से यहाँ लाया गया है। बाईं ओर तीन छोटो बड़ी शिलायें पानी के भीतर थीं। इनके बारे में बतलाया गया कि ये सो-नम्, फ़ुन, सुम् माता-पिता-पुत्र तीन व्यक्ति हैं। भारत देश से ये खास तौर पर यहाँ आये हैं। आखिर हम अब सम्-ये के पास भी तो पहुँच रहे थे, जिसे भारत के ही पडित ने भारतीय ढंग पर बनवाया था। मेरे और धर्मकीर्ति के पास एक एक तमंचा भी था, इस लिए हमारे साथी डाकुओं से निर्भय थे। रात को नौ बजे हम ब्रह्मपुत्र के बीच में पड़ी एक विशाल शिला के पास उतरे। इसे डक्-छेन (=महाशिला) कहते हैं। तिब्बत के मठों मे उत्सव के समय किसी ऊँची दीवार या स्थान पर विशाल चित्रपट टाँगा जाता है। टशील्हुन्पो के मठ के ऊपरी हिस्से पर तो इसके लिये एक बड़ी दीवार बनाई गई है। साथियों ने बतलाया कि जिस वक्त सम्-ये का बिहार बनवाया जाता था, उस समय वहाँ भी चित्रपट टाँगने की दीवार की ज़रूरत महसूस हुई; उसी के लिए यह महाशिला भारत से यहाँ लाई गई। शिला ब्रह्मपुत्र के बीच के एक टापू में है। ऊँचाई प्रायः १५० फ़ुट होगी। आकार त्रिकोण का है। पूर्व

अवतारी लामा लड़का और उसकी माँ

ओर, जिधर को ब्रह्मपुत्र बहती है, शिला प्रायः लम्बाकार खड़ी है। जून-जुलाई में टापू जल मग्न हो जाता है, सिर्फ शिला पानी के ऊपर दूर से दिखाई पड़ती है।

सवेरे चल कर जम्-लिङ् गाँव के पास किनारे पर उतरे। यहाँ थोड़ा आगे हट कर नाले में नेपाल के बौधा स्तूप की भाँति एक स्तूप है। ब्रह्मपुत्र की उपत्यका काफी गर्म है। इसमें अखरोट के बड़े बड़े दरख्त होते हैं। कोशिश करें तो कितनी ही तरह के फल भी हो सकते हैं। लेकिन सनातनधर्म छोड़ना हर जगह ही मुश्किल होता है। जम्-लिङ् से उठ कर हम कुछ ही देर में बायें तट पर नाव वालों के गाँव पर पहुँच गये। नाववाले ने पहले तो कहा, कि सम्-ये के लिए हम कोई आदमी देंगे। लेकिन वहाँ जाने पर देखा कि टालमटोल हो रहा है। तब हम दोनों ने सोचा कि सम्-ये से तीन मील पर यहाँ ठहरने से कोई फायदा नहीं।

§ ४. ल्होखा प्रदेश में

ब्रह्मपुत्र में आने के साथ ही हम तिब्बत के उइ-युल[1] (=मध्य देश) को पार कर ल्हो-खा[2] प्रदेश में चले आये थे। लोग कहते हैं। छु-शर के पास से जहाँ त्रिवेणी है, उत्तर ओर उइ-छु नदी की ओर उइ-युल है, ब्रह्मपुत्र के ऊपर की ओर पश्चिम दिशा में चाङ् (टशीलामा का) प्रदेश है; और ब्रह्मपुत्र के नीचे की ओर पूर्व में

---

१. युल माने देश।

२. ल्होखा माने दक्खिन।

ल्होखा प्रदेश है। तीनो प्रदेशो की स्त्रियों के शिरोभूषण में फ़र्क़ हैं। ल्हासावाली मूँगे आदि से जड़े त्रिकोणाकार आभूषण को नकली बालों के साथ शिर मे लगाती हैं; चाङ्-मो (=चाङ् की स्त्रियाँ) एक छोटे से धनुष को ही शिर पर बाँध लेती है; किन्तु ल्हो-खा वाली कनटोप के कान ढँकनेवाले हिस्से को उलट कर आगे की ओर निकले दो सींग बनाकर पहनती हैं। कानों के आभूषण में भी फर्क है। सो अब हम ल्हो-खा प्रदेश में थे। वर्तमान दलाई लामा (जो अब गत हो गये हैं) और टशीलामा दोनों ही इसी प्रदेश मे जन्मे हैं।

कुछ चाय पानी करके हम दोनो सम्-ये की ओर चल पड़े। बाईं ओर पहाड़ के किनारे किनारे रास्ता था। आगे चल कर पत्थर मे काट कर बने, ३, ४ हाथ ऊँचे स्तूप दिखलाई पड़े। ये स्तूप दक्षिण भारत की पहाड़ी गुफाओं में उत्कीर्ण स्तूपो की भाँति छोटी कुर्सी के और सादे थे। पहले तो मैंने समझा ये मिट्टी के बने होंगे। इनका आकार ही बतला रहा था ये पुरानी चीज़ हैं। कई स्तूपो को पार कर हमारा रास्ता बाईं ओर मुड़ा। दो घंटा चलने के बाद हमे सम्-ये का विहार दिखाई पड़ा। समतल भूमि में चहार दीवारियो से घिरा यह विहार वस्तुतः हो भोट के विहारों से न मिल कर भारत के विहारों से मिलता है। विहार के चारों ओर बहुत से निष्फल वृक्षों के बाग भी हैं।

§ ५. सम्-ये विहार में

हम लोग पश्चिम द्वार से भीतर घुसे, तो परिक्रमा में

सम्-ये विहार

चीनी काली ऐनक लगाये एक भिक्षु मिले। ये शिकम् के रहनेवाले हैं, और इन्हें लोग ग्य्रेन्-कुशो नाम से जानते हैं। उन्होंने बड़े प्रेम से थोड़ी बातचीत की, फिर अपने आदमी को हमारे रहने का इन्तजाम करने के लिए हमारे साथ भेज दिया। उस दिन तो हमने जाकर सिर्फ आराम किया।

भोट देशीय ग्रंथों में लिखा है, कि सम्-ये को आचार्य शान्त-रक्षित ने उडन्तपुरी विहार के नमूने पर बनवाया। महाराज धर्मपाल ने उडन्तपुरी विहार को बनवाया था, जिन्होंने कि ७६९-८०९ ई० तक शासन किया था। सम्-ये के बनवाने वाले सम्राट् ठि-स्रोङ-दे-चन् ७३०-८५ ई० तक भोट के शासक रहे, और सम्-ये ७५१-६३ ई० में बना। वर्तमान विहार की सभी इमारतें पहले ही की नहीं हैं। हाँ भीतर चारों कोने पर चार सुन्दर स्तूप—जो मिट्टी की पकी ईंटों से बनाये गये हैं, और जिनके शिखर पर अब भी वैसा ही छत्र विराजमान है जैसा कि पुरातन स्तूपों में देखा जाता है—जरूर ९वीं शताब्दी के मध्य के हैं। पास में चाँद-सूर्यवाले कितने ही मिट्टी के वज्रयानी स्तूप भी हैं। सबके बीच में ग्चुग्-लग्-खङ् या विहार है। एक बार आग से यहाँ की प्रायः सभी इमारतें जल गई थीं। फिर ग्यारहवीं बारहवीं सदी में र-लोच व ने इसे फिर बनवाया। विहार प्रायः चौकोर है, और चारों ओर ५, ६ हाथ ऊँची दीवार से घिरा है। चहार दीवारी में चारों दिशाओं में चार फाटक हैं। बीचों बीच मुख्य विहार है, जिसके चारों ओर परिक्रमा में दो-तल्ले मकान भिक्षुओं के रहने के लिए हैं। फिर इस

इमारत से थोड़ा सा हट कर चारों कोनों पर वही नीले, खेत आदि चार स्तूप हैं। इसके बाहर और चार दीवारी के पास चारों ओर छोटे छोटे आँगनवाले ग्लिङ् या द्वीप हैं। इन द्वीपो की संख्या एक दर्जन से अधिक है।

§ ६. शान्तरक्षित की हड्डियाँ

मुख्य विहार प्राय: सारा ही लकड़ी का बना है; इसमें तीन तल हैं। निचले तल पर प्रधान मूर्ति बुद्ध की है। बाहर बगल मे एक दांतवाली वृद्ध मूर्ति आचार्य शान्तरक्षित की है। पास मे उनके भोट देशीय भिक्षु शिष्य वैरोचन की मूर्ति है, और दूसरी ओर गृहस्थ शिष्य सम्राट् ठि-स्रोङ्-दे-चन् (=ख्रि-स्रोङ्-ल्दे-ब्चॅन) की। १०० वर्ष की आयु मे (७८० ई० के करीब) जब आचार्य ने शरीर छोड़ा तो पास की पूर्व वाली पहाड़ी पर एक स्तूप मे उनका शरीर बिना जलाये रख दिया गया। उस पहाड़ी पर से वे साढ़े दश शताब्दियों तक अपने रोपे इस बिरवे को देखते रहे। कोई तीस चालीस वर्ष हुए जब वह जीर्ण स्तूप गिर गया; और उसके आचार्य की लम्बी विशाल खोपड़ी तथा और हड्डियाँ गिर पड़ीं। लोगो ने लेकर अब उन्हें भगवान् बुद्ध की मूर्ति के सामने काँच से मढ़े गौख्ने मे रख दिया है। जिस वक्त मैं उस खोपड़ी के सामने खड़ा था, उस समय की मेरी अवस्था मत पूछिये। यदि मै सिर्फ़ इतना ही जानता होता कि यह उस महापुरुष की खोपड़ी है जिसने भारत के धर्मराज्य का हिमालय पार

दृढ़ किया, तो भी वह मेरे चित्त को किन किन भावों में सराबोर करने के लिए काफी होता। किन्तु अब तो आचार्य के महान् दार्शनिक ग्रंथ तत्वसंग्रह के बड़ोदा से छप कर निकल जाने पर सारा संसार उनका लोहा मानता है। अपने समय के सारे ही भारतीय दर्शनों की इन्होंने पाँच हजार श्लोकों में गम्भीर आलोचना की है। बौद्ध दार्शनिक त्रिमूर्ति—दिङ्-नाग, धर्मकीर्ति और शान्तरक्षित मे ये शामिल हैं। कभी ख़्याल आता, इसी खोपड़ी से तत्त्वसंग्रह जैसा ग्रंथ रत्न निकला था। कभी ख़्याल आता, अहो! इतना बड़ा विद्वान् ७५ वर्ष की आयु में दुर्गम हिमालय को पार कर यहाँ धर्म का झंडा लहराने आया। ऐसे विद्वान् के लिए क्या भारत में कम सम्मान करनेवाले लोग थे? कभी अपने आजकल के भारतीय विद्वानों की ओर ख़्याल जाता जो कि चालीस वर्ष के बाद ही अपने को वृद्ध समझ हाथ पैर छोड़ देते हैं। सचमुच उस खोपड़ी के सामने खड़े हुए मन करता था कि इसे जैसे ही तैसे भारत ले चलूँ और लोगों को तत्त्वसंग्रह के साथ इस खोपड़ी को दिखाऊँ—देखो, ये वे शान्तरक्षित हैं जो सिर्फ़ ख़्याली दार्शनिक ही नहीं थे, बल्कि ७५ वर्ष की उम्र में धर्म विजय करने के लिए हिमालय पार गये थे; वहीं से मैं इन्हें लाया हूँ! उस समय मेरा हृदय द्रवीभूत हो रहा था। देर तक निस्तब्ध उस खोपड़ी के सामने खड़ा हुए देख उन लोगों ने क्या समझा होगा?

§ ७. विहार का कुप्रबन्ध

दूसरे तल पर अमितायुः की मूर्ति थी। तीसरा तल खाली

थी। दिखानेवाले भिक्षु ने बतलाया, देखिये इस छत के बीच मे कोई खम्भा नही है। वहाँ से उतर कर हम द्वीपों (=लिङ्) को देखने चले। पहले जम्बूद्वीप में गये। यहाँ अवलोकितेश्वर मूर्ति है। पास ही नेतुङ्-चुन्-मो (रानी) की चंदन की मूर्ति है, जिसने सम्भवतः इस द्वीप को बनवाया था। फिर ग्य-गर्-ग्लिङ् (=भारतद्वीप) मे गये। यहीं वे भारतीय पंडित रहा करते थे, जिन्होंने अपने भोटवाली शिष्यों और सहायकों की मदद से अपार ग्रंथराशि का संस्कृत से भोट-भाषा मे तर्जुमा किया था, और जिन की इस कृति से ही हज़ारों ग्रंथ—जो दानव मानवों और क्रूर काल के अत्याचार से भारत में नष्ट हो गये—आज भी भोट भाषा में मौजूद हैं। १०४७ ई० (अग्नि-शूकर वर्ष) मे जब आचार्य दीपंकर श्रीज्ञान सम्-ये आये, तो यहाँ संस्कृत पुस्तकागार को देखकर वे दङ्ग रह गये। उन्होंने कहा, यहाँ तो कितने ही ऐसे ग्रंथ भी हैं; जो हमारे भारतीय विश्वविद्यालयों मे भी दुर्लभ हैं। अफसोस! प्रमाद की आग ने उस रत्नभांडार को स्वाहा कर दिया। आजकल मुख्य विहार की तो कुछ रक्षा आदि का ख्याल रखा जाता है; किन्तु इन द्वीपों को जिनमे सैकड़ों वर्षों तक भारतीय और भोट देशीय पंडित रह कर साहित्यिक और धार्मिक कृत्य करते रहे, मूर्ख जड़ भिक्षुओं के हाथ मे दे दिया गया है। हर द्वीप ऐसे किसी भिक्षु की निजी जायदाद है। किसी किसी में तो वह अपनी रखैलो के साथ भी रहता है। कितने ही के मकान और दीवारें रुण्डमुण्ड हैं। माना कि यह विहार निग्-मा-पा सम्प्रदाय के हाथ में है, और

उनके भिक्षु तिब्बत मे सबसे ज़्यादा गये गुजरे हैं, और सम्प्रदाय ख़्याल करके सुधारक द्गे-लुग् सम्प्रदाय वाले राज्यशक्ति रहने पर भी हस्तक्षेप नहीं करना चाहते; किन्तु यहाँ तो सवाल है, भोट देश के सर्व पुरातन मठ को, उसकी मर्यादा के अनुसार सुरक्षित रखने का। निग्-मा वालों को कहना चाहिए, कि उसकी उचित देख भाल करे, नहीं तो हमें हस्तक्षेप करना पड़ेगा। इतना करने पर ही सब ठीक हो जायगा।

यहाँ एक भिक्षु ने हमे पद्म-क-थङ् (= पद्म संभव के जीवन चरित) की एक पुरानी हस्त लिखित पुस्तक दी। पचीस पुराने चित्रपट भी लिये। भोट मे बड़े से बड़ा सिक्का भी ताँबे का है। ल्हासा हम पैसों का बोझ साथ नहीं ले चल सकते थे। हमने पास के गाँव के एक प्रतिष्ठित आदमी को पत्र लिखवा दिया, किन्तु वह तब हमे मिला जब हम सम्-ये से कई मील आगे चले गये थे। अन्यथा और भी कितनी ही पुस्तकें मूर्तियाँ और चित्र मिलते।

§ ८. चंगेज़ खान के वंशज

उर्ग्येन् कुशो ने घोड़ों का इन्तज़ाम करवा दिया। ११ अप्रैल को दस बजे हम सम्-ये—आचार्य शांतरक्षित की कृति—को प्रणाम कर विदा हुए। ४, ५ मील जाने पर ह्रङ्-गो-चङ्-गङ् के वे आदमी मिले। उन्होंने कहा लौट चले, जो खर्च चाहिए हम देते हैं। लेकिन अब हमें लौटना पसन्द नहीं आया। अब हम ऊपर की ओर जा रहे थे। रास्ता अच्छा है। ढाई घंटा चलने के बाद

रास्ते पर हमे अकेला एक कोठरी का मकान मिला। यह वही स्थान है जहाँ पर सम्-ये बनानेवाले सम्राट् ठि-स्रोङ्-ल्दे-ब्चन् पैदा हुए थे। आगे एक बड़ा गाँव मिला, जो कि अब अधिकांश उजड़ा हुआ है। फिर आगे हङ-गो-चङ्-गङ् गाँव। रात यहीं रहे। इधर कई सप्ताह से स्नान नहीं किया था। पास मे बहता नाला देख साबुन से खूब स्नान किया, सबेरे वहाँ से उन्होंने दो घोड़े अगले मुकाम के लिये दे दिये, और एक पत्र अपने दोस्त को लिख दिया कि आगे के लिए हमें घोड़े दे देंगे। यद्यपि पत्रों के मोल का हमे पहले भी तजर्बा हो चुका था, तो भी बाज़ वक्त विश्वास करना हो पड़ता है। चढ़ाई बहुत कड़ी न थी। एक आखिरी गाँव पड़ा। आगे छोटी छोटी झाड़ियों का जगल सा मिला। तिब्बत में वस्तुतः यह आचार्य की चीज़ है। जोत के इस ओर बर्फ़ बहुत कम ही मिला। तो भी १८ हजार फुट की ऊँचाई पर सर्दी का अधिक होना ज़रूरी ही ठहरा। हाँ उतराई मे बर्फ़ खासी मिली। एक जगह देखा एक मरणासन्न गदहा रास्ते को बर्फ़ पर दम तोड़ रहा है, पास में उसकी मालकिन स्त्री रो रही है। बेचारी जब तक वह मर न जाय, तब तक उसे अकेला छोड़ कर जाने का साहस नहीं करती थी। रास्ते मे यहाँ भी दाहिनी ओर एक मठ का ध्वंसावशेष देखा। लोगों ने बतलाया यह सोग्-पो-जो-कर (=गुशीखानवाली मंगोल सेना) का काम है, जिसने भोट देश को विजय कर दलाई लामा को प्रदान किया। रास्ते मे एक जगह चाय पान कर ७ बजे शाम तक हम फिर ठ्स्-छु (ल्हासावाली नदी) के किनारे दे-

छेन्-ज़ोङ् में पहुँच गये। यह गाँव मंगोलिया और चीन के व्यापारिक मार्ग पर बसा है। बीच में एक क्षुद्र पहाड़ी पर एक मठ और सरकारी जोङ् (=क़िला या कचहरी) हैं। रहने के लिए तो स्थान ठीक मिल गया, किन्तु सवारी के घोड़े के लिए दिक्कत होने लगी। किसी तरह मेरे लिए घोड़े का प्रबंध हुआ। धर्मकीर्ति को पैदल चलना पड़ा।

यहाँ से ग-दन् (द्गऽ-ल्दन्) मठ एक दिन का रास्ता है। इस मठ को प्रसिद्ध सुधारक चोङ्-ख-पा ने पन्द्रहवीं सदी के आरंभ में अपना पीठस्थान बनाया था। उनका देहान्त भी यहीं १४१९ ई० में हुआ था। तिब्बत का सुधार-पन्थी पीली टोपीवाला सम्प्रदाय (जिसके अनुयायी टशीलामा और दलाईलामा भी हैं) इसी मठ के नाम पर गंदन्-पा कहा जाता है। गदन् का दर्शन भी हमारे इस प्रोग्राम में था।

१३ अप्रैल को धर्मकीर्ति पैदल और मैं घोड़े पर रवाना हुए। हमने अपनी सारी चीज़ें बोरे में बन्द कर लाह की मुहर दे वहीं रख दीं। रास्ता साधारण सा था! दोनों ओर वही नंगी मिट्टी-पत्थर की पहाड़ियाँ, चौड़ी किन्तु अधिकांश हरीतिमाशून्य उपत्यका। आज चैत्र की पूर्णिमा थी। गदन् में उत्सव था, इसलिए बहुत से लोग जा रहे थे। गंदन् के पास पहुँचने पर पहाड़ की चढ़ाई शुरू हुई। मठ एक पहाड़ की रीढ़ के पास बसा हुआ है। से-रा डेपुङ् आदि में इतनी चढ़ाई नहीं है। विहार के पास पानी का झरना भी नहीं है, इसलिए दूर से घोड़ों और खच्चरों

पर पानी लाद कर लाया जाता है। धर्मकीर्ति के परिचित एक मंगोल भिक्षु थे, उन्हीं के यहाँ जाकर ठहरे। पहले हम उस मंदिर में गये, जिसमे एक स्तूप के भीतर चोङ्-ख-पा का शरीर रक्खा है। ऊपर मंगोल सर्दार का चढ़ाया शामियाना है। साथी ने बतलाया इस जगह जे-रिन्पोछे का शिर है। फिर उस स्थान पर गये जहाँ महान् सुधारक रहा करता था। वह काठ का आसन अब भी मौजूद है, जिस पर बैठ उसने अनेक विद्वत्तापूर्ण ग्रंथ लिखे। एक बक्स को दिखला कर बतलाया, कि इसके भीतर चोङ्-ख के हाथ की लिखी सभी पुस्तकें बन्द हैं। मंदिर में यहाँ भी सोने चाँदी की भरमार है। नीचे उतर कर हम १०८ खम्भोंवाले उपोसथागार में पहुँचे जहाँ भिक्षु धार्मिक कृत्य के लिए एकत्रित होते हैं। यहाँ चोङ्-ख-पा का सिंहासन रखा है। तब विशेष पूजा का समय था। रंग-बिरंगे सत्तू के चूर्ण से बेल बूटा की हुई कई मनोरम वेदिकायें थीं। एक जगह हवन वेदिका भी सजी हुई थी। एक सुचित्रित शाला में सिंहासन पर पुरुष-प्रमाण वर्तमान दलाई लामा की मूर्ति थी। आजकल इस मठ में तीन हजार भिक्षु रहते हैं। एक ड-छङ् और तीन खन्-पो हैं। बाकी कायदे यहाँ के भी से-रा डेपुङ् जैसे हैं। हम जिन मंगोल भिक्षु की कोठरी में ठहरे थे, वे गु-शी खान् के वंशज हैं, इस लिए लोग अधिक आदर करते हैं। लोगों ने बतलाया कि पहले यहाँ बहुत मंगोल भिक्षु रहा करते थे किन्तु अब इधर कम हो गये हैं। कारण, आजकल का मंगोलिया का परिवर्तन ही होगा।

§ ९. एक गरीब की कुटिया

१४ अप्रैल को घंटा भर दिन चढ़े हमने गंदन् से प्रस्थान किया। दोपहर तक दे-छेन्-जोङ् लौट आये। अब की धर्मकीर्ति का परिचित एक मंगोल तथा उसकी संगिनी एक खम्-देश-वासिनी रास्ते में मिल गई। सलाह ठहरी कि यहाँ से ल्हासा तक क्वा में चला जाय। दो साङ् (प्रायः १२ आने) किराया ठीक हुआ। सवेरे जल्दी ही चल पड़ेंगे, यह ख़्याल कर हम लोग शाम ही को मल्लाह की जीर्ण शीर्ण कुटिया मे चले गये। सवेरे देखते हैं कि मल्लाह टालमटोल कर रहा है। कभी कहता है, और आदमी आयेंगे। कभी कहता, सवारी तो पूरी हुई नहीं, चलें कैसे। हमने २॥ साङ् और बढ़ाये तब दिन चढ़ने पर नाव ने प्रस्थान किया, हाँ; एक बात भूल गये। हमने जितने गरीबों के घर तिब्बत मे देखे थे, उनमे सबसे गरीब यह कुटिया थी। किन्तु इसमे भी दो तीन चित्रपट और तीन चार मिट्टी की सुन्दर मूर्तियाँ रक्खी हुई थीं; और वे हमारे यहाँ के कितने ही धनी मदिरों मे रक्खी जयपुर की भद्दी मूर्तियो से कई गुना सुन्दर थीं।

नाव की यात्रा सभी जगह आराम और आनन्द की चीज़ है। हम लोग आस पास के गाँवों की शोभा देखते बढ़े जा रहे थे। दो घंटा चलने के बाद दाहिनी तरफ़ दूर से हमें हेर्-वा का पहाड़ दिखलाई पड़ा। यहाँ कितने ही समय तक आचार्य दीपंकर श्रीज्ञान रहे थे। नदी के बाये किनारे के रास्ते से गं-दन् मेले के यात्रियों की भीड़ लौटती देखी। ल्हासा के बहुत पहले ही से नदी

के दाहिने किनारे पर बाँध बाँधा गया है, जिसमें नदी को धार ल्हासा की ओर न बहके। दोपहर को हम ल्हासा पहुँच गये।

§ १०. वापिस ल्हासा में

५ अप्रैल को हमने ल्हासा छोड़ा था, और १५ अप्रैल को कुल दस ग्यारह दिन में, हम लौट आये; तो भी हमें ऋतुपरिवर्तन बहुत स्पष्ट मालूम होता था। हमने ल्हासा को जाड़े में छोड़ा था, और पाया गर्मी में। एक और परिवर्तन देखा कि जहाँ जाते वक्त रुपये का १३½ टका था, वहाँ आज १५½ टंका देने पर भी रुपया नहीं मिलता था। हमारे लिए अच्छा हुआ। १७॥ दोर्जें (१ दोर्जें =५० साङ्, १ साङ् =१० शो-गङ्, १॥ शोगङ् =१ टंका) में पहले हमे एक आदमी ने कं-ग्युर् देने को कहा था, और उतने ही पर अब हम उसे लाये।

१९ अप्रैल को दूसरा छोटा उत्सव शुरू हुआ। अब तो हम अपनी चीजें समेटने बाँधने में लगे थे। चित्रपटों और कुछ पुस्तकों को भीतर मोमजामों के साथ लकड़ी के बक्सों में बन्द कर ऊपर से टाट और फिर ताज़ा याक का चमड़ा लगाया गया। यह सावधानी बड़ी लाभदायक हुई, नहीं तो दार्जिलिङ्ग के पहाड़ों की वर्षा, फिर बंगाल की वर्षा फिर लङ्का की वर्षा—इन तीन वर्षाओं में पुस्तकें खराब हो जातीं। कुछ पुस्तकें पहले ही खच्चरों पर ग्यांची को भेज दी गई थीं। स्तन्-ग्युर् बहुत खोजने पर भी ल्हासा में नहीं मिल सका। अब उसके लिए स्नर्-थङ् के छापाखाने में हमारा जाना आवश्यक ठहरा।

—

नवीं मंजिल

ग्रंथों की तलाश में

§ १. फिर टशी-ल्हुन्पो को

पहले मैं किराये के खच्चर ढूँढ़ रहा था। किन्तु वक्त पर किराये वाले नहीं मिला करते। फिर ख्याल आया, किराये की सवारी में निश्चय नहीं रहता, और सब मिला कर खर्च भी ज्यादा बैठ जायगा, इसलिए अपने और धर्मकीर्ति के लिए दो खच्चर ही खरीद लेना चाहिये। दोस्तों ने बतलाया कि कलिम् पोङ् में दाम निकल आयेगा। यह सोच मैंने साढ़े आठ और साढ़े पाँच दोर्जे में दो खचरियाँ खरीदीं। २३ अप्रैल को साढ़े नौ बजे ल्हासा से बिदा हुए। सवा नौ मास तक एक साथ रहने के कारण छुशिङ-शा के स्वामी ज्ञानमान् साहु से, उनके सहकारी गुभाजू धीरेन्द्र वज्र, और महिला साहु से तथा दूसरे पुरुषों से बड़ी ही घनिष्ठता हो गई

थी। इनके कारण ल्हासा भी घर जैसा हो गया था। ऐसे बन्धुओं के बिछुड़ने के बारे मे गोसाईं जी ने ठीक लिखा है—

बिछुडत एक प्राण हर लेई।

वे शहर के बाहर तक पहुँचाने आये। फिर हम दोनों की सवारी पोतला के सामने निकली। किसी वक्त यह पोतला चाँद-खिलौना जैसा मालूम होता था, पर आज कई महीनों के दर्शन से उसका महत्त्व मानो खो गया था।

हम दोनो ने खाने-पीने, ओढ़ने बिछौने के अतिरिक्त अनेक गोलियों का एक एक पिस्तोल भी साथ ले लिया था। धर्मकीर्ति ने जहाँ चमड़े के केस मे लिपटी अपनी रिवाल्वर को बाहर करके बाँध रक्खा था, वहाँ कार्तूसों की माला को भी ऊपर से जनेऊ की तरह लटका लिया था। मैंने तो अपने पिस्तौल ही को बाहर की ओर लटका रक्खा था। हम लोग अब अकेले जा रहे थे, और तिब्बत मे डाकुओं का बड़ा खतरा रहता है, इसके लिए यह इन्तजाम जरूरी था। निश्चय किया था कि आज स्ने-थङ् में रहेंगे, और फिर उस तारा मदिर को देखेंगे, जिसमें हमारे दीपंकर श्रीज्ञान ने शरीर छोड़ा था। दोपहर तक हम स्ने थङ् पहुँच गये, और डेरा उसी मकान में डाला जिसमे जाते वक्त रहे थे। बेचारी घरमालकिन पहचान न सकी, यद्यपि उसको याद था कि एक लदाखी भिखमंगों के कपड़े मे इसी रास्ते से गया था।

चाय-पान के बाद कुछ विश्रामकर मैंने तारा-मंदिर (स्गोल्-मा-ल्ह-खङ्) जाने के लिए कहा। पूछने पर मालूम हुआ, कोई दूर नहीं है। फिर मैंने खच्चर पर चलने की जरूरत नहीं समझी। धर्मकीर्ति खच्चरों की देखभाल के लिए रह गये, मेरे साथ एक ल्होखा की लड़की पथप्रदर्शिका कर दी गई। गाँव से निकलने पर एक दूसरा टोला पार किया। यहाँ से तारा-मंदिर दूर नहीं मालूम होता था, लेकिन उसका कारण तो तिब्बत की स्वच्छ हवा की भ्रमकारिता थी। स्थान दो मील से कम नहीं होगा। अन्य प्राचीन महत्वपूर्ण स्थानों की भाँति यह स्थान भी उपेक्षित है। मकान जीर्ण शीर्ण हैं। भीतर तारा देवालय है। बाहर बड़े मोटे मोटे लाल चन्दन के खम्भे लगे हैं, उनकी खुर्खरी शकल ही बता रही थी कि वे आठ नौ सौ वर्ष से कम पुराने नहीं हैं। यहाँ सारी ही मंडली लड़कों की थी। पुजारी साधु भी लड़का, और उसके आस पास दूसरे भी सभी लड़के मैंने दो चार आने के पैसे बाँट दिये। फिर क्या था, बड़े उत्साह से हर एक चीज़ दिखलाई जाने लगी। हमने बड़े लड़कों को बता दिया कि हम आचार्य दीपंकर श्रीज्ञान की जन्मभूमि के हैं। मंदिर के भीतर दीपंकर की इष्ट २१ तारा देवियों की सुन्दर मूर्तियाँ हैं। उसी मंदिर में बाईं ओर एक कोने में एक लोहे के पिंजरे में, महागुरु दलाई लामा की मुद्रा के भीतर बंद, दीपंकर का भिक्षापात्र, दंड और ताँबे का लोटा रक्खा है। भीतर ही कुछ चाँदी के सिक्के और अनाज भी रक्खे हैं। मंदिर के भीतर पीछे की ओर तीन पीतल के स्तूप हैं, जिनमें

२२

से एक में दीपंकर का पात्र, दूसरे में सिद्ध कारोपा का हृदय, और तीसरे मे दीपंकर के शिष्य डोम्-तोन् का वस्त्र रक्खा हुआ बतलाया जाता है। बाईं ओर अमितायुष के मंदिर के बाहर दो जीर्ण छोटे छोटे पुराने स्तूप हैं। सब देख रहा था। किन्तु उधर शाम होने का भी ख्याल था, इसलिए थोड़ी देर बाद वहाँ से लौट पड़ा।

२५ अप्रैल को सवेरे हम लोगों ने स्थे-थङ् से प्रस्थान किया। खच्चर अपने थे, और मजबूत भी थे, इसलिए निश्चय किया गया कि चार पाँच दिन मे ग्यांची पहुँच जायँ। इधर लालरंगी ऊन के गुच्छों वाले याक हल जोत रहे थे। यहाँ खेती अभी बोई हो जा रही थी, किन्तु जब हम दोपहर को छु-शर् पहुँचे, तो वहाँ खेतों मे बीच जम भी चुके थे। इधर वृक्षो के पत्ते भी खूब बड़े बड़े थे। अब जाते वक्त की तरह भिखमंगो के वेष में थोड़े ही थे। गर्मी मे बचाव के लिए हमने एक फेल्ट की हैट भी लेली थी। और लम्बे पोस्तीनवाले चोंगे पर हैट धारण की थी। छु-शर् में रास्ते पर सब से अच्छे मकान के अच्छे कमरे मे जाकर ठहरे। घर-वाले हर तरह खातिर के लिए तैयार थे। धर्मकीर्ति खच्चरों के खिलाने पिलाने का पूरा ध्यान रखते थे। इरादा तो किया था यहाँ चाय पान करके आगे चल देंगे। लेकिन जहां बैठ गये, बैठ गये। गृह स्वामिनी एक अर्ध चीनी की स्त्री थीं। बहुत दिनों से पति न आया, न उसने कुछ खबर ही दी। बेचारी को पता लगा था कि वह

ग्याँचा

ल्हासा के रास्ते में

कलिम्पोङ् में है। आँखों में आँसू भर कर मुझसे कहा, यदि पता लगे तो मुझे सूचित करेंगे।

ल्हासा में एक व्यापारी ने मुझसे कहा था, कि हमने कंग्युर छाप कर लाने के लिए अपने आदमी भेजे हैं। वह आ रहा है। उसकी बात पर हमने दो सप्ताह प्रतीक्षा की। और कितनी प्रतीक्षा करते। आज उन कंग्युरों से लदे खच्चर यहाँ मिले। उक्त व्यापारी को साल के साल कंग्युर की एक दो प्रति छाप कर महागुरु को देनी पड़ती है। छापते वक्त वह दो तीन और छपवा लेता है। उसके लिए न उसे विशेष महसूल देना होता है, न ढुलाई का किराया देना पड़ता है। लेकिन मैंने ऐसे पूजा के कंग्युरों को पोतला में देखा था जिन्हें मैं तो मुफ़्त भी लेने के लिए तैयार नहीं था। बिल्कुल बेगार काटी जाती है। कागज सबसे रद्दी चुना जाता है, फिर स्याही भी वैसी ही इस्तेमाल होती है, छापने में भी वही लापरवाही, दस पंक्तियों में एक पंक्ति भी पूरी तरह नहीं पढ़ी जा सकती।

दूसरे दिन चाय पीकर सवेरे हम दोनों चल पड़े। ब्रह्मपुत्र पार करने का घाट बहुत दूर नहीं था। अब धार न उतनी बड़ी थी, न उतनी तेज़। नाव पर चढ़ते-चढ़ाते तीन और सवार पहुँच गये। नदी पार कर अब हम पाँचो सवार एक साथ चलने लगे। यदि हमी दोनों रहते तो इतनी जल्दी न चल सकते। हमारे वे तीन साथी जल्दी जाना चाहते थे। रास्ते में हमने दो जगह चाय

पी। फिर खम्-बो-ला चढ़ना शुरू किया। बर्फ का कहीं नाम न था। ला से एक मील नीचे एक मरियल घोड़ा देखा। हमारे साथियों ने कोशिश की कि घोड़े को जोत पार करा उस तरफ़ के किसी गाँव में रख दें। बड़ी मेहनत से वे उसे एक फर्लाङ्ग ऊपर तक ले आ पाये। घोड़े ने आगे चलने से इन्कार कर दिया। साथियों ने यह कह कर छोड़ दिया कि यहाँ पास पानी भी तो नहीं है, यह कैसे जियेगा। लादनेवाले जब अपने घोड़ों को अति दुर्बल देखते हैं, तब ऐसे ही छोड़ जाते हैं। खम्-बा-ला से हमें एक ओर ब्रह्मपुत्र की पतली धार दिखलाई पड़ती थी, और दूसरी ओर न-ग-चे की विशाल झील। खम्बा ला के आगे सीधी उतराई उतरनी थी। खच्चरों को हमने छोड़ दिया, और पैदल उतरने लगे। आज नीचे हम-लुङ् गाँव में डेरा रहा। हमारे तीन अन्य साथी सौदागर थे। उनके हर जगह परिचित थे।

२७ अप्रैल को हम सबेरे चले, तो बड़े ज़ोर से सीधी हवा हमारी ओर को बह रही थी। अब हम झील के किनारे से चल रहे थे। यह झील ऐसे ही तेरह हज़ार फ़ुट से ऊपर है; दूसरे इस तेज़ हवा ने सर्दी को और बढ़ा दिया था। रास्ते में पानी के बहने की नालियाँ जमी हुई थीं। झील के भी किनारे पर कुछ बर्फ़ जमी हुई थी। सर्दी के कारण या अपनी मौज से हमारी घड़ी भी जेब में बंद हो गई थी। दूसरे गाँव में जाकर हम लोगों ने भोजन आदि से निवृत्त हो कुछ घंटे विश्राम किया। फिर रवाना हुए। हवा काहे को कम होनेवाली थी? सबसे ज़्यादा तकलीफ़ थी जो

सामने से उड़ उड़कर छोटी कंकड़ियाँ मुँह पर पड़ रही थीं। खम्-बा- ला पार करते समय तो हमने वेसलिन लगाकर हाथ मुँह सब को गर्म कपड़े से ढाँक रक्खा था, किन्तु आज ला न होने से पर्वा न की थी। नतीजा यह हुआ कि हाथ-पैर सब काले हो गये। हाँ, धर्म-कीर्ति पर इसका असर नहीं हुआ। ३॥ बजे किसी तरह न गा-चे पहुँचे। यहाँ जोङ्-पोन् या ज़िला मजिस्ट्रेट रहता है। अभी सर्दी के मारे यहाँ जुताई बुवाई कुछ नहीं हो रही थी। ऊँची जगह पर होने से यहाँ की भेड़ों के बाल बहुत मुलायम होते हैं। हमने एक काला चुकटू यहाँ से खरीदा।

२८ को अँधेरा रहते ही चल पड़े। कल तक धर्मकीर्ति ने अपने शिर पर कपड़ा नहीं रक्खा था, किन्तु आज की सर्दी के मारे उन्हें भी सिर पर कपड़ा रखना पड़ा। डोक्-पा (रेवड़वालों) के डेरे पर चाय पी। और फिर चल पड़े। अब तो हम डाक की चाल से चल रहे थे। ला पार कर हम उस स्थान पर पहुँचे जहाँ जाते वक्त हमें रात भर ठहरना पड़ा था। वहाँ इस वक्त सब जगह बर्फ़ ही बर्फ़ थी। कई मील की उतराई के बाद रा-लुङ् गाँव में पहुँचे तो लोगों को खेत बोते देखा। पिछली बार जिस लोङ्-मर गाँव में हम ठहरे थे, उसी गाँव में एक सम्भ्रान्त व्यक्ति के घर में आज रात को भी ठहरे। चाय आदि सब बनाकर घरवाले दे देते थे। सिर्फ़ चलते वक्त उन्हें कुछ दो एक आने छड-रिड (=शराब की कीमत, इनाम) दे दिया करते थे।

§ २. ग्यांची का अँग्रेज़ी दूतावास

२९ अप्रैल को फिर बड़े तड़के रवाना हुए। अभी सर्दी खासी थी। यद्यपि नदी की धार के साथ नीचे जा रहे थे तो भी सवेरे के वक्त सभी जल प्रणालियाँ जमी हुई थीं। पेड़ों में अभी पत्ते इधर नहीं आये थे। रास्ते मे चाय पीकर उसी दिन दोपहर को ग्यांची पहुँच गये। इस प्रकार ५॥ दिन मे हम ल्हासा से ग्यांची पहुँच गये। हमारे साथी तो चार ही दिन मे पहुँचे थे। ग्यांची मे छुन्-शिङ् शा की दूकान ग्या-लिङ्-छोंग्पा मे ठहरे। दो रात वहीं विश्राम किया। एक दिन अंग्रेजो ट्रेड एजंट के रहने की जगह पर गये। लोग इसे किला कहते है। क्योंकि किले ही की तरह यह मजबूत है। सुना है, दो दीवारें, जो बाहर से मिट्टी की सी दिखाई पड़ती हैं, वे पत्थर और मोटी फौलाद से बनी हैं। अंग्रेजी डाकखाना इसी किले के भीतर है। सुना है दो चार मशीन गनें भी हैं। यों तो सिपाही १०० के करीब ही रहते है। किन्तु जब दलाई लामा को अंग्रेज सर्कार से बड़ी घनिष्ठता थी, तभी उनसे कई सौ एकड़ खेती की जमीन ले ली गई थी, जिसमे खेती करने के लिए सैकड़ो पुराने पल्टनिया गोर्खा सिपाही हैं। इस प्रकार अंग्रेज सर्कार ने खतरे का पूरा इन्तिजाम कर रक्खा है। पुरानी एजन्सी जोङ्वाले किले के पास थी, जिससे कभी मौका आने पर जोङ् के तोप के गोले का शिकार होना पड़ता। इसलिए अब एजन्सी दूर बनाई गई है। यदि मैं गल्ती नहीं करता तो छत पर कपड़े फैलाने की डोरी की जगह वहाँ रेडियो का तार भी फैला हुआ था।

कहने को ग्यांची का अंग्रेज पदाधिकारी व्यापार-दूत या ट्रेड एजेंट कहा जाता है; किन्तु किसी भारतीय को वहाँ जाकर व्यापार करने की इजाज़त नहीं है। फ़ौजी सिपाहियों के रसद-पानी का ठेका किसी मारवाड़ी सज्जन को है। उनके कारपरदाज़ दो एक ग्यांची में रहते हैं, किन्तु उन्हें भी तिब्बत के साथ व्यापार करने का अधिकार नहीं है। इस प्रकार ग्यांची के अंग्रेज़ी एजन्ट को ही ट्रेड एजन्ट की शकल में पोलिटिकल एजन्ट समझना चाहिए। सधि के अनुसार सर्कार पोलिटिकल-एजन्ट तिब्बत के भीतर नहीं रख सकती, इसलिए उसे ट्रेड-एजन्ट का नाम दे रक्खा है। हाँ, ग्यांची की व्यापार-एजन्सी का खर्च यदि भारत के ऊपर है, तो भारतियों को हक है कि वे सर्कार को इस बात के लिए मजबूर करें कि वह उन्हें तिब्बत में व्यापार करने की इजाज़त दे। ग्यांची की व्यापार-एजन्सी में एजन्ट और सहायक एजेंट के अतिरिक्त एक डाक्टर भी—ये तीनों सदा ही अंग्रेज़—रहते हैं।

यहाँ एक अंग्रेज़ी डाकखाना और तार घर भी है। डाक हर दूसरे दिन आती है।

§ ३. फिर शी-गर्ची में

१ मई को हम दोनों ने टशी-ल्हुन्पो के लिए प्रस्थान किया। कुछ बादल था; तो भी हम चलने से बाज न आये। रास्ते में कुहरे ने घेर लिया, और बर्फ भी पड़ने लगी। रास्ता कोई सड़क तो था नहीं। खेतों में भटक गये। हाँ, दिशा का हमने कुछ थोड़ा ख्याल

रक्खा। दाहिनी ओर हम नदी के पार जा ही नहीं सकते थे। और बाईं ओर पर्वत पंक्ति थी। इसलिए हम रास्ते से बहुत दूर भटक नहीं सकते थे। आखिर हम एक गाँव मे पहुँचे। अब तो हम कु-शो (बड़े आदमी) थे, भिखमंगे थोड़े ही थे जो ठहरने के लिए मकान मिलने में दिक्कत होती। एक बड़े से मकान में जा कर उतरे। चाय के अलावा कुछ उबले अंडे भी मिले। भोजन करके थोड़ा विश्राम किया। फिर घर के नौकरों को छड् रिङ् (=इनाम) दे रवाना हुए। तीन बजे कुछ बर्फ पड़ी, और हवा तेज हो गई, जिस पाचा गाँव से ग्यां-ची पहुँचने मे पिछली बार हमें तीन दिन लगे थे, आज एक ही दिन में उसे भी पार कर तो-सा गाँव मे जा कर ठहरे।

२ मई को तड़के ही रवाना हुए। पिछली बार इधर से जाते वक्त फसल की सिंचाई हो रही थी। हरे भरे खेत दूर तक फैले हुए थे। इस वक्त लोग बोने के लिए अपने खेतों को जोत कर तैयार कर रहे थे। दो घंटा दिन चढ़ते चढ़ते पतले कुहरों की चादर ओढ़े टशी-ल्हुन्पो का महाविहार दिखाई पड़ा। रास्ते में ठहर कर एक जगह हमने चाय पी। एक बजे शी-ग-चीं पहुँच गये।

§ ४. स्तन् ग्युर छापे की तलाश

हमारे पुराने परिचित ढाक्वा साहु तो दुकान बन्द कर उस वक्त नेपाल चले गये थे, किन्तु साहु मणिरत्न मिले। उन्होंने एक

मकान में हमारे रहने का बन्दोबस्त कर दिया। पहले तो हमें उस खम्-बा सौदागर से भेंट करनी थी, जिसके मालिक ने छुशिङ्-शा के साहु के कहने पर हमे आवश्यक पैसों के देने के लिए चिट्ठी लिखी थी। कुछ पूछ ताछ के बाद उसका पता मिल गया। जा कर उसे चिट्ठी दी। पैसा देने में उसने कुछ हिच किचाहट दिखलाई। उस दिन तो हमने जोर न दिया। लेकिन हम सोच में जरूर पड़ गये। यदि कहीं उसने पैसा न दिया, तो ग्यांची जाकर ल्हासा रुपयों के लिए तार देना पड़ेगा।

दूसरे दिन फिर सवेरे उसने कुछ उत्तर नहीं दिया। हमारा सब काम बन्द था। हमें स्नर्-थङ् से स्तन्-ग्युर छपवाना था, और टशी-ल्हुन्पो से सारे पुराने टशीलामों की ग्रन्थावली तथा दूसरी पुस्तकें लेनी थी। दोपहर बाद हमने साहु मणिरत्न से कहा, जाकर हाँ या नहीं में उत्तर लाइये। उनसे भी वह गोलमाल करने लगा। उन्होंने कहा—इस खत पर तुम्हारे मालिक की मुहर है या नहीं। उत्तर मिला—मुहर तो मालिक ही की है; किन्तु इतनी भारी रकम देने में हिच किचाहट होती है; अच्छा हम पैसा देंगे। कनौर (रामपुर-बुशहर) के रघुवर और भिक्षु सोनम्-छेरिङ् भी मिल गये। उन्होंने हमारे काम में हाथ बँटाया। उस दिन जा कर हमने टशी-ल्हुन्पो से २२८ साङ् (२॥ साङ्=१ रुपया) में पहले के छः टशीलामों की ग्रन्थावली तथा दूसरे ग्रन्थ खरीदे। दूसरे दिन ९३६ साङ् मे कागज और स्याही खरीदी। पता लगाने पर मालूम हुआ कि पाँच छः दिन में सारा स्तन्-ग्युर छापा जा

सकता है। हमें बड़ी प्रसन्नता हुई, कि एक हफ़्ते में छुटी हो जायगी।

एक दिन हम दोनों स्नर्‌-थङ्‌ गये। स्नर्‌-थङ्‌ यहाँ से छः सात मील है। विहार पुराने तिब्बती विहारों की भाँति बराबर ज़मीन पर है, और एक आठ दस हाथ ऊँची तथा ३, ४ हाथ चौड़ी चहारदीवारी से घिरा है। अभी हमें फिर आना था इसलिए हमने छपाई आदि की ही बातचीत की। छापाखाने का अधिकारी दूसरा है, किन्तु वह बेचारा उतना होशियार नहीं है, इसलिए उस अधिकार पर भी वहाँ के न्यायाधीश ने अपना कब्ज़ा जमाया था। ३०० साङ्‌ छपाई की मजदूरी तै हुई। हम लौट आये, और दूसरे दिन कागज़ स्याही भेज दी गई। वादा था कि सप्ताह में पुस्तक छप कर मिल जायगी। साहु मणिरत्न की भोटिया स्त्री का भाई भी वहीं भिक्षु था। उसके बीच में पड़ने से आशा कर बैठे थे कि पुस्तक जरूर वक्त पर मिल जायगी। किन्तु पाँच छः दिन बाद जब आदमी भेजा तो मालूम हुआ, अभी काम शुरू ही नहीं हुआ।

८ मई को मैं और धर्मकीर्ति स्नर्‌-थङ्‌ गये। बहानाबाज़ी होने लगी। खैर, किसी प्रकार काम शुरू हुआ। अब हम वहीं डट गये।

स्नर्‌-थङ्‌ (उच्चारण नर्‌-थङ्‌) विहार यद्यपि आजकल टशी-ल्हुन्पो (स्थापना १४४७ ई०) के आधीन है, और इस प्रकार

दुगे-लुग्-पा विहार है, किन्तु इसकी स्थापना ११५३ ई० में लामा ग्तुम्-स्तोन् द्वारा हुई थी। दुगे-लुग्पा-सुधार के वक्त यहाँ के भिक्षुओं ने सुधारवाद को स्वीकार किया, और इस प्रकार यह विहार दुगे-लुग्पा बन गया। ग्यारहवीं बारहवीं शताब्दी की कितनी ही चंदन और पीतल की मूर्तियाँ यहाँ पर मौजूद हैं। भारतीय मूर्तियों की विशेष पहिचान हैं, मूर्ति के आसन में लगे मोटे मोटे पीतल के छल्ले जिनमें बाँस डालकर उन्हें भारत से यहाँ लाया गया। थुब्-वङ् और ख्यम्-सुम् मंदिर मे कितनी ही पुरानी मूर्तियाँ हैं। बाहर आंगन के चारों ओर बने ओसारे में पतली पत्थर की पट्टियों पर उत्कीर्ण ८४ सिद्धों मे से कितनों ही की मूर्तियाँ हैं। पञ्चम दलाई लामा (१६१७-८२ ई०) के अमात्य मि-वङ् ने इस विहार की विशेष उन्नति की थी। मि-वङ् द्वारा स्वर्णाक्षरों मे लिखवाया कं-ग्युर ग्रन्थ-सग्रह यहाँ मौजूद है। संस्कृत और भारतीय भाषाओं से जितने ग्रन्थ भोट-भाषा में अनूदित हुए थे, पहले वे एक संग्रह में जमा न थे। महापण्डित (बु-स्तोन) रिन् छेन्-ग्रुब (१२९०—१३६४ ई०) ने इन पुस्तकों को दो संग्रहों मे जमा किया। इनमें बुद्ध वचन समझे जानेवाले ग्रन्थों के संग्रह को कं-ग्युर (=ब्कऽ-ऽग्युर्) कहा जाता है, और बाकी दर्शन, काव्य, टीका, तंत्र आदि ग्रंथों के संग्रह को स्तन्-ग्युर, बु-स्तोन के बाद बहुत थोड़ी सी और पुस्तकें जोड़ी गई हैं, जिनको कि पञ्चम दलाई लामा के अनुवादकों और लामा तारानाथ (जन्म १५७५ ई०) ने अनुवाद किया। मि-वङ् ने इन दोनों बृहत् संग्रहों को लकड़ी के तख्तों पर खुदवा कर

छापने योग्य बना दिया। यह तख्ते इसी स्नर्-थङ् में हैं। इन्हीं से हमें अपने लिए स्तन्-ग्युर् छपवाना था। आजकल टशील्हुन्पो में टशीलामा (= पण्-छेन्-रिन्-पो-छे) के न रहने से जैसे खुले-आम मद्यपान और अत्याचार होने लगा है, वैसे ही यहाँ भी । अधिकारी छः मास के लिए टशील्हुन्पो से ही भेजे जाते । बिना काफी भेट-रिश्वत दिये किसी को यह दर्जा नहीं मिलता।

§ ५. गन्-ती महाराजा

उस वक्त भारत में महात्मा गान्धी का सत्याग्रह ज़ोरों पर था। इसकी खबर हिमालय पार इस अखबारों से परे की दुनिया में भी पहुँच गई थी। ११ मई को एक भिक्षु कहने लगा—जानते हैं, गन्-ती महाराजा लोबन रिन्पोछे (=भोट देश में सर्वत्र पूजित एक घोर तांत्रिक लामा, जिसकी ऐतिहासिकता सन्देहास्पद है) का अवतार है। हमने कहा—लोबन रिन्पोछे तो समुदर का समुदर शराब पी जाता था, और औरतों के बारे में भी बहुत स्वच्छन्द था गन्-ती महाराजा तो इन दोनों बातों में उससे उल्टा है। कहने वाले को अपने ख्याल पर थोड़ा शक तो ज़रूर हुआ; फिर बोल उठा—दूसरे अवतार में लोबेन-रिन्-पो-छे की यही मर्जी होगी। आज बैशाख सुदी चतुर्दशी थी। बहुत से घी के दीपक जलाये गये थे। आज मेला था। बहुत से लोग दर्शनार्थ आये थे। लोग ऊँचे प्राकार पर चढ़ कर परिक्रमा करते थे। मुख्य-द्वार पूर्व को

ओर है। तीन चार दिन रह कर देखा कि हमारे रहने पर भी काम की वही दशा है। मौज से छपाई की जाती है। इस पर १२ मई को मैं शी-गर्ची लौट आया। खच्चर तो अपने पास थे ही आने मे दो घंटा ही लगा। रघुवर और धर्मकीर्ति को स्नर् थङ् में छोड़ दिया।

ल्हासा मे नेपालियों के लिए रास्ता कब का खुल गया था, किन्तु अभी तक यहाँ ल्हासा से हुक्म नहीं पहुँचा था। दूसरे के ही नुकसान की बात मे सर्कार इतनी आलसी नहीं है, बल्कि अपने नुक्सान मे भी उसकी यही हालत है। भोटिया सिक्के का दाम गिर जाने से जहाँ ल्हासा मे डाकखाने का टिकट एक ख-गङ् (=$\frac{1}{4}$ शो-गङ्) से १ शोगङ् (= $\frac{2}{3}$ टका= $\frac{1}{10}$साङ्) हो गया था, वहाँ अभी वहाँ पुरानी ही दर चल रही थी। लड़ाई की तैयारी का प्रभाव अब भी यहाँ बाकी था। अब भी छोटे लड़के सिपाहियों की तरह राइट्-लेफ़्ट करते थे। सुना, आजकल सिपाहियो की अवस्थावाले जवानों का नाम लिख कर उनके हाथों में पैसा बाँधा जा रहा है। शायद अब चीन से युद्ध के लिए यह तैयारी हो रही थी। यहाँ तो सिपाहियों ने ल्हासा से भी ज़्यादा अत्याचार किये थे; ल्हासा में केन्द्रीय सर्कार के पास रहने से कुछ तो डर रहता था। नेपाली सौदागरों की दुकाने प्रायः घरों के भीतर हैं। रक्षा के लिए उन्हें ऐसा करना पड़ता है। पत्थर फेंके जाने के डर से वे अपनी खिड़कियों में काँच भी नहीं लगाते। ग्यांची और यहाँ का हाट ९॥ बजे सवेरे से १॥ बजे तक रहता है।

और इस चार घंटे के लिए भी हाट वाली दूकान दारिनें अंगीठी पर चाय रख कर लाती हैं। ठाट जो ठहरा। कपड़े-लत्ते से लेकर घास-भूसा तक सभी चीजे हाट मे बिकती हैं।

§ ६. अनमोल चित्रों और ग्रंथों की प्राप्ति

टशी-ल्हुन्पो मे ङग्-पा शर्-चे, किल-खङ् और थुसा-ग्लिङ् चार ढ-छङ् (विभाग) हैं। खम्पो भी चार ही है। किसी समय भिक्षुओ की संख्या ३८०० थी, किन्तु टशी-लामा के चीन चले जाने से अब न उतने भिक्षु हैं, और न वैसी व्यवस्था, हाला कि जहाँ तक खाने-पीने का सम्बन्ध है, यहाँ के निवासी से-रा डे-पुङ् से अच्छी हालत मे हैं।

एक खम्-जन् (=विद्यालय) का प्रधान भाग कर टशी-लामा के पास चला गया, उस पर सर्कार का भी कुछ रुपया बाकी था। सर्कार ने खम्-जन् पर जुर्माना कर दिया। इस वक्त लोग उसकी चीजें बेच रहे थे। हमे पता लगा कि चीजो मे चित्रपट भी है। पहुँच गये। वहाँ पर हमें तीन चित्रपटमाला पसन्द आई। एक मे ग्यारह और बारह चित्रपट थे, जिनका विषय अधिकांश भारतीय और भोट देशीय आचार्य थे; दूसरी माला मे ८ चित्र एक साथ जुटे हुए थे। ये सभी रेशमी कपड़े पर थे और इनमे नागार्जुन, असंग, वसुबधु, दिङ्नाग, धर्मकीर्ति आदि भारतीय दार्शनिक चित्रित थे। तीसरी माला में भगवान् बुद्ध और उनके बाद की शिष्य परम्परा के कितने ही स्थविरों के चित्र थे। हम पहली दोनों

मालाओं को ही खरीद सकें, क्योंकि खम्‌-बा सौदागर ने कह दिया था, जितना पैसा लेना हो एक ही बार ले लीजिये; और हमने जो पैसा लिया था, उसमें और के लिए गुंजाइश न थी।

१६ मई को एक अनमोल चीज हाथ लगी। पास के मठ के एक लामा ने सुना कि भारत का एक लामा आया हुआ है। उसके पास ताड़पत्र की एक पुस्तक थी। उसने अपने आदमी के साथ उस पुस्तक को इस शब्द के साथ हमारे पास भेजा कि यह क्या पुस्तक है इसकी हमें खबर दें, और पुस्तक अपने पास रक्खें, क्योंकि हम तो पढ़ना ही नहीं जानते। मैंने कुटिल[1] अक्षरों को देखते ही समझ लिया कि यह दसवीं-ग्यारवीं शताब्दी से इधर की पुस्तक नहीं हो सकती। नाम वज्रडाकतंत्र देखने से ख्याल आया कि यह तो कंग्युर्‌ में अनुवादित है। किन्तु उस समय मेरे पास सूची न थी। मैंने उनसे कह दिया कि मेरे ख्याल में यह कंग्युर्‌ में अनुवादित है; यदि अनुवादित न होगी तो मैं पीछे नाम आदि लिखूँगा। पीछे देखने से मालूम हुआ कि उक्त ग्रंथ कंग्युर के तंत्र विभाग में अनुवादित है। और अनुवाद भी ग्यारहवीं शताब्दी के मध्य में वैशाली के कायस्थ पंडित गंगाधर ने उसी शलु मठ के एक भिक्षु की सहायता से किया था जहाँ के लामा ने उसे अब मेरे पास भेजा।

[१. नागरी से ठीक पहले हमारे अक्षरों का जो रूप प्रचलित था, वह अक्षरों के चक्कर दार होने से कुटिल कहलाता है। सातवीं से दसवीं शताब्दी ई० तक सारे भारत में कुटिल लिपियाँ प्रचलित थीं।]

पिछली बार १९२६ ई० मे लदाख गया था, तो वहाँ मुझे टशील्हुन्पो के पास किसी मठ के एक तरुण लामा मिले थे। उनके पास भी एक ताड़पत्र पर लिखी पुस्तक थी। पूछने पर उन्होंने बतलाया था कि उनके मठ मे बहुत सी पुरानी ताड़पत्र की पुस्तकें हैं। उन्होने अपने मठ का नाम ङोर् बतलाया था। मैंने बहुतेरा खोजा, किन्तु किसी ने ङोर् का पता नहीं बतलाया, पीछे समझा, जिस ताड़पत्र को मैंने अपनी आँखों से देखा, उसमे तो इनकार नहीं कर सकता, किन्तु पचासो ताड़पत्र की पुस्तके होने की बात ठीक नहीं जँचती। अब की बार (१९३३ ई०) जब दूसरी बार मै लदाख पहुँचा, तो मालूम हुआ, कि उस ङोर् मठ का दूसरा नाम एव गोम्बा है। उसके संस्थापक स-स्क्य पण्-छेन् (१११५-१२५१ ई०) थे; और वह स्नर्-थङ् से ऊपर कोई आधे ही दिन के रास्ते पर है। अब मुझे पुस्तकों के होने पर विश्वास है। मेरी समझ में स-स्क्य और एवं इन्ही दोनों मठों मे, जो कि दोनों ही स स्क्य-पा सम्प्रदाय के अनुयायी हैं, वे संस्कृत के पुराने हस्तलिखित ग्रंथ हैं, जिन्हें भारतीय पंडित ग्यारहवीं और बारहवीं शताब्दी मे भारत से ले गये। स-स्क्य के बारे मे यह भी सुनने मे आया कि वहाँ ऐसे भी कुछ ग्रंथ हैं जिस का भोट भाषा मे अनुवाद नहीं हो सका। हिन्दी के आदि कवि और सन्तमत के प्रवर्तक चौरासी सिद्धों के भी बहुत से ग्रंथ इसी मठ में तर्जुमा हुए थे। मुझे बड़ा अफसोस होता है कि मैं इन दोनों मठों में नहीं जा सका।

१५ मई को स्तन्-ग्युर् छप कर आ गया। बीच में एक बार और जाना पड़ा था। ल्हासा में जैसे पुस्तकों को बाँधा था, वैसे ही यहाँ भी किया। हाँ यहाँ मोमजामा नहीं मिल सका। बोरी और याक् के चमड़े पर ही सब्र करना पड़ा। चमड़े के मामले में मुसलमान कसाई ठगने भी लगा था; उसने याक् के बड़े चमड़े की जगह जो (गाय और याक की दोगली नसल) का चमड़ा भेज दिया। हमने उसे लौटा दिया। उसने समझा परदेसी हैं, झख मार कर लेंगे; चमड़े को हमारे द्वार पर पटक कर रोब दिखलाकर दाम माँगने लगा। हमने दाम देने से इन्कार कर दिया। गुस्सा मुझे वर्ष छः महीने बाद ही आया करता है; और वह तभी जब कोई धोखा दे कर मूर्ख बनाना चाहता है, या आत्म-सन्मान के विरुद्ध बात कर बैठता है। उस दिन भी गुस्सा आ गया। खैर लोग उसे पकड़ कर ले गये। पीछे उसकी अक़ल ठिकाने आई। डरने लगा कहीं मामला जोङ्-पोन् के पास गया तो लेने के देने पड़ेंगे।

हमने पुस्तकों को अच्छी तरह बाँध २० अप्रैल को गदहों पर लाद फ-री-जोङ् के लिए रवाना कर दिया। यहाँ से बिना ग्यां-ची गये भी फ-री का एक सीधा रास्ता है।

दसवीं मंजिल

वापसी

§ १. भोट की सीमा को

२१ मई को मैं और धर्मकीर्ति सवेरे सात बजे चल पड़े। श-लु विहार रास्ते से दो ढाई मील दाहिनी ओर हट कर है। १० बजे हम श-लु विहार में पहुँचे। यह भी भारतीय विहारों के ढङ्ग के पुराने भोट देशीय विहारों की तरह समतल भूमि पर बना है। चारों तरफ़ चहर दीवारी है। पंडित बु-स्तोन् रिन्-छेन्-स्गुब (रिन्-छेन्-डुब् १२९०-१३६४ ई०, जिनके मुकाबले का भोट देश में दूसरा कोई न भूतो न भविष्यति) यहीं के थे। यहाँ बु-स्तोन् पंडित की संग्रह की हुई कंन्ग्युर् और स्तन्-ग्युर की मूल हस्त लिखित प्रति भी है; जिसको देख कर मि-वङ् ने स्नर्-थङ् का छापा बनवाया। सात आठ सौ वर्ष पुरानी मूर्तियाँ, पुस्तकों तथा अन्य

चीज़ों की यहाँ भर मार है। भारत से लाई पीतल और चन्दन की मूर्तियाँ भी कितनी ही हैं! एक बुद्ध-मूर्ति बर्मी ढंग से चीवर पहने खड़ी थी; जिसमे कि चीवर वस्त्र का एक छोर बायें हाथ की हथेली मे रहता है। भिक्षु ने पूछा, यह हाथ में लकड़ी है क्या? मैंने समझाया, आज भी बर्मा में इस तरह चीवर पहनने का रवाज है, यहाँ कई हस्तलिखित कन्ग्युर और स्तन्ग्युर हैं। कुछ तो बहुत ही सुन्दर और पुराने हैं। मि-वङ् के छापे के पहले पहल छपे कंन्ग्युर और स्तन्ग्युर की भी प्रति यहाँ मौजूद हैं। मदिर के दर्शन और कुछ चाय पान के बाद मेहरबान लामा से हमने बिदाई ली; और बारह बजे बाद वहाँ से चल दिये। अब फिर वही देखा रास्ता नापना था। उस रात हम एक गाँव मे ठहरे; और २२ मई को ११ बजे दिन को ग्यांची पहुँच गये।

कहाँ एक सप्ताह मे टशी-ल्हुन्पो से लौट आनेवाले थे, और कहाँ बाइस दिन लग गये। मैंने ल्हासा से चलते वक्त भदन्त आनन्द को तार दिया था। पत्र मे भी लिख दिया था कि अमुक दिन भारत पहुँच जायेंगे। इधर २२ दिन लग गये, और मैंने उनको सूचना भी नहीं भेजी। उन्होने कलकत्ता पत्र लिख कर पूछा। कलकत्तावालों ने बतलाया, ल्हासा से चलने के अलावा हमे कुछ नहीं मालूम। लंका जा कर अब की मुझे भिक्षु बनना था। जिस परम्परा मे मुझे भिक्षु बनना था, उसमे साल में एक ही बार सघ किसी को भिक्षु बनाकर अपने में सम्मिलित करता है। इसलिए भी तरद्दुद हो रहा था।

ग्यांचो पहुँच कर हमारी एक खचरी को कड़ी बीमारी हो गई। हम तो डर गये। किन्तु भोट में हर एक खच्चरवाला वैद्य भी होता है। एक खच्चरवाले ने आ कर दवा की, खचरी अच्छी हो गई। तो भी हम २३ मई को साढ़े बारह बजे से पूर्व रवाना न हो सके।

ग्यांची से भारत की सीमा तक की सड़क पर अँग्रेज सर्कार की भी देख रेख रहती है। जगह जगह पुल भी हैं। बीच बीच में ठहरने के लिए डाक बँगले हैं; जहाँ से फ़ोन भी किया जा सकता है। यहाँ भी हमें जहाँ तहाँ पत्थर के उजड़े मकान दिखाई पड़े, जिनके उजड़ने का कारण लोगों ने मंगोल युद्ध बतलाया। १२ मील चल कर रात को हमने चंदा गाँव में मुकाम किया। सारा गाँव पत्थर के ढेर जैसा है। कोई अच्छा मकान नहीं। लोग भी ज़्यादा गरीब मालूम होते हैं। २४ मई को फिर चले। अब हम नदी के साथ साथ ऊपर की ओर चढ़ रहे थे। पहाड़ वृक्ष शून्य। उनमें कितने रङ्गवाले पत्थर-मिट्टी दिखाई पड़ते थे। स्तरों का निरीक्षण भी कम कौतूहलप्रद न था। करोड़ों वर्ष पूर्व समुद्र के अन्तस्तल में जो मिट्टी एक के ऊपर एक तह पर तह जमती थी, परवर्ती भूचालों ने समुद्र के उस पेंदे को उठाकर मीलों ऊपर ही नहीं रख दिया है, बल्कि उन स्तरों को भी कितना बिगाड़ दिया है। कहीं कहीं कुछ स्तर तो अब भी नीचे की ओर झुके हैं; किन्तु कहीं तो वे बिल्कुल आड़े खड़े हो गये हैं। दस लाख वर्ष पहले यदि हम इस राह सफ़र करते होते तो इतनी चढ़ाई न पड़ती,

और शायद कुछ आराम रहता; किन्तु तब हम मनुष्य की शकल मे ही कहाँ होते ? इस ओर इसी प्रकार के विचार मेरे मन में उत्पन्न हो रहे थे। बीच बीच में धर्मकीर्ति से बौद्धधर्म और दर्शन पर वार्तालाप होने लगता था। धर्मकीर्ति को सबसे ज़्यादा जिस बात को मैं समझाना चाहता था वह थी, जूठ का परहेज़। मैंने इसे समझाने में बड़ी दिक्कत महसूस की। फिर एक बार कहा— देखो, तुम ऐसा समझो कि हर एक आदमी के मुँह में ऐसा हलाहल विष भरा है, जिसका थोड़ा परिमाण भी यदि दूसरे के मुँह में चला जाय तो वह मर जायगा; यह समझते हुए जब कभी तुम्हारा हाथ मुँह में जावे तो तभी उसे धो डालो, आदि।

२४ मई को ३०, ३१ मील चल कर सन्‌-दा गाँव में ठहरे। यहाँ घर सुन्दर थे। एक अच्छे घर के कोठे पर डेरा लगा।

यहाँ से आगे अब गाँव कम होने लगे। रास्ते में कला नाम का गाँव मिला, जो किसी समय बड़ा गाँव था; किन्तु अब कितने ही लोग घर छोड़ कर चले गये हैं। परती पड़ गये खेतों की मेड़ें भी बतला रही थीं कि किसी समय यहाँ अधिक जन रहते थे। आगे एक प्राकृतिक सरोवर मिला। सर्दी की वृद्धि से पता लग रहा था कि हम लोग ऊपर ऊपर उठ रहे हैं। ग्यांची से चौसठवें मील के पत्थर पर से हमें हिमालय मामा के हिमाच्छादित धवल शिखरों का दर्शन हुआ। मालूम होने लगा, अब भारतमाता समीप हैं। तो भी अब तो गाँव में फल रहित वृक्षों का भी अभाव

हो गया था, हाँ, आँखों को तृप्त करने के लिए आगे एक विशाल सरोवर दिखाई पड़ा। दक्खिन ओर उस पार की हिमाच्छादित चोटियों के सिवाय और तरफ़ के सब पहाड़ बावने दिखाई पड़ते थे। अब सर्दी भी अधिक थी, और कुछ हवा भी तेज़ होने लगी थी। आकाश मेघाच्छादित था। हम महासर को बायें रख कर चल रहे थे कहीं भी हरियाली प्रत्यक्ष नहीं थी; तो भी कहीं कहीं भेड़ों के रेवड़ों को चरते देख अनुमान होता था कि वहाँ घास जरूर होगी। सत्तरवें मील के पत्थर के पास दोज़िङ् गाँव है। इसके कुछ पहले ही से सूखी दलदलवाली भूमि मिलती है।

§ २. तिब्बती विवाह-संस्था

दो-ज़िङ् गाँव में जिस घर में ठहरे, उसमें दो बहनें थीं; किन्तु उनका पति एक था। भोट में सभी भाइयों को एक पत्नी, यह आम बात है; किन्तु यहाँ हमने कई बहनों का एक पति देखा। मालूम हुआ पुरुष हो या स्त्री जो भी अपने पिता का घर छोड़ दूसरे घर जायगा, पितृ-गृह-वियोग के पारितोषिक स्वरूप उसे यह अति-रिक्त हक मिलेगा; जो पिता के घर ही में है, उसे कुदरतन इस हक से महरूम रहना चाहिए। चूँकि ये दोनों बहिनें अपुत्रक पिता की बेटियाँ होने से घर छोड़ नहीं सकतीं, इसलिए इन्हें बाहर से पति लाने की ज़रूरत पड़ी; और घर छोड़ कर आने के कारण उसे दो भार्यायें मिलीं। इनके लिए भार्या (=पोषणीय) शब्द उपयुक्त नहीं लगता, पत्नी (=पालक) शब्द ही यहाँ उपयुक्त

रईस घराने की माँ बेटी

मालूम होता है। उक्त प्रश्न का अधिक वैज्ञानिक समाधान इस प्रकार समझिये—तिब्बत एक पहाड़ी प्रदेश है; और ऊपर से सूखा और सर्दी का मारा है। वहाँ जीवन की सामग्री इतनी इफ़रात से नहीं मिल सकती कि चाहे जितने नये मुँह देश में आने दिये जाँय। इसलिए जो सन्ततिनिग्रह का प्रश्न सभ्य दुनिया के सामने आज आया है, वह वहाँ सहस्राब्दी पूर्व ही उठ खड़ा हुआ। भूख और भोजन ऐसी समस्या नहीं है जिसके समझने के लिए गंगेश की तत्वचिन्तामणि पढ़ने की आवश्यकता हो। लोगों ने प्रश्न को गम्भीरता पूर्वक सोचा और इस दायित्व के साथ कि इस आफ़त में पड़ना और बचना हमारे ही हाथ में है, उन्होंने दरदिस्तान के दरदों और बालतिस्तान के बल्तियों की तरह यह नहीं कहा कि सन्तान पैदा करने के लिए तो हम, खाने पीने के लिए खुदा खबर लेगे। कहा, भाई चाहे जो कहो, एक घर से दो घर न होने दो, जिसमें हर एक घर के खेत उतने के उतने ही रहें। भेड़, याक् (=चँवरी) में भी यही बात रहे। अभी उस वक्त तक उन सीधे साधे लोगों में दाल भात में मूसलचँद की तरह खुदा नहीं पैदा हुआ था। अभी वे अपने कर्तृत्व को समझते थे। परिणामत: सबने इस सिद्धान्त को मान लिया कि एक घर का दो न होने देना चाहिए। जब बौद्ध धर्म प्रचारक यहाँ पहुँचे तो उन्होंने इस रसम को देखा। अपने यहाँ की रसम से उल्टी तथा। स्वदेशियों के ख्याल में घृणास्पद होने मात्र से उन्होंने इसे नरक का रास्ता कहना नहीं शुरू कर दिया। उन्होंने ठंडे दिमाग़ से—

और इस मुल्क में होने से गर्म दिल से—इस पर विचार किया। फिर मुझे भजन न होय गोपाला का भी उन्हें ख्याल आया, और अपने सुधार की आँधी को दबाकर उन्होंने इस प्रथा की लाभदायकता को स्वीकार किया। हाँ, इस बात के मनवाने मे उनका ईश्वर से मुनकिर होना भी सहायक हुआ। अन्यथा वे भी कहते —खुदा के काम मे इन्सान को दखल देने का क्या हक ?—क्या जिन पेट दिये तिन अन्न न देहै ? हाँ, तो चार पुत्र एक घर में रहने से जैसे एक ही पत्नी आने पर घर-फूटन या घर-बाँटन रुक सकता है, वैसे ही सिर्फ लड़कियों के रहने पर घर-जमाई के लिए भी वही नियम लागू रखना पड़ेगा। इस प्रकार दो-जिङ् की इन दो बहनो ने सम्मिलित पति करके एक घर को दो होने से बचा लिया।

§ ३. फ-री-ज़ोङ

खेत यहाँ नाम मात्र हैं। लोग अधिकतर भेड़ों और चँवरियो पर गुजारा करते हैं। यहाँ छोटी छोटी बकरियाँ भी होती हैं, किन्तु लोग इन्हे कम पालते है। कारण ? एक तो इनमे काम की ऊन नहीं होती; दूसरे इनका माँस बिना चर्बी का और पतला होता है। हमने तो बड़ी बहन को बकरी का सूखा मांस कुत्ते को खिलाते देखा।

२६ मई को फिर तड़के रवाना हुए। थोड़ा चलने पर महा सरोवर का अन्त हो गया। अब विशाल मैदान था। दूर बायेंवाले

पर्वत ही हिमाच्छादित थे, बाकी नंगे मादर-ज़ाद। रास्ते में चलते देखा कि भोटिया बटोहियों या चरवाहों ने पत्थर मार मार कर तार के खम्भों पर की चीनी मिट्टी की टोपियाँ तोड़ डाली हैं। आखिर पत्थर हाथ के नीचे हो, और दिल निशानाबाज़ी करना चाहे तो आदमी कैसे रुके? दूसरों के पीठ पर थे, इसलिए हमें चलने में दिक्कत क्यों थी? साढ़े आठ बजे हम धुना गाँव में पहुँचे। यहाँ मकानों की दीवारें चार हाथ से अधिक ऊँची मुश्किल से ही होंगी। दीवारें भी घास जमे मिट्टी के चकत्तों से बनी थीं। शायद यहाँ पानी कुछ अधिक बरसता होगा। जिससे घास हिफ़ाजत करती है; अथवा आस पास वैसी मिट्टी इफ़रात से है, इसलिए वैसा करते हैं। यहाँ का प्रत्येक घर, कलिम्पोङ् से ल्हासा माल ढोनेवाले खच्चरों के लिए सराय है। जानवर के लिए घास और आदमी के लिए चाय पानी तथा विश्राम-स्थान देना इनका काम है। चलते वक्त चीज़ के दाम के अतिरिक्त कुछ आप छक्-रिन् देते चलिये। सचमुच, भारत में अनेक जगहों की भाँति, यदि यहाँ पैसा ले कर चीज़ देना बुरा समझा जाये, तब तो मुसाफ़िर बेचारे की बिना माँगी मौत है। हमें यहाँ सिर्फ चाय पानी करना था।

आगे एक लम्बा मैदान मिला, जिसे हमें बीच से चीर कर चलना था। यहाँ खाली आँखों से भी कुछ छोटी छोटी घासें दिखाई पड़ती थीं; भेड़ें चर रही थीं। बाईं ओर छोटे छोटे हिमशिखरों से घिरा एक उत्तुंग हिमशिखर था। मन में आता था यदि

उस पर जा कर थोड़ी देर बैठने को मिलता। वहाँ से भोट और भारत दोनों पर नजर डाल सकता!

डाक ढोनेवाले के घर से आगे बढ़ कर हमने एक छोटी धार को पार किया। फिर कुछ देर चलने पर एक सूखी खाल मिली, जिसके किनारे किनारे हम दाहिनी ओर समकोण पर मुड़ गये। घंटे के करीब ऊपर की ओर चले होंगे, फिर उतराई शुरू हो गई। दिल ने रोम रोम से आशीर्वाद दिया—कि हो तो ऐसा हो जिसमे पेट का पानी भी न हिलै। एक तो ऊँचाई भी काफी थी। दूसरे सूर्यदेव बादलो में छिपे हुये थे, इसलिए सर्दी का अपेक्षाकृत अधिक होना स्वाभाविक ही था। उतराई सह्य थी अब पर्वतो का रंग भी बदला, किन्तु अभी वृक्षो वनस्पतियो का नाम न था। हाँ, घास अब कुछ अधिक बढ़ती जाती थी। भेड़ों के अतिरिक्त काली काली चमरियाँ भी अधिक चरती दिखाई देती थी। जनशून्य प्रदेश से निकल कर अब फ-री (=फग्-री-वराह गिरि) की बस्ती दिखलाई पड़ी। ३॥ बजे हम अन्त में फ-री में पहुँच ही गये।

यहाँ भी छु-शिङ्-शा की एक शाखा है। आजकल गुभाजू धीरेन्द्रवज्र यहाँ पर थे। गर्म गर्म स्वागत हुआ। घरों पर देखने पर मालूम हुआ कि सभी का फ़र्श बाहरी धरातल से नीचा है। मकान वैसे खराब नहीं है। लकड़ी आधे दिन के रास्ते पर होने से मकानों में लकड़ी का इस्तेमाल खूब किया गया है। फ-री नाम बाजार के बगलवाली उस छोटी टेकरी के कारण पड़ा है जिसका

आकार बराह के समान है। इस पर अब भी एक इमारत है। पहले वहाँ पर एक जोङ् (किला) था; १६०४ की अंग्रेजी लड़ाई में वह तोड़ दिया गया। यहाँ पर अंग्रेजी तार घर और डाकखाना है। बाईं ओर का पहाड़ पार कर आधे ही दिन में भूटान मे पहुँचा जा सकता है। रोज़ भूटानी लोग, मूली, चिउड़ा, साग सब्जी तथा मौसमी फल ले कर यहाँ पहुँचते हैं। और शिर के दो टुकड़े कर देनेवाली छतों के अँधेरे मकान मे इनकी हाट लगती है। हाट बाज़ार करके फिर लौट जाते हैं। दूकानदारों में सात आठ नेपाली भी हैं। घर सब मिला कर दो सौ के करीब होंगे। यहीं पहले पहले पहियेवाली गाड़ी के दर्शन हुए। ये आस पास से मिट्टी ढोने के काम मे लाई जाती है। यहाँ आ कर देखा हमारी पुस्तकोंकी अधिकांश गाँठें पहुँच गई हैं। फ-री मे डाक रोज आती है, और आदमियों की पीठ पर आती है। यहाँ से ग्यांची तक हर दूसरे दिन दो घोड़े डाक ले जाते हैं।

सोलह सोलह रुपये पर सत्रह खच्चर यहाँ से कलिम्पोङ् तक के लिए किराये किये। अपने खच्चरों को बेंच देने का ख्याल हुआ। एक आदमी दोनों खच्चरो का २७०) देता था। किन्तु हमने समझा शायद कुछ और मिले। इसी ख्याल में धर्मकीर्ति को खच्चरवालों के साथ आगे भेज दिया। अब आगे सुरक्षित प्रदेश था। हमने दोनों पिस्तौल यह कह कर गुभाजू के हवाले किये कि उन्हें ल्हासा पहुँचा दिया जाये।

खच्चरों को २७०) पर नहीं दिया, किन्तु कलिम्पोङ में बिना

बेचे ही उन्हें छोड़ जाना पड़ा, पीछे २४०) रुपया ही मिला। नये व्यापारी जो ठहरे। ख्याल किया था, यदि यहाँ से खच्चरों को खाली ले चला जाय, तो आराम मिलने से वहाँ तक खूब मोटी हो जायेंगी, और ग्राहक झट से चढ़ जायेंगे। इसी ख्याल से अपने चढ़ने के लिए एक खच्चर किराया किया।

फ-री उपत्यका में घास की हरियाली दिखाई पड़ती है। और यहाँ पानी भी काफी बरसता है, किन्तु सर्दी के मारे बोये गेहूँ-जौ में दाना नहीं पड़ता। लोग इन बिना दानों के गेहूँ जौ को ही सुखा कर रखते हैं, और खच्चरवालों को बहुत महँगा बेंचते हैं।

§ ४. डो-मो दून

२९ मई को हम रवाना हुए। फरी में छु-शिङ्-शा की शाखा के अभी आवकाश प्राप्त कर्मचारी कां-छा अब हमारे साथ हुए। ये छु-शिङ्-शा के मालिक साहु धर्ममान के खास भानजे हैं। उस वक्त आयु १८, १९ से ज्यादा न रही होगी। फ-री दूकान का सारा काम इनको सौंप दिया गया था। तिब्बत में शराब और औरत में कोई आदमी उजड़ नहीं सकता, क्योंकि शराब बहुत सस्ती है, वैसे ही स्त्रियाँ भी उतनी लोभिन नहीं हैं। किन्तु, एक अल्प वयस्क नातजर्बाकार लड़के को पैसा कौड़ी देकर भेड़ियों की माँद पर बकरी के बच्चे को तरह ऐसी जगह बैठा दिया जाय जहाँ तिब्बत नेपाल और भूटान तीन राज्यों के धूर्तों का अखाड़ा हो, तो फिर क्यों न तबाही आवे? नेपाली सौदागर

आघड़वानी हैं। हिसाब किताब वर्षों बाद कभी हो जाया करता है। जब कांछा का हिसाब देखा गया तो हज़ारों का नुकसान। इल्जाम लगाया गया कि औरत और जूए मे सब बर्बाद कर दिया; किन्तु कांछा की भोटियानी स्त्री ने जो आयु मे ड्योढ़ी नहीं तो एक तिहाई बड़ी तो जरूर होगी—कसम, खा कर कहा कि मेरा तो इन पर मन आ गया है, मैं तो इन्हें अपने पास से खिलाया करती थी। उसकी बात मानने को सब का ही दिल करता; किन्तु उसके विरुद्ध सिर्फ एक ही दलील थी; वह यह कि अन्य नेपाली पुरुषों की भोटियानी स्त्रियों की भाँति वह विवाहितकल्पा न होकर वेश्या जैसी थी। जो हो सभी लोग कह रहे थे, और वह स्त्री भी कहती थी, पैसा जुए में गया। लोग नाराज़ हो रहे थे। हमने कहा—कसूर तुम्हारा है। तुमने ऐसी कची उम्र के लड़के को बिगड़ने का सारा सामान मुहय्या कर ऐसे अरक्षित स्थान मे उसे उसकी एक ज़िन्दगी बर्बाद करने का प्रबन्ध कर दिया। और यदि कसूर ही है, तो मामा के धन को भानजे ने उड़ाया, क्या हुआ ?

पहले घंटे डेढ़ घंटे तक कुछ समतल और कुछ उतराई में चलते रहे। विशेषता थी, सिर्फ पानी के झरने और धारायें अधिक तथा हरी घासें भी कुछ अधिक। फिर उतराई की रफ़्तार अधिक होने लगी, और उसके साथ वनस्पति-दुनिया भी बढ़ने लगी। अब तार के खम्भे लोहे की जगह लकड़ी के थे। तीन घंटा चलने के बाद हम वनस्पति-राज्य में पहुँच गये। मालूम हुआ एक दूसरे

लोक में आ गये। पूरे वर्ष दिन बाहर हरे भरे जंगल और उसके निवासी नाना वर्ण के पक्षियों को देख कर चित्त आनन्दोल्लसित हो उठा। अब देवदार के वृक्ष पहले छोटे फिर बड़े बड़े आने लगे। घरो की छतें भी यहाँ देवदार की पट्टियों से छाई थीं। लोगों को देखने से मालूम हुआ कि हम दूसरी जाति के लोगों मे आ गये। ये लोग शरीर और कपड़ों से साफ़ सुथरे थे। जगल की हरियाली और सुगंध का आनन्द लेते शाम को हम कालङ्-खा गाँव मे पहुँचे।

§ ५. पहाड़ी जातियों का सौंदर्य

गाँव मे सौ से अधिक घर हैं। देवदार की लकड़ियों का बेदर्दी से प्रयोग किया गया है। छत फ़र्श कड़ियाँ किवाड़ ही नही, दीवारों तक मे लकड़ी भर दी गई है। घर मे चौबीस घंटे चूल्हे के नीचे आग जलती रहती है। हम लोग अपने खच्चरवाले के घर मे ही ठहरे। गाँव के सभी मकानो की तरह यह भी दोतल्ला था। छते भी ऊँची थी। नीचेवाला हिस्सा पशुओं के लिए सुरक्षित था ऊपर वाला मनुष्यों के लिए। ऊपर बाहर की ओर एक खुली दालान सी थी; पीछे दो कमरे—एक में रसोई घर जिसमे सामान भी था, दूसरे कमरे मे देवता-स्थान तथा भंडार था। तिब्बत से तुलना करने पर तो यहाँ की सफ़ाई अवर्णनीय थी। वैसे भी लोग साफ़ थे। यहाँ की स्त्रियों की जातीय पोशाक गढ़वाली और कनौर की स्त्रियों की भाँति साड़ी है। मुँह भी उनका

अधिक आर्यों का सा है; चेहरा उतना भारीभरकम नहीं, न नाकें ही उतनी चिपटी हैं। रंग गुलाबी। हिमालय में तीन स्थानों पर सौन्दर्य की देवी का वरदान है—एक रामपुर बुशहर राज्य में सतलज के ऊपरी भाग में किनारों का देश (किनौर)[1], दूसरा काठमांडव से चार पाँच दिन के रास्ते पर उत्तर तरफ़ यल्मो लोगों का देश; तीसरा यही डो-मो प्रदेश (जिसे अंग्रेजी में चुम्बी उपत्यका लिखने का बहुत रवाज चल पड़ा है।) इन तीन जगहों पर प्रकृति देवी ने भी अपने धन को दिल खोल कर लुटाया है। यद्यपि यल्मों में कम से कम पहाड़ के निचले भाग के सौंदर्य को नवागत लोगों ने नष्ट कर दिया है, तो भी ऊपरी हिस्से में, जहाँ यल्मा लोग रहते है, वैसी ही देवदारों की काली घटा रहती है। मै सौंदर्य का पारखी तो नहीं हूँ, तो भी मै अव्वल नम्बर किनारी को, दूसरा नम्बर डोमोवासिनी को और तीसरा नम्बर यल्मो-विहारिणी को दूँगा; लेकिन यह आँख-नाक-मुख की रेखाओं के ख्याल से। रंग लेने पर यल्मों विहारिणी प्रथम, डोमो-वासिनी द्वितीय और किन्नरी तृतीय होगी। इन तीन जगहों में क्यों इतना सौन्दर्य है, इस पर विचार करने पर मुझे ख्याल आया, कि आर्य और मगोल रुधिर का संमिश्रण भी इसमें खास हाथ रखता है।

[१. प्राचीन किन्नर-देश आधुनिक कनौर के स्थान पर था, यह बात पहले पहल भारत भूमि और उसके निवासी में सिद्ध की गई थी। राहुल जी ने उसे स्वीकार कर लिया है।]

आर्य रुधिर के ख्याल से किन्नरी प्रथम, डोमो वासिनी द्वितीय और यल्मो-विहारिणी तीसरी निकलेगी। किन्नरी में तो मैं अस्सी फी सदी आर्य रुधिर ही मानने को तय्यार हूँ, चाहे उसकी भाषा इसके विरुद्ध जबर्दस्त गवाही देती हो। किन्नरी और डोमो-विहारिणी की एक तरह की ऊनी साड़ियाँ भी विशेष महत्त्व रखती हैं। हाँ डोमो के पुरुषों के चेहरे में वे विशेषतायें उतने परिमाण मे नहीं मिलेंगी जितनी उनकी स्त्रियों में।

डो-मो उपत्यका बड़ी ही मनोहर है। खच्चरवालों के आग्रह से हम एक दिन और वहीं रह गये। डोमो निवासी खेती करते हैं, किन्तु खच्चर लादना इनका प्रधान व्यवसाय है। यहाँ लोग आलू आदि तरकारियाँ बोने के भी शौकीन हैं।

§ ६. डोमो दून के केन्द्र में

३० मई को चाय पान के बाद चला। यहाँ हमें अब भारतीय छोटे कौव्वे दिखाई पड़े, तिब्बत मे तो कौवे क्या हैं, ड्योढ़ी दूनी चील्हें हैं। यहाँ के घरों में कोयले घर बना कर वैसे ही रहती हैं, जैसे अपने यहाँ गौरैया। नदी की बाईं ओर से हमारा रास्ता था। रास्ता सुन्दर था। एक घंटे चलने के बाद हम स्यासिमा पहुँचे। यहाँ अंग्रेजी कोठी, डाक, तारघर, कुछ सैनिक तथा कुछ दूकानें हैं। बाजार भारत के पहाड़ी बाजार जैसा मालूम होता है। १९०४ ई० की लड़ाई के बाद कई वर्षों तक हर्जाने में अंग्रेज सरकार ने डो-मो उपत्यका पर अपना अधिकार कर लिया था। उस वक्त

यही स्या-सियामा शासन केन्द्र था। पीछे चोन ने हर्जाने का रुपया दे दिया, और तीन चार वर्ष बाद डो-मो फिर तिब्बत को मिल गया। शंका तो थी, कि कहीं भारतीय को इधर से आते देख अंग्रेजी अधिकारी कोई आपत्ति न खड़ी करें। किन्तु ग्यांची में फरी तक हम भोटिया लिबास में थे, और अब नेपाली फुन्दनदार काली टोपी, वैसा ही पायजामा और कोट पहिने जा रहा था।

आगे का छेमा गाँव भी सुन्दर बड़े बड़े मकानों वाला, तथा वनस्पति सम्पत्ति से परिपूर्ण था। रिन्-छेन् गङ् भारी गाँव है। हाँ, इन सभी गाँवों में हमसे दो दो टंका खच्चरों की चढ़ाई का लिया जाता था। रिन्-छेन्-गङ् में धर्मकीर्ति मिल गये। मैंने कहा भले मिले, अब साथ ही चलो। यहीं से रास्ता दाहिने को चढ़ने लगा। आगे एक पत्थर की टूटी किलाबन्दी में से निकले। पानी बरस रहा था। वर्ष भर तक हम कड़ी वर्षा से सुरक्षित स्थान में थे, इसलिए यह भी एक नई सी चीज़ मालूम हुई। आज देवदार के घने जंगलों के बीच ग्यु थङ् की सराय में निवास हुआ। सराय की मालकिन एक बुढ़िया थी। लकड़ी की इफरात है ही; खूब बड़ी सराय बनाई गई है, जिसमें सौ से डेढ़ सौ घोड़ों के साथ आदमी ठहर सकते हैं। खच्चरवाले अपने घोड़ों के लिए चारा साथ लाये थे।

§ ७. एक देववाहिनी

हम लोगों के लिए एक साफ़ कोठरी दी गई। उसके बीच में

आग जलाने का स्थान भी था। चाय पीने के बाद हम लोग गप करने लगे। उसी वक्त दो स्त्री पुरुष आ गये। सरायवाली ने बड़े सन्मान से हमारी कोठरी के एक खाली आसन पर जगह दी। इससे ज्ञान पड़ा, कि ये कोई विशेष व्यक्ति हैं। जब तक दिन रहा तब तक उस दम्पती ने चाय पान आदि मे बिताया। हमारे पूछने पर उन्होंने यह भी बतलाया कि कलिम्पोङ् मे वे डो-मो-गे शे लामा के दर्शनार्थ गये थे और मकान फरो के पास है। सूर्यास्त के करीब स्त्री अँगड़ाई लेने लगी। पुरुष कभी हाथ पकड़ कर खड़े होने से रोकता, कभी देवता की मूर्तिवाले डब्बे को उसके शिर पर रखता, और कभी हाथ जोड़ कर विनती करता—आज क्षमा करें। मालूम हुआ, स्त्री देववाहिनी है। देवता इस वक्त आना चाहता है। पुरुष भी शायद ऊपरी मन से ही हमे दिखाने के लिए वैसा कह रहा था। कुछ ही मिनटो मे स्त्री पुरुष को झटक कर उठ खड़ी हुई, और सरायवाली की कोठरी की ओर गई। देखा—उस कोठरी मे सामने पाँच सात घी के चिराग़ जला दिये गये हैं। पीछे एक मोटे गद्देवाले आसन पर विचित्र ढंग का कपड़ा और आभूषण पहने वह स्त्री बैठी है। सामने कई और पीतल के बर्तनों में छाङ् (= कच्ची शराब) रक्खी हुई है। खबरवाले देवता का आगमन सुन भीतर बाहर जमा हो गये है। पुरुष ने एक डंडा लगा दोनों ओर चमड़े से मढ़ा भोटिया बाजा अपने हाथ में पकड़ा। स्त्री ने धनुही जैसी लकड़ी से उसे बजाना शुरू किया। साक्षात् सरस्वती उसकी जीभ पर आ बैठी।

पद्य छोड़ गद्य में कोई बात ही उसके मुँह से नहीं निकलती थी। शायद भोट भाषा में दीर्घ-ह्रस्व का झगड़ा न होने से भी यह आसानी थी। पहले पद्य में (देवता ने) अपना परिचय दिया। खच्चरवालों की कुछ स्त्रियाँ भी अपने गाँवों से घास ले कर यहाँ आई थीं; वे भी जमा हो गई थीं।

अब लोगों ने अपने अपने दुःख देवता के सामने रखने शुरू किये। प्रश्नकर्ता को एक दो आना पैसा सामने रख कर हाथ जोड़ सवाल करना होता था। जो सवाल करने की शक्ति नहीं रखते थे, वे आनरेरी वकील रख लेते थे, जिनकी सख्या वहाँ काफी थी। देववाहिनी बीच बीच में प्याले से उठाकर छंग पीती जाती थी। किसी ने पूछा—हम बहुत होशियार रहते हैं, तब भी हमारी खचरी की पीठ लग जाती है; इसका क्या उपाय है?

देववाहिनी ने कहा—

हाँ, हाँ, मैं यह जानू हूँ। खचरी रोग पिछाणू हूँ॥
रस्ते में एक काला खेत। वहाँ है बसता भारी प्रेत॥
उसकी ही यह करणी है। पर खचरी नहिं मरणी है॥
पाव छंग एक अंड चढ़ाव। खचरी का है यही बचाव॥

उस दिन सारी सराय भरी रही। तीस चालीस आदमी से कम वहाँ नहीं रहे होंगे। करीब करीब सब के ही घर में कोई न कोई दुःख था। किसी की स्त्री की टाँग में पत्थर से चोट आ गई थी—वह भी भूत ही का फेर था। किसी के लड़के की आँखें

आई थी—यह चुड़ेल का फरेब। किसी के घर का एक खम्भा टेढ़ा हो गया था—यह काले पिशाच का काम। किसी के लड़का नहीं था—दो भूतनियों ने नाजायज़ दखल दिया है। देर तक हम भी भूत लीला देख रहे थे। इस बीच में देववाहिनी के सामने दो ढाई रुपये के पैसे जमा हो गये। हमने कोंछा को पट्टी पढ़ाई। कहा दो आना पैसा जायेगा, जाने दो। तुम भी हाथ जोड़ कर एक ऐसा प्रश्न करो। कोंछा ने पैसे रक्खे, और वकील द्वारा अपनी अर्ज सुनाई—घर से चिट्ठी आई है, मेरा लड़का बहुत बीमार है; कैसा होगा?

देववाहिनी—

हाँ, हाँ, लड़का है बीमार। मैंने भी है किया विचार॥
देश के देवता हैं नाराज। तो भी चिन्ता का नहिं काज॥
नगरदेव है सदा सहाय। और देव को लेय मनाय॥
जाकर पूजा सब की कर। मंगल होगा तेरे घर॥

कोंछा ने पासवालों को चुपके से बतलाया, मेरा तो ब्याह भी नहीं हुआ है। पर दो एक आदमी का विश्वास न भी हो, तो उसका क्या बिगड़ने वाला है? उसने इतनी भीड़ों को इकट्ठे देख मूँड़ने की सोची; और रात में २॥, ३ रुपया आँख के अँधों को जेब से निकाल लिया।

§ ८. शिकम राज्य में

दूसरे दिन (१ जून) को हम ऊपर चढ़ने लगे। चढ़ाई कड़ी

थी। ऊपर से वर्षा भी हो रही थी। ऊँचाई के कारण थोड़ी थोड़ी देर पर खच्चर दम लेने के लिए रुक जाते थे। चढ़ाई का रास्ता कहीं कहीं सर्प की भाँति था। जे-लप्-ला के ऊपर जाकर कुछ बर्फ थी। यही भोट और शिकम अर्थात् अंग्रेजी राज्य की सीमा है। एक जून को आखिर हम बृटिश साम्राज्य की छत्रछाया पहुँच गये।

उतराई शुरू हुई। दो तीन मील उतरने पर कु-पुक् का डाक-बँगला है। यहाँ दो तीन चाय-रोटी की दूकाने हैं। मालूम हुआ, अब यहाँ से कलिम्पोङ् तक ऐसा ही रहेगा। हर जगह गोर्खा लोगों की चाय रोटी की दूकानें और टिकान मिलेंगी, घास तो बहुत थी, किन्तु अभी वृक्षों की मेखला नीचे थी। पानी बरस रहा था। आज यहीं रहने का निश्चय हुआ।

२ जून को कुछ चलने पर तु-क्यो-ला मिला, और फिर आगे ङ-ला। ये वस्तुतः ला नहीं ला के बच्चे थे। जिनके लिए कोई विशेष चढ़ाई नहीं चढ़नी पड़ती। ङ-ला से तो कड़ी उतराई शुरू हो गई। बीच बीच में चाय पीते हम पैदल ही उतर रहे थे। ३॥ बजे के करीब फदम्-चेङ् गाँव में पहुँचे। यहाँ से नीचे देवदार का अभाव है। अब गर्मी काफी मालूम होने लगी। पानी की मोरी पर जाकर हमने साबुन लगा कर स्नान किया। यहाँ से पूछने पर हम अब अपने को मधेसिया (युक्तप्रान्त-बिहार का निवासी) कहने लगे। रात को यहीं रहे।

३ जून को भी फिर उतरने लगे। सारा पहाड़ नीचे से ऊपर तक विशालकाय हरे वृक्षों से ढँका था। कहीं कहीं जंगली केला भी दिखाई पड़ता था। पक्षियों के कलरव भी मनोहर लग रहे थे। बीच बीच में गाँव और खेती थी। गाँव वाले सभी गोर्खा हैं, जो कि नेपाल छोड़ कर इधर आ बसे हैं। नौ बजे हम कुछ घरों के गाँवों में पहुँचे। सभी घरों मे दुकान थी। यहाँ मक्खियों के दर्शन हुए; और दस बीस हज़ार नहीं अनगिनत। शिकम की सीमा में घुसते ही मीठी दूधवाली चाय मिलने लगी थी। हम तो तिब्बत की मक्खनवाली नमकीन चाय के भक्त हो गये थे। यहाँ मक्खियों की इतनी भरमार देख हमारी हिम्मत चाय पीने की न हुई। रोटी आदि का जलपान कर फिर चले। दोपहर के वक्त हम रो-लिङ्-छु-गङ् पहुँचे। यहाँ तक बराबर उतराई रही। यहाँ कई अच्छी दुकाने थीं, जिनमे से दो एक छपरा के दूकानदारों की थी। बहुत दिन बाद परिचित भोजपुरी का मधुर स्वर कानों मे पड़ा। मुझे वहाँ ठहरना मंजूर न था, इसलिए परिचय नहीं दिया। मेरे वस्त्र से तो बेचारे नेपाली ही समझते रहे होंगे। यहाँ लोहे के पुल से नदी पार कर फिर कड़ी चढ़ाई शुरू हुई। अब हम बड़े बड़े चम्पा के जंगल मे जा रहे थे। जिधर देखिये उधर ही हरित-वसना पर्वतमाला। सभी पहाड़ों पर गोर्खा कृषकों की कुटियाँ बिखरी हुई थीं। खेती मक्का की ज्यादा थी। दो बजे से पूर्व ही हम डुम्-पे-फङ् या दो-लम्-चेङ् पड़ाव पर पहुँच गये। आज यहीं विश्राम करना था। एक शिकमी सज्जन से भेंट हुई। उनसे शिकम

के बारे में कुछ पूछा पाछा। मालूम हुआ कि शिकम राज्य मे शिकमियों की संख्या दस पन्द्रह हजार से ज्यादा नहीं है, बाकी सब नई बस्ती गोर्खा लोगों की है।

४ जून को फिर कड़ी उतराई उतरनी पड़ी। नीचे पहुँचने से थोड़ा ऊपर भीम लक्ष्मी कन्याविद्यालय का साइनबोर्ड देखा, और फिर थोड़ा उतर कर एक पुल। यही शिकम राज्य और दार्जिलिङ्ग जिले की सीमा है।

§ ९. कलिम्पोङ् को

फिर चढ़ाई शुरू हुई। आगे पे-दोङ् बाजार मिला। यहाँ ईसाई मिशन का एक विद्यालय है। बाजार नीचे जैसा खूब बड़ा है।

कल हमने भाड़े वाले खच्चर की पीठ कटी देखी। अब हमारी हिम्मत चढ़ने की न हुई। अपनी खचरी को लिया, किन्तु नाल टूट जाने से वह भी लँगड़ा रही थी। बाजार मे नाल लगाने वाला न मिला। लाचार, पैदल ही चलना पड़ा। इस बाजार से आगे लकड़ी ढोनेवाली गाड़ियाँ भी सड़क पर चलती देखीं। एक छोटी पहाड़ी रीढ़ पार कर, दोपहर बाद अल्-गर्-हा बाजार में पहुँचे। यहाँ छपरावालों की बहुत सी दूकाने हैं। मेरे साथी सब पीछे रह गये थे, इसलिए पानी पीना और थोड़ा विश्राम करना था। एक दूकानदार से भोजपुरी में पानी पीने को माँगा। उन्होंने तो मुझे समझा था नेपाली। फिर क्या पूछते हैं। बड़े आग्रह से

दूध डाल कर चाय बनवा लाये। एक मुँह से दूसरे मुँह होती कई छपरा वासियों के कान में बात पहुँच गई। शीतलपुर के मिश्र जी ने सुना, तो वे दौड़ आये। उनका आग्रह हुआ कि भोजन किया जाय। उनसे यह भी मालूम हुआ कि उनकी मिश्राइनजी हमारे परसा[1] ही की लड़की हैं। आज किसी पूजा के उपलक्ष मे घर में पूआ-पूड़ी बनी थी। उस आग्रह को भला कौन टाल सकता था? भोजन करना पड़ा। मिश्र जी की कपड़े सिग्रेट और आटा दाल आदि की दूकान है। मालूम हुआ जैसे दार्जिलिङ्ग जिले की खेती गोर्खा लोगों के हाथ में है, वैसे ही मारवाड़ियों की बड़ी दूकानें छोड़ बाकी दुकानें छपरावालों के हाथ में हैं। रहने का भी आग्रह हुआ, लेकिन उसके लिए तो मेरे उज्र को उन्होंने स्वीकार कर लिया।

नाल लगवाने का प्रबंध यहाँ भी न हो सका। इसलिए खचरी को हाथ से, पकड़े मैं वहाँ से चला। कुछ दूर तक कुछ आदमी पहुँचाने के लिए आये।

सड़क अच्छी थी। आस पास खेतों में मक्का लहलहा रहा था। बारहवें मील के पत्थर से सड़क मोटर की हो गई। जगह जगह बँगले और गृहोद्यान भी दिखाई पड़ने लगे। कलिम्पोङ शहर भी नजदीक आने लगा। सूर्यास्त के समय कलिम्पोङ् पहुँच

[1. सारन ज़िले में एकमा कस्बे के पास एक गाँव, जहाँ के मठ में लेखक कुछ दिन रहे थे।]

गये। रास्ते पर बौद्ध सभा का कार्यालय मिल गया। श्रीधर्मादित्य धर्माचार्य[1] उस वक्त वहाँ ठहरे हुए थे। वहीं हमारा डेरा भी पड़ गया।

दूसरे दिन अपनी पहुँच का तार लंका भेज दिया। पुस्तकों के भेजने का प्रबन्ध छु-शिङ्-शा के एजन्ट और गुह्यकोठी[2] के मालिक भाजुरत्न साहु के जिम्मे था। हाँ, कुछ चित्रपटों को अच्छी तरह नहीं पैक किया गया था। उन्हे निकाल कर हमने एक नये लकड़ी के बक्स मे बंद करवाया, और अपने साथ रेल पर ले जाना तै किया। धर्मकीर्ति इधर हरियाली देख कर बड़े प्रसन्न हुए थे; किन्तु अब गर्मी उन्हे परेशान करने लगी। कहने लगे, आगे जाने पर हमारे लिए मुश्किल होगा। आखिर जून का मास तो हम लोगों के लिए भी असह्य है (कलिम्पोङ् का नहीं) किन्तु वे तो ध्रुवकक्ष के पास के रहनेवाले थे। तो भी मैंने समझाया।

§ १०. कलिम्पोङ् से लंका

यहाँ से सिलीगुड़ी स्टेशन तक जाने के लिए टैक्सी की गई। ६ जून को तीन बजे हम लोग रवाना हुए। उतराई ही उतराई

[१. नेपाल के एक बौद्ध विद्वान्; जन्म से नेवार; कलकत्ते के नेपाल (=नेवार) भाषा-साहित्य-मंडल के संचालक।]

[२. कलिम्पोङ् की एक व्यापारी कोठी का नाम। भाजुरत्न नेवार नाम है। तांत्रिक वज्रयान के अनुयायियों के लिये गुह्य शब्द में बड़ा आकर्षण है।]

थी। उतराई के साथ गर्मी बढ़ती जा रही थी। तिस्ता नदी का पुल पार होते होते धर्मकीर्ति को कै होनी शुरू हुई और बराबर होती ही रही। पहाड़ उतर कर हम सम भूमि पर आये। यहाँ के गाँवों की आबादी सारी बंगाली मुसल्मानों की है। दृश्य भी बहुत कुछ बंगाल सा है। धर्मकीर्ति को बहुत कै हुई। गर्मी थी ही, ऊपर से मोटर की तेज सवारी, जब कि बिचारों को घोड़ागाड़ी की सवारी का भी अभ्यास नहीं था।

शाम को जब सिलीगुडी स्टेशन पर पहुँचे, तो धर्मकीर्ति का शरीर शिथिल हो गया। मैंने समझ लिया, रेल और भारत की जून की गर्मी को बेचारे पर लादना अनिष्टकर होगा। मैंने उसी टैक्सी वाले को कहा कि इन्हें लौटाकर कालिम्पोङ् पहुँचा दो। इस प्रकार खिन्न चित्त से एक सहृदय मित्र को अकस्मात छोड़ना पड़ा।

रात की गाड़ी से कांछा और मैं कलकत्ता के लिए रवाना हुए। सवेरे कलकत्ता पहुँचे। हरीसन रोड पर छु-शिङ्-शा की दूकान मे ठहरे। लंका से तीन हजार रुपये ल्हासा में पहुँच गये थे। अभी चार सौ रुपये और आये थे। मुझे लंका जाने से पूर्व पटना और बनारस मे कुछ मित्रों से मिलना था। उस समय सत्याग्रह का देश मे खूब जोर था। कलकत्ते में भी मैंने लाठीप्रहार देखा। १० जून को पटना पहुँचा। ब्रजकिशोर बाबू स्वराज्य-आश्रम में मिले। वहाँ पता लगा, कि बीहपुर में राजेन्द्र बाबू पर

लाठीप्रहार हुआ, पटना में प्रोफ़ेसर जयचन्द्र जी के यहाँ ठहरे। १२, १३ को बनारस में रहा। भदन्त आनन्द के बाद इस यात्रा में मेरी सब सहायता से अधिक सहायता आचार्य नरेन्द्रदेव जी ने की थी। उनसे मिलना और कृतज्ञता प्रकट करना मेरे लिए जरूरी था।

१५ जून को कलकत्ता लौट आया। भारत में इन पुस्तकों के रखने का कोई वैसा उपयुक्त स्थान भी मेरा परिचित न था; और अभी मुझे लंका जाना था। इसलिए पुस्तकों के भेजने का काम मैंने छु-शिङ्-शा की कलकत्ता शाखा को दिया। सिंधिया-नेवीगेशन* कम्पनी के लंका में एजन्ट श्री नानावती ने कम्पनी के जहाज द्वारा पुस्तकों के मुफ़्त भेजने का प्रबंध कर दिया था। इस प्रकार इस ओर से निश्चिन्त हो १६ जून को मैं लंका के लिए रवाना हुआ। २० जून को लंका पहुँचा।

मेरे और भदन्त आनन्द के उपाध्याय त्रिपिटकवागीश्वराचार्य श्रीधर्मानन्द नायक महास्थविर ने २२ जून मेरी श्रामणेर प्रव्रज्या का दिन निश्चित किया। प्रव्रज्या लेने के कुछ ही मिनटों पूर्व गुरुजनों की ओर से नाम परिवर्तन का प्रस्ताव आया। उससे पहले न मैंने कुछ सोचा था, और न उस समय बहुत बात करने

---

*१९३३ में मेरी पुस्तकें चित्रपट और सारा सामान भेजने में भी सिंधिया कम्पनी ने वैसी ही उदारता दिखलाई। अब वह सारा संग्रह पटना म्युज़ियम में रक्खा हुआ है।

को अवसर था अब तक मैं रामोदार साधु के नाम से पुकारा जाता था। मैंने झट रामोदार के रा से राहुल बना दिया, और साधु के सा को अपने गोत्र सांकृत्य से मिला सांकृत्यायन जोड़ दिया। इस प्रकार उसी दिन भिक्षु के पीले वस्त्रों के साथ राहुल सांकृत्यायन नाम मिला।

२८ जून को संघ ने भिक्षु बनाना स्वीकार किया था। तदनुसार उस दिन कांडी नगर में संघ के सन्मुख उपस्थित किया गया; और मेरी उपसम्पदा (भिक्षु बनने की क्रिया) पूर्ण हुई।

इस प्रकार लंका से शुरू हो लंका ही में मेरी यह यात्रा समाप्त हुई।

परिशिष्ट

तिब्बत में बौद्ध धर्म से सम्बद्ध कुछ

नाम और तिथियाँ

स्रोङ्-गचन्-गसम्-पो	(जन्म)	५५७	ई०
स्रोङ्-गचन्-गसम्-पो	(शासन-काल)	५७०-६३८	ई०
भोट मे बौद्ध धर्म का प्रवेश		५८०	ई०
सम्राट् मङ्-स्रोङ्-मङ्-ब्चन्	(शासन-काल)	६३८-६५२	ई०
दुर्-स्रोङ्-मङ्-ब्चन्	(शासन-काल)	६५२-६७०	ई०
ल्-दे-ग्चुग्-ब्र्तन	(शासन-काल)	६७०-७४२	ई०
स्रोङ्-ब्दे-ब्चन्	(शासन-काल)	७४२-७८५	ई०
उड्यन्तपुरीविहार, रचना का आरभ और समाप्ति		७६३-७७५	ई०
(मगधेश्वर महाराजधर्मपाल, शासन-काल)		७६९-८०९	ई०
मु-नि-ब्चन्-पो	(शासन-काल)	७८५-७८६	ई०
आचार्य शान्त रक्षित का प्रसिद्ध भोट देशीय कुल-पुत्रों का भिक्षु बनाना		७६७	ई०
शान्त रक्षित की मृत्यु		७८०	ई०
ल्दे-ब्चन्-पो	(शासन-काल)	७८७-८१७	ई०
रल्-प-चन्	(शासन-काल)	८१७-८४१	ई०
दर्-म-उ-दम् ब्चन्	(शासन-काल)	८४१-८४२	ई०

रिन्-छेन्-ब्सङ्-पो	९५८-१०५५ ई०
दीपंकर श्रीज्ञान का तिब्बत-निवास	९८२-१०५४ ई०
ये-शेस्-ऽोद्	१००० ई०
सोमनाथ काश्मीरी (तिब्बत मे)	१०२७ ई०
श्-लु मठ (स्थापित)	१०४० ई०
ग्येल्-ब्डि-ऽब्युङ्-ग्नस्	१००३-१०६४ ई०
नारोपा (मृत्यु)	१०४० ई०
मि-ल-रस्-प	१०४०-११२३ ई०
ब्चोन् ऽग्रुस्-सेङ्-गे (मृत्यु)	१०[illegible]१ ई०
ब्यङ्-छुब्-ोद्	१०४२ ई०
द्कोन्-ग्येल्	१०७३ ई०
छोस् क्यि-ब्लो ग्रोस्	१०[illegible]७ ई०
(स-स्क्य) कुन्-द्गऽ-स् ञिङ्-पो	१०९२-११५८ ई०
फ-दम्-प-सङ्स्-र्ग्यस् (मृत्यु)	१११८ ई०
शाक्य श्रीभद्र (काश्मीरी)	११२७-१२३५ ई०
(स-स्क्य) ग्रग्स्-प-ग्यल्-म्छन	११४७-१२१६ ई०
स्न र्-थङ् मठ (स्थापित)	११५३ ई०
(स-स्क्य) कुन्-द्गऽ-ग्र्येल्-म्छन	११८२-१२५१ ई०
(स-स्क्य) ऽफ ग्स्-प	१२३४-८० ई०
(बु-स्तोन्) रिन्-छेन्-ग्रुब्	१२९०-१३६४ ई०
चोङ्-ख-प (जन्म)	१३५७ ई०

(चोङ्-ख-प) ब्लो-ब्सङ्-ग्रग्-प—

(शासन-काल) १३५७-१४१९ ई०

पंडित वन रत्न १३८४-१४६८ ई०

(ग्यल्-व) दगे-ऽदुन्-ग्रुब् (प्रथम दलाईलामा) १३९१-१४७४ ई०

डे-पुङ्महाविहार की स्थापना १४१६ ई०

से-र महाविहार की स्थापना १४१९ ई०

(ग्यल्-व) दगे-ऽदुन्-र्ग्य-म्छो १४७५-१५४२ ई०

टशील्हुन्पो महाविहार की स्थापना १४४७ ई०

(ग्यल्-व) ब्सोद्-नम्स्-र्ग्य-म्छो १५४३-१५८८ ई०

(ग्यल-ख्मस्) कुन्-दगऽ-स्ञिङ्-पो (जन्म) १५७५ ई०

(ग्यल्-व) योन्-तन् र्ग्य-म्छो १५८९-१६१६ ई०

(ग्यल्-व) ब्लो-ब्सङ्-र्ग्य-म्छो—

(चौथा दलाईलामा) १६१७-१६८२ ई०

(ग्यल्-व) स कल्-ब्सङ्-र्ग्य-म्छो (जन्म) १७०८ ई०

(ग्यल् व) थुब्-ब्स तन्-र्ग्य-म्छो (जन्म) १८७६ ई०

मृत्यु—१७ दि० १९३३ ई०

उसी लेखक की कलम से

तिब्बत में बौद्ध धर्म १॥)

तिब्बत मे बौद्ध धर्म के क्रमिक इतिहास का अत्यन्त प्रामाणिक और मौलिक ग्रन्थ। इस विषय पर संसार के वाङ्मयों में कोई और ग्रन्थ इसके टक्कर का नहीं है।

बुद्धचर्या ५)

भगवान् बुद्ध के जीवनचरित का प्राचीन पालि वाङ्मय से सकलन और समन्वय कर के उसका हिन्दी शब्दानुवाद। चुनाव पूरे विवेक के साथ।

धम्मपद ॥)

मूल पालि पुस्तक हिन्दी अनुवाद सहित। धम्मपद बौद्ध धर्म की गीता है।

मज्झिमनिकाय ६)

त्रिपिटक के अन्तर्गत सुत्तपिटक के पाँच निकायों में से एक का पूरा हिन्दी अक्षरानुवाद।

अभिधर्मकोश ५)

दार्शनिक वसुबन्धु के लुप्त संस्कृत ग्रन्थ का तिब्बती अनुवाद से संस्कृत में पुनरुद्धार।

विज्ञप्तिमात्रतासिद्धिः

भारत के सर्वोच्च दार्शनिक वसुबन्धु की त्रिंशिका का भाष्य मूल संस्कृत लुप्त हो चुका था। हिउएन्-च्वाङ के चीनी अनुवाद से उसका यह पुनरुद्धार संस्कृत में किया जा रहा है। वसुबन्धु का यह ग्रन्थ भारतीय दर्शन का सब से महत्त्व का ग्रन्थ है; शंकराचार्य की दर्शन-पद्धति इसी पर निर्भर है। इसका पुनरुद्धार राहुल जी की विद्वत्ता और पराक्रम का जीवित फल है। यह ग्रन्थ अभी बिहार उड़ीसा रिसर्च सोसाइटी के जर्नल में निकल रहा है; पूरा होने पर पुस्तकाकार छपेगा।

मेरी युरोप-यात्रा	अप्रकाशित।
मेरी लंका-यात्रा	अप्रकाशित।
कुरान-सार	अप्रकाशित।
पुरातत्वनिबन्धावली	अप्रकाशित।
तिब्बती प्रथम पुस्तक (तिब्बती में)	।)
तिब्बती व्याकरण (तिब्बती में)	१)

शारदामन्दिर, १७ बाराखंभा रोड, नई दिल्ली

भारतवर्ष में जातीय शिक्षा

राष्ट्रीय शिक्षा के प्रत्येक पहलू पर विचार। यह निबन्ध सन् १९१९ में लिखा गया था, पर विचारों की मौलिकता और विशदता के कारण आज भी ताजा है। सन् १९२१ में इसकी आलोचना करते हुए मौडर्न रिव्यू ने लिखा था—

The author of this treatise takes a very sane and wide view of National Education.......... his views are not blinded by any sectional spirit. Some of the suggestions are worthy of our serious consideration.

तभी प्रो० विनयकुमार सरकार ने लिखा था—

I have received your book and read it from beginning to end. Your emphasis on the cultural value of fine arts deserves wide recognition among our intellectuals. I admire your categorical statement in regard to the function of education, viz., that it is to help in the making of "creators."

भारतभूमि और उसके निवासी

भारतवर्ष के विषय में पूरा ज्ञान देने वाली पुस्तक

नागरी प्रचारणी सभा काशी ने

सं० १९८८ की सर्वोत्तम हिन्दी रचना

जान कर इसी पर द्विवेदी-पदक दिया था। फ्रांस के जगत्प्रसिद्ध विद्वान् सिल्व्या लेवी ने इसे उद्‌धृत कर इसकी एक खोज के विषय में लिखा है—'यह एक ऐसी सूचना है जिसकी उपेक्षा नहीं की जा सकती' (Journal Asiatique, जनवरी-मार्च १९३३, पृ० ६)।

भारतीय खोज की प्रसिद्ध संस्था कर्न इन्स्टीट्यूट लाइडन (हॉलैण्ड) के मन्त्री ने लिखा है—

"कर्न इन्स्टीट्यूट जो 'बृहत्तर भारत की ऐतिहासिक ऐटलस' तैयार करा रहा है, उसके लिए आपकी पुस्तक 'भारतभूमि···' निश्चय से अत्यन्त उपयोगी सिद्ध होगी।"

स्वीडन के डा० स्टेन कोनौ लिखते हैं—

"आप की भारतभूमि अत्यन्त उपयोगी निर्देश-ग्रन्थ सिद्ध होगी।"

भारतभूमि पर

भारतीय विद्वानों की सम्मतियाँ

रा० ब० डा० हीरालाल—"आपका प्रयत्न अनेक लोगों की आँखें खोल देगा।"

आचार्य महावीर प्रसाद द्विवेदी—"अद्भुत और अनमोल पुस्तक·········अपूर्व रत्न···।"

डा० सुनीतकुमार चैटर्जी—"बहुत अच्छी योजना पर बड़ी सावधानी से लिखी गई है।···सुन्दर और उपयोगी कृति।"

डा० प्रबोध बाग्ची—"आपकी प्रशंसनीय पुस्तक—भारतभूमि ······आपने अनेक अँधियारे प्रश्नों पर प्रकाश डाला है।"

भदन्त राहुल सांकृत्यायन—"वैज्ञानिक ढंग पर लिखे···ग्रन्थों की हिन्दी में कितनी कमी है।···(यह) पुस्तक एक ऐसी कमी को पूरा करने वाली है।···वही सुपरीक्षक दृष्टि···यह पुस्तक इस दृष्टि को तेज करने के लिए बड़ी ही उपयोगी चीज है।···और भी कितनी ही विशेषतायें हैं।"

श्रीयुत काशीप्रसाद जायसवाल—"रा० ब० हीरालाल···ने लेखक की मेहनत और प्रतिभा की तारीफ की है; मैं उसका समर्थन करता हूँ।···ठोस खोज से प्राप्त नई और विश्वसनीय सामग्री इस छोटी पुस्तक में भरपूर है।"

शारदामन्दिर, १७ बाराखंभा रोडा, नई दिल्ली

'भारतभूमि' की कुछ विशेषतायें

(१) भारत गर्म देश है, इसलिए यहाँ के लोग कमजोर और ठंढे मुल्क वालों का शिकार होते हैं—ऐसे अन्ध-विश्वासों का पूरा प्रत्याख्यान किया गया है।

(२) भारत के सामरिक भू-अंकन (Military Geography) पर यह पहली पुस्तक है।

(३) सीमान्तो का ऐसा पूर्ण ब्यौरेवार और स्पष्ट वर्णन और किसी ग्रन्थ में नहीं है।

(४) भारत की परम्परागत जातीय भूमियों—बंगाल, महाराष्ट्र, अन्तर्वेद आदि—का पूरा ब्यौरा और नक्शा इसी ग्रन्थ में पहले-पहल दिया गया है।

(५) "भारतीय जातियो का समन्वय" प्रकरण में भारत की राष्ट्रीयता के प्रश्न पर गहरा विचार किया गया है।

(६) अफगानिस्तान, पामीर आदि के स्थानों के प्राचीन संस्कृत नाम। इत्यादि, इत्यादि।

भारतीय इतिहास की रूपरेखा

सं० १९९० का मंगलाप्रसाद-पारितोषिक पाने वाला ग्रन्थ

प्राचीन भारत के इतिहास का ऐसा प्रामाणिक ग्रन्थ आज तक किसी भाषा में नहीं लिखा गया। भारतीय इतिहास के दो प्रमुख आचार्यों की सम्मति सुनिए—

रूपरेखा मैंने आद्योपान्त सुनी।···बड़े श्रम और गवेषणा से लिखी गई है।······ऐसे प्रामाणिक ग्रन्थों के प्रकाशन से हिन्दी का गौरव बढ़ सकता है।······मैं कर्त्ता को धन्यवाद दिए बिना नहीं रह सकता।

अजमेर १९-९-२९ (ह०) गौरीशंकर हीराचन्द ओझा

I have examined Mr. Jaychandra Vidyalankar's Outlines of Indian History (Ancient period). *It is a unique work.* From the Vedic age upto the end of the Gupta period, Indian History has been surveyed in all its aspects—political, social and cultural. The author has utilized the researches by various scholars up-to-date, and has added his own contributions which are important. *Such a synthetic work had not been attempted before.* The book is in Hindi. This will stand in the way of the author's results reaching foreign scholars.

The learned author's method is perfectly critical and his judgment logical

The work deserves to be translated into English.

Patna. 31st. July 1931 (Sd.) K. P. Jayaswal

अर्थात्—

(मैंने श्रीयुत जयचन्द्र विद्यालंकार की 'भारतीय इतिहास की रूपरेखा' (प्राचीन काल) को परख देखा है। यह एक अद्वितीय कृति है। वैदिक काल से ले कर गुप्त युग के अन्त तक भारतीय इतिहास की राजनैतिक, सामाजिक और संस्कृति-विषयक, सभी पहलुओं से विवेचना की गई है। लेखक ने विभिन्न विद्वानों की अब तक की खोजों का उपयोग किया है और उनमें अपनी नई खोजें जो महत्त्वपूर्ण हैं, जोड़ी हैं। इस प्रकार का समन्वयात्मक ग्रन्थ लिखने की अब तक किसी ने चेष्टा न की थी। पुस्तक हिन्दी में है। इस कारण लेखक के परिणाम विदेशी विद्वानों तक पहुँचने में रुकावट होगी।

विद्वान् लेखक की शैली पूरी तरह आलोचनात्मक है, और विचारपद्धति तर्कसंगत।

इस ग्रन्थ का अंग्रेजी अनुवाद होना चाहिए।

पटना ३१ जुलाई १९३१ (ह०) का० प्र० जायसवाल

---

(४)

भारतीय वाङ्मय के अमर रत्न

भारतवर्ष और बृहत्तर भारत के साहित्य और वाङ्मय का वैदिक काल से ले कर बारहवीं शताब्दी तक दिग्दर्शन।
